Die Elemente des Verhandelns

Renker K. Weiss · Jelka Lavrih Sztajnbok

Die Elemente des Verhandelns

Strukturiert und effektiv zum Verhandlungserfolg

Renker K. Weiss
Trofaiach, Österreich

Jelka Lavrih Sztajnbok
Ljubljana, Slowenien

ISBN 978-3-658-44595-9   ISBN 978-3-658-44596-6   (eBook)
https://doi.org/10.1007/978-3-658-44596-6

Die Deutsche Nationalbibliothek verzeichnet diese Publikation in der Deutschen Nationalbibliografie; detaillierte bibliografische Daten sind im Internet über https://portal.dnb.de abrufbar.

Titelbild: deblik Berlin

Planung/Lektorat: Imke Sander
Springer Gabler ist ein Imprint der eingetragenen Gesellschaft Springer Fachmedien Wiesbaden GmbH und ist ein Teil von Springer Nature.
Die Anschrift der Gesellschaft ist: Abraham-Lincoln-Str. 46, 65189 Wiesbaden, Germany

Wenn Sie dieses Produkt entsorgen, geben Sie das Papier bitte zum Recycling.

Widmung

Für Erika und Patrick, die uns mit ihrer wunderbaren Energie gleichzeitig Stütze und Inspiration bei der Entwicklung dieses Buches waren. Danke!

Renker und Jelka

Geleitwort von Klaus Iffland

Klaus Iffland, Vice President im Ruhestand eines 160.000 Personen-Unternehmens, hat dem Autorenteam dieses Vorwort gewidmet.

Wir alle verhandeln – und das in vielen verschieden Lebenslagen. Beim Verhandeln geht es stets um unterschiedliche Interessen von Parteien. Verhandeln wird zu oft verwechselt mit Dealen, Schachern und Ähnlichem.

Häufig erfolgt Verhandeln im Gespräch mit dem Arbeitgeber, mit Kollegen, Kunden und Lieferanten, in Teams, mit Behörden, mit dem Partner, mit den Kindern und vielen anderen. Man denke nur an Hauskauf, Hausfinanzierung, Bauantrag, Autokauf, Autoleasing, Steuererklärung, Krankenkassen, Politik, Lohn und Gehalt – all das erfordert Verhandlungen. Die Liste könnte noch ewig erweitert werden.

Es geht immer um das Ziel, zu einer Einigung zu kommen, die für die jeweilige Partei ein akzeptables Optimum bedeutet. Erfolgreiches Verhandeln erfordert Respekt neben dem „gewusst wie", Sozialkompetenz, Geschick und auch etwas Psychologie, um die kleinen und großen Ziele zu erreichen.

Geschicktes Verhandeln ist keine angeborene Fähigkeit. Das kann man erlernen und sich stetig verbessern. Hierzu gibt es unzählige Trainings und Seminare.

Jemand, der die Kunst des Verhandelns bestens kennt und vor allem an Interessierte vermitteln konnte und kann sind Renker Weiss und Jelka Lavrih Sztajnbok, die seit vielen Jahren professionelle Verhandlungstrainings geben.

Ich durfte beide in meiner Funktion als Vice President Purchasing & Logistics Magna International kennenlernen und über einige Jahre mit ihnen zusammenarbeiten. Magna ist ein weltweit agierender Konzern in der Automobilindustrie mit über 160.000 Mitarbeiterinnen und Mitarbeitern weltweit.

In den Jahren 2012–2017 hatte ich bei Magna in über zehn Ländern in Europa ca. 1400 Mitarbeiterinnen und Mitarbeiter aus Einkauf und Logistik an einem eigens entwickelten Magna-Qualifizierungsprogramm teilnehmen lassen. Das Verhandlungstraining von Jelka und Renker stellte einen wesentlichen Baustein dar. Wir sind auf die beiden aufmerksam geworden, als sie Sales Manager und Magna-Vorstände trainierten.

Das Training war vollkommen auf die Anforderungen des Unternehmens zugeschnitten. Unter Zuhilfenahme von Dolmetschern wurde es in zwölf europäischen Ländern und verschiedenen Sprachen umgesetzt.

Die Teilnehmer der Verhandlungstrainings waren nach jedem Training vollkommen begeistert. Renker und Jelka gelang es mit ihren Trainingsmethoden und -inhalten immer wieder, Verhandlungsgeschick, Können und den Spirit „Wille zum Erfolg" zu vermitteln. Und das in spielerischer Art und Weise in vollkommen entspannter Atmosphäre. Jeder, der an einem solchen Training teilnahm, wollte dies nicht mehr missen. Mit Unterstützung des Top-Managements gelang es, 100 % der Zielgruppe durch das Training zu führen.

Der Erfolg war durchschlagend: Magna hatte eines der modernsten Einkaufssysteme und -methoden in der Branche etabliert. Mithilfe des Qualifizierungsprogrammes wurden hocheffiziente Prozesse eingeführt. Das Verhandlungstraining hat die Strukturen und Prozesse mit Leben erfüllt. Die Ergebnisse auf dem Gebiet der Materialkosten und Logistikkostenoptimierung waren „outstanding". Benchmarkstudien großer Unternehmensberater haben dies mehrfach bestätigt: „Best in Class".

Es gibt viele Programme und genauso viele Trainer für Verhandlungen in dieser Welt. Und es gibt zwei, die das methodisch meisterlich beherrschen: Renker Weiss und Jelka Lavrih Sztajnbok.

Wohl dem, der sie für sich gewinnen kann.

Dieses Buch komprimiert all das Können und Wissen um Verhandlungstechniken und verschiedene Methoden und Vorgehensweisen von Jelka und Renker. Ihr umfangreiches Wissen und ihre Erfahrungen über „verHANDeln" werden hier absolut praxisorientiert, leicht verständlich und gut lesbar zu Papier gebracht.

Klaus Iffland
Vice President (im Ruhestand)
Purchasing & Logistics,
Magna International Europe

Vorwort des Autorenteams

Schon wieder ein Buch über Verhandlungsführung – gibt es davon nicht schon genug? Aus unserer Sicht: **Nein!**

Dieses Buch entstand ursprünglich aus einem Leidensdruck heraus. Das Leiden, umzingelt von Notizen, Ideen, Konzepten und Büchern sowie vielen Gigabytes an elektronischen Daten das Passende für unsere Vorbereitungen zu einem Training, Coaching oder einer Verhandlungsmoderation zusammenzustellen.

Wir stellten uns öfter die Frage: „Wäre es nicht schön, eine Sammlung über das, was wir im Laufe unserer Berufskarriere zusammengetragen haben, quasi als Werkzeugkoffer auf einen Griff bereit zu haben, in dem man einfach rasch nach Stichworten und mit einer graphischen Übersicht versehen, suchen kann?"

Damit war die Grundidee zu diesem Buch geboren: Eine Sammlung aus unseren Erfolgsrezepten für Verhandlungen verschiedenster Art zu bieten und das mithilfe einer Schatzkarte so aufbereitet, dass Sie sich in diesem Buch rasch zurechtfinden.

Das Buch wurde für Sie so trocken, so theoretisch, so fern von der Praxis und so unverständlich wissenschaftlich wie möglich gestaltet, damit Sie so wenig wie möglich davon profitieren können.

Natürlich nicht! Ein wenig Humor muss schon sein – bei aller Ernsthaftigkeit für das Thema. Es ist ein Werk, das seinen Ursprung in der Praxis hat, ohne dazugehörende, fachliche Hintergründe zu vernachlässigen. Es ist von der Struktur her ähnlich einem Kochbuch: Rezepte sind nach unterschiedlichen Kriterien gegliedert, um das herauszupicken, was Sie gerade in dem Moment benötigen und zusätzlich mit „Grundrezepten" angereichert.

Der Titel unseres Buches lautet „Die Elemente des Verhandelns" und darin steckt auch das Wort HAND: VerHANDeln hat nach unserer Definition weder etwas mit „schachern" noch mit „über den Tisch ziehen" zu tun. Die „Hand" im Wort bezieht sich auf die konkrete Tätigkeit, die durchgeführt wurde. Oft sind geschicktes Agieren und „Handhabung" der Verhandlungspunkte gefragt, an das sinnbildlich auch an die Nutzung der Hände erinnert.

Das Buch ist allen Leserinnen und Lesern gewidmet, die beginnen, sich dem Thema „Verhandeln" zu nähern und auch denjenigen, die schon Erfahrung im Verhandeln haben und ihr Wissen erweitern oder auffrischen wollen.

Als grafische Orientierung haben wir den Ansatz eines Periodensystems gewählt. Es gibt Elemente, die in farblich zusammenhängende Gruppen gegliedert sind (die im Buch auch Kapiteln entsprechen)[1]. Daraus können Sie sich individuelle „Verhandlungsmoleküle" für Ihre konkreten Verhandlungssituationen erschaffen. Gleichzeitig bietet es für Sie auch trotz der Fülle an Informationen eine rasche Orientierung durch die farblich gestalteten Gruppen, die gleichzeitig die Kapitel im Buch darstellen. Das Buch ist Fastfood und Slowfood in Einem: es bietet Ihnen über das Periodensystem rasche Orientierung und liefert Ihnen Information im Detail, wo Sie es wünschen.

Ergänzt wird das Werk durch Tipps, Erfolgsbeispiele und Misserfolge aus der Praxis sowie Hintergrundinformationen, die an das große Thema „Verhandlungen" anschließen. Ihnen werden möglicherweise Passagen auffallen, in denen bestimmte Inhalte wie etwa „Geduld" oder „Vorbereitung" mehrfach auftauchen. Das ist von uns bewusst so gestaltet worden, um die Themen aus unterschiedlichen Blickwinkeln zu betrachten, deren Wichtigkeit hervorzuheben und auch das Verankern dieser Themen in Ihrem Gedächtnis durch Wiederholungen zu verstärken.

Wir wünschen Ihnen viel Lesegenuss, Informationsgewinn und Erfolg in Ihren Verhandlungen!

Die neuen Herausforderungen der deutschen Sprache

Unser unbegrenzter Respekt gilt allen menschlichen Wesen, egal ob weiblich, männlich und den vielen, neuen Varianten, die unsere jetzige Gesellschaft ausmacht. Die Wurzeln der deutschen Sprache liegen rund 6000 Jahre zurück. Unsere Sprache hinkt jedoch der Weiterentwicklung unserer Gesellschaft hinterher. Wortanhängsel wie Sternchen, Doppelpünktchen, Binnen-I, Sprachpäuschen etc. können da nur hässliche Krücken sein, um ALLEN respektvoll gerecht zu werden.

Texte wie *„Könnten ein*e neue*r Partner*in, neue Freund*innen oder neue Internetkontakte sie*ihn beeinflussen? Falls sie*er in einer Gruppe organisiert ist: Welchen Rang hat sie*er, was ist ihre*seine Aufgabe? Hat sie*er persönlichen Kontakt zum*r Anführer*in?"* [2] würden sowohl unsere Leserschaft als auch unsere Augen (noch) überfordern. Möglicherweise zählt diese Art des Schreibens in zwei zukünftigen Generationen schon zur Normalität. Wir bleiben neugierig.

Genau vor dieser Herausforderung standen wir beim Verfassen dieses Buches. Und wir nehmen die Pointe vorweg: auch wir haben eine unvollendete Lösung gefunden. Wir entschieden uns für die perfekte und gleichzeitig unperfekteste aller Varianten: die Mischform.

Sie werden Doppelbezeichnungen, einseitige weibliche oder männliche Bezeichnungen oder neutrale Begriffe finden. So bunt und variantenreich sich unsere Gesellschaft darstellt, so bunt sind auch die Bezeichnungen in unserem Buch.

---

[1] Auch im Periodensystem der chemischen Elemente finden Sie Spalten der einzelnen Haupt-/Nebengruppen mit Elementen, die zusammenhängen bzw. ähnliche Eigenschaften besitzen.

[2] https://editionf.com/sechs-tipps-gegen-hass-und-verschwoerungstheorien/ Stand 17.10.2023.

Der Preisträger des Theodor-Wolff-Preises Ingo Meyer schrieb dazu 2021 in der „Berliner Zeitung": „Sprache hat nicht die Aufgabe, von Dritten erwünschte Bedeutungen in unsere Köpfe zu pflanzen. Es gibt keine geschlechtergerechte Sprache. Es gibt überhaupt keine gerechte Sprache. Es liegt an uns, die vorhandene Sprache gerecht zu verwenden."[3]

Das ist unser Auftrag: unsere schöne Sprache für Sie lesefreudig, unterhaltend und respektvoll zu verwenden.

Zitate und Quellen

Wir halten uns in diesem Buch an eine Grundregel in der Magie: Es gehört zum guten Ton, die Herkunft eines Zaubertricks offenzulegen. Genauso haben wir uns größte Mühe gegeben, alle Quellen und Zitate richtig zu erfassen und anzuführen. Doch im Laufe von in Summe mehr als 70 Jahren gemeinsamer Berufserfahrung, kann es passieren, dass sich die eine oder andere Quelle als nicht ganz vollständig, fehlend oder unrichtig herausstellt. Danke für Ihr Verständnis, denn es ist nicht unsere Absicht, Autorinnen und Autoren den zustehenden Respekt zu verwehren. Gerne wird so ein Ausreißer umgehend korrigiert. Bitte senden Sie uns über unsere Webseite[4] eine Nachricht, wir werden so zeitnah wie möglich die entsprechende Textstelle mit einer passenden Ergänzung versehen. Diese Ergänzungen führen wir auf unsere Kosten auch online[5] sowie im Druck im Rahmen der nächsten, überarbeiteten Auflagen an.

Moral und Ethik

Dieses Buch ist kein Moralappell und soll auch kein „Erziehungsbuch" für den Weg zu einem besseren Individuum sein. Eine scharfe Abgrenzung dessen, was fair oder unfair ist bzw. moralisch verwerflich, ist uns nicht gelungen. Es obliegt jeder/jedem Einzelnen von Ihnen, nutzenbringende oder vergiftende Moleküle aus den Elementen zu erschaffen. Das, was wir gerne mit Ihnen teilen, sind unsere Erfahrungen aus gemeinsam rund siebzig Jahren Verhandlungsführung und daraus resultierende Empfehlungen. Die aus unseren Empfehlungen stammenden Erkenntnisse basieren oft auf einer wertschätzenden, nachhaltigen Strategie, die auf ein respektvolles Win-win ausgerichtet sind. Das Buch soll Sie dabei unterschützen, eine noch bessere Verhandlerin oder ein noch besserer Verhandler zu werden, als Sie es heute schon sind. Alles Gute dabei!!

Renker K. Weiss
Jelka Lavrih Sztajnbok

---

[3] https://www.berliner-zeitung.de/wochenende/gendern-ist-eine-sprachliche-katastrophe-li.158476 Stand 17.10-2023

[4] www.renker.shop/verhandlung

[5] www.renker.shop/verhandlung/quellenverzeichnis

Einführung

Als wir dieses Buch begonnen haben zu schreiben, haben wir uns voller Euphorie ans Werk gemacht, denn für uns war die Existenzberechtigung von Verhandlungen und auch die dieses Buches etwas Selbstverständliches. Erst die Diskussion mit Kollegen und Geschäftspartnern ließ uns entdecken, dass wir dem „Was und Warum" auch Aufmerksamkeit schenken müssen. Darum an dieser Stelle die Doppelfrage:

Was sind und wozu dienen Verhandlungen?

Beginnen wir mit der Definition und den vielen Antworten:

Was sind Verhandlungen?

Eine Verhandlung ist grundsätzlich gesehen ein Ablauf, bei dem etwas durch Kommunikation zu einem Ergebnis weiterentwickelt wird. Doch Verhandlungen sind vielschichtig. Sie sind ein Kommunikationsphänomen, zu dem es zahlreiche, unterschiedliche Blickwinkel und Erklärungen gibt, was Verhandlungen im eigentlichen Sinne sind. Wir haben versucht, die wichtigsten zusammenzufassen.

Wirtschaftlicher Blickwinkel:
Aus wirtschaftlicher Sicht sind Verhandlungen Prozesse, in denen zwei oder mehrere Parteien, die unterschiedliche geschäftliche Interessen haben, versuchen, zu einem Übereinkommen zu gelangen, das für alle Beteiligten einen wirtschaftlichen Vorteil besitzt. Dabei geht es oft um die Verteilung von Ressourcen (Geld, Zeit, Material, Wissen, Menschen etc.) oder das Aushandeln von Preisen, Gegenwerten und Konditionen.

Psychologischer Blickwinkel:
Aus psychologischer Sicht sind Verhandlungen Auseinandersetzungen zwischen Menschen, bei denen es um mehr geht als nur den Austausch von Werten, Interessen, Gütern

oder Dienstleistungen. Machtverhältnisse, Emotionen, Wahrnehmungen und Beziehungen erfüllen eine wichtige Funktion.

Gesellschaftlicher Blickwinkel:
Verhandlungen können aus gesellschaftlicher Sicht als gesellschaftliche Wechselbeziehung betrachtet werden, bei denen Normen, Aufgaben und soziale Strukturen das Verhalten der beteiligten Personen beeinflussen. Zum Beispiel kann die Norm „Fairness" dazu führen, dass die Parteien eher zu gegenseitig vorteilhaften Lösungen kommen. Jede beteiligte Person in einer Verhandlung hat eine bestimmte Rolle, eine bestimmte Zielsetzung, die von der Position und Aufgabe in ihrer Organisation oder Gruppe bestimmt wird. Manager, Angestellte, Gewerkschaftsvertreter und andere haben unterschiedliche Interessen und Verantwortlichkeiten, die ihr Verhandlungsverhalten prägen. Einzelne Personen, Gruppen, deren Rangordnung, die an einer Verhandlung beteiligt sind, können ebenfalls einen Einfluss haben. Personen in höheren Positionen verfügen möglicherweise über mehr Macht und Ressourcen und können unterschiedlich in Verhandlungsstrategien und -taktiken investieren.

Rechtlicher Blickwinkel:
Aus rechtlicher Sicht sind Verhandlungen die formelle oder informelle Diskussion und Abstimmung von Positionen und Interessen, die in der Regel darauf abzielen, eine Vereinbarung, einen Vertrag oder eine Einigung innerhalb eines rechtlichen Rahmens zu erzielen. Verhandlungen werden häufig auf Grundlage der bestehenden Gesetzgebung geführt. Das beinhaltet bürgerliches Recht, Handelsrecht, Wettbewerbsrecht und gegebenenfalls spezialisierte branchen- oder bereichs-spezifische Rechte, wie z. B. Arbeitsrecht, Mietrecht oder das Recht des geistigen Eigentums.

Im Sinne einer Gerichtsverhandlung sprechen wir von einem formellen Ablauf vor einem zuständigen Gericht, bei dem rechtliche Angelegenheiten durch richterliche Entscheidungen geklärt werden. An einer Gerichtsverhandlung sind in der Regel verschiedene Parteien beteiligt:

- Eine klagende Partei, die das Verfahren initiiert hat.
- Eine beklagte Partei, gegen die sich das Verfahren richtet.
- Richterinnen und Richter oder, in manchen Fällen, eine Jury, die für die Beurteilung der Sachlage und das Fällen eines Urteils zuständig sind.
- Zugelassene Personen mit profunder Rechtskenntnis, die die Parteien vor Gericht vertreten.
- Zeuginnen und Zeugen, die zur Beweisführung aussagen.
- Gerichtspersonal, dass für die Organisation und Dokumentation des Verfahrens zuständig ist.

Während der Verhandlung werden Beweise vorgelegt, Zeugen befragt, rechtliche Argumente erörtert und schließlich wird ein Urteil getroffen oder ein Vergleich erzielt. Ziel ist eine „gerechte" Lösung im Rahmen der geltenden Gesetze. Die klagende Partei erhält ein Urteil und nicht unbedingt die erhoffte „Gerechtigkeit".

Politischer Blickwinkel:
Politische Verhandlungen sind oft Auseinandersetzungen um Macht, Einfluss und Interessen, die nicht nur zwischen Personen, sondern auch zwischen Gruppen, Interessensverbänden, Organisationen oder Staaten stattfinden können. Dabei haben strategisches Handeln, Kompromissbereitschaft und oft auch internationale Beziehungen einen wesentlichen Anteil.

Verhandlungstheoretischer Blickwinkel:
Aus einer verhandlungstheoretischen Sicht sind Verhandlungen strukturierte Abläufe, die häufig in verschiedene Phasen unterteilt werden können, wie z. B.: Vorbereitung, Beziehungsaufbau, Austausch, Annäherung, die eigentliche Verhandlung sowie Abschluss und Dokumentation. In jeder dieser Phasen werden spezifische Routinen angewandt.

Alltagstauglicher Blickwinkel:
Im Alltag sind Verhandlungen oft einfach Gespräche, in denen versucht wird, gegenseitige Konflikte oder verschiedene Interessen zu lösen. Sei es in Familie, Beruf, Partnerschaft, im Verein oder einfach beim Kauf einer neuen Wohnlandschaft.

Verhandlungen können formell oder zwanglos, offen oder verdeckt, mit zwei oder mehreren beteiligten Personen und Gruppen durchgeführt werden. Das Ziel von Verhandlungen kann partnerschaftlich (alle gewinnen) oder streitbar sein (einer oder alle verlieren), je nachdem, ob die beteiligten Parteien nach einer gemeinsamen Lösung suchen oder ihre eigenen Interessen aggressiv durchsetzen wollen.

Sinn von Verhandlungen aus struktureller Sicht

Verhandlungen aus struktureller Sicht zu betrachten bedeutet, dass man die verschiedenen Elemente und Rahmenbedingungen analysiert, die das Verhandeln beeinflussen. Das Verständnis der Struktur einer Verhandlung kann Sie dabei unterstützen, den Ablauf besser zu lenken und oft sogar vorherzusagen, wie die Verhandlung verlaufen kann. Wenn Sie Verhandlungen aus einer strukturellen Perspektive betrachten wollen, dienen Ihnen folgende Fragen zur Analyse:

- Wer sind die Verhandlungspartner und welche Interessen vertreten sie?
- Welche Machtverhältnisse gibt es zwischen ihnen?
- Was sind die jeweiligen Ziele und Bedürfnisse der Beteiligten?
- Wie werden diese Ziele strukturiert, und inwieweit sind sie kompatibel oder gegenläufig?
- Über welche Kanäle und Medien wird kommuniziert?
- Welche Kanäle haben Einfluss auf die Effizienz und Qualität der Verhandlung?

- Was ist der Gegenstand der Verhandlung, und wie ist dieser strukturiert?
- Gibt es verschiedene Aspekte oder Punkte, die verhandelt werden müssen?
- Wie ist der Verhandlungsprozess aufgebaut?
- Gibt es „unsichtbare" Personen, die den Verlauf beeinflussen?
- Welche Schritte sind notwendig, und gibt es vordefinierte Verfahrensweisen oder Phasen?
- Welche Machtstrukturen bestehen zwischen den Verhandlungspartnern?
- Wie beeinflussen diese Machtstrukturen den Prozess und das Ergebnis der Verhandlungen?
- Welche externen Faktoren wie gesetzliche Rahmenbedingungen, wirtschaftliche Bedingungen oder kulturelle Unterschiede beeinflussen die Verhandlungen?
- Welche Strategien und Taktiken werden von den Beteiligten angewendet und wie beeinflussen diese den gesamten Verhandlungsprozess?

Durch das Verstehen der Struktur und der Dynamik, die in einer Verhandlungssituation herrschen, können Sie Ihre Chancen auf ein erfolgreiches Ergebnis verbessern. Vor allem sind Konfliktherde und Einflüsse anderer Faktoren leichter zu identifizieren und werden dadurch in der Verhandlung nicht übersehen oder vernachlässigt.

Sinn von Verhandlungen aus psychologischer Sicht

Aus der psychologischen Sicht sind Verhandlungen komplexe Wechselwirkungen zwischen Einzelpersonen und/oder Gruppen, die durch eine Vielzahl von Abläufen in unserem Gehirn und Triebkräften beeinflusst werden. Wir haben einige Kernelemente aus dieser Perspektive zusammengefasst:

„Wir sehen die Welt nicht so, wie die Welt ist, sondern wie wir selbst sind." So lautet ein markantes Zitat, das gerne Paul Watzlawick zugeschrieben wird. Es bedeutet, dass die geistige Verarbeitung unserer Sinneswahrnehmungen durch unsere Erfahrung, Prägung, Wissen und vieles mehr beeinflusst wird. Wie die Verhandlungsteilnehmer die Situation und die anderen Parteien (subjektiv) wahrnehmen, beeinflusst deren Erwartungen, Verhalten und die Interpretationen der Kommunikation. Geistige Verzerrungen wie z. B. der Ankereffekt (siehe Kap. 7) können Entscheidungen in einer Verhandlung beeinflussen.

Gefühle haben einen wichtigen Einfluss in Verhandlungen. Sie können die Reaktion auf Angebote beeinflussen, das Verhalten der beteiligten Personen und wie die Verhandlungsbereitschaft des Gegenübers interpretiert wird. Die eigenen Emotionen zu erkennen, zu kontrollieren sowie die Emotionen anderer zu verstehen und darauf angemessen zu reagieren ist eine wichtige Fähigkeit, um erfolgreich verhandeln zu können.

Die Beziehung zwischen den Verhandlungsparteien aufzubauen und zu pflegen, kann das Ergebnis beeinflussen. Vertrauen und Respekt können zu kooperativeren und potenziell besseren gemeinsamen Ergebnissen führen, während Misstrauen und Feindseligkeit oft in einer Sackgasse enden oder zu schlechteren Ergebnissen führt.

Normen, Rollenerwartungen und der gesellschaftliche Zusammenhang können das Verhalten und Entscheidungen in Verhandlungen prägen. Der Druck durch eine Gruppenzugehörigkeit kann ebenfalls wichtig sein.

Konflikte zu erkennen und wirksam zu lösen, ist ein wesentlicher Bestandteil einer erfolgreichen Verhandlung. Methoden der Konfliktlösung, die auf Verständnis und Wertschätzung der Bedürfnisse des anderen basieren, können zu tragfähigeren Vereinbarungen führen.

Der Prozess der Abwägung verschiedener Optionen oder Angebote wird stark durch psychologische Faktoren beeinflusst. Dies kann von persönlichen Motiven, der Risikobereitschaft oder der Bewertung potenzieller künftiger Szenarien abhängen.

Psychologische Macht hat ebenfalls eine wichtige Bedeutung. Teilnehmer können Macht durch Expertise, Belohnungs- oder Bestrafungspotenzial, legitime Positionen oder durch persönlichen Einfluss ausüben.

Warum sind Verhandlungen überhaupt notwendig?

Verhandlungen sind ein grundlegender Teil in der Verständigung zwischen Menschen, sowohl in privaten als auch in geschäftlichen Beziehungen. Aus der Vielzahl von Möglichkeiten für Verhandlungen haben wir folgende markante Punkte herausgehoben:

- Klärung von Interessenskonflikten
- Verteilung von Ressourcen
- Klärung von Zusammenarbeit
- Lösung von Konflikten
- Aufbau und Erhaltung von Beziehungen
- Lösungsfindung
- Rechtssicherheit

Menschen (als Individuen), Gruppen, Organisationen und soziale Systeme (Vereine, Gemeinden, Bundesländer etc.) haben oft unterschiedliche Interessen, Ziele und Prioritäten. Verhandlungen sind ein Weg, Differenzen zu überbrücken, Interessen zu klären und eine für alle Beteiligten akzeptable Lösung zu finden.

Ressourcen (Menschen, Zeit, Werte, Geld, Material etc.) sind oft nur begrenzt verfügbar, und ihre Verteilung muss ausgehandelt werden, um sicherzustellen, dass jede Partei einen fairen Anteil bzw. Gegenwert erhält.

Durch Verhandlungen können sich die Parteien auf Vereinbarungen einigen, die eine Zusammenarbeit ermöglichen, wo sie sonst vielleicht nicht stattfinden würde.

Konflikte können durch Verhandlungen aufgelöst und Streitigkeiten beigelegt werden, ohne dass es zu Zuspitzungen oder rechtlichen Auseinandersetzungen kommt.

Im Geschäftsbereich ermöglichen Verhandlungen Unternehmen, Verträge zu schließen, Partnerschaften einzugehen, Akquisitionen durchzuführen und Innovationen voranzutreiben.

Sowohl im privaten als auch im geschäftlichen Bereich können Verhandlungen helfen, Beziehungen aufzubauen und zu erhalten, indem eine Kultur der gegenseitigen Achtung und des Verständnisses gefördert wird. Verhandlungen sind oft der beste Weg, um sicherzustellen, dass jede Partei etwas von dem erhält, was sie will, selbst wenn dazu Kompromisse erforderlich sind. Insbesondere in der Geschäftswelt führen Verhandlungen zu bindenden Vereinbarungen, die Rechtssicherheit schaffen und Erwartungen für zukünftige Geschäftsbeziehungen setzen.

Insgesamt ermöglichen Verhandlungen eine strukturierte Diskussion über Bedürfnisse und Angebote, was zu einer effizienteren und effektiveren Lösungsfindung beitragen kann. Sie reduzieren die Wahrscheinlichkeit von Missverständnissen und fördern eine Umgebung, in der alle Beteiligten gehört und ihre Anliegen anerkannt werden.

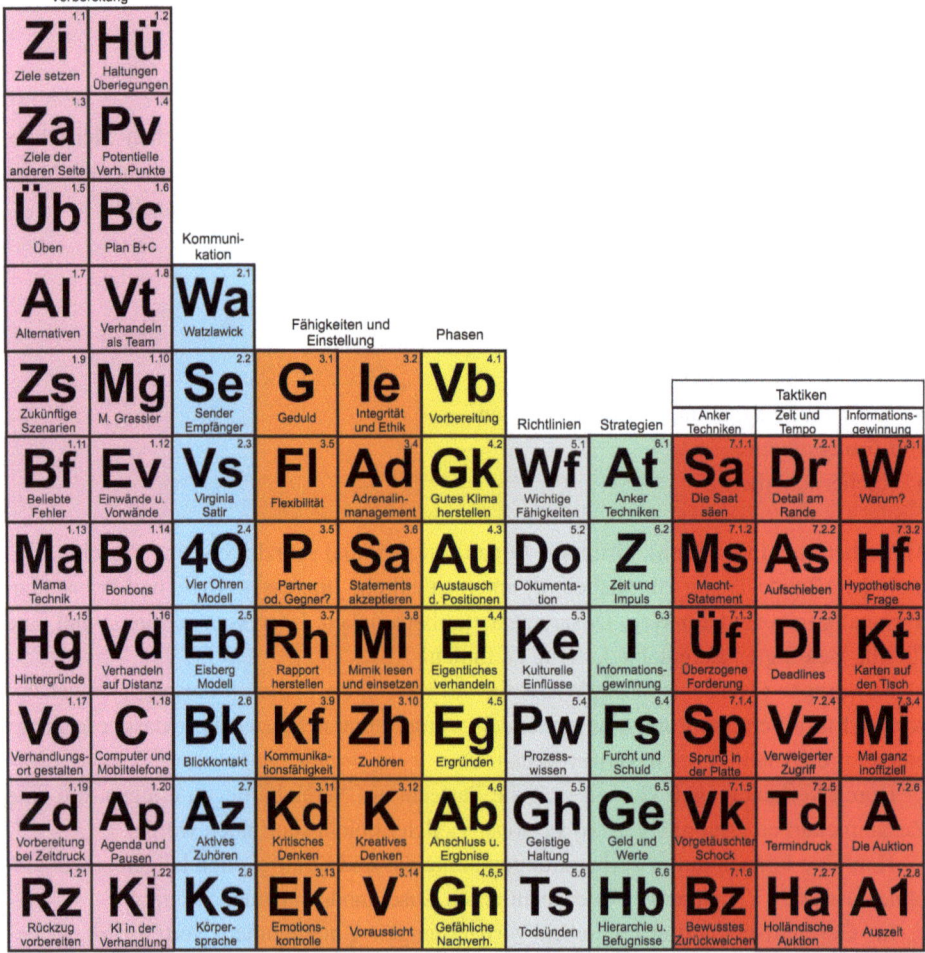

Das Periodensystem der Verhandlungselemente bietet Ihnen Übersicht und Orientierung rund um die verschiedenen Aspekte, die bei Verhandlungsführungen wichtig sind. Die von uns angeführten 160 Elemente der Verhandlungsführung lassen sich dadurch kategorisieren und leichter veranschaulichen. Sie sind unterschiedlich farblich gestaltet und bei jedem Element finden Sie die dazu passende Kapitelnummer als Index, damit Sie rasch im Buch an eine bestimmte Stelle navigieren können.

Die senkrecht zusammenhängenden Elemente (farblich markiert) stehen für die Kategorie von Verhandlungselementen, die Gemeinsamkeiten teilen, ähnlich wie die Gruppen im chemischen Periodensystem Gemeinsamkeiten der Elemente anzeigen. Gleichzeitig bilden die 13 Gruppen die 13 Kapitel des Buches.

Periodensystem der Verhandlungselemente

Kategorie	Element	Index	Bezeichnung
Konflikte	Ag	12.1	Aggression und Wut
Grundlagen	If	13.1	Steine im Fluss
Konflikte	Es	12.2	Eskalation von Konflikten
Grundlagen	Sm	13.2	SMART
Cialdini	Gg	11.1	Gegenseitigkeit
Konflikte	Mt	12.3	Magisches u. Tragisches
Grundlagen	Cr	13.3	Chancen Risiken
Verhandlungstypen	Kä	9.1.1	Kämpferische
Verhandlungstypen	Ex	9.1.2	Experten
Harvard	Me	10.1	Mensch und Sache trennen
Cialdini	Sy	11.2	Sympathie
Konflikte	Pk	12.4	Pos. Konfliktbehandlung
Grundlagen	Di	13.4	Walt Disney Methode
Verhandlungstypen	Ku	9.1.3	Kumpelhafte
Verhandlungstypen	Nö	9.1.4	Nörgelnde
Harvard	Ip	10.2	Interessen vs. Positionen
Cialdini	Sb	11.3	Soziale Bewährtheit
Konflikte	Kl	12.5	Konfliktlösungen
Grundlagen	S	13.5	Strategie-Trichter

Taktiken

Furcht und Schuld	Geld und Werte	Hierarchie und Befugnisse	nachher = vorher	Verhandlungstypen	Verhandlungstypen	Harvard	Cialdini	Konflikte	Grundlagen
Bb 7.4.1 Brüllen und beschimpfen	Tw 7.5.1 Vom Tisch wischen	Aw 7.6.1 Alles was ich bieten kann	El 8.1 Erkenntnis d. letzten Runde	Sc 9.1.5 Schwätzende	Be 9.1.6 Besserwissende	O 10.3 Optionen für alle	Ar 11.4 Autotität	Sw 12.6 Schwieriges	Zw 13.6 Zweinigung
Ph 7.4.2 Physisches Verstören	D 7.5.2 Wenn, dann	Ni 7.6.2 Nimm es oder lass es	Vm 8.2 Pot. Verhandlungsmasse	E 9.1.7 Eilige	M 9.1.8 Misstrauische	Ok 10.4 Objektive Kriterien	Kn 1.13 Knappheit	Mo 12.7 Monopolisten	Tk 13.7 Thomas Kilmann
Rf 7.4.3 Russian Front	Ff 7.5.3 Falsche Fährte	Hö 7.6.3 Höhere Autorität	Gz 8.3 Gegenwart u. Zukunft	Sl 9.1.9 Sachliche	Un 9.2.1 Unentschlossene	B 10.5 BATNA, WATNA, ZOPA	Ko 1.15 Festlegung u. Konsequenz	Mv 12.8 Manipulation i. Verhandlungen	Kg 13.8 Klonflikte à la Glasl
Pg 7.4.4 Persönlicher Gefallen	S1 7.5.4 Salami Taktik	Pt 7.6.4 Problem Transfer	Sn 8.4 Sieg und Niederlage	An 9.2.2 Anpassungsfähige	Ja 9.2.3 Ja-Sager	Kr 10.6 Kritik am Modell	Gs 1.17 Gemeinschaft	M2 12.9 Manipul. = Verhandeln?	3k 13.9 Drei Kameras
Gb 7.4.5 Good guy bad guy	Us 7.5.5 Unlogische Salami	N 7.6.5 Neue Gesichter	Ns 8.5 Nächste Schritte	Md 9.2.4 Mandatslose	Ve 9.3.1 Vermeidende	Sf 10.7 Schwierige Fälle	We 1.19 Automatisierte Welt	Tv 12.10 Teuflische Verhandlungen	H 13.10 Healthy Mind Platter
Su 7.4.6 Schuld	St 7.4.7 Stille	Kx 7.6.6 Komplexe Taktiken	Va 8.6 Vorbereitung ist alles	Sü 9.3.2 Schüchterne	Fg 9.3.3 Fragenstellende	Np 10.8 Nicht nach Plan laufend	Pr 1.21 Priming	Tr 12.11 Schmutzige Tricks	4m 13.11 4M in Verhandlungen

Jedes „Element" repräsentiert ein spezifisches Werkzeug, eine Fähigkeit oder ein Konzept in der Kunst der Verhandlung.

Strategien, Taktiken, Fähigkeiten und Faktoren sind für Sie in dieser bildhaft systematischen Art und Weise angeordnet, um die Vielfalt der Verhandlungsführung zu verdeutlichen, und Ihnen die Informationen leichter zugänglich und verständlich zu machen.

Inhaltsverzeichnis

Über die Autoren

 **Renker K. Weiss** hat sein Wissen und seine Berufserfahrung in Österreich, Deutschland, Nahost, Skandinavien, Baltikum und CEE durch Tätigkeiten in Führungspositionen u. a. bei Unternehmen wie Polaroid, Ericsson und UTA (jetzt Tele2) erworben.

Umfangreiche betriebswirtschaftliche, didaktische und psychologische Ausbildungen sind neben der langjährigen Berufserfahrung Basis seiner Kompetenz. In den bereits mehr als zwanzig Jahren selbstständiger Tätigkeit haben mehr als 25.000 Teilnehmerinnen und Teilnehmer bis dato seine Trainings, Coachings und Seminare auf vier Kontinenten erfolgreich besucht.

Seine Kernthemen sind Verhandlungsführung, Team & Führung, Organisationsentwicklung, Vertrieb und Kommunikation sowie Visualisierung.

Gemeinsam mit Jelka Lavrih Sztajnbok begleitet er seit mehr als 15 Jahren Unternehmen, Organisationen und Einzelpersonen bei Verhandlungen.

Kontakt:
Renker K. Weiss, MSc MBA
Hauptstraße 67
8793 Trofaiach
Österreich
Mail: info@renkershop.at

Jelka Lavrih Sztajnbok ist Trainerin, Business Coach und Change-Management-Beraterin mit umfangreichen Erfahrungen in Personal- und Organisationsentwicklungsprojekten.

Sie ist seit mehr als dreißig Jahren im Beratungs- und Trainingsgeschäft international tätig und hat ein besonderes Spezialwissen in den Bereichen Führung und Management, Teamarbeit, Geschäftsverhandlungen, Verkauf und Einkauf, Organisationskulturwandel und Umsetzung von Geschäftsstrategien erworben.

Eine ausgeprägte Expertise liegt in den Bereichen „Führen durch Werte" und Verhandlungsführung. Ihre Trainings basieren auf den neuesten Erkenntnissen der Neurowissenschaften und werden weltweit durchgeführt.

Gemeinsam mit Renker K. Weiss begleitet Sie seit mehr als 15 Jahren internationale Projekte zum Thema Verhandlungsführung.

Kontakt:
Jelka Lavrih Sztajnbok
Cankarjeva cesta 7
1000 Ljubljana
Slowenien
Mail: jelka.lavrih@siol.net

Die Hauptspeise als Vorspeise: Vorbereitung als Erfolgsfaktor

Zusammenfassung

In diesem Kapitel werden zahlreiche Faktoren beleuchtet, die zu einer guten Vorbereitung gehören und zu einer erfolgreichen Verhandlung wesentlich beitragen.

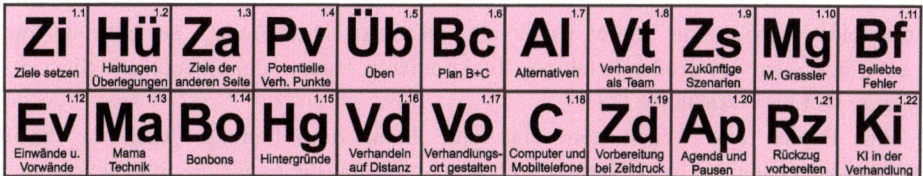

Fragen

Fragen, auf die Sie in diesem Kapitel Antworten finden können:

- Warum ist eine gute Zieldefinition kein Schönwetterkonzept?
- Wie üben produktive und erfolgreiche Verhandler?
- Mit welchen Werkzeugen können Sie Einwände von Vorwänden unterscheiden?
- Welche Empfehlungen gibt es für Online-Verhandlungen?
- Was ist wichtig bei einem Verhandlungsabbruch?

Der Satz „Vor allem die Vorbereitung ist der Schlüssel zum Erfolg" wird dem Erfinder und Multitalent Alexander Graham Bell – einem der maßgeblichen Miterfinder der Telefonie – zugeschrieben. In vielen Fällen unseres Lebens trifft diese Aussage zu: in Beruf, Sport, Hobby ebenso wie in der Verhandlungsführung.

© Der/die Autor(en), exklusiv lizenziert an Springer Fachmedien Wiesbaden GmbH, ein Teil von Springer Nature 2024
R. Weiss und J. Lavrih Sztajnbok, *Die Elemente des Verhandelns*,
https://doi.org/10.1007/978-3-658-44596-6_1

Was ist das Ziel von regelmäßigen Pilotentrainings? Krisensituationen zu begegnen, ohne die fatalen Konsequenzen von Fehlern in der Realität erleben zu müssen, noch gründlicher geschult zu werden, Fehler bzw. Verbesserungspotenziale offenzulegen, auszuwerten und Gegenmaßnahmen zu entwickeln.

Wenn Sie die Aussage „Vorbereitung ist 90 % des Erfolges" in die Suchmaschine Ihres Internetbrowsers eingeben, werden Sie mehr als 100.000 Treffer als Ergebnis erhalten[1]. Auch unsere Erfahrung mit tausenden Personen, die von uns trainiert oder gecoacht wurden, bestätigt das. Die Leute werden selbstsicherer, wirken kompetenter und gehen stressbefreiter in eine Verhandlung mit dem Gedanken im Hinterkopf, gut gerüstet zu sein.

Dabei stellt sich gleich zu Beginn die Frage „Wo wollen wir hin, was wollen wir erreichen?

Dieses Kapitel ist eines der umfangreichsten in diesem Buch, und das aus gutem Grund: es widmet sich einem der wichtigsten Faktoren in einer Verhandlung, der Vorbereitung.

1.1   Was ist das Ziel?

Sich darüber Gedanken zu machen, wie das Endergebnis einer Verhandlung aussehen soll, ist ein erster, wichtiger Schritt. „Sehen wir einmal, wie es sich entwickelt und dann entscheiden wir spontan, wie es weitergeht" ist ein riskanter Ansatz, der entweder mit viel Glück oder mit großer Erfahrung funktionieren kann – dazu benötigen Sie viele „Steine im Fluss" (siehe Pkt. 13.1).

Am Beginn des Weges steht eine gute Standortbestimmung. Auch das beste Navigationssystem sucht zu Beginn nach den Satelliten, die es für die Streckenplanung benötigt. Bei uns gilt es Antworten auf die erste Frage zu finden: Wo befinde ich mich gerade? Wie ist die aktuelle Situation? Wo stehe ich in meiner Planung? Wo befinde ich mich in der aktuellen/nächsten Verhandlung?

Im zweiten Schritt geht es um das „WOHIN" und die damit verbundene, gute Zieldefinition – und das SMART[2]. Da eine gute Zieldefinition kein Schönwetterkonzept ist, müssen Sie sich auch mit möglichen Gefahren am Weg zum Ziel befassen. Wie oft finden wir Zeitungsartikel über eine Wandergruppe, die eine Bergtour unternimmt und durch schlechte Vorbereitung (Routenplanung, Wettervorhersage, fehlende Ausrüstung für Schlechtwetter oder eine unvorhergesehene Übernachtung, Verbandsmaterial usw.) in Not gerät und gerettet werden muss?

Auch auf unserem Weg zum Verhandlungsziel ist es wichtig, einen kritischen Blick darauf zu werfen, was unser Ziel bedrohen kann. Eine SWOT[3]-Analyse ist hier z. B. ein bewährtes Werkzeug.

---

[1] Versuch am 7.7.2023 07:37 CEST auf www.google.com via Firefox.

[2] Abschn. 13.2

[3] Abschn. 13.3

Erst jetzt beginnen wir mit einer sauberen Maßnahmenplanung, die abhängig von Standort, Ziel und Gefahrenpotenzial entwickelt wird:

- Welche **Entscheidungen** müssen am Weg zum Ziel getroffen werden?
- Welche konkreten **Maßnahmen** leiten sich daraus ab?

Ziele setzt man aber nicht nur einmal pro Jahr. Ziele setzt man sich vor jedem Kontakt, denn ohne Ziele ist das Gespräch sinnlos und Zeitverschwendung:

- Was will ich heute erreichen?
- Wie soll das Ergebnis des Gespräches aussehen?

Doch nicht nur ein „A"-Plan sollte in der Tasche stecken, sondern auch Gedanken über positive und weniger positive Abweichungen vom Wunschergebnis gehören zur Vorbereitung, also ein Plan „B" und „C".

Somit gehen Sie zumindest schon mit drei Plänen anstatt mit nur einem zum Termin. Sie sind dadurch vorbereiteter, wirken kompetenter, selbstsicherer und sind entspannter im Gespräch.

Verhandlungen sind in den seltensten Fällen eine einmalige Sache. Es gibt immer ein „Davor" und ein „Danach". Der Sinn einer Verhandlung ist es, private, berufliche oder geschäftliche Themen auf Dauer für beide Seiten vorteilhaft zu schaffen.

Dabei gehören verschiedene Zieltypen wie globale Ziele, Teilziele, Etappenziele, wichtige und weniger wichtige Ziele, Grenzen und Alternativziele beurteilt.

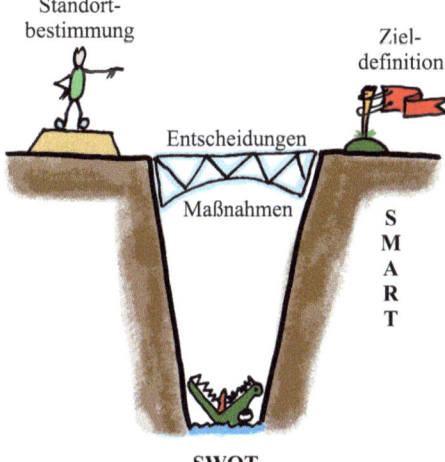

1.2   Position, Haltung, Überlegungen und Erkenntnisse

Versuchen Sie so neutral wie nur möglich in eine Verhandlung zu gehen. Selbst wenn Sie bereits negative Erfahrungen mit Ihrem Gegenüber gemacht haben, lassen Sie soweit es geht, die Vergangenheit ruhen. Ihre Erinnerungen und daraus resultierende Vorurteile können einen negativen Einfluss auf das zukünftige Verhandlungsergebnis haben. Auch eine zu positive Erwartungshaltung kann das Ergebnis unvorteilhaft beeinflussen.

Ob Sie es wollen oder nicht, Ihre Gefühlswelt kann Ihren klaren Blick auf die Situation trüben und Ihr Verhalten unbewusst beeinflussen.

Nehmen Sie sich ausreichend Zeit für die verschiedensten Überlegungen zu Ihrer bevorstehenden Verhandlung. Das Ergebnis der Vorbereitung wird möglicherweise nicht perfekt sein. Es ist ähnlich wie bei einem Hausbau. Einige Dinge ergeben sich erst in der realen Umsetzung und wurden während der Planung nicht erkannt.

Dabei ist es vorteilhaft, die Positionen aller Verhandlungspartner abwechselnd einzunehmen, ähnlich der Walt-Disney-Methode[4]. „Wenn man ein Pferd reitet, sollte man in der Richtung sitzen, in die auch das Pferd blickt", lautet eine Redewendung im Englischen und beschreibt mit einem gewissen Augenzwinkern das „Gehen in den Schuhen der anderen Person".

Dadurch ergibt sich ein umfassendes Bild, das Sie bei Ihrer Strategieplanung vorteilhaft nützen können.

Fällen Sie keine vorschnellen oder gefühlsbetonten Urteile, bewerten Sie nach Fakten. Auch Ihr Gegenüber hat Ziele und wendet Taktiken an. Das ist legitim. Wichtig ist, dass Sie anhand von eindeutigen Fakten und persönlichen Informationen agieren.

1.3   Ziele der „anderen Seite"

Vera F. Birkenbihl beschreibt in ihrem Konzept der „Zweinigung"[5] die Metapher „Inseln". Sie beschreibt bildhaft, dass jeder Mensch in einer Insel (und nicht auf einer Insel) lebt, die gefüllt ist mit den eigenen Erfahrungen, Werten, Prägungen, eigener Kultur etc. Um erfolgreich zu verhandeln, ist es auch wichtig, die Insel des Gegenübers zu kennen, um Möglichkeiten für einen Brückenbau zwischen den Inseln zu schaffen.

Um eine Verhandlung erfolgreich gestalten zu können, sollten wir uns bewusst sein, welche Ausgangssituation wir vorfinden. Generell wird ja verhandelt, weil die Vorstellungen zweier Personen zu einem Thema unterschiedlich sind. Es gibt also Unstimmigkeiten. Allerdings haben beide Verhandlungspartner die Absicht, zu einer gemeinsamen Lösung zu kommen. Die Unstimmigkeiten sind also überwindbar, um die Brücke zu seinem Verhandlungspartner zu bauen.

---

[4] Abschn. 13.4

[5] Abschn. 13.6

Um diese Brücke auf beiden Seiten auf ein gutes Fundament zu stellen, ist es wichtig zu wissen, wo die Brücke auf der Insel meines Gegenübers gut befestigt werden kann und wo der Untergrund eher ungeeignet ist? Die gemeinsamen Interessen zu erkennen ist wichtig. Was wollen wir gemeinsam erreichen? In einer Verkauf/Einkauf-Situation haben beide Partner das Interesse, ein Geschäft abzuschließen. Die eine Seite will so viel wie möglich in einer hohen Qualität zu einem möglichst niedrigen Preis erhalten, die andere Seite will gerne zu einem Preis liefern, der so hoch wie möglich ist. Auf den ersten Blick eine unlösbare Situation. Darum ist es in der Vorbereitung schon wichtig, die Verhandlung nicht aus der eigenen Sicht zu betrachten, sondern auch in den Schuhen des Gegenübers zu gehen und deren Perspektive einzunehmen. Dabei können folgende Fragen helfen:

- Was ist dem Gegenüber wichtig?
- Worauf kommt es ihr/ihm an?
- Welches Ziel verfolgt sie/er?
- Gibt es Nebenziele?
- Welche Alternativen hat sie/er?
- Was wäre die andere Seite bereit herzugeben bzw. auf was könnten sie/er verzichten?
- Welche Optionen bestehen?

1.4   Potenzielle Verhandlungspunkte

Am besten verhindern Sie, dass nur die für das Gegenüber interessanten Rosinen aus Ihrem Verhandlungskuchen gepickt werden, indem Sie alle Verhandlungspunkte (und nicht nur die wichtigen) vorab zusammenstellen, bevor Sie über einzelne Punkte im Detail verhandeln. Machen Sie alles von allem abhängig: Die alten Lateiner würden dazu „quid pro quo" sagen, also immer etwas erhalten für etwas, was Sie hergeben wollen/sollen. Schenken Sie nichts leichtfertig her und handeln Sie überlegt. Wenn Ihr Gegenüber bessere Konditionen zu dem einen oder anderen Verhandlungspunkt will, dann muss sie/er auch bereit sein, dafür ein Zugeständnis an einer anderen Stelle zu machen.

Dazu gehören auch die Punkte, die Ihnen möglicherweise eher unwichtig erscheinen, aber für die andere Seite von Interesse sind. Zwei Beispiele aus der Geschichte, von denen wir lernen können, wie wichtig es sein kann, die Übersicht über Verhandlungspunkte zu bewahren und welche Auswirkungen eine zu geringe Übersicht haben kann:

Die „Überseh"-Geschäfte des George Hearst

George Hearst (amerikanischer Bergbauexperte und Vater des später berühmten Medien-Moguls Randolph Hearst) kaufte Mitte des 19. Jh. aufgegebene Minen, die er zuvor mit seinen Ingenieuren untersucht hatte. So fand er in diesen - für seine damaligen Verhandlungspartner wertlosen Minen – unter anderem große Gold-, Silber- und

Erdgasvorkommen, die zur damaligen Zeit zu den größten in den Vereinigten Staaten zählten. Durch diese Strategie gelangte er zu großem Reichtum. Hätten sich seine Verhandlungspartner gefragt, worin denn das Interesse an einer aufgelassenen Mine liege, wären die Verhandlungspositionen andere gewesen. ◄

Noch plakativer erscheint der Kauf eines auf den ersten Blick wertlos scheinenden Stücks Land hoch im Norden:

Alaska ist nichts wert

Die Geldnot Russlands zwang Zar Alexander II um 1850, die damalige Kolonie „Alyaska" im Nordwesten Amerikas – den die US-Amerikaner später „Alaska" tauften – zu verkaufen. Zuvor hatte er das Gebiet dem Fürstenhaus Liechtenstein zum Kauf angeboten, das aber dankend ablehnte[6] (welch eine Entscheidung!). Schlussendlich wurde das Territorium zum damaligen Kaufpreis von 7,2 Mio. US-$ verkauft. Je nach Berechnungsmethode wären das heute zwischen 250 Mio. und 8 Mrd. US-$. Noch immer ein Pappenstiel für 1,7 Mio. km^2. Für das Geld bekommen Sie heute nicht einmal mehr einen Flugzeugträger der neuesten Generation. Damaliges Ziel der Russen: Geld für ein aus ihrer Sicht wertloses Stück Land zu bekommen. Damaliges Ziel der US-Amerikaner: Kanada vom Westen her strategisch in die Zange zu nehmen. Das Ausmaß der in Alaska vorhandenen Bodenschätze war beiden Seiten nicht bekannt. Hätte der russische Zar damals geahnt, welche Werte sich in Alaskas Boden verbergen, wäre er wohl nie auf das Angebot der Amerikaner eingegangen. Und die US-Amerikaner wären nie aus den eigenen Reihen so beschimpft worden, einen „wertlosen Schneehaufen" erworben zu haben. ◄

Auch Punkte, bei denen Sie bereit sind, Zugeständnisse zu machen, gehören gut vorbereitet und konsequent verhandelt: was nichts kostet, ist nichts wert. Je mehr Optionen Sie in Ihrem Portfolio haben, je mehr Angebote Sie machen können, desto mächtiger ist Ihre Verhandlungsposition. Heute wird das gerne als Teil des „agilen Verhandelns" gesehen.

1.5 Üben

Sich auf Verhandlungssituationen vorzubereiten und dabei auch in die Rolle des Gegenübers zu schlüpfen, ist Teil einer professionellen Vorbereitung. Die Kritik am Üben bleibt nicht aus. Es sei zeitintensiv und es wären nur konstruierte Laborsituationen, die mit der eigentlichen Realität wenig zu tun haben, wird gerne geäußert. Und doch hilft es

---

[6] Dieses zuvor nur als Gerücht existierende Geschichtsdetail wurde von Fürst Hans-Adam II bestätigt. Quelle: https://lkv.li/download_file/force/1260/224 Stand: 18.8.2023.

unserem Unterbewusstsein sehr, sich auf die bevorstehende Verhandlung vorzubereiten, einzustellen und neue Lösungswege zu finden. Die selbstsichere Wirkung auf das Gegenüber und die Reduzierung von Stress sind positive Folgeerscheinungen. In vielen unserer Verhandlungscoachings im Vorfeld einer komplexen Verhandlung hat sich das „Üben" als Erfolgsfaktor bewährt. Möglichkeiten dazu:

1.5.1 Mit Kolleginnen/Kollegen den Fall durchsprechen

In vielen Fällen helfen Gespräche mit Kolleginnen und Kollegen, um unterschiedliche Blickwinkel auf eine bestimmte Situation zu erlangen und neue Lösungsansätze zu entwickeln bzw. mehr Verständnis für die Gegenseite und deren Strategien zu bekommen. Sprechen Sie den Fall mit Ihren Kolleginnen und Kollegen durch, involvieren Sie auch Personen, die keine Berührungspunkte zu dem Fall haben. Deren unbeeinflusste, freie Sichtweisen sind ein wertvoller Beitrag für Ihre Vorbereitung, denn sie trauen sich, die wichtigen, schmerzhaften Fragen zu stellen, die Sie sich möglicherweise nicht wagen, selbst zu stellen. Diese „neutralen" Betrachter erkennen auch Feinheiten und Stolperfallen, die Ihnen verborgen geblieben sind. Teilen Sie die unterschiedlichen Rollen untereinander auf, gehen Sie Schritte „in den Schuhen Ihres Gegenübers" und halten Sie Ihre Erkenntnisse schriftlich fest.

1.5.2 Fallstudien

Ähnliche Beispiele aus der Vergangenheit werden mit dem jetzigen Fall verglichen: Was war damals erfolgreich, dass wir hier auch einsetzen können? Wo waren damals die Fallstricke, auf die wir auch hier achten sollten? Verschiedene Personen nehmen unterschiedliche Rollen ein. Diese Situationen aus der Praxis werden dann in der Gruppe vorbereitet, durchgeübt und danach reflektiert:

- Was ist gut gelaufen, was weniger?
- Was kann übernommen werden, wo ist Verbesserungspotenzial?
- Wer hatte den meisten Redeanteil?
- Wer hatte die machtvollste Position?
- Was hat zur gemeinsamen Lösung beigetragen, was nicht?
- Körpersprache +/-
- Ergebnis versus Zielsetzung
- Welche Taktiken/Strategien kamen zum Einsatz bzw. wurden erkannt?
- Bei mehreren Personen pro Verhandlungsgruppe: Wer hatte welche Aufgaben und waren alle aktiv eingebunden?
- Waren alle ausreichend beteiligt?

Auch das Durchüben des Falles an sich mit dem Besetzen der verschiedenen Rollen kann hilfreich sein.

1.5.3   Rollenspiele

Wir als Autorenteam verwenden diese Bezeichnung nicht, denn wir spielen nicht, wir üben für einen ernsthaften Praxisfall. Der Wortteil „-spiel" suggeriert dem Unterbewusstsein unserer Meinung nach eine Situation, in der es um nichts Ernstzunehmendes geht, etwas, dass nur des Spaßes wegen (mit „Schauspielern") durchgeführt wird – also eine Gauklerei.

Das verfehlt die Ernsthaftigkeit, die hinter einer Verhandlungsvorbereitung steckt. Wird eine Vorbereitungsübung nicht ernst genug genommen, beeinflusst diese Haltung unser Verhalten unbewusst in einer solchen Vorbereitungsübung. Natürlich sind Humor und Spaß an der Sache hilfreiche Elemente und haben ihre Berechtigung, wir empfehlen jedoch, sich an „Fallstudien" im vorherigen Unterkapitel zu orientieren.

1.5.4   Stresstrainings

Um den Umgang mit Adrenalin zu trainieren, empfehlen wir, sich z. B. mit Kolleginnen und Kollegen einem „Sparring" zu unterziehen. Einzelgespräche oder Dialoge in der Gruppe werden zu vorab beschlossenen Themen durchgeführt. Jede Person erhält eine bestimmte Rolle und Aufgabe. Ziel ist es, wie in einem Jetpilotentraining, stressbetonte Situationen durchzuproben, um sich an den ungewohnten Druck zu gewöhnen und einen klaren Kopf zu bewahren.

Eine andere Möglichkeit sind Stressinterviews oder Kreuzverhöre, in denen Sie die zu interviewende Person sind. Wie viel Druck halten Sie aus? Wie schaffen Sie es, den Kopf aus der Schlinge zu ziehen, wenn Sie von mehreren Seiten bedrängt werden? Wie begegnen Sie falschen Anschuldigungen oder Unterstellungen? Wie reagieren Sie auf Beschimpfungen oder Gebrüll? Das Ziel ist, Sie auf Verhandlungen vorzubereiten, die nicht so glatt von der Hand gehen und in denen Sie mit anspruchsvollen Situationen zurechtkommen müssen.

1.5.5   Persönliche Vorbereitungen

Um den teilweise sehr anspruchsvollen Aufgaben in einer Verhandlung erfolgreich zu begegnen, gilt es auch, Sie als Person vorzubereiten: Das Trainieren Ihrer Stimmbildung, Rhetorik, Körpersprache, Gestik, Mimik, Gesprächs- und Fragetechniken, Wissen über Psychologie, strategisches Denken und vieles mehr dient dazu, Sie für verschiedenste Situationen fit zu machen.

1.6   Plan B + C, Strategietrichter

Mehr als nur einen Plan in der Tasche zu haben, ist eine dringende Empfehlung, um Ihre Position in einer Verhandlung zu festigen.

Der Weg war umsonst?

Stellen Sie sich vor, sie stehen vor einer für Sie wichtigen Verhandlung, zum Beispiel um Ihr zukünftiges Gehalt. Sie waren in den letzten Jahren erfolgreich, haben gute Arbeit geleistet. Von intern und extern gab es zahlreiche positive Rückmeldungen. Der Termin ist geplant, Sie haben sich vorbereitet, kennen Ihre Argumente und Ihre Zielsetzung. Ihre Chefin stellt sich jedoch taub und ist (aus unbekannten Gründen) nicht bereit, Ihnen auch nur ein wenig entgegenzukommen – einfach nichts. Für Sie eine Enttäuschung wie sie im Buche steht.

Mit einem Plan B in der Tasche, ginge es Ihnen da schon besser. Sie haben geplant, sich weiterzubilden, um Ihre Talente noch mehr zu schärfen? Eine andere Position im Unternehmen, die interessant ist, scheint frei zu sein und bietet eine interessante Option? Sie haben Ihren Marktwert hinterfragt und wissen, was Sie wert sind? Sie kennen Ihre Erfolge aus der mittelbaren Vergangenheit und wollen darauf aufbauen? Welche Verhandlungsmöglichkeiten außerhalb des reinen Geldes gibt es denn noch (Dienstwagen, Gesundheit und Fitness, Coachings und Fortbildung, Workation[7], mehr Urlaubstage bzw. Freizeit, Nahverkehrsticket, Firmenpension, Aktienanteile u.v.m.)?

Mit diesen Trümpfen in der Tasche, wird Ihre Verhandlungsposition verbessert. Dazu gilt es über den Tellerrand zu blicken und auch unkonventionelle Möglichkeiten bzw. Optionen vorab zu entwickeln. Es wird sich zeigen, ob Ihre Chefin auf ihrem Standpunkt beharrt, wenn sie von Ihren gut vorbereiteten Alternativvorschlägen erfährt. ◄

Zwei Werkzeuge für eine solche Optionenentwicklung sind die BATNA-WATNA-ZOPA[8] Methode und der Strategietrichter[9]. Beide stellen für Sie so etwas wie einen Rettungsring dar: Funktioniert Plan A nicht, versuchen Sie B. Geht B nicht, dann versuchen Sie C, D, E …

Je mehr Optionen Sie in Ihrem Portfolio haben, je mehr Angebote Sie machen können, desto mächtiger ist Ihre Verhandlungsposition.

---

[7] Mischung aus Vacation und Work: Arbeiten an „paradiesischen" Orten: z. B. drei Monate in der Niederlassung auf Hawaii.

[8] Abschn. 10.5

[9] Abschn. 13.5

1.7   Alternativen

Stellen Sie sich vor, Sie gehen in eine Verhandlung mit einem vorgefassten Ziel und einer einzigen Strategie. Was passiert, wenn Ihr Gegenüber dem nicht zustimmt? Wie entkommt man dieser Zwickmühle? Entweder durch gute Vorbereitung oder Improvisation. Improvisation basiert einerseits auf Glück, andererseits auf Erfahrung, die Ihnen die Möglichkeit bietet, doch noch einen Trumpf rasch hervorzuzaubern; sich nur darauf zu verlassen wäre fahrlässig.

Unter Zeitdruck die Lösung für eine Situation wie in unserem Beispiel zu finden, ist eine Herausforderung. Da ist es besser, sich in der Vorbereitung schon Gedanken zu machen und sich dafür zu rüsten. Dazu eine kleine Checkliste:

- Haben Sie eine Antwort auf die Frage: „Was passiert, wenn es zu keiner Einigung kommt, was sind die Konsequenzen für uns und für die Gegenseite?"
- Stimmen Sie einem Verhandlungsergebnis nur zu, wenn es besser ist als eine Alternative.
- Überprüfen Sie, ob Ihr Gegenüber zu Ihrem Lösungsvorschlag möglicherweise eine noch bessere Alternative hat.
- Wenn Ihre Alternative für beide Seiten einen Vorteil bietet, sollten Sie das Ihrem Gegenüber klar darstellen. So können Sie Ihre Position stärken und Vertrauen aufbauen.
- Entwickeln Sie Alternativen zu allem, was für Sie von großer Bedeutung ist. Sie brauchen dann kein aufgezwungenes Ergebnis akzeptieren, sondern gestalten es in Ihrem Sinne.

1.8   Verhandeln als Team

Gerade in komplexen Verhandlungen empfehlen wir gerne, als Team zu verhandeln. Besonders in einem Team ist es wichtig, sich gut untereinander abzustimmen. Folgende Fragen können dabei helfen:

- Ist es sinnvoll, die Verhandlung als Team zu bestreiten?
- Wie groß wird das Team der Gegenseite sein?
- Was sind unsere Ziele?
- Welche Talente und Strategien benötigen wir für die Verhandlung?
- Wer aus unserem Team passt zu den Anforderungen?
- Welche Expertinnen und Experten benötigen wir für die Verhandlung?

- Welche Person übernimmt welche Rolle und welche Aufgaben im Sinne der drei Kameras[10]?
- Wer führt das Team an/koordiniert das Team?
- Wer hat welche Entscheidungsbefugnisse?
- Welche Priorität haben die einzelnen Ziele für jedes der Teammitglieder (und das kann unterschiedlich sein!)?
- Was ist die Präferenz jeder einzelnen Person pro Ziel?
- Wo liegen die persönlichen Interessen jedes einzelnen Teammitglieds pro Ziel?
- Wer beteiligt sich wann an der Verhandlung und wann nicht?

Gerade in komplexen Situationen ist es hilfreich, wenn nicht alles von einer einzelnen Person bewältigt werden muss und die Aufgaben aufgeteilt werden können wie z. B.: Fragetechnik, Zuhören, Nachfragen, Ich-Botschaften, Pausen, Argumentation (Behauptung, Argument, Beispiel, Folgerung), Interventionen, Körpersprache des Gegenübers, Beobachten des Verhandlungsprozesses und -fortschritts, roten Faden im Auge behalten, Reaktion auf Aussagen, Expertenmeinungen, Timing uvm.

▶ **Wichtig!**
Achten Sie darauf, dass ALLE Teammitglieder sehr gut aufeinander abgestimmt in der Verhandlung agieren. Es ist nicht förderlich, wenn mehrere Hierarchieebenen unvorbereitet im Team handeln. Das Einüben und Festlegen von Vorgehensweisen und Kommunikationsregeln kann helfen, die Effektivität des Teams zu erhöhen und eine gut verteilte Beteiligung aller Teammitglieder zu gewährleisten.

Uns wurden schon Situationen geschildert, in denen ein Mitglied des einen Verhandlungsteams in der Verhandlung einen Sachverhalt dargelegt hat und daraufhin vom ebenfalls anwesenden Vorgesetzten zurechtgewiesen wurde, was das für ein Unsinn sei (und das vor den anderen Verhandlungspartnern!).

Vorgesetzte bei jeder Kleinigkeit um ihre Zustimmung fragen zu müssen, kann den Verhandlungsprozess verlangsamen und Ansehen und Flexibilität des Teams reduzieren. Auch das nicht abgestimmte, nicht notwendige Gewähren von spontanen Preisnachlässen durch einen Vorgesetzten (um zu zeigen, was man alles kann und welche Entscheidungsbefugnisse man besitzt) ist eine oft verbreitete Unart zum Schaden der eigenen Organisation.

Das verschlechtert einerseits die Verhandlungsposition des Teams und beschädigt die Verhandlungsrolle der/des Untergebenen. Der Gewinner ist das Verhandlungsteam des Gegenübers, das sich ins Fäustchen lacht.

Eine weitere Gefahr besteht darin, dass sich Ihr Gegenüber in der Verhandlung nur auf die Person auf der höchsten Hierarcheebene konzentriert. Um diese Gefahren zu minimieren, ist es wichtig, dass Rolle und Einfluss eines Vorgesetzten im Verhandlungsteam klar definiert und mit allen Mitgliedern abgestimmt sind.

---

[10]Abschn. 13.9

1.9   Zukünftige Szenarien ausloten

Achten Sie bereits während der Verhandlungsvorbereitung darauf, wie sehr ein konstruktives Verhandlungsergebnis für Ihren Gesprächspartner von Wichtigkeit ist. Je geringer der Handlungsbedarf und Druck auf deren Seite ist, desto weniger wird sie/er zu Kompromissen bereit sein. Wenn der Nutzen für die andere Seite nicht erkannt werden kann, hat das einen negativen Einfluss auf Ihren Spielraum. Hier stellt sich die Frage:

Bei welchen Verhandlungsangelegenheiten passen die Wünsche der beiden Parteien zueinander?

Ziel ist es hier, Ziele und Haltung Ihres Gegenübers zu analysieren bzw. herauszufinden. Dazu bedarf es neben ihrem detektivischen Talent auch einer guten Fragetechnik[11].

Dazu passen folgende Fragen:

- Unter welchen Bedingungen könnte sich mein Gegenüber vorstellen, dem Verhandlungspunkt „XYZ" zuzustimmen?
- Gibt es etwas, das noch nicht auf der Agenda steht, dass wir übersehen haben?
- Welchen Grund hat die andere Seite, ihre jetzige Position einzunehmen?
- Wo gibt es Chancen, Gemeinsamkeiten und Optionen, an die wir noch nicht gedacht haben?
- Was wäre denn ein persönlicher Wunsch an mich?
- Was macht die andere Seite skeptisch?
- Welchen Teilen des Verhandlungspaketes könnte unser Gegenüber sofort zustimmen?

Mit Ihren strategisch und diplomatisch gut formulierten Fragen ist es, wie mit Steinchen, die über eine hohe Mauer geworfen werden. Unser geschätzter Kollege Rolf Waibel hat vor vielen Jahren dazu folgende Geschichte erzählt:

___

Blind fischen

Ein Junge stand mit einer kleinen Angel in der Hand vor einer großen Mauer. Er wollte einen Fisch aus dem Teich des alten, unbewohnten Schlosses fangen. Das alte Schloss war ringsum von einer mächtigen Mauer umgeben. Sie war noch gut intakt und hatte keine Lücken, durch die sich unser zierlicher Junge hätte hindurchzwängen können. Auch das schmiedeeiserne Tor erfüllte seine Funktion als Barriere noch gut. Zu gut, aus der Sicht unseres Jungen. Er stand vor der Mauer, bückte sich und griff nach einem kleinen Stein, warf ihn über die Mauer und lauschte. Dann ging er ein paar Schritte weiter, hob wieder einen Stein auf, warf ihn über die Mauer und lauschte.

___

[11] Abschn. 1.15.

Ein kleines Mädchen, das gerade vorbeikam, beobachtete die sich wiederholende seltsame Szene: bücken, Steinchen werfen, lauschen. Und plötzlich hörte das Mädchen nach dem letzten Steinchenwurf ein leises „Platsch". Der Junge hatte den Fischteich mit seinen Steinchen entdeckt. Er nahm nun seine Angel, befestigte ein Stückchen Brot am Haken und warf den Köder geschickt über die Mauer aus. Am anderen Ende der Angelschnur wickelte er ein, zwei Schlaufen der Schnur um seinen kleinen Finger, damit er bemerkte, wenn ein Fisch anbeißt und an der Angelschnur zog. Es dauerte nicht lange und unser Junge spürte ein sanftes Ziehen an der Schnur. Er zog mit einem Ruck an der Angelschnur, holte sie ein und ein schöner Fisch hing am Haken. Das Mittagessen war gesichert.

Jetzt verstand auch das Mädchen die seltsame Szene mit den Steinchen. Unser Junge hat mit seinen Würfen die Position des Teiches herausfinden wollen, um dann die Angelschnur zielgerichtet auszuwerfen. ◄

Die Steinchen symbolisieren Ihre Fragen in Richtung Ihres Gegenübers, um herauszufinden, wo es Themen gibt, die von Interesse sind. Diese Steinchentaktik wird nicht nur in der Verhandlungsführung verwendet, um zukünftige Szenarien auszuloten, sie findet auch im strategischen Vertrieb Anwendung, um die Bedürfnisse von Kundinnen und Kunden zu erkunden.

1.10   Vorbereitungsplan nach Manuel Grassler

Der Strategieexperte Manuel Grassler hat ein praxisgeprüftes Werkzeug entwickelt, um Sie in Ihrer Vorbereitungsarbeit mit der „empathischen Verhandlungsplanung" zu unterstützen. Auf übersichtliche Weise führt Sie dieses Werkzeug über wesentliche Themen in einer Verhandlung und stellt Ihnen dazu rund 70 passende Fragen zur Verfügung. Der Vorteil des Werkzeuges ist die Übersichtlichkeit über die verschiedensten Teilgebiete.

Der Ansatz seines Werkzeuges liegt in der Abhängigkeit von zwei Voraussetzungen für den Erfolg einer Verhandlung (Grassler, 2012):

- Der Hauptanteil an einer erfolgreichen Verhandlung liegt in der richtigen Vorbereitung und dreht sich um objektive Sachverhalte.
- Der zweite, aber oft vernachlässigte Teil einer Verhandlung dreht sich um Dinge, die sich im Verborgenen abspielen wie Lebensplan, Wirkung nach außen, Werte, Glaubenssätze, Selbstbestimmung etc.

Aus diesem Grund wurde der „Empathische Verhandlungsplanung Canvas" entwickelt. Der Plan ermöglicht Ihnen sich für ihre nächste Verhandlung optimal vorzubereiten und unterstützt Sie dabei, Ihre Motivation, persönlichen Ziele und Argumente herauszuarbeiten sowie die ihres Gegenübers. Es führt Sie schließlich systematisch durch den gesamten Verhandlungsablauf.

Dadurch können Sie ihre Gegenseite besser verstehen, entwickeln verschiedenste Alternativen, können im Team eine gemeinsame Vorgangsweise erarbeiten, verstehen Motivation, Verhalten und Persönlichkeit ihres Gegenübers besser und schaffen in kurzer Zeit eine gute Basis für ihre Verhandlung.

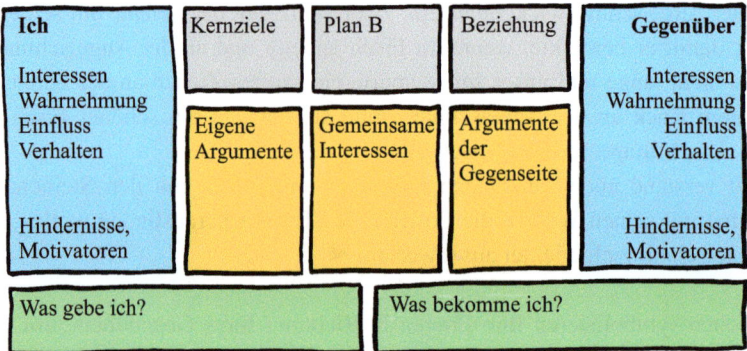

Jedes Entwicklungselement beinhaltet eine Menge strategischer Fragen, die bei der Vorbereitung durch den Prozess führen.

Die blauen Elemente hinterfragen die beteiligten Menschen, die grauen Elemente die Strategie, die orangen Elemente die Argumente und damit verbundene Taktiken und die grünen Elemente das Ergebnis.

Die visuelle Gliederung hilft, dass Sie basierend auf Ihren vorhandenen Informationen, nahezu überall auf dem Vorbereitungsplan beginnen können. Es wird jedoch empfohlen, folgende Reihenfolge zu nutzen: Menschen, Strategie, Argumente und Ergebnis.

1.11   Häufig gemachte Fehler und verbundene Risiken

Der Universitätsprofessor und Experte für die Bereiche Einkauf, Logistik, Materialwirtschaft und Projektmanagement Dr. Helmut Wannenwetsch beschreibt u. a. häufig gemachte Fehler und damit Risikofaktoren in einer Verhandlung:

- Manipulation wird nicht erkannt, das ist besonders bei emotionalen Manipulationen der Fall.
- Das Ziel soll zu schnell erreicht werden.
- Die Interessen der anderen Seite werden nicht verstanden.
- Positionieren und verteidigen der Position um jeden Preis: Ich bin der Gewinnertyp.
- Fragetechniken werden zu wenig eingesetzt.
- Keine schriftlichen Notizen: „Ich kann mir alles merken!"
- Das Gegenüber als Mensch wird nicht berücksichtigt.
- Beharren auf der eigenen Verhandlungsposition.

- Menschen und Probleme werden gemeinsam statt getrennt betrachtet.
- Die Wirkung auf andere wird nicht berücksichtigt.
- „Vorbereiten ist unnötig – ich habe schon vieles gemeistert."
- „Verhandlungen nachbereiten ist verschwendete Zeit!"

1.12   Einwände und Vorwände

Sind Einwände und Vorwände Ihres Gegenübers dasselbe oder doch unterschiedlich? Im zweiten Falle stellt sich die Frage, wodurch sich Vorwände von Einwänden unterscheiden und wie man das eine vom anderen unterscheiden kann?

Grundsätzlich hat unsere Erfahrung gezeigt, dass es in einer Verhandlung hilfreich ist, Einwände als etwas Positives anzunehmen. Dh. unser Gegenüber äußert zu einem offerierten Vorschlag (oftmals kritische) Fragen, um Dinge und Bedenken etc. zu klären, bevor eine Zustimmung gegeben werden kann. In vielen Fällen sind das bereits versteckte Zustimmungssignale, denn wenn es unserem Gegenüber nicht wichtig wäre, warum wird dann das eine oder andere hinterfragt?

▶   **Wichtig!**
Kein Verhandlungspartner stimmt einfach nur Agenda-Punkten zu, sondern dem Nutzen oder Vorteil, den sie/er dadurch gewinnen kann. Kommt ein Einwand, bedeutet dies, dass der Vorteil/Nutzen noch nicht klar genug ist.

Wenn ein Einwand oder eine kritische Frage gestellt wird, dann sollten Sie sich still und heimlich denken „Hurra, ein Einwand!", denn in der Mehrzahl der Verhandlungssituationen kann das bereits einen Fortschritt bedeuten. Ihre positive Grundeinstellung zu einem Einwand, lässt Sie auch unbewusst positiv auf Ihr Gegenüber wirken und das hat wieder Einfluss auf den Verlauf Ihrer Verhandlung.

Der bissige Hund

Erich, ein Freund von uns hat vor ein paar Monaten erzählt, dass er einen Kollegen in seinem neuen Haus besucht hat. Als er zum Gartenzaun kommt und die Türe öffnet, kommt ihm ein großer Rottweiler entgegen. Unser Freund kennt sich ein wenig mit Hunden aus. Er begrüßt den Hund mit ruhiger Stimme und lässt ihn an seinem Handrücken schnüffeln. Der Hund schnuppert ein wenig an der Hand sowie am Hosenbein und trottet dann wieder davon.

Erich ging weiter zum Haus, läutet an der Türe, der Kollege öffnet, begrüßt ihn freudig. Unser Freund zeigt sich erstaunt, dass sein Kollege noch nie erwähnt hatte, einen großen Hund zu besitzen. Der Kollege meinte aber, er habe gar keinen Hund und als unser Freund ihm die Vorgeschichte erzählte, meinte er:

„Ach so, das ist der Hund des Nachbarn, der wahrscheinlich wieder durch eine Lücke im Zaun geschlüpft ist. Hoffentlich hat er dir nichts getan, er ist ein wenig bissig."

Allein dieser letzte Satz hätte die Situation im Vorfeld schon anders gestalten können, denn unser Freund hätte sich mit dem Gedanken „bissiger Hund" wahrscheinlich unbewusst nicht so locker und entspannt verhalten. ◄

Kritische Stimmen äußern dazu gerne, dass das Interesse nur vorgetäuscht und ein Bluff sein könnte. Wenn ich in jeder Situation nur das Negative und Schlechteste von meinem Gegenüber erwarte, warum verhandle ich dann überhaupt mit so einer Person, wenn es kein grundsätzliches Vertrauen gibt?

▶   **Wichtig!**
Halten Sie grundsätzlich Einwände für etwas Positives, denn Ihre Einstellung beeinflusst nachweisbar unbewusst Ihr Verhalten. In der Praxis hat sich dieser Merksatz mehrfach bestätigt. Unsere Erfahrung hat gezeigt, dass sich die Chance auf einen positiven Verhandlungsabschluss verdoppelt, wenn Sie Einwänden gegenüber positiv eingestellt sind. Vergessen Sie aber nicht, die Einwände einer Prüfung zu unterziehen.

Vorwände sind wiederum aus unserer Erfahrung heraus oft nur Ausreden, die dazu dienen, die eigentlichen Beweggründe zu verschleiern wie z. B.:

- Unserem Gegenüber fehlt Mandat, Kompetenz oder Autorisierung, um über den aktuellen Punkt zu verhandeln und man sucht einen Ausweg, sich nicht bloßzustellen.
- Es wurde bereits eine Entscheidung vorab getroffen und das Thema ist in Wirklichkeit nicht mehr wichtig genug, um darüber zu reden.
- Unserem Gegenüber wurde das Budget für die geplante Investition gestrichen.
- Durch eine Reorganisation hat unser Gesprächspartner entweder andere Aufgaben erhalten oder z. B. eine neue Chefin bekommen, die andere Prioritäten für die Verhandlung definiert.

Zwei Werkzeuge, die helfen können, Einwände von Vorwänden zu unterscheiden:

1.12.1 Argumente

Ihre Argumente sollten eine klare und logische Struktur haben. Beginnen Sie mit der Präsentation der wichtigsten Punkte und unterstützen Sie diese mit Daten, Fakten und Beispielen. Vermeiden Sie emotionale oder irrelevante Argumente, die von der Hauptsache ablenken können.

Nicht alle Argumente sind gleich wichtig. Bestimmen Sie, welche Punkte am über-zeugendsten sind oder für Ihre Gegenseite die größte Relevanz haben könnten und brin-gen Sie diese früh in der Diskussion.

Der Verhandlungsprofi und Bestsellerautor Alexis Kyprianou empfiehlt hier, die vor-zubringenden Argumente niemals in aufsteigender (oder absteigender) Reihenfolge ihres Gewichts darzustellen. Das wäre ein Fehler, auch wenn dieser „geordnete" Aspekt auf den ersten Blick logisch erscheinen mag. Wenn Sie Ihre Argumente in absteigender Reihenfolge ihres Gewichts vortragen, enden Sie mit dem leichtesten Argument. In einer Diskussion reagiert Ihr Gegenüber auf das zuletzt genannte Thema, da es das ist, an das sie/er sich am besten erinnert. Sie werden also gezwungen sein, Ihr am wenigsten über-zeugendes Argument zu verteidigen; währenddessen verlieren Ihre stärksten Argumente an Wirkung.

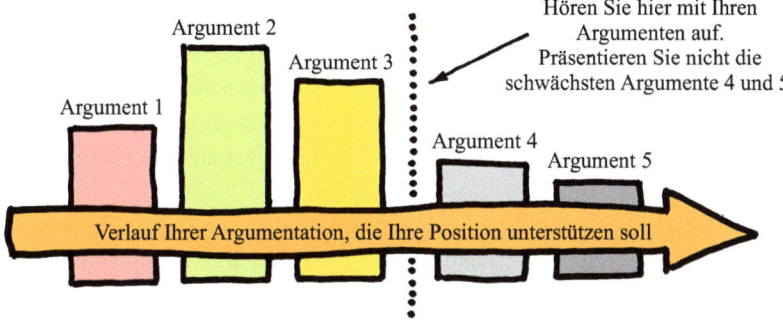

Wenn Sie Ihre Argumente in aufsteigender Reihenfolge ihres Gewichts vortragen, be-ginnen Sie mit dem am wenigsten starken Argument. Ein ungeduldiger oder etwas red-seliger Gesprächspartner könnte Sie unterbrechen. Er hätte dann leichtes Spiel, Ihre schwächeren Argumente anzugreifen.

Beschränken Sie Ihre Argumentation auf die zwei oder drei stärksten. Ihre Er-klärungen sind damit wesentlich bedeutsamer und weniger angreifbar.

Versuchen Sie, die Wünsche und die Sichtweise Ihres Verhandlungspartners zu ver-stehen. Dies zeigt nicht nur Respekt, sondern ermöglicht es Ihnen auch, Ihre Argumente so zu gestalten, dass sie für die Gegenseite attraktiver erscheinen. Zeigen Sie, dass Sie zuhören, indem Sie zusammenfassen, was die andere Seite gesagt hat, und aufzeigen, wie Ihre Vorschläge zu deren Zielen passen können.

Achten Sie auf die Reaktionen Ihres Gegenübers und seien Sie bereit, Ihre Strategie anzupassen. Wenn ein bestimmtes Argument nicht zu verfangen scheint, wechseln Sie zu einem anderen. Überlegen Sie auch unkonventionelle Wege, wie Sie gemeinsame Werte und Ziele erreichen könnten.

Seien Sie authentisch in Ihrer Kommunikation. Authentizität fördert Vertrauen und Glaubwürdigkeit, was für gelungene Verhandlungen essenziell ist. Halten Sie den Fokus auf das Endziel der Verhandlung. Lassen Sie sich nicht von Nebensächlichkeiten ab-lenken, die den Abschluss verzögern könnten.

▶ **Wichtig!**

Wenn Ihr Gegenüber argumentiert, beginnt, sie/er meist, mehrere gewichtige Argumente aneinanderzureihen, um die Verhandlungsposition zu verteidigen. A. Kyprianou (2013) empfiehlt, Ruhe zu bewahren. Lassen Sie Ihr Gegenüber reden, ohne zu unterbrechen. Wenn sie/er mehrere Argumente hat, ist oft das letzte wahrscheinlich das schwächste.

Greifen Sie den schwächsten Punkt der Argumentationskette an. Es klingt abwegig, aber die häufige Reaktion ist die, dass der angegriffene Punkt intensiv verteidigt wird, und die Konzentration auf die stärksten Argumente vergessen wird.

Kommen die Argumente Ihres Gegenübers nur vereinzelt, schweigen Sie, als ob Sie mehr erwarten würden. Ihr Schweigen wird Ihr Gegenüber dazu verleiten, mehr zu reden, um die Zeit zu überbrücken. Schweigen ist eine sehr schwer zu zähmende Technik und erfordert eine ausgezeichnete Selbstbeherrschung.

Wenn Ihrem Gesprächspartner die Argumente ausgehen und er auf Ihr Schweigen stößt, wird sie/er wahrscheinlich anfangen, sich zu wiederholen oder zu stottern. Nutzen Sie dieses für Ihr Gegenüber unangenehme Schweigen, weil es Zweifel an der Qualität ihrer Argumente sät. Es besteht eine Chance, dass Ihnen ein Zugeständnis angeboten wird, anstatt dass Ihr Gegenüber weiterhin in der Verlegenheit verharrt.

Der Schlüssel zu erfolgreichen Verhandlungen liegt darin, Ihre Argumente klar, logisch und überzeugend zu präsentieren, während Sie gleichzeitig flexibel und aufmerksam auf die Bedürfnisse und Antworten Ihres Verhandlungspartners reagieren. Indem Sie Recherche, Einfühlungsvermögen und Kreativität kombinieren, können Sie eine starke Position aufbauen und eine Win-win-Situation schaffen, die Ihren Zielen dient und gleichzeitig die Beziehung zur anderen Seite stärkt.

1.12.2 Die Hypothetische Frage

Die Hypothetische Frage werden Sie auch in unserem Kapitel über Taktiken wiederfinden (Kap. 7). Sie dient einerseits dazu, zu ergründen, ob Ihr Gegenüber bereits auf „Zustimmungstemperatur" ist, andererseits ist es ein hilfreiches Werkzeug zur Überprüfung, ob es sich bei der geäußerten Argumentation unseres Gegenübers um einen Vorwand handelt.

Sie stellen Ihrem Gegenüber, nachdem sie/er einen Einwand vorgebracht hat, gewissermaßen eine Frage in die Zukunft, die den Echtheitsgrad des geäußerten Einwandes prüfen soll:

„Vielen Dank für Ihre Bedenken zu dem Punkt ABC.

Angenommen, wir finden dafür eine Lösung, würden Sie dann zustimmen?"

Bejaht Ihr Gegenüber die Frage, steht das Tor zu einer positiven Lösung weit offen. Wird Ihre Frage verneint, haben Sie die Chance, die Beweggründe mit gezielter Fragetechnik zu analysieren. Gibt es konkrete Antworten, so können diese von Ihnen professionell behandelt werden. Windet sich jedoch Ihr Gegenüber bei diesen Antworten wie ein Aal und beginnt statt geradliniger Antworten eher lange Geschichten zu erzählen, dann liegt der Verdacht nahe, dass es sich um einen Vorwand handelt.

Die Monty Python Methode

Die britische Komikergruppe Monty Python verwendet in ihren humoristischen Fernsehfolgen und Filmen ein Stilmittel, um einen abrupten Bruch zwischen zwei nicht zusammenhängenden Szenen einzuleiten: Man hört im Film eine Sprecherstimme den Satz sagen „… and now for something completely different", also sinngemäß „… und jetzt zu etwas ganz anderem".

Dieses Stilmittel können Sie sich zunutze machen, indem Sie nach einem von der Gegenseite vorgebrachten Argument absichtlich einen Themenwechsel herbeiführen. Kommt die Gegenseite nochmals auf das zuvor geäußerte Argument zurück, scheint ihr das Thema wichtig, also dürfte es sich um einen berechtigten Einwand handeln, den es zu besprechen gilt.

Sie können natürlich versuchen, diesen Punkt noch ein zweites Mal untergehen zu lassen (oder auf einen späteren Zeitpunkt zu verschieben), viel weiter sollten Sie es aber nicht auf die Spitze treiben. Wird das Argument von Ihrem Gegenüber nicht nochmals vorgebracht, besteht der begründete Verdacht, dass es sich hier um einen Vorwand handelt und nicht wichtig genug für die Klärung ist.

Umgang mit Lügen

Der Verhandlungsexperte Alexis Kyprianou (2013) empfiehlt in seinem Buch Folgendes über den Umgang mit „Unwahrheiten":

Grundsätzlich, wenn es das erste Mal vorkommt, empfiehlt Kyprianou keine direkte Beschuldigung, denn es könnte sich um einen einfachen Fehler handeln. Ein Vorwurf ist immer ein persönlicher Angriff und diese persönliche Kritik könnte das Verhandlungsklima negativ beeinflussen. Geben Sie Ihrem Gegenüber die Gelegenheit, die Information zu berichtigen und sein Gesicht zu wahren. Gleichzeitig halten Sie Ihr Gegenüber davon ab, erneut zu lügen.

Kyprianou teilt diese Situation in drei Stufen:

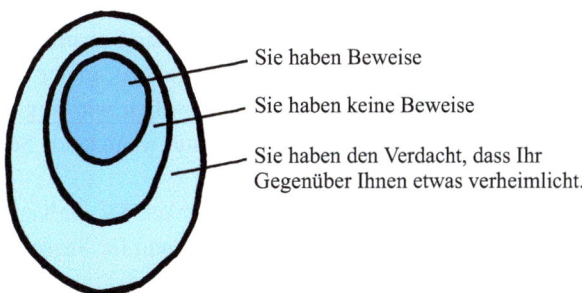

Sie haben Beweise

Sie haben keine Beweise

Sie haben den Verdacht, dass Ihr
Gegenüber Ihnen etwas verheimlicht.

Fragen, die Sie stellen können, ohne Anschuldigungen auszusprechen

- Sie haben Beweise: „Die Informationen, die mir zu diesem Punkt vorliegen, stellen sich ganz anders dar. Können Sie mir das erklären?"
- Sie haben keine Beweise: „Bitte korrigieren Sie mich, wenn ich unrecht habe. Für mich stellt sich die Situation folgendermaßen dar: … Wie sehen Sie das?"
- Sie haben den Verdacht, dass die andere Person Ihnen etwas verheimlicht: „Kann es sein, dass Sie zu diesem Thema noch zusätzliche Informationen besitzen, die ich auch kennen sollte?"

Mit einer eleganten Fragetechnik schaffen Sie es, Ihrem Gegenüber keine Anschuldigungen an den Kopf zu werfen und geben Ihrem Gesprächspartner die Möglichkeit, die Situation wiedergutzumachen. Ihr Gegenüber hat gerade die Glaubwürdigkeit in der Verhandlung aufs Spiel gesetzt. Sie bieten die Möglichkeit, dass sie/er das Gesicht wahren kann. Das wird sie/ihn dazu bringen, keinen neuen Versuch zu starten.

Sollte Ihr Verhandlungspartner weiterhin lügen oder Falschinformationen verbreiten, empfiehlt Kyprianous die Verhandlung zu unterbrechen. Nehmen Sie sich die Zeit, darüber nachzudenken, welche Risiken in einem Weiterführen der Verhandlung bestehen. Haben Sie wirklich alle Falschinformationen erkannt oder verbergen sich hier noch mehr unentdeckte „Tretminen"? Ist Ihnen die Fortführung der Verhandlung unter diesen Umständen so wichtig, oder treten Sie besser den geordneten Rückzug an? Mit der Verhandlung allein ist es nicht getan, das ist ja erst der Beginn einer Beziehung. Wenn sich Ihr Gegenüber jetzt schon so verhält, wie wird sich das erst im Rahmen einer weiterführenden Zusammenarbeit oder einer Kunden-Lieferanten-Partnerschaft weiterentwickeln? ◄

1.13   Die Macht der Möglichkeiten: MAMA

Wie schon in einigen Punkten erwähnt, ist bei der Routenplanung der zukünftigen „Verhandlungsreise" wichtig zu wissen, was wir erzielen wollen. Wenn sich unser Gegenüber nach einer Verhandlung über den Tisch gezogen fühlt, was wird passieren? Entweder wir sehen uns nie mehr wieder (was in den seltensten Situationen der Fall ist) oder die Gegenseite wird sich dafür bei einer anderen Gelegenheit, in der wir die schwächere Position haben, revanchieren. In den meisten Fällen wollen wir langfristig mit unseren Verhandlungspartnern auskommen. Das funktioniert nur, wenn beide Seiten das Ergebnis als ausgewogen und tragfähig bewerten.

Dabei kann uns die „MAMA"-Methode helfen. Denken Sie die vier Punkte für beide Verhandlungsseiten detailliert durch: für Ihr Gegenüber und für Sie selbst.

- Was kann mein **M**aximalziel sein?
- Welche **A**lternativen kann ich anbieten?
- Was kann mein **M**inimalziel sein?
- Wann steige ich aus der Verhandlung aus, was sind meine **A**usstiegskriterien?

1.13.1 Maximalziel

Legen Sie Ihr Maximalziel fest. Hier werden Sie Parallelen zum Harvard Prinzip[12] erkennen. Es geht darum, was Sie im Idealfall erreichen wollen. Es geht dabei nicht um den Blick durch die rosarote Brille, sondern um ein Verhandlungsziel, das sportlich, aber noch erreichbar ist. Ihre Kreativität und Ihr Weitblick sind jetzt gefragt. Wenn Sie sich z. B. auf ein Gehaltsgespräch vorbereiten, wäre es schlecht, nur über das Geld als Solches nachzudenken. Es gibt zahlreiche Zusatzmöglichkeiten neben dem eigentlichen Ziel. Fragen Sie sich, „Und wenn das Geld keine Rolle spielt, was ist mir NOCH wichtig? Zusätzliche Urlaubstage, Dienstwagen mit unlimitierter Privatnutzung, Fortbildungen, Homeoffice u.v.m. stehen Ihnen auch noch zur Verfügung.

1.13.2 Alternativen

Entwickeln Sie ein machtvolles Verhandlungsportfolio. Je mehr Optionen Sie anzubieten haben, desto besser und vorteilhafter ist Ihre Position. Sie haben im ersten Schritt schon Zusatzmöglichkeiten vorbereitet. Finden Sie jetzt noch alternative Ausweichszenarien für sich und für Ihr Gegenüber. Wenn Sie zum Beispiel einen bestimmten Preis nicht zahlen können oder wollen, dann überlegen Sie sich Alternativen, die nichts mit Geld zu tun haben. Das können zum Beispiel kostenfreie Zusatzlieferungen sein (z. B. 12 zahlen + 1 gratis) oder andere Leistungen, die Sie fast nichts kosten, aber der anderen Seite einen großen Nutzen bringen.

Die Sache mit dem Sofa

Ein bekanntes italienisches Unternehmen, das High-End-Designermöbel herstellt und weltweit vertreibt, wollte 2014 eine Neuauflage eines Sofas herstellen, das Anfang der 1950er Jahre von einem sehr berühmten Designer entworfen wurde. Sie wollten genau das gleiche Modell herstellen und auch den ursprünglichen Namen des Sofas – nennen wir es „Giorletto" – wiederverwenden, was wirklich sehr passend dafür war.

---

[12] Kap. 9

Zu diesem Zweck baten sie ihre Rechtsabteilung, zu prüfen, ob es rechtlich möglich sei, diesen spezifischen Namen wiederzuverwenden, und ob seit damals „Giorletto" als Marke noch eingetragen sei.

Leider stellte sich heraus, dass der Name bereits seit 2008 von einem anderen italienischen Möbelhändler registriert und rechtlich geschützt war. Man musste sich entscheiden: einen neuen Namen für das Sofa zu suchen oder zu versuchen, mit dem neuen Markeninhaber zu verhandeln, um eine offizielle Genehmigung für die Verwendung des Namens zu erhalten. Ziel: Im Idealfall kostenlos oder zumindest, für möglichst wenig Geld die Lizenz zu erhalten.

Nach intensiver Recherche zeichnete sich folgendes Bild ab: Die gute Nachricht war, dass der Produktname seit 2008 noch nicht öffentlich verwendet wurde. Die schlechte Nachricht war, dass der jetzige Markeninhaber dafür bekannt war, ein harter Verhandler zu sein. Man fürchtete, dass er sich einfach weigert, zu verhandeln, ein solches Geschäft nicht akzeptiert oder eine sehr hohe finanzielle Entschädigung fordert.

Zufällig kannte die Marketingleiterin der Designermöbelfirma die Frau des Markeninhabers, weil sie vor längerer Zeit mit dem Vater der Frau Geschäfte gemacht hatte. Die Welt ist quasi ein Dorf und jeder kennt jeden um drei Ecken.

Daher konnte mit einer Empfehlung der Frau des Markeninhabers leichter ein erster Kontakt aufgenommen werden. Trotzdem zeigte er zu Beginn der Verhandlungen kein Interesse an dem Vorschlag. Da sein eigenes Unternehmen viel kleiner war als die Designermöbelfirma, fürchtete er, missbraucht zu werden, und wollte daher zeigen, dass ER in der stärkeren Position war.

In den weiteren Verhandlungen versuchte man dem Markeninhaber zu erklären, welches kulturelle und sogar nationale Interesse dahintersteht. Der Name soll für ein schönes, neu aufgelegtes Sofa als Wertschätzung an den berühmten italienischen Designer verwendet werden, der den ersten Entwurf für dieses Möbelstück lieferte. Man hat im Detail erklärt, warum „Giorletto" so perfekt passe. Man legte auch dar, dass allein der Markeninhaber die Macht besitze, diese Hommage zuzulassen oder auch nicht.

Der Markeninhaber bat die Designermöbelfirma um Bedenkzeit und es fanden danach noch zwei weitere Verhandlungsrunden statt. Schließlich fand man zu einer kreativen Lösung: Der Markeninhaber erhielt eine angemessene Lizenzzahlung und das allererste gefertigte Sofa für seine eigenen Ausstellungsräume kostenfrei. Zusätzlich wurde der Markeninhaber in den Prospekten und Werbematerialien der Designermöbelfirma angemessen gewürdigt.

Die Kosten für das Designermöbelunternehmen waren im Rahmen und sogar niedriger als erwartet, denn das Wichtigste, um das es dem Markeninhaber ging, war die Anerkennung. ◄

1.13.3 Minimalziel

Auch wenn das Minimalziel schon an zweiter Stelle kommen sollte, wird es hier der MAMA wegen erst jetzt angeführt (MAMA klingt besser als MMAA). Hier geht es darum, was Sie im schlechtesten Fall erreichen wollen. Was müssen Sie als Minimum erreichen? Wenn Sie kein Minimalziel definieren, dass vom Ideal abweicht, schränken Sie Ihren Handlungsspielraum stark ein. Dass Ihr Fokus auf das Maximalziel gerichtet ist, ist verständlich. Sie sollten sich vor Augen führen, was Sie als Minimum erreichen wollen. Ansonsten könnten Sie vor der Tatsache stehen, dass Ihr Verhandlungsergebnis schlechter ist als ohne Verhandlung. Maximum und Minimum bilden für Sie die Leitschienen Ihrer Verhandlungsautobahn, zwischen denen Sie sich bewegen können, um zum Ziel zu kommen.

1.13.4 Ausstiegskriterien

Das unterste Ende des Minimalzieles definiert die Bedingungen, bei denen Sie die Verhandlung abbrechen, vertagen oder verlassen. Das ist ein ernsthafter Schritt, der nicht leichtfertig außer Acht gelassen werden darf. Sie brauchen eine klare Grenze. Stellen Sie sich vor, Sie bieten einem Unternehmen 10.000 Stück eines Metallstanzteiles zum Kauf an. Sie setzen sich als minimales Verhandlungsziel einen Stückpreis von 10 €. Darunter würden Sie die Verhandlung abbrechen. Die Einkäuferin, mit der Sie verhandeln, bietet Ihnen 9,98 € als äußersten Preis, den sie Ihnen zahlen kann. Geben Sie nach oder verabschieden Sie sich höflich? Auch das Minimalziel gehört gut durchdacht:

Ist nur der Preis ausschlaggebend? Gibt es andere Faktoren, die noch ein Entgegenkommen möglich machen (Zahlungskonditionen, INCO-Terms, Liefermengen, Toleranzen, Material- oder Verarbeitungsanpassungen etc.)

Drohen Sie nie gedankenlos mit dem Ausstieg, wenn Sie es nicht wirklich ernst meinen. Wenn Sie einen bevorstehenden Ausstieg nur vortäuschen, dann aber nicht umsetzen, verlieren Sie Ihre Glaubwürdigkeit und torpedieren Ihre Verhandlungsstärke.

1.14 Bonbons – Zugeständnisse

Für Ihre Verhandlung sollten Sie auch Themen/Punkte vorbereitet haben, bei denen Sie gewillt sind, Zugeständnisse zu machen. Auch Ihr Gegenüber wünscht sich bei dem einen oder anderen Verhandlungspunkt Erfolg zu haben.

Darum ist es wichtig zu wissen, was Sie bereit sind, auch herzugeben und zu welchem „Preis"? Hier gilt die Regel „Quid pro quo" (lat. dies für das). Es bedeutet, dass Sie bei Punkten, bei denen sie bereit sind, diese zu Gunsten Ihres Verhandlungspartners zu entscheiden, trotzdem konsequent verhandeln sollen.

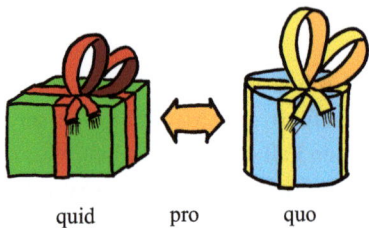

quid   pro   quo

> ▶ **Wichtig!**
> Machen Sie kein Zugeständnis, ohne eine Gegenleistung bzw. Gegenangebot zu
> fordern. Ansonsten schwächen Sie Ihre Verhandlungsposition. Sollte Ihnen so ein
> Missgeschick irrtümlich passieren, so fügen Sie noch rasch eine Klausel zu Ihrem
> Bonbon im Nachhinein hinzu. Vorsicht, denn diese nachgeforderte Bedingung
> kann das Verhandlungsklima negativ beeinflussen.

Schenken Sie Ihrem Verhandlungspartner ein Bonbon ohne Gegenleistung, weil Sie die
Hoffnung haben, sich damit einen Bonuspunkt zu holen, dann lösen Sie diesen Vorteil so
rasch wie möglich bei Ihrem Gegenüber ein, denn so ein Bonus gerät sehr schnell in Vergessenheit.

Wie geht man mit Bonbons der Gegenseite ohne Forderung einer Gegenleistung um?
Folgen Sie der Devise: „Wenn Du etwas geschenkt bekommst, sage Danke und nehme es
an. Wenn Dir etwas weggenommen wird, schreie."

Sichern Sie das Bonbon, das Ihnen angeboten wird, auf alle Fälle ab. Fassen Sie zusammen, stellen Sie klar, dass mit dem Angebot keine Bedingungen verknüpft sind und
lassen Sie sich das Zugeständnis erneut bestätigen. Damit verhindern Sie, dass im Nachhinein versucht wird, Sie zu einer Gegenleistung bzw. einem Gefallen zu verführen.
Wenn Sie mit offenen Karten verhandeln wollen, können Sie Ihr Gegenüber auch fragen,
ob ihnen ein Fehler unterlaufen ist und ob sie sich der mit dem Bonbon verbundenen
Auswirkungen bewusst sind.

Schenken Sie nichts ohne Gegenwert her, denn was nichts kostet, ist nichts wert. Studien von Prof. Antonio Rangel am California Institute of Technology in Pasadena/USA
haben belegt, dass der Wert einer Sache oder eines Themas die zugehörigen Gehirn-
regionen stimuliert. Ein zu geringer Wert löst nichts oder nur wenig in unserem Gehirn
aus. Darum sollten Sie sich gut überlegen, was einen adäquaten Gegenwert für Ihr vorbereitetes Bonbon darstellen kann.

Sollten Sie nicht alle vorbereiteten Bonbons hergeben müssen, dann behalten Sie
diese bei sich. Sie benötigen sie möglicherweise zu einem anderen Zeitpunkt. Nicht benötigte Bonbons am Ende einer Verhandlung ohne Gegenwert achtlos „herzuschenken",
schwächt Ihre Position.

1.15   Hintergründe erforschen: Der Frage-Canyon

Wo gehören wir während einer Verhandlung hin? In den Kopf unseres des Gegenübers! Wenn Sie sich zu sehr auf sich selbst und Ihr Ziel konzentrieren, übersehen Sie einen wesentlichen Erfolgsfaktor für Ihre Verhandlung: Ihr Gegenüber.

Was ist Ihnen im Moment der Verhandlung über Ihr Gegenüber bereits bekannt?

Beispiele:

- Pläne
- Ziele
- Nebenziele
- Werte
- Beweggründe
- Bonbons
- Unverrückbare Themen
- Themen für ein gegenseitiges Entgegenkommen
- Sachliche Ebene o.k.?
- Beziehungsebene o.k.?

Um Ihnen sowie Ihrem Verhandlungsteam mehr Klarheit zu verschaffen, was die Hintergründe der Strategie Ihres Gegenübers betrifft, sind Fragen ein hervorragendes Mittel. Dem Merksatz „Wer frägt, führt" kann nur bedingt zugestimmt werden. Aus unserer Sicht muss dieser Satz „Wer GUT frägt, führt" lauten. Mit Fragen nur um des Fragens willen, (schneit es zu Ostern?) werden Sie keine Fortschritte erzielen. Die passende Formulierung zum richtigen Zeitpunkt ist das magische Geheimrezept. Es gibt dazu bedauerlicherweise keinen perfekten Plan, der für jede Situation optimal passt. Wir können Ihnen jedoch eine praxiserprobte Richtschnur anbieten, an der Sie sich orientieren können.

Fragen zu stellen ist eine Kunst, die einem Tanz gleicht: Gehen Sie auf Ihre Tanzpartnerin oder Ihren Tanzpartner nicht ein, achten Sie nicht auf Körperkoordination, Spannung, Bewegung, Musik, Takt und Führung wird aus einem Tanz schnell so etwas wie Wrestling und beide werden unzufrieden vom Tanzparkett schreiten.

Formulieren Sie Ihre Fragen in einer Verhandlung ungeschickt, in der falschen Reihenfolge oder im falschen Moment, mit falscher Betonung und einer unpassenden Körpersprache, können Sie damit Ihr Gegenüber verstören und Ihr Verhandlungsziel zerstören. Emotionen und Missverständnisse ungewollt zu provozieren, kann nicht in Ihrem Sinne sein, denn damit erschweren Sie Ihren Erfolg.

1.15.1 Die Entdeckungsreise in den Canyon

Für die gängigsten Fragetypen wählen wir gerne den Vergleich mit einem Canyon. Ein Canyon ist aus geologischer Sicht ein stark eingeschnittenes Tal. Ein durch dieses Tal fließendes Gewässer trägt die Boden- und Gesteinsschichten ab und lässt dadurch den Canyon entstehen. Da die Gesteinsschichten unterschiedlich beschaffen sind und sich durch den Fluss leichter oder schwerer abtragen lassen, entsteht die uns bekannte, stufenförmige Struktur eines engen Tales, einer Schlucht. Wenn wir vom Randplateau in den Canyon hineinblicken, können wir nicht alle Details am Fuße dieser Schlucht erkennen.

Je komplexer ein Canyon ist, desto besser müssen Vorbereitung, Ausrüstung und auch Zeitplanung sein. Der Tara Canyon in Montenegro ist z. B. der zweittiefste Canyon der Welt. Mit fast 100 km Länge und mehr als 1,3 km Tiefe ist dieses beeindruckende Naturmonument nicht rasch in einem Tag zu bereisen.

Auch zu Beginn einer Verhandlung kennen wir noch nicht alle Details, die der Verhandlungsstrategie des Verhandlungspartners zugrunde liegen. So wie sich ein Fluss durch die Gesteinsschichten arbeitet und dabei eine Schicht nach der anderen freilegt, arbeiten Sie sich in Etappen mithilfe Ihrer gut gewählten Fragen weiter und legen Schicht für Schicht die Hintergründe Ihres Verhandlungsgegenübers frei. Die dabei entstehende Struktur in Ihren Fragen ist ebenfalls stufenförmig und dient am Ende dem Erreichen einer Vereinbarung. Das zentrale Merkmal einer Frage liegt darin, ob sich dahinter eine Erwartung versteckt, die eine Reaktion in Form einer Antwort von unserem Gegenüber verlangt. Dadurch kann eine Frage erbittend bis hin zu diktierend gestaltet werden.

Die wichtigsten drei Stufen dabei lauten:

- Ergründung
- Detailierung
- Klarheit

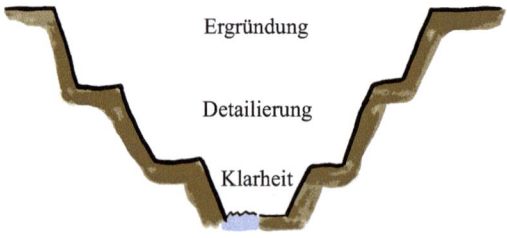

1.15.2 Einstieg in den Canyon

Zu Beginn einer Verhandlung gilt es, ein passendes Klima zu schaffen. Wir befinden uns noch am Plateau unseres Frage-Canyons und blicken von oben in die tiefe Schlucht, in der es noch viel zu ergründen gibt. Das Gegenüber gleich zu Beginn ohne Vorbereitung offensiv zu überrumpeln, kann großen Schaden anrichten. Genauso wie Sie sich im Sport aufwärmen, um Ihre Muskeln auf die bevorstehende Leistung vorzubereiten, unterstützen Sie Einstiegsfragen beim „Aufwärmen". Der Beginn mit Small Talk hilft, um den Start ungezwungen und positiv zu gestalten. Gute Einstiegsfragen unterstützen einerseits den Aufbau eines guten Gesprächsklimas und fördern die Kommunikation zwischen den Verhandlungsparteien.

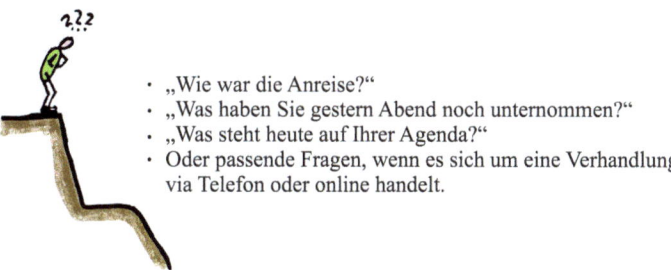

- „Wie war die Anreise?"
- „Was haben Sie gestern Abend noch unternommen?"
- „Was steht heute auf Ihrer Agenda?"
- Oder passende Fragen, wenn es sich um eine Verhandlung via Telefon oder online handelt.

Zur weiterführenden Analyse benötigen Sie Fragen, die Ihnen wertvolle Informationen über Ihr Gegenüber sowie dessen Meinung zu einzelnen Punkten liefern. Dazu verwenden Sie sogenannte offene Fragen.

1.15.3 Offene Fragen

Offene Fragen werden auch gerne als W-Fragen bezeichnet. Klassische W-Fragen sind z. B.: Was, Wie, Wann, Wieviel, Wo? (Warum, Weshalb oder Wieso), wie etwa: „Ich möchte Ihre dargelegten Zahlen besser verstehen. Welche Datenquellen wurden für das ermittelte Ergebnis herangezogen?"

Warum, Weshalb, Wieso, sind sehr heikle W-Fragen, darum haben wir sie im vorherigen Absatz eingeklammert. „Warum & Co." sollten mit Bedacht eingesetzt werden. Zu viele „Warums" können den Dialog eher behindern als fördern, da eine „Warum-Stafette" von Ihrem Gegenüber als unangenehm und möglicherweise als persönlicher Angriff oder Anklage gewertet werden kann. Dadurch besteht die Gefahr, dass sie oder er den Eindruck gewinnt, sich in einem Verhör zu befinden, in dem sie oder er sich rechtfertigen soll. Die befragte Person fühlt sich möglicherweise in die Kindheit zurückversetzt, in der auf die strengen „Warum-Fragen" der Eltern Rede und Antwort gestanden werden musste. Eine Schutzhaltung wird dagegen eingenommen.

Alternativvorschläge zu Warum/Weshalb/Wieso

- Warum bevorzugen Sie Dienstleistungen der Firma XYZ, anstatt bei uns zu ordern?
  - Was erwarten Sie von uns als möglichen Geschäftspartner, damit Sie sich für uns als strategischen Dienstleister entscheiden? Was wünscht sich Ihr Unternehmen?
- Warum haben Sie auf meinen Anruf nicht reagiert?
  - Was hat dazu geführt, dass mein Anruf unbeantwortet geblieben ist?
- Wieso haben Sie den Liefervertrag nicht eingehalten?
  - Welche Gründe sprechen aus Ihrer Sicht dagegen, den gültigen Liefervertrag zu erfüllen?
- Weshalb ist die Menge der falsch produzierten Teile so hoch?
  - Worin könnten mögliche Gründe liegen, dass die Qualitätsabweichung der gelieferten Teile so unerwartet hoch ist?
- Warum haben Sie die letzte Lieferung noch immer nicht bezahlt?
  - Unsere Buchhaltung hat uns informiert, dass laut unseren Informationen, die Rechnung zu unserer letzten Lieferung noch immer offen ist. Wann dürfen wir da mit dem Zahlungseingang rechnen? ◄

Eine gute Alternative zu „Warum" ist z. B. auch die Formulierung „Aus welchem Grund?". Sie zielt in dieselbe Richtung, nämlich etwas zu ergründen, klingt jedoch wesentlich diplomatischer und wertschätzender.

▶ **Wichtig!**
Warum-Fragen sind oft vergangenheitsorientiert, können negative Gefühle auslösen und sollten darum vorsichtig eingesetzt werden – die Dosis macht das Gift. Formulieren Sie mithilfe anderer W-Fragen lösungsorientiert in die Zukunft. Diese führen leichter zu einem gemeinsamen Ergebnis.

Dieser Frage-Typ kann auch dazu dienen, wertschätzend nach der Meinung Ihres Gegenübers zu fragen wie z. B.: „Was halten Sie von diesem Konzept?"

Offene Fragen laden unser Gegenüber dazu ein, in ganzen Sätzen zu antworten und Sie können dadurch mehr Informationen gewinnen. Achten Sie unbedingt auf die Formulierung Ihrer W-Fragen, denn nicht jede Frage, die mit „W" beginnt, ist automatisch auch eine offene Frage. Falsch formulierte W-Fragen, können auch sehr kurz beantwortet werden, wie folgendes Witzchen zeigt:

Ein Mann kommt zum Arzt. Dieser beginnt seine Analyse mit einer offenen Frage und sagt zum Patienten: „Na, was haben wir denn?". Dieser antwortet: „Ein blaues Fahrrad". Der Arzt reagiert korrigierend „Nein, ich meine, was fehlt Ihnen denn?". Der Patient erwidert „Ein rotes Auto".

1.15.4 Lösungsorientierte Fragen

Eine weitere Möglichkeit, die Analyse zu beginnen, um tiefer in den Canyon einzusteigen – gerade, wenn Gefahr besteht, dass die Verhandlung ins Stocken gerät – ist es, den Blickwinkel zu ändern: weg von den Problemen, hin zu den Lösungen.

Probleme killen die Suche nach Lösungen. Der Fokus auf Fehler, Schwierigkeiten, Blockaden, etc. behindert uns, den Blick auf Lösungen zu wenden. Hier können klare Fragen helfen. Zum Beispiel: „Welche Lösungsansätze gibt es schon?", „Welche Lösungen wurden schon versucht?", „Was davon hat (mehr oder weniger) geholfen?", „Was wurde noch nicht versucht?", „Was benötigen wir, um unser gemeinsames Ziel zu erreichen?". Sie lenken unseren Blick auf die Zukunft und die damit verbundene(n) Lösung(en) und weg von den Hindernissen.

Leider gibt es auch in der modernen Medizin noch keinen Hirn-Herz-Gedanken-Scanner, darum benötigen wir Fragen.

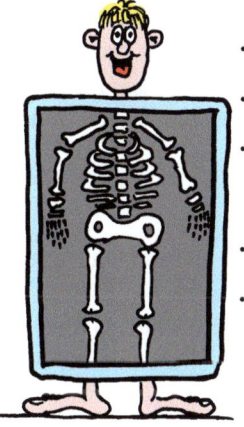

- Was wäre schon möglich, wenn eine Veränderung bereits passiert wäre?
- Woran würden Sie merken, dass die Veränderung erreicht wurde?
- Angenommen, wir könnten uns mit einem Fingerschnippen die gewünschte Lösung herbeiwünschen und die Menschen in Ihrer Umgebung wüssten nichts davon. Woran könnten diese Menschen trotzdem erkennen, dass es die Lösung gibt?
- Welche Unterstützungen, Ressourcen und Fähigkeiten haben wir bereits, um die Veränderung zu erreichen?
- Welche Unterstützungen, Ressourcen und Fähigkeiten haben wir für eine Lösung noch nicht genutzt und woher bekommen wir diese?

Schritt für Schritt bewegen wir uns stufenweise tiefer in den Fragecanyon und ergründen das uns noch Unbekannte. Für die weitere Detaillierung unterstützen uns die nächsten Fragetypen.

1.15.5 Paradoxe Fragen

Wenn sich Dinge verhärten oder der Verhandlungsfortschritt stagniert und/oder eine klassische Vorgehensweise unmöglich erscheint, dann ist das ein idealer Zeitpunkt, um paradoxe Fragen einzusetzen.

Paradoxen Fragen verleiten Ihr Gegenüber dazu, sich auszumalen, wie ein Problem maximal eskalieren könnte. Damit werden neue Energien freigemacht und gedankliche Abwehrreaktionen gegenüber dem drohenden Ende ausgelöst. Neue Lösungen entstehen durch diese Provokation.

Es wird auf kreative Lösungen durch die Einnahme eines neuen Blickwinkels gezielt. Fragen wie: „Wie könnten wir diese Verhandlung zum Scheitern bringen?" klingen verrückt. Es kann jedoch Sinn ergeben, zuerst die Frage nach der Katastrophe zu stellen, um danach neue Lösungsansätze zu finden.

Beispiele:

- Was müssen Sie tun, damit Sie Ihr Unternehmen in den Ruin treiben?
- Welche Forderungen müssen Sie stellen, damit wir garantiert zu keiner Einigung kommen?
- Durch welche Handlungen könnten Sie garantieren, dass sich Ihr/e Partner/in von Ihnen trennt?
- Wie ließe sich dieser Verhandlungserfolg garantiert verhindern?

1.15.6 Zirkuläre Fragen

Die Bezeichnung „zirkulär" führt ein wenig in die Irre. Es geht nicht darum, „im Kreis" herumzufragen, sondern darum, eine andere Sichtweise zu ermöglichen. Zuweilen ist der eigene Blickwinkel eingeschränkt. Diese Fragen unterstützen das „Gehen in den Schuhen einer anderen Person".

Beispiele:

- Was würde wohl Ihre Geschäftsführung zu der jetzigen Entwicklung unserer Verhandlung sagen?
- Wenn Sie in meiner Position wären, was würden Sie in dieser Situation tun?
- Was denkt X wohl darüber, wenn Sie so handeln?

Zirkuläre Fragen unterscheiden sich dadurch, dass diese auf neue Blickwinkel abzielen. Sie nehmen eine Realität von Personen an, die mit uns verbunden sind. Dadurch denken Sie und/oder Ihr Gegenüber über neue Sichtweisen nach. Der Blickwechsel unterstützt dabei, eine Situation aus verschiedensten Perspektiven zu betrachten. Ohne die angesprochenen Personen im Realen direkt befragen zu können, können Sie das Umfeld Ihres Gegenübers dadurch trotzdem besser verstehen.

1.15.7 Hypothetische Fragen und „angenommen …"

Hypothetische Fragen sind wunderbare Möglichkeiten, um zu überprüfen, ob unser Gegenüber bereit ist, sich mit einer bestimmten Idee überhaupt auseinanderzusetzen. Wie ein Fieberthermometer uns etwas über die Körpertemperatur erzählen kann, kann uns die Antwort auf eine hypothetische Frage etwas über die Wichtigkeit eines Themas erzählen.

Dabei geht es darum, Ihr Gegenüber zu einem Gedankenexperiment zu verführen. Lässt sich Ihr Gegenüber darauf ein, ist das Thema und Ihre damit verbundene Frage wichtig. Wäre es nicht wichtig für sie oder ihn, würden Sie mit Ihrer Frage keine Antwort auslösen.

Immobilienmakler prüfen mithilfe dieser Fragen, ob einem Interessenten ein Objekt interessant erscheint oder eben nicht. Sie verleiten manchmal ihre Kundinnen und Kunden dazu, im Kopf bereits das leere Haus einzurichten: „Hier wäre Platz für Ihre beiden Ohrensessel und Ihre kleine Bibliothek." Geschulte Immobilienmakler achten auf die Reaktion auf eine solchen Aussage: ist die Familie, die sich für das Objekt interessiert, bereit, in ihrer Fantasie in das Haus einzuziehen? Eine Bereitschaft dafür, kann als Kaufsignal gewertet werden. Bei Desinteresse wäre man zu diesem Gedankenexperiment nicht bereit.

Durch die hypothetische Frage bekommen Sie ein Signal, ob Ihr Gegenüber bereit ist, sich mit einem gedanklichen Experiment auseinanderzusetzen.

Beispiele:

- Wenn Sie das heute selbst entscheiden könnten, wie wäre Ihre Entscheidung?
- Stellen Sie sich vor, wir kämen heute zu einer Übereinkunft. Würden Sie der Übernahme der Frachtkosten dann zustimmen?
- Wenn wir dem Punkt „A" zustimmen könnten, würden Sie dann unsere Übereinkunft unterstützen?

Fragen mit der Phrase: „Angenommen, dass …" zielen in die gleiche Richtung.

Es handelt sich zwar nur um Gedankenexperimente ohne Verpflichtung, diese in die Realität umzusetzen. Es kann jedoch prüfen, ob Ihr Gegenüber bereit ist, sich darüber Gedanken zu machen.

So wie die Frage in die Zukunft wichtige Erkenntnisse klarlegt, legen Rückfragen wichtige Erkenntnisse über die Gegenwart frei.

1.15.8 Rückfragen und Kontrollfragen

Um Missverständnisse sehr einfach aus dem Weg zu räumen, helfen Rückfragen. Es handelt sich dabei um eine einfache, aber sehr hilfreiche Fragetechnik, deren Wirkung oft unterschätzt wird.

Unklare Antworten oder Aussagen gilt es zu hinterfragen. Rückfragen nach bestimmten Aussagen verschaffen Klarheit. Die fragende Seite verlangt nach mehr Details und einer Erklärung. Das Ziel ist es, mehr zu erfahren und Klarheit zwischen den unterschiedlichen Auffassungen zu erreichen. Rückfragen erforschen Beweggründe und sollen noch unerwähnt gebliebene Details offenlegen. Ziel ist es, mehr Informationen zu gewinnen, vielleicht auch zwischen Realität und Konstruktionen zu unterscheiden.

Beispiele:

„Wenn ich Sie richtig verstanden habe, meinten Sie ...?"

„Wie haben Sie das im Detail genau gemeint?"

„Was haben Sie in dieser Situation gemacht?"

„Aus welchem Grund genau konnten Sie sich mit Ihrer Qualitätssicherung nicht in Verbindung setzen?"

Die Antworten Ihres Verhandlungspartners sollten bei Unklarheiten oder bei Antworten, die Ihnen zu einfach scheinen, hinterfragt werden. Rückfragen dienen in der Kommunikation der Klärung, was die fragende Seite genau gemeint oder beabsichtigt hat und das, was die befragte Seite empfangen und interpretiert hat.

1.15.9 Skalierungsfragen

Skalierungsfragen werden verwendet, um Themen messbar zu machen. Es können damit subjektive Eindrücke, Wichtigkeiten, Empfindungen, Emotionen und Fortschritte hinterfragt werden.

Eine der bekanntesten Skalierungsfragen lautet: „Auf einer Skala von 1 bis 10, wie würden Sie die Schwierigkeit dieses Themas einschätzen, wenn 1 bedeutet, dass es sehr einfach wäre?" Diese Fragen können die Entwicklung oder Veränderung von schwer messbaren Dingen oder Themen durch den Einsatz von Werten transparenter und konkreter machen.

Beispiele:

- Auf einer Skala von 0 bis 10: Wie bewerten Sie Veränderungen seit der letzten Sitzung, wenn 10 das Optimum darstellen würde?
- Auf einer Skala von 1 bis 10: Wie wichtig ist Ihnen dieser Punkt?
- Wie beurteilen Sie das angesprochene Thema auf einer Skala von 1 bis 10?
- Wie ordnen Sie die Schwierigkeit dieses Problems im Vergleich zu dem bereits gelösten Thema auf einer Skala von 1 bis 6 ein?

Visualisierung kann hier sehr gut unterstützen, indem Sie eine Skala z. B. auf ein Flipchart zeichnen und Ihr Gegenüber mit einem Farbstift markieren lassen, wo sich der Verhandlungsfortschritt aus deren Sicht befindet. Nach einem bestimmten Zeitraum könnte die gleiche Frage gestellt werden und der Unterschied zwischen der jetzigen und der letzten Bewertung sichtbar gemacht werden kann. Die gemeinsame oder unterschiedliche Sichtweise kann weiterführende Gespräche unterstützen.

▶ **Wichtig!**

Wir empfehlen in so einem Fall, eine Skala zu verwenden, bei der es nicht so einfach ist, sich für den Wert in der Mitte zu entscheiden. Menschen tendieren zu Symmetrien, darum empfehlen wir, asymmetrische Skalen zu verwenden. Auf einer Skala von 1 bis 5, ist es ein Leichtes, einfach die „3" zu wählen. Bei einer Skala von 1 bis 6 muss man sich außerhalb der Symmetrie z. B. für eine 3 oder 4 entscheiden. Das macht die Bewertung noch aussagekräftiger, weil eine 3 der 1 näher ist, und die 4 näher zur 6 tendiert.

Sie sind nun mit den verschiedenen Fragetypen bereits tiefer in den Canyon eingedrungen und haben zahlreiche Dinge freilegen, entdecken und klären können. Im letzten Schritt geht es nun darum, die freigelegten Dinge noch stärker zu verdeutlichen und so zu konkretisieren, dass die Entscheidung zu einem Abkommen getroffen werden kann.

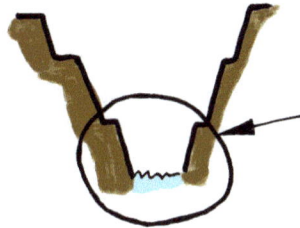

1.15.10   Alternativfragen

Alternativfragen dienen dazu, die Antwortmöglichkeiten auf zwei bis drei Alternativen einzuschränken, andere Möglichkeiten auszuschließen und eine Antwort anzubahnen. Sie sollen zu einer Entscheidung führen. Genau deshalb sollte diese Art der Fragestellung nicht in einer zu frühen Verhandlungsphase gestellt werden. Sie fallen sonst „mit der Tür ins Haus" und verstören die Gegenseite. Erinnern Sie sich daran, wie Sie als Kind vor einer Eisvitrine standen und zwischen 20 süßen, bunten und verlockenden Eissorten nur zwei auswählen durften.

▶ **Wichtig!**

Eine zu große Auswahl an Möglichkeiten kann in einer Verhandlung mehr Verwirrung stiften als helfen. Eine zu große Auswahl an Alternativen kann sogar zu einer Unterbrechung der Verhandlung führen, weil Ihr Gegenüber Zeit zum Nachdenken benötigt.

Beispiele:

- Bevorzugen Sie Lösung A, B oder C?
- Für unser nächstes Treffen kann ich Ihnen den 4.5. um 16 Uhr, den 6.5. um 9 Uhr oder den 7.5. um 9 Uhr anbieten. Welcher Termin ist für Sie passend?
- Sollen wir Ihnen die Ware direkt liefern oder wird die Bestellung durch Ihre Spedition bei uns abgeholt?

1.15.11   Geschlossene Fragen

Geschlossene Fragen sind eine Sonderform der Alternativfrage. Die Wahl wird nur auf ein bis zwei Möglichkeiten, meist auf „Ja" oder „Nein" eingeschränkt, um Verhandlungsergebnisse zu bestätigen oder zu sichern. Sie holen sich eine für die Verhandlung wichtige Antwort ab und halten diese fest.

Wenn Sie bei Ihrer Analyse am Fuß des Frage-Canyons angelangt sind und die Zeit reif für eine Entscheidung oder Bestätigung ist, können die Antworten so stark eingeschränkt werden, dass nur noch zwei vorgegebene Antworten zur Verfügung stehen.

Kinder können hervorragend beobachten und wissen meist genau, welchen Knopf sie bei ihren Eltern drücken müssen, um etwas zu erreichen. „Papa, darf ich ein Eis oder einen Lolli haben?" Eine solche Einschränkung hat zusätzlich den psychologischen Effekt, dass wir von den zwei Wahlmöglichkeiten so gefangen sind, dass wir über eine dritte oder vierte Möglichkeit nicht mehr nachdenken. „Iss einen Apfel" kommt da aus Papas Mund eher selten.[13]

Beispiele:

- Können wir diesen Punkt so festhalten?
- Sehen Sie das auch so?
- Wollen wir das so realisieren?
- Sind wir einer Meinung?
- Wir konnten alle Punkte klären. Wollen wir den nächsten, gemeinsamen Schritt gehen?
- Sind Sie damit einverstanden?

Auch andere Formulierungen können zu einer Reduktion der Antwortmöglichkeiten führen. „Wann sind Sie geboren?" lässt nicht viel Spielraum.

---

[13] siehe dazu auch die Taktik in Abschn. 7.4.3

1.15.12   Abschlussfrage

Abschlussfragen werden meist am Ende einer Verhandlung gestellt, um den letzten, gemeinsamen Schritt, der noch offen ist, anzustoßen. Um die allerletzten Unklarheiten offenzulegen und zu klären, werden Fragen gestellt, die ein konkretes Verbleiben zum Ende der Verhandlung einleiten sollen.
Beispiele:

- Wann wollen wir mit dem gemeinsamen Projekt nun starten?
- Gibt es zum Schluss noch Fragen, haben wir alles klären können?
- Gut, wenn alles geklärt ist, können wir den nächsten, feierlichen Schritt gemeinsam gehen?

1.15.13   Vertiefende Fragen

Vergleichsfragen
Bei Problemen ist es wichtig, sich mögliche Auswirkungen zu vergegenwärtigen. Da dies bei komplexen Themen öfter der Fall ist, können einfache Vergleiche unterstützen. Wenn Sie z. B. ein bereits gelöstes Problem aus der Vergangenheit als Referenz verwenden, um die Schwierigkeit der aktuellen Situation mit der damaligen Lösung zu vergleichen, kann das zum Verständnis beitragen.

Schmeichelnde Fragen
Eine effektive Methode, um dem Gesprächspartner ein Kompliment zu machen und ihm gleichzeitig Informationen zu entlocken wie z. B.: „Können Sie uns mit Ihrem exzellenten fachlichen Hintergrund bei der Analyse der Situation unterstützen?"

Sequenzielle Fragen
Sie beginnen ein Thema allgemein und vertiefen dann Ihre Frage, angepasst an die erfolgten Antworten. „Nachdem Sie die neue Maschine installiert haben, wie lange werden Sie benötigen, bis wir die ersten Teile in der angefragten Qualität geliefert bekommen?" wäre dazu ein passendes Beispiel.

Zukunftsfragen
Zukunftsfragen können helfen, vom Problem zur Lösung zu leiten. Zukunftsfragen führen uns weg vom Jetzt und aktivieren Gedanken über das, was als nächstes getan werden soll wie z. B.: „Was wollen wir als nächstes tun?" „Blockiert dieser Punkt unseren Verhandlungsfortschritt?"

Informationsfrage

Informationsfragen dienen dem Einholen von Sachinformationen. Sie sollten sehr genau formuliert werden. Gerne werden diese Fragen mit offenen Fragen kombiniert. Vorsicht, viele dieser Fragen in Serie können als Kreuzverhör wahrgenommen werden.

Emotionsfragen

Gerade in Verhandlungen geht es nicht immer nur um Zahlen, Daten, Fakten, sondern oftmals auch um Emotionen. Diese respektvoll anzusprechen, kann helfen, die Dinge, die sich möglicherweise im Verborgenen aufstauen, klarzulegen. Damit kann ein unkontrollierter, emotionaler Ausbruch verhindert werden. Zum Beispiel: Wenn ich mich nicht täusche, scheinen Sie mit diesem Verhandlungspunkt nicht zufrieden zu sein. Wollen Sie dazu noch etwas sagen?

Folgenfragen

Folgefragen hinterfragen zukünftige Konsequenzen einer Entscheidung oder Nicht-Entscheidung. Sie werden z. B. gerne in der S.P.I.N.-Technik des Huthwaite Institutes und Neil Rackham eingesetzt. Wenn Sie das Problem Ihres Gegenübers erkannt haben, hinterfragen Sie bewusst, was die Auswirkungen wären, wenn es nicht gelöst wird. An diesem Punkt sollte Ihr Gegenüber davon überzeugt werden, dass das Problem Ihres Gegenübers von Ihnen erkannt wurde und somit die Lösung der nächste Schritt ist. Fragen könnten lauten:

- Welche Auswirkungen hätte es, wenn Ihr wichtiges Projekt nicht fristgerecht umgesetzt werden könnte?
- Können Sie die Folgen in Euro oder Zeit ausdrücken?
- Was würde es für Sie bedeuten, wenn Sie den Kooperationspartner nicht für sich gewinnen können? Können Sie das in Euro ausdrücken?

1.15.14 Gefährliche Fragen

Leit- oder Suggestivfragen

Sie dienen dazu, den Verhandlungspartner weg von seiner Sichtweise, hin zu Ihrer Sichtweise zu leiten und zu Ihrem Ziel zu bewegen. Beispiel: „Bei all den erwähnten Vorteilen … denken Sie nicht, dass diese Lösung für uns beide ein Gewinn ist?"

Die Antwort wird in die Fragestellung bereits mit eingebettet und vorgegeben. Diese Fragen suchen auch nach einer Bestätigung, für die bereits (selbst) getroffenen, suggerierenden Annahmen wie z. B.: „Sie werden mir sicher recht geben, wenn … "

▶   **Wichtig!**
    Vorsicht, diese Fragen können sehr leicht als manipulativ empfunden werden.

Gegenfragen

Gegenfragen sollten mit großem Fingerspitzengefühl eingesetzt werden. Sie sind wie zu viel Chili in einer Speise. Ein zu viel an Schärfe kann alle anderen Aromen überdecken und das Gericht ruinieren. Gegenfragen können Ihnen helfen, mehr Zeit zum Nachdenken zu gewinnen, wenn Ihnen eine komplexe oder auch unangenehme Frage gestellt wurde. Gegenfragen können ein Denkanstoß sein, sollte Ihr Gegenüber Vorwürfe in Fragen verpacken. Das Gesagte kann dann nochmals umformuliert werden.

Außerdem erfahren Sie auch mehr Details wie z. B.: „Könnten Sie diese Frage präzisieren?" oder „Bezieht sich Ihre Annahme nur auf die letzte Lieferung oder auf die gesamte Jahresproduktion?"

Auch ein Schwenk zu einem anderen Thema kann durch eine Gegenfrage eingeleitet werden. Dieser Schwenk sollte diplomatisch und nicht zu offensichtlich durchgeführt werden.

Ein Weiterreichen der Frage mit: Was meinen die Kollegen dazu?" oder „Darf ich die gestellte Frage an meine Kollegin Frau Schmidt weiterreichen?" ist ebenfalls eine gängige Variante, um Gegenfragen einzusetzen.

Um das gegenseitige Verständnis zu stärken, können Gegenfragen auch als Rückfrage dienen: „wenn ich Ihre Frage richtig verstanden habe, geht es Ihnen um ...?". Sie prüfen damit, ob Sie beide über dasselbe Thema sprechen bzw. dass Sie dieses Thema auch richtig verstehen.

Vorsicht, zu viele Gegenfragen erwecken den Eindruck, ausweichen und nicht antworten zu wollen. Zusätzlich können Gegenfragen den Gesprächsfluss unterbrechen. Daher kann es wichtig sein, auf die zuvor gestellte Frage zurückzukommen und falls nötig auch offenzulegen, dass z. B. die Antwort auf einen späteren Zeitpunkt vertagt werden muss. Damit fühlt sich Ihr Gegenüber auch ernstgenommen.

▶   **Wichtig!**
    Fragen sind wie die Früchte in einem Paradies, in dem wir nur die richtige Frucht pflücken müssen, um unseren Wissenshunger zu stillen.

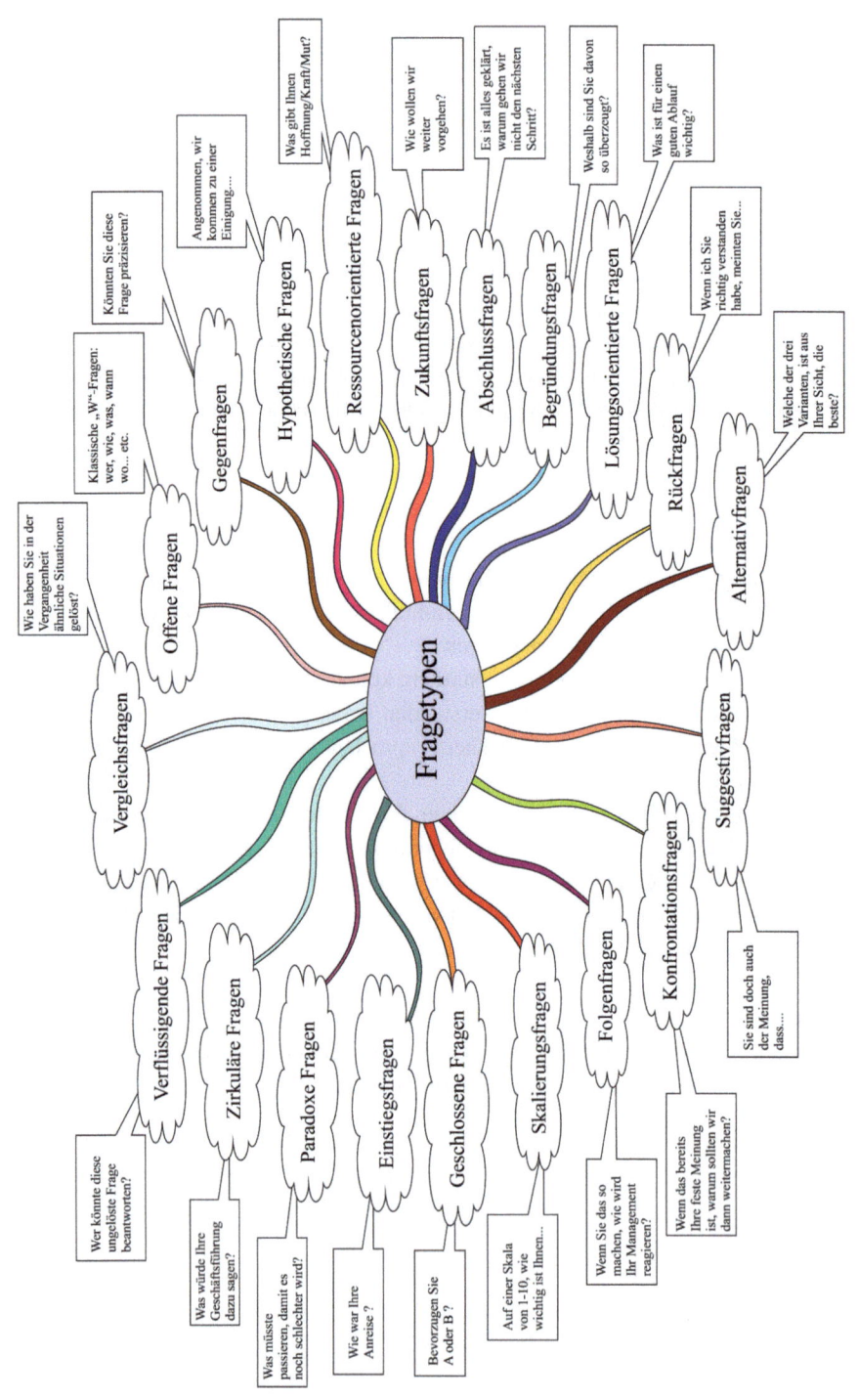

1.16   Verhandlung auf Distanz oder vor Ort?

Der Verhandlungsprofi Valentin Novotny (2017) beschreibt in seinem Buch über agiles Verhandeln die Vor- und Nachteile von Präsenz- und elektronischen Verhandlungen, denn jede Verhandlungsform hat Pros und Kontras.

Bei Vor-Ort-Verhandlungen steht der direkte Kontakt im Vordergrund. Sie erlauben ein sehr gutes Erkennen von Sichtweisen, Bedürfnissen und Reaktionen Ihres Gegenübers und bieten gute Chancen für einen Beziehungsaufbau. Bei harten Verhandlungen kann diese „Beziehungsnähe" wiederum störend oder hinderlich sein.

Verhandlungen am Telefon enthalten laut Novotny ebenso vertrauensvolle und emotionale Momente, der gesamte Ablauf bleibt jedoch nicht ganz durchschaubar. Hört ein Dritter leise mit und gibt Ihrem Verhandlungspartner versteckte Hinweise? Aber auch Vertrauen lässt sind am Telefon durchaus aufbauen, wenn Sie sich schlüssig verhalten, die Grundlagen einer fairen Gesprächsführung beachten und zugleich Ruhe und Ausgeglichenheit ausstrahlen.

Eine Videokonferenz ist über die zahlreichen am Markt angebotenen Softwarelösungen und Apps einfach verfügbar. Besprechungen können mit Computer, Tablet-PC oder Smartphone rasch eingerichtet und durchgeführt werden. Wie beim Telefon bleibt vieles von dem, was wir in einer Vor-Ort-Verhandlung erkennen können (Körpersprache, Augenkontakt, nervöse Fußbewegungen etc.), verborgen. Schwankende Internetverbindungen und eine unklare Agenda können sich hier als Nachteil darstellen. Auch Ihr Umfeld (Hotel, privates Büro etc.) und die Beleuchtung sollte zu Ihrem Vorteil genutzt werden, um nicht wie Nosferatu zu wirken, der gerade frisch dem kalten Grab entstiegen ist.

Die Tendenz der Verwendung von elektronischen Mitteln ist besonders nach 2020 merkbar angestiegen. Vor jedem Telefonat, jeder Videokonferenz, jeder E-Mail und auch jeder Kurztextnachricht sollten Sie Ihre Strategie und Taktik überprüfen und diese gegebenenfalls anpassen. Wir haben in zahlreichen Online-Verhandlungen gesehen, dass die Teilnehmerinnen und Teilnehmer rascher ermüden als es bei F2F-Verhandlungen[14] der Fall ist. Darum empfehlen wir dringend, mehr Pausen einzuplanen.

▶ **Wichtig!**
   Novotny empfiehlt, sich auch online nicht aus Zeitdruck zu einem schlechten Ergebnis hinreißen zu lassen. Orientieren Sie sich an den eigenen Zielen, die Sie in der Vorbereitung festgelegt haben. Gerade wenn eine Einigung in greifbarer Nähe ist, gilt es, Nerven zu behalten, um die sich auftuenden Chancen nicht leichtfertig zu verspielen.

---

[14] F2F = face to face, also ein persönliches Treffen von Angesicht zu Angesicht.

Novotnys zehn Tipps für Online-Verhandlungen:

- SIE beherrschen die Technik, nicht die Technik Sie!
- Der „Zeitdruck" darf gerne bei Ihrem Gegenüber bestehen, nicht bei Ihnen!
- Haben Sie keine Angst vor emotionaler Dynamik, bauen Sie diese bewusst ein!
- Nutzen Sie die Magie der Sprache und behaupten Sie sich damit!
- Setzen Sie ein Limit und seien Sie wachsam gegenüber Einflussnahme!
- Führen Sie die Verhandlungen professionell wie ein Schachmeister und behalten Sie stets Alternativen im Blick!
- Visualisieren Sie den Verlauf und lassen Sie sich von Ihrem Team unterstützen!
- Simulieren Sie die Situation und trainieren Sie so viele Elemente wie möglich!
- Wer überrascht, ist dem anderen eine Nasenlänge voraus: Lassen Sie sich etwas einfallen!
- Akzeptieren Sie das gelegentliche Scheitern – nach einer Verhandlung ist vor einer Verhandlung!

1.17 Verhandlungsort gestalten

Die Gestaltung des Raumes, in dem eine Verhandlung stattfinden soll, besitzt bewusst und unbewusst sowohl Wirkung als auch Einfluss auf die teilnehmenden Personen. Allein durch die Art und Weise, wie Sie einen Raum für eine Verhandlung vorbereiten, kann er an sich bereits den weiteren Verlauf mitbestimmen.

1.17.1 Sitzgelegenheiten

Stühle können bequeme, gepolsterte Armsessel oder förmliche Bürostühle sein. Auf eher leger gestalteten Sitzmöbeln entspannen sich die Verhandlungsparteien leicht und lassen sich zurückfallen. In vielen kritischen Verhandlungen zwischen Staaten oder bei Staatsbesuchen, kann man beobachten, dass es sich die Abgesandten auf behaglichen Sitzmöbeln oder einer Couch bequem machen.

Der Psychologe John Bargh (2018) hat in seinem Buch Experimente mit seinen Studenten beschrieben, in denen er sie auf gepolsterten und harten Stühlen verhandeln ließ. Diese Sitzunterlage hatte als „Primer" einen Einfluss auf das Verhandlungsverhalten: Die, die auf harten Stühlen saßen, verhandelten wesentlich härter und kompromissloser, diejenigen, die auf gepolsterten Sitzen saßen, verhielten sich wesentlich kooperativer und kompromissbereiter.

Bei vertraulichen Gesprächen kann ein Sofa Hürden zwischen Ihnen und der Gegenseite beseitigen und ermöglicht (falls gewünscht) auch kurzen Körperkontakt. Das bietet eine wunderbare Option zu einer wertschätzenden Geste zum Beginn einer Verhandlung, falls so gewünscht oder geplant. Normale Bürostühle verleiten uns leichter dazu, aufrechter zu sitzen und helfen Ihnen, sich bei Bedarf nach vorne zu lehnen.

Achten Sie darauf, ausreichend Sitzgelegenheiten vorbereitet zu haben, eventuell sogar ein paar mehr in Reserve.

1.17.2 Tische

Tische können als Trennung zwischen Menschen wahrgenommen werden, darum gibt es in Flugzeugen auch Armlehnen, um von den anderen Passagieren ein wenig Abstand zu gewinnen. Manchen Menschen vermittelt ein Tisch Sicherheit, und man kann Distanz zu anderen Personen gewinnen und seine Beine verbergen.

Die Beinstellung der Verhandlungspersonen kann viel verraten: Nervosität, Interesse, Entspannung, Zustimmung und vieles mehr. Den Brustkorb, Kopf, Arme und Hände (also das, was oberhalb er Tischplatte von uns zu sehen ist) unter Kontrolle zu halten, ist wesentlich einfacher.

Viele Räume haben Tische in der Mitte, um die herum Stühle stehen. Denken Sie an die Form des Tisches, der unter solchen Umständen verwendet wird. Runde Tische werden als „fair" wahrgenommen. Lange Tische haben Platz für einen „Vorsitzenden". Quadratische Tische haben Ecken, an denen man gegenübersitzen kann.

Eine Alternative für die informelle Umgebung sind kleine Tische an der Seite neben den Sitzgelegenheiten. Diese bieten einen Ort, an dem Dinge abgelegt werden können, ohne die Körpersprache zu behindern.

1.17.3 Zusätzliche Einrichtung

Zusätzliche Gegenstände wie Kästen und Bücherregale können den Raum freundlicher und wärmer erscheinen lassen. Der Raum, in dem Sie verhandeln, übt eine Wirkung auf die teilnehmenden Personen aus und ist daher besonders wichtig. Wählen Sie sorgfältig und prüfen Sie vorher, um sicherzustellen, dass der Raum effektiv und wirkungsvoll eingerichtet ist.

Denken Sie auch daran, was der Raum mit seiner Einrichtung erzählen und ausstrahlen soll. Welchen Eindruck soll Ihr Verhandlungspartner erhalten, wenn der Raum betreten wird? Ein sauberer und funktionell eingerichteter Raum erzählt eine andere Geschichte als Bürocontainer inmitten einer dröhnenden Baustelle.

1.17.4 Dekorierung

Böden haben einen verdeckten Effekt, insbesondere in Bezug auf deren Gehkomfort. Hochflorige, dickere Teppiche wirken elegant und beruhigend, sehr kurzflorige Teppiche werden als hart und unbequem empfunden. Achten Sie darauf, dass der Raum nicht zu sehr hallt, die Akustik für eine längere Kommunikation geeignet ist und das Zuhören nicht erschwert bzw. ermüdet. Holzböden liefern einen entspannenden Effekt, Vorsicht bei schlecht verlegtem Parkett oder Laminatböden wegen des Trittschalls.

Farben haben Wirkung auf das Verhalten von Menschen. Gemälde oder Fotos schaffen eine gemütlichere Stimmung, Farben (je nach Herkunft/Kultur der Personen) können als kalt und hart, kühl oder warm wahrgenommen werden.

1.17.5 Platzbedarf

Allein die Wahl der Größe Ihres Verhandlungsraumes kann Einfluss darauf haben, ob sich Ihre Verhandlungspartner entspannen oder unter Druck gesetzt fühlen. Grundsätzlich empfehlen wir im Allgemeinen mehr Platz, doch ein Tisch für sechs Personen inmitten eines Ballsaals wäre vielleicht übertrieben.

Viele Verhandlungen finden im Rahmen der Vertraulichkeit statt und das sollte der Raum auch unterstützen. Sind mehrere Personen an der Verhandlung beteiligt, sollte genug Platz vorhanden sein, um leicht aufzustehen und sich ein wenig bewegen zu können.

Auch die Gestaltung eines kleinen Raumes mit niedrigeren Decken kann entweder gemütlich (Almhütte) oder klaustrophobisch (Abstellkammer) wirken.

Manchmal hilft sogar ein leerer Nebenraum, wo man sich in Pausen an runden Stehtischen bei einer Tasse Kaffee zusammenstellen kann, um sich zu entspannen oder um neue Ideen zu entwerfen.

1.17.6 Licht

Die Magie des Lichtes: Viele Filmregisseure haben sich dieses Kunstgriffes schon bedient, um Zuschauer in eine bestimmte Stimmung zu versetzen. Für Verhandlungen ist klares Tageslicht am empfehlenswertesten. Es hilft, weniger schnell zu ermüden. Bitte setzen Sie Ihr Gegenüber nicht ins strahlende Gegenlicht. Die Verhandlungsbeziehung wird dadurch verhärtet. Jalousien oder Vorhänge können hier Abhilfe schaffen.

Achten Sie bei elektrischem Licht auf die passende „Lichttemperatur". Klassische Glühlampen oder „warme" LED-Beleuchtung erzeugt ein warmes, angenehmes Licht. Leuchtstofflampen oder „kalte" LED-Beleuchtung lassen die Augen eher ermüden. Indirekte Beleuchtung mit Strahlern, Deckenflutern und Schirmen kann angenehme Stimmung erzeugen.

Zusätzliche Betonung auf die Arbeitsflächen kann mit Spots und gedämpftem Licht für den Hintergrund gestaltet werden. Ausreichend Beleuchtung sorgt für eine gute Hirnfunktion.

▶ **Wichtig!**
Achten Sie auch bei Online-Verhandlungen auf eine gute Ausleuchtung, damit Sie nicht wie in einem billigen Horrorfilm vor der Kamera erscheinen.

1.17.7 Raumklima

Vergessen Sie nicht die richtige Klimatisierung Ihres Verhandlungsraumes! Ignorieren Sie Ratschläge, dass überheizte oder unterkühlte Räume ideal sind, um Druck auszuüben und Ihren Gesprächspartner mürbe zu machen! Sie werden damit vielleicht kurzfristig einen Erfolg erzielen, langfristig wird Ihr Verhandlungspartner auf die passende Revanche warten. Ist es zu heiß, werden sich die meisten Personen unwohl fühlen, außer Sie haben Hochofenarbeiter zu Gast, die wären es gewohnt. Prüfen Sie das Raumklima rechtzeitig, Lüften Sie den Raum zuvor und in den Pausen.

1.17.8 Erfrischungen

Getränke und kleine Knabbereien gehören zum guten Ton und beeinflussen das Klima positiv. In manchen namhaften Großunternehmen ist es noch immer üblich, dass z. B. Einkäufer ihren Lieferanten nicht einmal ein Glas Wasser anbieten. Verbessert sich durch diese Unhöflichkeit die Verhandlungsposition? Unserer Erfahrung nach sicher nicht, hier wird durch schlechtes Benehmen Geld verbrannt.

Kleine Imbisse für Verhandlungspausen können diese Unterbrechungen positiv gestalten und den Komfort aller Beteiligten unterstützen. Wenn Sie die Möglichkeit haben, Essen und/oder Getränke in einem angeschlossenen Nebenraum, auf einer Terrasse oder im Garten zu reichen, bietet das die Gelegenheit, den Verhandlungsraum zu verlassen, um die Pause an einem neutraleren Ort zu verbringen; gleichzeitig bleiben Speisendüfte, die unnötig ablenken, draußen.

1.17.9 Besprechungsmedien

In zahlreichen Fällen ist es hilfreich, Pinnwände, Flipcharts, analoge oder digitale Whiteboards zur Verfügung zu haben, um selbst Ideen festzuhalten oder gemeinsam an Lösungen zu arbeiten. Die Macht dieser Werkzeuge wird oft unterschätzt und deren Verwendung fahrlässig unterlassen.

Auf einem Flipchart nahe dem Verhandlungstisch lassen sich Wirklichkeiten gestalten, ohne, dass sich die Aufmerksamkeit der Personen weiter weg auf eine Projektionsfläche richten muss. Wenn Sie am Flipchart Dinge zeichnen oder notieren, kreieren Sie ein Faktum. „Wer den Stift hat, hat die Macht", heißt es in diesem Zusammenhang.

Das ist der große Vorteil dieses Mediums, im Vergleich zu einem Projektor, der Daten oder Bilder an eine entfernte Projektionsfläche wirft. Die Aufmerksamkeit richtet sich in die Ferne, eine Interaktion mit den projizierten Daten ist nur minimal möglich.

Eine zusätzliche Variante bietet auch ein großes, leeres Blatt Papier, dass Sie auf den Verhandlungstisch legen, um dann gemeinsam an Skizzen oder Notizen zu arbeiten.

▶ **Wichtig!**
　Achten Sie darauf, dass Sie ausreichend Papier, neue Stifte (für Whiteboard und/oder Papier), Notizblöcke und Kugelschreiber, aufgeladene, elektronische Stifte (für elektronische Whiteboards) etc. zur Verfügung stehen.

1.17.10　Positionen

Je nachdem wie Sie sich mit Ihren Verhandlungspartnern zusammensetzen oder -stellen, kann der Ablauf einer Verhandlung positiv oder negativ gestaltet werden. Folgende Grundregeln sollten beachtet werden:

Positionierung gegenüber
Wenn Sie sich genau gegenüber der anderen Person von Angesicht zu Angesicht sitzen, kann diese Positionierung als Konfrontation gewertet werden. Diese Position wird gerne gewählt, wenn es um dominierende Situationen geht, wie z. B. Einkauf/Fabrikant oder Führungskraft/Mitarbeiterin. Die Dominanz kann zusätzlich durch eine höhere, eigene Sitzposition oder durch unterschiedliche Sitze (bequem/unbequem) unterstrichen werden.

Sich an einem Schreibtisch gegenüber zu sitzen, bietet zudem das klassische konfrontative Setting. Es kann akzentuiert werden, indem der Schreibtisch im hinteren Teil des Raumes platziert wird, so dass sich die Person, die hereinkommt, dem „Thron" nähern muss und keine Wahl des Sitzplatzes hat.

Positionierung ums Eck

Eine beliebte Verteilung bei Verhandlungen ist das Sitzen „ums Eck". Es gleicht die konfrontierende Sitzposition des „vis-à-vis" aus. Das Sitzen „ums Eck" kann auch in einer Gruppe erfolgen und wird als freundlich und kooperativ erlebt.

gegenüber   ums Eck   nebeneinander

Besuch bei Putin

Als der deutsche Bundeskanzler Scholz im Februar 2022 bei dem russischen Präsidenten Vladimir Putin zu Besuch war, sprach die Platzverteilung am Besprechungstisch Bände: Scholz wurde bei seinem Besuch an die Stirnseite eines langen weißen Tisches gesetzt. Entfernung zu Putin: etwa sechs bis acht Meter (!!!). Eine stärkere Art der Symbolik für Distanz und Macht konnte Putin nicht wählen. Knapp ein Jahr später war im Februar 2023 der chinesische Außenminister Wang Yi in Russland zu Gast. Die Sitzpositionen der chinesischen und russischen Delegierten am selben Tisch waren vollkommen unterschiedlich im Vergleich zum Besuch von Kanzler Scholz: Beide Seiten saßen sich an der Schmalseite des Tisches gegenüber und nutzten auch die Stirnseite. Sie saßen also „ums Eck". Ein klares Zeichen für Nähe und Kooperation zwischen China und Russland. ◄

Positionierung nebeneinander

Eine Sitzposition, die Kooperation in einer Verhandlung noch mehr fördern kann, ist eine Sitzanordnung nebeneinander. Dies ist besonders dann nützlich, wenn Sie gemeinsam an einem Thema arbeiten wollen, dessen Verhandlungserfolg Ihnen wichtig ist.

Dies kann z. B. das gemeinsame Zusammensitzen vor einem großen Blatt Papier oder einem Bildschirm sein. Natürlich ist auch das Zusammenstehen vor einem Whiteboard oder Flipchart ebenfalls eine mögliche Variante. Ziel ist es, eine Aktivität zu schaffen, die allen das Gefühl gibt, eins mit dem Gegenüber zu sein und etwas gemeinsam zu erschaffen (siehe Chialdini[15]).

---

[15] Kap. 11.

1.18   Computer und Mobiltelefone in Verhandlungen

Laptops, Tablet-PCs und Mobiltelefone sind im Büroalltag nicht mehr wegzudenken. Es ist üblich geworden, dass diese elektronischen Helferlein zu Verhandlungen mitgenommen und auch eingesetzt werden. Immer mehr Personen wünschen sich, die Verwendung dieser Geräte aus Verhandlungen zu verbannen, um zu einer – angeblich – besseren Besprechungsqualität mit Stift und Papier zu gelangen.

Obwohl es viele Klagen über den Einsatz von Laptops in Besprechungen gibt, gibt es auch fundierte Begründungen dafür, dass Sie jederzeit Zugriff auf alle Informationen haben sollten. Was ist also wichtig bei der Benutzung von Laptops in Meetings, und wie sollte Ihr Team am besten damit umgehen?

Eines der Hauptargumente für die Mitnahme von Laptops in Verhandlungen ist, dass der Zugang zu Daten und Informationen, die lokal gespeichert, auf Servern oder im Internet verfügbar sind, erleichtert wird. Statistiken zur Unterstreichung von Argumenten, Emails mit wichtigen Inhalten, Quartalszahlen und Prognosen, egal was Sie benötigen, sind nur einen Mausklick von Ihnen entfernt.

Protokolle können gleich während der Verhandlung parallel verfasst werden, um Zeit zu sparen und Daten können auf einer Projektionsfläche über einen Projektor oder ein elektronisches Whiteboard präsentiert werden. Auch der Einsatz in Videokonferenzen, um Personen von einem fernen Ort rasch an der Verhandlung teilnehmen zu lassen, bietet große Vorteile und steigert die Flexibilität.

Wenn Sie sich jedoch in einem Verhandlungsraum mit mehreren Teilnehmerinnen und Teilnehmern befinden, und jede Person vor dem aufgeklappten Laptop sitzt und vor sich hin tippt, wischt und klickt, kann das einen störenden Einfluss auf das Verhandlungsklima haben. Unser Unterbewusstsein empfindet die aufgeklappten Bildschirme als ein undurchdringbares Abwehrschild.

Durch die Ablenkung der Aufmerksamkeit auf den Bildschirminhalt, geht der wichtige Augenkontakt zu Ihrem Gegenüber verloren. Anstatt sich vollkommen der Verhandlung zu widmen, während Sie sprechen oder angesprochen werden, wandert die Konzentration an den falschen Ort – zu Computer, Tablet oder Mobiltelefon.

Wir bekommen nicht mehr alles mit, was gesagt wird oder wie auf Gesagtes reagiert wird. Wie sehr nervt es uns im Privaten, wenn wir uns mit einem lieben Menschen auf eine Tasse Kaffee treffen und diese Person ständig mit den Augen am Smartphone hängt und herumtippt? Wir würden es nicht akzeptieren, ansprechen und vielleicht sogar das Treffen abbrechen. Was hier im Privaten gilt, gilt auch für den Verhandlungstisch.

▶ **Wichtig!**
   Die Technik ist ein Hilfsmittel und darf den Ablauf der Verhandlung weder verzögern, bestimmen, noch davon ablenken. Die Qualität einer Verhandlung wird von den Menschen und nicht durch die technischen Hilfsmittel bestimmt.

Laut einer Studie der Psychologen Mueller und Oppenheimer (2014) scheint der Versuch, Telefone oder Laptops während Besprechungen zu benutzen, Organisationen auf der ganzen Welt mehr als 450 Mrd. US-$ pro Jahr zu kosten.

Der Mensch überschätzt seine Fähigkeiten und glaubt, erfolgreich am Laptop herumklicken zu können und gleichzeitig einer Verhandlung in Gänze zu folgen. Das kann Sie teuer zu stehen kommen, wenn Sie dadurch ein kleines, aber wichtiges Detail übersehen (5.000.000 ₺ oder 5.000.000 £?). Der kleine Fehler kann weitreichende Konsequenzen haben. Die einzige Lösung: Minimierung aller Ablenkungs- und Störfaktoren.

Oftmals wird das Argument gebracht, der Einsatz von Laptops spare Zeit in Verhandlungen. Daten können projiziert, Protokolle nebenbei schon angefertigt werden und vieles mehr. In der Realität sehen wir jedoch oft, dass gerade in zeitlich knapp bemessenen Besprechungen einige Minuten durch Warten vergeudet werden: Laptop fährt langsam hoch, Internetverbindung streikt, ein automatisches Update am Computer stört die Benutzung etc.

Steve Jobs, der geniale Apple-Gründer, hielt einmal pro Woche eine Gesprächsrunde mit seinem engeren Team ab. Dabei erwartete er, dass sein Team diese Zeit so wirksam wie möglich nutzte, um sich konzentriert den angesprochenen Themen zu widmen – ohne den Einsatz von technischen Hilfsmitteln wie Beamer, MacBook, iPad etc.

Laut Walter Isaacson[16], dem Autor der Jobs-Biografie, soll er gesagt haben: „Ich hasse es, wenn jemand Präsentationen auf Folien macht, anstatt nachzudenken. Menschen, die wissen, worüber sie reden, brauchen kein Powerpoint." Das Verrückte dabei: Die erste Version von PowerPoint erschien 1987 auf einem Apple-Computer.

▶ **Wichtig!**
Unser Lösungsvorschlag: Reduzieren Sie den Einsatz von Laptops auf ein Minimum – dies gilt für die Anzahl der Geräte als auch für die zeitliche Nutzung. Das gleiche gilt für die Verwendung von Mobiltelefonen. Ihre Aufmerksamkeit gehört der Verhandlung, nichts soll sie ablenken.

1.19 Fragen und Vorbereitung unter Zeitdruck

Stellen Sie sich vor, es ist früher Herbst, sie bekommen in ein paar Wochen ein neues Elektroauto und wollen noch vor dem Wintereinbruch einen passenden Unterstand dafür neben Ihrem Einfamilienhaus errichten. Sie treffen sich mit Ihrer Nachbarin, um darüber zu verhandeln, ob Sie diesen Carport mit Ladestation direkt an die Grundgrenze zwischen Ihrem Grundstück und dem der Nachbarin aufstellen dürfen. Sie antwortet Ihnen mit:

---

[16]Walter Isaacson ist mehrfacher Preisträger und gilt als Biograf mit hohem Renommee. Er verfasste Biographien über Benjamin Franklin, Henry Kissinger, Leonardo da Vinci und Jennifer Doudna.

„Es tut mir leid, ich habe bei all den beruflichen und privaten Themen jetzt keinen Kopf, um darüber zu entscheiden. Fragen Sie mich bitte in vier Monaten wieder, da passt es besser." Überrascht? Hier hat es an der Vorbereitung gefehlt.

Wie wichtig Vorbereitung für eine Verhandlung ist, haben wir schon an mehreren Stellen hervorgehoben. Die nachfolgenden Fragen sollen Sie dabei unterstützen, die wesentlichen Punkte zu beachten, und im Gespräch auch für unvorhergesehene Situationen einen Plan haben.

Spielen Sie die Verhandlung in Gedanken durch und stellen Sie sich geistig darauf ein. Erarbeiten Sie die wahrscheinlichen Ziele, die Position Ihres Gegenübers sowie deren Argumente und Angebote. Erstellen Sie für Ihre Verhandlung auch eine Checkliste, anhand der Sie prüfen können, ob Ihre Ziele erreicht werden können oder ob Sie Ihre Strategie anpassen müssen.

Neben den bereits erwähnten Fragen aus der Verhandlungsvorbereitung nach Manuel Grassler[17], hat die Verhandlungsexpertin Jutta Portner (2010) folgende Fragen aus ihrem Buch und in einem frei verfügbaren Download[18] zusammengefasst:

- **Welche höheren Ziele (inhaltlich/persönlich) verfolgen Sie?**
- **Was ist Ihr konkretes Ziel?**
  - Was ist Ihr BATNA/WATNA?
  - Was ist Ihr realistisches Ziel?
  - Wie sieht Ihr Eröffnungsangebot aus?
- **Wie ist die Verhandlungsmacht verteilt?**
- **Wie gut kennen Sie die Gegenseite?**
  - Vorerfahrungen? Zur Verfügung stehende Informationen? Deren Interessen?
  - Gibt es gemeinsame Interessen?
  - Von welchem Ergebnis profitieren beide Seiten?
  - Was könnte die Gegenseite wollen?
  - Wo könnten deren Grenzen liegen?
  - Was könnte die Gegenseite Verhandelbares anbieten?
  - Wo liegen deren Stärken und Schwächen?
  - Wie könnte deren Idealposition, die akzeptable Position und die Rückzugsposition aussehen?
  - Wie viel Macht hat die Gegenseite im Vergleich zu Ihnen?
- **Welche Informationen geben Sie preis?**
  - Was werden Sie offenbaren, was für sich behalten?
- **Was sind erst einmal nur Vermutungen?**
- **Verhandeln Sie nur einen Punkt oder ein ganzes Paket?**

---

[17] Abschn. 1.10.

[18] https://www.gabal-verlag.de/media/fs/28/Download_Besser%20verhandeln.pdf Stand: 20.11.2023.

- Was sind die Hauptpunkte des Pakets?
- Wie sind die Punkte miteinander verbunden?
- Welche Punkte sind für die Gegenseite wichtig?
- **An welcher Stelle sind Sie bereit, Zugeständnisse anzubieten?**
- **Welche Zugeständnisse können Sie von der Gegenseite fordern?**
- **Organisatorisches**
  - Welches Medium (Telefon, Mail, Video, persönlich) werden Sie wählen?
  - Wo werden Sie sich treffen (bei Ihnen = Heimvorteil, bei Ihrem Gegenüber oder im Hotel)?
  - Werden Sie alleine oder im Team verhandeln?
  - Wer wird welche Rolle/Aufgabe im Team übernehmen?
  - Gibt es einen Zeitrahmen?
  - Bis wann müssen Sie ein Ergebnis erzielt haben?
- **Wie sind Sie persönlich vorbereitet?**
  - Wie sicher fühlen Sie sich beim Verhandeln?
  - Wo sind Sie besonders empfindlich (Hot Buttons)?
  - Was werden Sie tun, wenn die Verhandlung scheitert?
  - Wie viel Zeit wollen Sie in die Vorbereitung investieren?
- **Überlegungen zur eigenen Position**
  - Kennen Sie Ihr Wunschergebnis?
  - Sind Sie auch offen für neue Ideen?
  - Offen und neutral in die Verhandlung gehen ≠ Naivität!
  - Wissen Sie, was Sie wollen?
  - Kennen Sie Ihre eigenen Grenzen?
  - Kennen Sie das gesamte, zu verhandelnde Paket inkl. aller Details und Infos?
  - Kennen Sie Ihre eigenen Stärken und Schwächen und auch die Ihres Gegenübers (SWOT[19])?
  - Kennen Sie Ihre Idealposition, die realistische Position und die Rückzugsposition?
  - Wie ist die Kräfteverteilung?
  - Verhandeln Sie mit mehreren Parteien oder sind Sie als Vertretung für mehrere Parteien aktiv?
  - Sind auch interkulturelle Rahmenbedingungen zu berücksichtigen?
  - Beherrschen Sie Ihr Adrenalin-Management?

Vorbereitung unter Zeitdruck

Sehr oft ist die Zeit für eine gute Vorbereitung knapp. Eine Kollegin/Kollege ist erkrankt, und Sie sollen in der Verhandlung einspringen, Sie werden zu einem eskalierenden Verhandlungsgespräch überraschend zugezogen, eine Geschäftspartnerin ruft überraschend an und fordert bessere Konditionen und vieles mehr. Der Autor Peter Brandl (2017) hat

---

[19]Abschn. 13.3

einige gute Fragen zusammengestellt, die Sie sich auch bei einem knappen Zeitbudget stellen können, um sich vorzubereiten:

- Was sind die Ziele Ihres Verhandlungspartners?
- Warum sind diese Ziele für ihn/sie wichtig?
- Welche Alternativen haben Sie?
- Welche Alternativen hat Ihr Verhandlungspartner?
- Welche Rahmenbedingungen beeinflussen diese Verhandlung?
- Wer beeinflusst diese Verhandlung, ohne anwesend zu sein?
- Was sind Ihre stärksten Argumente?
- Was sind die stärksten Argumente des Verhandlungspartners?
- Wo sind Ihre inhaltlichen Schwächen?
- Wo sind die inhaltlichen Schwächen des Gegenübers?
- Wie können Sie die Schwächen des Gegenübers nutzen?
- Was sind Ihre wichtigsten Themen?
- Mit welchen Nebenkriegsschauplätzen müssen Sie rechnen?
- Wo sind Sie angreifbar?
- Wo sind Sie verletzbar?
- Was wollen Sie nicht wahrhaben/nicht sehen?

1.20   Agenda und Pausen

Eine gut durchdachte Agenda ist das Skelett jeder Verhandlung. Sie gibt den Ton an, legt die Themen fest, die behandelt werden sollen, und hilft, die Diskussion in produktive Bahnen zu lenken. Ohne klare Agenda können Verhandlungen schnell unstrukturiert und ineffizient werden, was oft zu Misserfolg oder nicht optimalen Ergebnissen führt.

Vor dem Entwurf Ihrer Agenda müssen viele Verhandlungselemente, wie z. B. Ihre Verhandlungsziele klar definiert sein. Was wollen Sie erreichen? Welche Punkte sind verhandelbar und welche sind es nicht? Die Kenntnis Ihrer Ziele und Prioritäten hilft dabei, die Themen auf der Agenda so zu strukturieren, dass Sie sich auf das Wesentliche konzentrieren können.

Ein weiterer Punkt sind die Interessen Ihres Gegenübers, die es zu erkennen gilt, um die Stolpersteine in der anstehenden Verhandlung besser einschätzen zu können. Es kommt selten vor, dass die Interessen Ihres Gegenübers völlig gegensätzlich zu Ihren Interessen sind. Indem Sie diejenigen identifizieren, die nicht gegen Sie gerichtet sind, können Sie die Kommunikation verbessern, da Sie über Gemeinsamkeiten sprechen. Zusätzlich entwickeln Sie Ansätze, um eine Lösung zu erarbeiten, die sowohl für Sie als auch für Ihren Gesprächspartner zufriedenstellend ist.

Zuwachs der erzielten
Ergebnisse im Laufe
der Verhandlung -
Ergebnisse, die verloren
gehen könnten, wenn das
schwierige Thema nicht
gelöst wird.

Eine effektive Agenda sollte strukturiert und logisch aufgebaut sein. Beginnen Sie mit ein paar einfachen Punkten, bei denen eine Einigung wahrscheinlich ist und sich rasch für beide Seiten ein Erfolgserlebnis einstellt. Sie schaffen damit zu Beginn eine positive Atmosphäre und können Vertrauen aufbauen. Gleichzeitig lernen Sie den Verhandlungsstil Ihres Gegenübers kennen und können sich darauf besser einstellen.

Schwierigere Themen sollten nicht am Beginn oder Ende einer Agenda stehen, da sie die Gesprächsatmosphäre belasten könnten, die Verhandlung rasch ins Stocken geraten kann oder das bereits erzielte Teilergebnis verloren gehen könnte. Überlegen Sie auch, wie viel Zeit Sie für jeden Punkt einplanen. Wechseln Sie einfache Punkte mit anspruchsvolleren Punkten wie in einem Sandwich ab, um immer wieder kleine Erfolgserlebnisse einzubauen. Vergessen Sie nicht die Pausen.

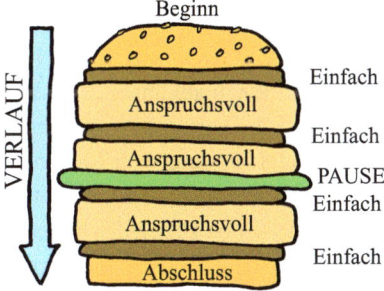

Obwohl eine detaillierte Agenda nützlich ist, ist es wichtig, flexibel zu bleiben. Eine Agenda ist vergleichbar mit der Routenplanung bei einem Segeltörn. Wo beginnen wir, welche Inseln, Buchten und Häfen sollen angelaufen werden, wer nimmt teil etc. Sie müssen bereit sein, von Ihrer Agenda abzuweichen, wenn unvorhergesehene Themen oder Herausforderungen auftauchen. Auch hier ist es ähnlich dem Segeltörn, bei dem Sie Ihren Plan je nach Wetter, Seegang, Windrichtung, Abweichungen von der Seekarte etc. anpassen. Behalten Sie Ihr Endziel im Auge und passen Sie die Agenda nach Bedarf an, um auf die Dynamik der Verhandlung zu reagieren.

Eine Agenda ist am effektivsten, wenn beide Seiten sich darauf einigen. Es kann hilfreich sein, die Agenda bereits vor der Verhandlung mit der anderen Partei zu teilen und um Rückmeldung zu bitten. Dies fördert Offenheit und schafft eine kooperative Stimmung. Die Person zu sein, die den ersten Vorschlag verankert, bedeutet einen Mini-Triumph in der Verhandlung, der Einfluss auf die endgültige Einigung nehmen kann. Sollte Ihnen eine Agenda vorgegeben werden, versuchen Sie zumindest die Reihenfolge der abzuhandelnden Punkte zu verändern, um die Kontrolle über den Ablauf zu beeinflussen.

Die richtige Vorbereitung und Gestaltung einer Agenda für Verhandlungen können einen erheblichen Einfluss auf das Verhandlungsergebnis haben. Indem Sie klare Ziele setzen, sorgfältig planen und flexibel auf den Verhandlungsverlauf reagieren, können Sie die Weichen für den Erfolg stellen. Denken Sie daran, dass eine gut gestaltete Agenda nicht nur dabei hilft, Ihre Interessen zu wahren, sondern auch dazu beitragen kann, eine Lösung zu finden, die für alle Seiten vorteilhaft ist.

Pausen

Eine gut durchdachte Zeitplanung ist das Rückgrat einer jeden Verhandlung. Sie hilft dabei, den Prozess zu strukturieren, den Überblick zu behalten und sicherzustellen, dass alle relevanten Themen angesprochen werden. Der Zeitplan sollte jedoch flexibel genug sein, um auf unerwartete Ereignisse und dynamische Gespräche reagieren zu können. Das Einplanen von strategisch sinnvollen Pausen ist hierbei ein wichtiges Instrument.

Pausen sind ein mächtiges Werkzeug in Verhandlungen und können aus verschiedenen Gründen eingesetzt werden. Nach mehreren Stunden intensiver Gespräche lässt die Konzentration naturgemäß nach. Eine Pause gibt den Teilnehmern die Möglichkeit, sich zu erholen, frische Luft zu schnappen, sich mit einer kleinen Erfrischung zu stärken und mit neuer Energie an den Verhandlungstisch zurückzukehren.

Verhandlungen können anspruchsvoll und emotional beladen sein. Pausen ermöglichen es, Distanz zu schaffen, Emotionen abkühlen zu lassen und (wieder) einen klaren Kopf zu bekommen und um sich auf die Fortsetzung der Verhandlungen vorzubereiten.

Pausen bieten auch Zeit für die Bewertung von Informationen. Neue Informationen und Angebote benötigen oft eine gründliche Analyse. Pausen sind Gelegenheiten, um diese Informationen zu bewerten, ohne den Druck der laufenden Verhandlung.

Eine Verhandlungspause kann auch taktisch genutzt werden, um die eigene Strategie zu überdenken und gegebenenfalls anzupassen.

Manchmal werden Pausen eingesetzt, um den Entscheidungsdruck auf das Gegenüber zu erhöhen. Die Zeitspanne kann genutzt werden, damit die andere Seite die Dringlichkeit der Situation erkennt und möglicherweise zu Konzessionen bereit ist.

Stellen Sie sicher, dass der Grund für die Pause klar ist, sei es zur Erholung oder strategischen Besprechung. Eine Pause sollte eine klare zeitliche Begrenzung haben, um Unsicherheit zu vermeiden. Wenn kein Zeitraum bestimmt wird, definieren Sie die Dauer und sprechen Sie es offen aus.

Privatgespräche und strategische Diskussionen sollten während der Pause vertraulich behandelt werden. Achten Sie darauf, Ihre Unterlagen in den Pausen nicht unbeobachtet am Tisch zurückzulassen.

Wiedereinstieg mit Neuerungen: Bringen Sie nach der Pause neue Elemente oder Vorschläge ein, um den Verhandlungsfluss wiederzubeleben.

1.21 Rückzug vorbereiten

Nicht jede Verhandlung endet wie geplant mit einem „Happy End". Der Kommunikations- und Verhaltenstrainer Daniel O. Kagel[20] hat für diese Fälle einige Empfehlungen zusammengefasst:

Ein Verhandlungsabbruch gehört zu den Phänomenen in einer Verhandlung, mit dem gerechnet werden muss. Die Vorbereitungsphase ist aus diesem Grund auch die beste Möglichkeit ein mögliches Scheitern des Verhandlungsgespräches durchzudenken. Geraten die gegenseitigen Angebote unter ein bestimmtes Niveau, an dem mit Ihrem Gegenüber keine Einigung mehr erzielt werden kann, wird eine Verhandlung sinnlos und kann verständlicherweise in einem Abbruch enden. In Ihre Überlegung über Möglichkeiten sollte auch der Aufwand berücksichtigt werden, der benötigt wird, um eine neue Geschäftsbeziehung aufzubauen.

Werden z. B. von der einen Seite niedrigere Preise gefordert, verknüpft die Gegenseite diese Forderung mit größeren Abnahmemengen, veränderten Lieferzeiten, anderen Lieferbedingungen oder INCO-Terms etc., die den verringerten Umsatz wieder ausgleichen sollen.

Ist jetzt ein Verhandlungsabbruch der Punkt ohne Wiederkehr?

In manchen Fällen kann ein Abbruch sogar fördernd für die weitere Entwicklung der Verhandlung sein, meint Kagel. Zum Beispiel können verhärtete oder stockende Verhandlungen unterbrochen und zu einem späteren Zeitpunkt wieder fortgesetzt werden.

---

[20] In Anlehnung an einen Artikel von: https://www.verhandlungstraining.org/verhandlungsabbruch. html

Ein „harter Abbruch" bedeutet in der Regel ein jähes Ende des Gespräches, zumindest auf das spezielle Thema dieser Verhandlung bezogen.

Verhandlungsabbrüche werden auch als taktisches Mittel eingesetzt, z. B. um die Gegenseite mürbe zu machen. Ein Neustart von Verhandlungen mit Ihrem Gegenüber (möglicherweise mit neuen Ideen und veränderter Zusammensetzung der Verhandlungsteams), ist in der Geschäftswelt – und erst recht in der Politik – nichts Neues.

Der Sinn eines Abbruches ist es, ein paar Schritte zurückzugehen und nachzudenken, ob ein neuerlicher Anlauf sinnvoll ist, um die entstandene Hürde zu überwinden. Falls ja, versuchen beide Seiten unter veränderten Ansätzen eine Veränderung zu bewirken. Ziel ist ein positives Verhandlungsergebnis mit veränderten Einflussgrößen.

Wenn zwischen Ihnen und Ihrem Gegenüber die persönliche Atmosphäre nicht stimmt und die Verhandlung in einen heftigen Konflikt eskaliert,[21] bleibt als Ausweg – wenn auch externe Hilfe (z. B. durch eine Verhandlungsmediation) nicht fruchtet – nur der Abbruch. Liegt es nur an den persönlichen Positionen und Einstellungen der Personen, kann nach einer „Abkühlungsphase" und objektiver Betrachtung, eine neue Verhandlungsrunde – manchmal mit ausgetauschten Teilnehmerinnen bzw. Teilnehmern – eine erfolgversprechende Möglichkeit darstellen.

Eine objektive Betrachtung bedeutet, die Verhandlungssache vom subjektiven Empfinden der an der Verhandlung beteiligten Personen zu trennen und neutrale Bewertungskriterien einzusetzen. Haben diese Kriterien mehr Gewicht als das subjektive Empfinden der verhandlungsführenden Personen, spricht nichts gegen einen neuen Versuch.

▶ **Wichtig!**
Verhandlungsabbrüche haben zumeist den Ursprung in einer gestörten Beziehung zwischen den verhandelnden Personen. Bei einem neuen Versuch muss zuerst die Beziehung geklärt werden, bevor es zu den Sachthemen gehen kann.

Wichtig bei einem Verhandlungsabbruch ist, dass beide Seiten ihr Gesicht wahren können. Wenn eine Person, die mit der Verhandlungsführung betraut ist, scheitert, muss sie/er ansonsten mit Reputationsverlust rechnen.

1.22   Künstliche Intelligenz in Verhandlungen

Menschen sind sowohl die Erfolgs- als auch die Risikofaktoren in einer Verhandlung. Menschen sind keine Maschinen und verhandeln (noch) immer mit Menschen. Trotzdem beginnt der Hype um künstliche Intelligenz (KI) auch in der Verhandlungsführung Schritt für Schritt Einzug zu halten.

---

[21] Abschn. 13.8

KI verheißt uns neue und zuverlässige Informationen zu liefern – in Rekordzeit. Komplexe und große Datenmengen können von Menschen niemals so analysiert werden wie durch KI. Doch wer garantiert, dass die daraus entstehenden Schlussfolgerungen richtig sind? KI wurde von Menschen erschaffen. Wie können wir garantieren, dass diese künstliche Intelligenz auch verlässliche Ergebnisse liefert und uns nicht in die Irre leitet?

Menschen erkennen das Prinzip eines Kochlöffels, selbst wenn Sie noch nie Millionen Fotos von Kochlöffeln in unterschiedlichen Perspektiven gesehen haben. Hier bewahrheitet sich ein Grundsatz der Informatik: GIGO – Garbage in, garbage out – also sinngemäß: Wenn ein System mit schlechten Daten gefüttert wird, können auch nur schlechte Ergebnisse rauskommen. Je besser die Trainingsdaten sind, mit denen ein KI-System auf die zukünftige Aufgabe vorbereitet wird, desto besser wird das Ergebnis sein.

Der Vorteil von KI liegt eindeutig in der Analyse großer Datenmengen, ohne hungrig zu werden, Kaffeepause zu machen, unkonzentriert, gelangweilt oder schlampig zu werden. Stellen Sie sich vor, Sie hätten den Auftrag, das offizielle Hunderegister der Stadt Berlin händisch nach den Zusammenhängen zwischen Hundenamen und Hunderassen aus den Daten der letzten fünfzig Jahre auszuheben. Für die meisten wird sich die Euphorie in Grenzen halten; genau für solche Aufgaben ist KI hervorragend geeignet.

Der Wissenschaftler für Digitalisierung Volker Stanzel hat zusammen mit dem Diplomaten Daniel Voelsen (2021) in einer Studie des Deutschen Instituts für Internationale Politik und Sicherheit untersucht, ob es möglich ist, mithilfe von KI-Systemen eine bedeutende Verbesserung gegenüber herkömmlichen Methoden der Datenanalyse bei der Vorbereitung und Durchführung von Verhandlungen zu erzielen. Sie stellten sich die Frage: „Können relevante Informationen für Verhandlungen durch Auswertung mittels KI-Systemen so gewonnen werden, dass dadurch ein deutlicher Mehrwert entsteht?".

Eine der daraus abgeleiteten Kernaussagen lautet: „Je umfangreicher die Menge der zu analysierenden Daten ist, desto höher wäre der Mehrwert von KI-basierten Analysen. Dies spricht dafür, dieses Vorgehen vor allem für komplexe multilaterale Verhandlungen zu wählen; vorstellbar ist aber auch die Anwendung solcher Methoden bei langwierigen bilateralen Verhandlungen, um den Überblick über die verhandelten Dokumente zu behalten."

Es ist jedoch wichtig zu beachten, dass KI nicht alle Aspekte menschlicher Interaktion ersetzen kann. Letztendlich hängt der Erfolg einer Verhandlung von vielen Faktoren ab, einschließlich zwischenmenschlicher Beziehungen sowie Empathie und Verständnis der Bedürfnisse des Gegenübers. Daher sollte KI in Verhandlungen als Unterstützungswerkzeug betrachtet werden, das von erfahrenen Personen genutzt wird.

Die Stärken von KI in Verhandlungen liegen aus derzeitiger Sicht klar in der Vorbereitung und Analyse von Informationsmengen in komplexen Verhandlungen, nicht in der Durchführung.

Das Pariser NERA Institute bildet mit seiner Plattform negobrain.ai bereits einen professionellen Ansatz, um sich mittels KI auf Verhandlungen zu verschiedensten Schwerpunkten (Handel, Management, etc.) vorzubereiten. Sie werden durch einen Vorbereitungsprozess geführt, geben in Worten die benötigten Informationen in das System ein und erhalten Vorschläge. Ein erster Schritt in eine interessante Richtung. KI-Apps und Tools wachsen derzeit wie Pilze aus dem Boden und jeden Tag gibt es neue, spannende Angebote. Bei einem unserer Verhandlungstrainings Anfang diesen Jahres, nahm ein Teilnehmer sein Handy während einer Gruppenübung zur Hand, machte ein Foto vom Aufgabenblatt, lud es in ein KI-Tool, schrieb die Frage „Wie würdest Du das lösen?" dazu und erhielt binnen Sekunden einen umfangreichen Vorschlagskatalog. Auch wenn wir diese neuen Werkzeuge zur Ideenfindung und Vorbereitung schon nutzen können, verhandeln muss dann noch immer der Mensch.

Wie sieht die Weiterentwicklung dieser unterstützenden Systeme in nicht allzu ferner Zukunft aus? Neue Technologien wie Natural Language Processing, Spracherkennung, Bildanalysen, die die Körpersprache und Reaktionen der Verhandlungspartner besser erkennen etc. können unterstützen, die Kommunikation zwischen Verhandlungspartnern weiter zu verbessern und somit zu noch besseren Ergebnissen führen. Dabei wird der ethische Aspekt in Zukunft beim Einsatz von KI in Verhandlungen immer wichtiger werden, um auch in diesem Bereich fair und transparent zu bleiben.

Literatur

Birkenbihl. (2007). *Stroh im Kopf?* (S. 181 ff.). mvg Verlag.

Bargh J. (2018). *Vor dem Denken: Wie das Unbewusste uns steuert.* Touchstone Verlag.

Brandl, P. (2017). *Verhandeln.* Gabal.

Grassler, M. https://www.stattys.com/de/negotiation-canvas-a3-pdf-download-version-german. Zugegriffen: 30. Okt. 2023.

Isacson, W. (2011). *Steve Jobs: The Exclusive Biography.* Little Brown.

Kyprianou, A. (2013). *La bibe de la négotiation.* Eyrolles.

Lakhani, D. (2008). *Persuasion: The Art of Getting What You Want.* John Wiley & Sons Inc.

Mueller, A., & Oppenheimer, D. (2014). *The Pen Is Mightier Than the Keyboard:Advantages of Longhand Over Laptop.* Psychological Science OnlineFirst.

Novotny, V. (2017). *Agiles verhandeln.* Schäffer-Pöschel Verlag

Peter, F. (1977). *Drucker: People and Performance: The Best of Peter Drucker on Management.* Harper's College Press.

Portner, J. (2010). *Besser Verhandeln.* Gabal Verlag.

Rackham N. (1996). *The SPIN Selling Fieldbook.* McGraw-Hill Professional.

Sanibel, M. (2009). *The Art of Negotiating.* https://www.entrepreneur.com/. Zugegriffen: 6. Apr. 2018.

Stanzel V., & Voelsen D. (2011). *Diplomatie und Künstliche Intelligenz, SWP Studie.* https://www.swp-berlin.org/publikation/diplomatie-und-kuenstliche-intelligenz. Zugegriffen: 18. Nov. 2023.

Schott, B., & Troczynski, P. (2012). *Verhandeln.* Haufe Verlag.

Team AdaptiveWork, The Pen Is Mightier Than the Keyboard. https://blog.planview.com/de/the-pros-and-cons-of-banning-laptops-in-meetings/. Zugegriffen: 22. Okt. 2023.

Winkelmann. (2010). *Marketing und Vertrieb* (S.74 ff.). Oldenbourg.

Wannenwetsch, H. (2013). *Erfolgreiche Verhandlungsführung in Einkauf und Logistik.* Springer.

https://friedergamm.de/manipulation-in-verhandlungen/. Zugegriffen: 10. Sept. 2023.

https://negobrain.ai. Zugegriffen: 18. Nov. 2023.

Kommunikation als Erfolgsfaktor

2

Zusammenfassung

In diesem Kapitel werden Grundlagen der Kommunikation aufgefrischt, auf Standardwerke verwiesen, Fallstricke der Kommunikation in Verhandlungen offengelegt und Gegenmaßnahmen angeboten.

Fragen

Fragen, auf die Sie in diesem Kapitel Antworten finden können:

- Wer ist wofür in einer Kommunikation verantwortlich?
- Auf welche Kommunikationstypen treffen Sie in Verhandlungen?
- Wie kann ich Stolperfallen und Missverständnisse in der Kommunikation vermeiden?
- Wie kann aktives Zuhören in Ihre Verhandlungspraxis stärker integriert werden?
- Wie können Sie die Fähigkeit, die Körpersprache des Gegenübers zu lesen, verbessern?

Kommunikation bedeutet „mitteilen, teilnehmen lassen". Wir haben Sprache als soziale Wesen bereits vor rund 1,7 Mio. Jahren zu entwickeln begonnen. Zunächst waren es nur ein paar Gesten und Laute, um Informationen weiterzugeben – wie zum Beispiel ein

R. Weiss und J. Lavrih Sztajnbok, *Die Elemente des Verhandelns*,
https://doi.org/10.1007/978-3-658-44596-6_2

Werkzeug hergestellt wird. Durch diese Weitergabe des Wissens konnten die Werkzeuge verbessert werden. Die Kommunikation wurde im Laufe der Jahrtausende verfeinert und gestaltete sich umfassender. Zu ein paar Gesten und Lauten gesellten sich eine bessere Mimik, genauere Gesten, verfeinerte Laute, Bilder und Schrift.

Im Groben gestaltet sich auch heute Kommunikation mit Worten (verbal) oder auch ohne Worte (non-verbal). Jeder drückt durch sein Verhalten etwas aus und teilt sich anderen (bewusst oder unbewusst) mit. Achten wir auf die Sprach- und Frageweise, halten wir Blickkontakt und setzen Mimik sowie Gestik ein, erreichen wir, dass unser Gegenüber uns zuhört und zusieht.

Auch unsere „Ohren haben Augen". Ein lautloses Lächeln ist am Telefon hörbar. Manche können sogar hören, wenn die Partnerin oder der Partner am Telefon mit den Augen rollt, ohne sie/ihn zu sehen …

Durch die Kombination von Stimme und deren Einfluss entsteht eine ganz bestimmte Vorstellung von einer Person. Sowohl hörbare als auch sichtbare Eindrücke tragen gemeinsam zu einem bestimmten Bild bei und entfalten so ihre Wirkung.

2.1   Kommunikationsmodelle

Kommunikation ist für uns so natürlich und selbstverständlich, dass wir in den seltensten Fällen darüber nachdenken, wie Kommunikation funktioniert und wo die Stolperfallen liegen. Wir haben für Sie fünf prominente Modelle ausgewählt:

2.1.1   Watzlawicks fünf Gesetze

Für Paul Watzlawick, austro-amerikanischer Psychologe, Kommunikationsexperte und Philosoph beginnt Kommunikation, sobald sich Menschen wahrnehmen. Nicht nur das Gesprochene ist wichtig, sondern vor allem auch das Verhalten der Personen und damit verbunden das Nicht-Gesprochene.

Watzlawick untersuchte gemeinsam mit Janet H. Beavin und Don D. Jackson die Gründe, warum Kommunikation manchmal scheitert, und verfasste mit ihnen die fünf Gesetze der Kommunikation:

- Man kann nicht nicht-kommunizieren.
- Jede Kommunikation hat einen Inhalts- und einen Beziehungsaspekt.
- Kommunikation ist immer Ursache und Wirkung.
- Menschliche Kommunikation bedient sich analoger und digitaler Modalitäten.
- Kommunikation ist symmetrisch oder komplementär.

Man kann nicht nicht-kommunizieren

Watzlawicks doppelte Verneinung besagt, dass jede Kommunikation (nicht nur in Worten) auch gleichzeitig Verhalten ist und genauso wie man sich nicht nicht-verhalten kann, kann man auch nicht nicht-kommunizieren.

Starrer Blick

Eine Dame im Verhandlungsteam Ihres Gegenübers blickt die ganze Zeit starr, mit gesenkten Augenbrauen auf den leeren Notizblock vor ihr. Man könnte glauben, sie wäre passiv und würde nicht kommunizieren. Sie tut es dennoch, denn sie teilt den anderen in der Verhandlung mit, dass sie mit dem derzeitigen Verhandlungsverlauf nicht einverstanden ist, Zorn verspürt und keinerlei Kontakt möchte. ◀

Jede Kommunikation hat einen Inhalts- und einen Beziehungsaspekt

Der Inhaltsaspekt hat laut Watzlawick die Aufgabe, Informationen zu vermitteln. Der Beziehungsaspekt erklärt laut Watzlawick, wie die Information aufgefasst werden soll. Jede noch so sachliche Aussage enthält also auch eine Beziehungsaussage. Durch Tonfall, Gestik und Mimik werden verschiedene Reaktionen ausgelöst.

Ignoranz

Frau Lissmann ist sauer auf ihre Kollegin Marie, weil sie glaubt, dass diese sie ignoriert, obwohl die beiden sich doch gut verstehen. Als die beiden kurz vor einem gemeinsamen Verhandlungstermin zusammentreffen und Marie sie fragt, ob sie die für die Verhandlung nötigen Unterlagen mitgenommen habe, antwortet Frau Lissmann schnippisch: „Ja, natürlich habe ich sie mitgenommen!".

Marie hat ihr nur eine sachliche Frage gestellt, auf die Frau Lissmann zwar auf Inhaltsebene auch eine sachliche Antwort gibt, aber trotzdem wird deutlich, dass Frau Lissmann sauer ist. Dies teilt sie Marie auf der Beziehungsebene mit, ohne es direkt zu sagen. ◀

▶ **Wichtig!**
Wenn eine negative Beziehung auf der Inhaltsebene ausgetragen wird (z. B. durch Desinteresse oder Aggression), kann dies eine Störung in der Kommunikation zur Folge haben.

Kommunikation ist immer Ursache und Wirkung

Watzlawick führt an, dass jede Person, die an einer Kommunikation teilnimmt, der Beziehung eine Struktur gibt: Auf jeden Reiz folgt eine Reaktion, diese Reaktion löst auf der Gegenseite wieder ein Verhalten aus usw. Das wird auch als Verhaltenskette bezeichnet.

Ehestreit

Ein Ehemann beschwert sich, seine Frau würde sich ständig zurückziehen. Die Frau entgegnet jedoch, dass sie sich nur zurückziehe, weil er ständig an ihr herumnörgle. Der Mann nörgelt also und die Frau zieht sich zurück. Weil sie sich zurückzieht, nörgelt er. Damit dreht sich die Geschichte im Kreis – ein Teufelskreis. ◄

Liegt eine Störung vor, nimmt eine der beiden Seiten an, dass die andere Seite die gleichen Informationen besäße wie sie/er selbst. Durch diese subjektive Wahrnehmung, passiert meistens dann auch genau das, was die verstörte Kommunikationsseite vorhergesagt hat. Damit beginnt sich die Geschichte auf einer Abwärtsspirale im Kreis zu drehen.

Menschliche Kommunikation bedient sich analoger und digitaler Modalitäten

In der Kommunikation gibt es zwei Möglichkeiten Dinge zu beschreiben. Einerseits vielschichtig mit Interpretationsfreiräumen (=analog) oder klar und eindeutig ohne Interpretationsfreiräume (=digital). Nicht nur das gesprochene Wort (in der Regel digitale Kommunikation), sondern auch die nonverbalen Äußerungen (z. B. Lächeln, Pausen, Wegblicken etc.) teilen dabei etwas mit, sagt Watzlawick.

Misserfolg

Andreas sitzt in der Vereinskantine allein an einem Tisch mit hängenden Schultern, gesenktem Kopf und dunklen Ringen unter den Augen. Seine Vereinskollegin Anna beobachtet die Situation und vermutet, dass es Andreas nicht gut geht. Anna geht auf ihn zu und fragt, warum er denn niedergeschlagen sei. Daraufhin erzählt Andreas ihr, dass er in der Nacht sehr wenig geschlafen habe, weil er vermutlich die gestrige, wichtige Verhandlung mit einem zukünftigen Vereinssponsor durch sein zu drängendes Vorgehen verdorben hat. ◄

Andreas' Körperhaltung steht für analoge Kommunikation, die einen Interpretationsfreiraum lässt, den es zu klären gilt. Anna schließt aus dem Eindruck, dass es ihrem Vereinskollegen nicht gut geht. Allerdings kann Anna es nicht wissen, sondern vermutet es nur. Als sie Andreas danach fragt, kommunizieren beide digital (also klar und eindeutig ohne Interpretationsfreiräume) über Fakten. Andreas erklärt den Auslöser für sein Verhalten und Anna erhält Klarheit über ihre Vermutung.

▶ **Wichtig!**
Tränen können Schmerz oder Freude bedeuten, so wie ein Lächeln Freundlichkeit oder Verachtung darstellen kann. Durch mögliche Fehler in der Auslegung, können Konflikte zwischen den Kommunikationspartnern entstehen. Auslegungen gehören hinterfragt, um Klarheit zu schaffen.

Kommunikation ist symmetrisch oder komplementär

Beziehungen zwischen Menschen basieren entweder auf Gleichheit oder auf Unterschiedlichkeit. Eine gleichwertige (= symmetrische) Beziehung lässt sich z. B. dadurch erkennen, dass die Partner sich bemühen, Ungleichheiten untereinander zu minimieren (Streben nach Gleichheit).

In unterschiedlichen (= komplementären) Beziehungen ergänzen sich unterschiedliche Verhaltensweisen und machen die Wechselwirkung zwischen den Personen deutlich. Die Beziehungsgrundlage besteht laut Watzlawick hierbei in der Unterschiedlichkeit (z. B. Hierarchie, Wissen, Erfahrung etc.) zwischen den Personen.

Chorprobe

Georg unterhält sich mit seinem etwas älteren Freund Herbert auf dem Weg zur Chorprobe über das gestrige Konzert im Fernsehen. Herbert ist gleichzeitig auch Chorleiter und ruft Georg während der Probe zu: „Singe die Passage klarer!".

Wenn Georg und Herbert sich außerhalb der Chorprobe unterhalten, überwiegen meist deren Gemeinsamkeiten. Wenn Herbert dagegen als Georgs Chorleiter agiert und ihn korrigiert, wie im Beispiel, ist die Kommunikation unterschiedlich/komplementär, weil Herbert in der Rangordnung seiner Rolle als Chorleiter über Georg steht und der Unterschied in der Beziehung nun im Vordergrund steht. ◄

Bei Störungen nach diesem fünften Gesetz entstehen häufig merkwürdige Handlungsaufforderungen. Entweder es kommt zu sogenannten „doppelten Botschaften" (z. B. nonverbal etwas anderes ausdrücken, als man sagt) oder zu paradoxen Voraussagen:

Wenn z. B. Herr Müller von seiner Frau eine gelbe und eine blaue Jacke geschenkt bekommt und er zieht die gelbe zuerst an, unterstellt ihm seine Frau, dass ihm die blaue nicht gefällt. Hätte er die blaue Jacke zuerst angezogen, wäre dasselbe in Richtung der gelben Jacke passiert. Egal was er gemacht hätte, es wäre falsch gewesen.

Solche Phänomene entstehen laut Watzlawick dann, wenn zu viele Probleme existieren, die nicht gelöst werden können oder die Lösung das nächste Problem auslöst.

Watzlawick formulierte 4 Schritte zur Problemlösung:

1. Das Problem definieren. Dabei muss zwischen echten und unechten (Pseudo-)Problemen unterschieden werden.
2. Die bisherigen Lösungsversuche untersuchen und sehen, ob die Probleme nicht durch Fehllösungen entstanden sind.
3. Formulierung von Zielen bzw. Lösungen. In diesem Schritt sollte man Utopien und vage Lösungen nicht berücksichtigen.
4. Zu guter Letzt werden die Planungen durchgeführt.

2.1.2 Das Sender-Empfänger-Modell von Shannon und Weaver

Shannon beschrieb 1937 ein Modell, wie man elektrische Schalter zu Logik befähigen kann. Es bildete das Fundament für die Entwicklung von digitalen Schaltkreisen. 1948 arbeitete er an der Lösung eines Problems von Störungen in Telefonleitungen und entwickelte eine „mathematische Theorie zur Signalübertragung", die er in einem Artikel „A Mathematical Theory of Communication" (deutsch: Eine mathematische Theorie der Kommunikation) veröffentlichte.

Die Theorie war ausschließlich für Telefone gedacht. Aber als ein anderer amerikanischer Wissenschaftler, Warren Weaver (1894–1978), Shannons Konzept des Informationsverlustes auf zwischenmenschliche Kommunikation umlegte, entstand daraus ein überaus effektives und bekanntes Modell der Kommunikation.

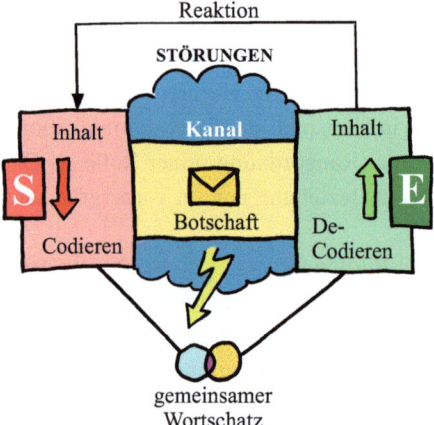

Das Modell beruht auf der von Harold Laswells 1948 publizierten Theorie der Kommunikation:

„Wer (sagt) was (zu) wem (über) welchen Kanal (mit) welcher Wirkung".

Das bedeutet, dass es bei der Kommunikation immer eine versendende Seite und eine empfangende Seite gibt, wie bei einem Postpaket. Dabei verpackt (verschlüsselt) der Sender seine Botschaft mit Hilfe ihrer/seiner Worte und der dem Sender bekannten Bedeutung und sendet die Botschaft über ein Medium/Signal (zum Beispiel Sprache). Der Empfänger nimmt das Signal (mit seinem Ohr) auf und entpackt (entschlüsselt) den Inhalt mit Hilfe ihrer/seiner Worte und der dem Empfänger bekannten Bedeutung. Bei der Übertragung kann es zu Störungen (atmosphärisch, optisch, akustisch etc.) kommen, wodurch z. B. Missverständnisse entstehen.

Mutter in der Grube

Ein klassisches Beispiel ist die Geschichte, bei der ein Mädchen neben einer Bau-
stellengrube sitzt und weint. Ein Polizist kommt vorbei und fragt: „Warum weinst Du
denn?". „Meine Mutter ist in die Grube gefallen!" Sofort stürzt sich der Polizist in die
Grube. Fünf Minuten später klettert er völlig verschmutzt und atemlos aus der Grube
und sagt: „Ich konnte Deine Mutter nicht finden!" Da meint das Mädchen: „Na toll!
Dann kann ich die Schraube auch wegwerfen, wenn ich keine Mutter mehr zum Be-
festigen habe." ◄

Gleiche Worte haben bei Sender und Empfänger oft nicht die gleiche Bedeutung. Die
Wahrnehmung hört nur das, was wir hören wollen und nicht das, was wirklich gesagt
wurde.

Störungen zwischen Sender um Empfänger
Oft kommt die Botschaft nicht richtig an, die der Sender übermitteln wollte. Die Folge
dieser Störungen sind Fehldeutungen, Missverständnisse, Konflikte und zerrüttete Beziehungen. Die Störungen selbst können unterschiedliche Ursachen haben:

- Interesse: Weil Ihr Gegenüber kein wirkliches Interesse an Ihnen oder Ihrer Botschaft
  hat, hört er oder sie nicht richtig zu.
- Stille-Post-Effekt: Bei mehrstufiger Kommunikation wird die Botschaft verändert
  weitergegeben, bis beim Empfänger etwas völlig anderes ankommt als ursprünglich
  gesendet wurde (z. B. Gerüchteküche).
- Sprache: Der Empfänger spricht eine andere Sprache oder hat eine andere Sprach-
  kenntnis als der Sender (z. B.: Italiener und Japaner sprechen miteinander Englisch,
  Dialekt, Fachbegriffe, Generationen- und Jugendsprache).
- Kultur: Ähnlich wie die Muttersprache prägt uns auch die jeweilige Kultur (z. B.: Person A formt Daumen und Zeigefinger zu einem „O" und streckt die anderen drei Finger senkrecht weg: In England ein Okay, in Südamerika eine Beschimpfung.)
- Lärm: Durch Nebengeräusche kann der Empfänger die Botschaft akustisch nicht rich-
  tig verstehen (Beispiel: Baulärm, Straßenverkehr, laute Musik).
- Bildung: Der Empfänger hat nicht das nötige Fachwissen, um die Botschaft richtig einzu-
  ordnen (z. B.: Seefahrts- oder Forstarbeitersprache, Fachjargon, medizinische Ausdrücke).
- Doppeldeutigkeit: Ein Wort kann mehrere Bedeutungen haben, z.B.: Topfen in Öster-
  reich: Unsinn oder Frischkäse, in Deutschland: Quark.
- Interpretation: Wenn Dinge sarkastisch oder ironisch gemeint sind und die andere
  Seite nimmt sie ernst.
- Vorurteile: Dinge werden anders gehört, als sie gesagt wurden, weil der Empfänger
  sich bereits eine festgefahrene Meinung über sein Gegenüber gebildet hat.
- Technik: Durch z. B. zu wenig Toner im Drucker kann der Text und dessen Be-
  deutung nur erahnt werden.

▶ **Wichtig!**

Sender sind für das gute Ankommen der Nachricht verantwortlich, Empfänger für
das aktive Zuhören. Vorsicht: Wenn sich zwei Personen aus dem gleichen Kultur-
kreis begegnen, sind angeblich unter 20 % des gemeinsamen Wortschatzes zu
100 % deckungsgleich!

2.1.3 Die fünf Kommunikationstypen nach Virginia Satir

Die Pionierin der Familientherapie, Virginia Satyr, entwarf das Modell der 5
Kommunikationstypen aus vielen Jahren Therapieerfahrung und stellt das unterschied-
liche Auftreten von Personen in Konflikt- und Stresssituationen dar. Die verschiedenen
Positionen zeigen Reaktionen von Personen unter Druck auf. Dabei spiegeln sich die 5
Stile sowohl in der Körpersprache und Mimik als auch in den Äußerungen einer Per-
son wider. Wie bei den meisten Modellen gibt es auch hier selten eine hundertprozentige
Trefferquote eines bestimmten Stiles. Wir sind meist Mischtypen zwischen den einzelnen Kategorien, die in Konfliktsituationen deutlich werden.

Bei den ersten vier Kommunikationstypen wird der Kommunikationsverlauf negativ beeinflusst, wohingegen der letzte Kommunikationsstil (der kongruente Stil) den
kommunikationsfördernden Stil darstellt.

Beschwichtigen

Der beschwichtigende Stil zeigt großes Einfühlungsvermögen und agiert besonders
harmoniebedürftig. Die beschwichtigende Person braucht die Anerkennung von anderen,
da sie stets unsicher in ihrem Handeln ist. Sie stellt die eigene Meinung häufig zurück
und spricht oft im Konjunktiv („man könnte", „ich würde"). Im Allgemeinen kommuniziert dieser Personentyp mit einer leisen Stimme und nimmt eine verschlossene Körperhaltung ein. Beschwichtigende Personen sind schlecht darin, Entscheidungen zu treffen
und können sich schwer in Konfliktsituationen durchsetzen.

Anklagen

Dieser Stil ist von starkem Durchsetzungsvermögen geprägt. Es ist die größte Stärke dieses Personentyps laut Satir. Personen dieses Typs versuchen stets, den eigenen Standpunkt durchzusetzen und schrecken dabei nicht davor zurück, andere auch öffentlich zu
brüskieren. Mit der dominanten, provokanten und aggressiven Art ist dieser Typ wenig
beliebt. Anklagende Personen reden mit einer lauten Stimme, sie atmen flach und zeigen eine dominante Körperhaltung. Sie wollen selbstbewusst vor anderen erscheinen und
fühlen sich innerlich eher minderwertig.

Rationalisieren

Rationalisierende Personen sind immer bemüht, eine rationelle, logisch nachvollziehbare Lösung für das Problem zu finden und gehen Konflikt- und Stresssituationen aus dem Weg. Sie handeln eher distanziert, zurückhaltend und geben selten etwas persönliches Preis. In Diskussionen nimmt dieser Typ eine sachliche, logische Position ein und unterlegt das Handeln mit Korrektheit. Laut Satir bevorzugen diese Personen Monologe statt Dialoge, da sie sich durch ihr Fachwissen anderen überlegen fühlen. Dieser Personentyp redet mit monotoner Stimme und distanziert sich eher von anderen im Team. Unabhängigkeit ist ihm wichtig.

Ablenken

Satir beschreibt die Stärke des ablenkenden Stils in seiner Spontanität. Dieser Personentyp versucht um jeden Preis Aufmerksamkeit zu gewinnen, wobei die Themen in Gesprächen oft wechseln. Durch das ablenkende und teils ignorante Verhalten ist es schwierig, mit ihnen zu kommunizieren. Themenwechsel stehen an der Tagesordnung und auf ihre Aussagen ist wenig Verlass. Das Teamengagement ist eher gering. Die Sprache dieser Personen ist gekennzeichnet von schnellem, hektischem und unkoordiniertem Reden. Durch die ständigen Themenwechsel kommen sie nicht zum Punkt und tragen eher nicht zur Lösung eines Problems bei.

Kongruenz

Der kongruente Typ stellt den lösungsorientierten Kommunikationsstil dar. Bei dieser Person sind Körpersprache, Mimik, und Sprache im Einklang. Das Umfeld weiß stets, wie sich diese Person fühlt, da sie es auch klar ausdrückt. Sie verhält sich anderen gegenüber äußerst wertschätzend und besitzt ein gesundes Selbstwertgefühl. Weder andere noch sie selbst fühlen sich in Konflikt- und Stresssituationen angegriffen.

▶ **Wichtig!**

Diese Kommunikationshaltungen werden meist negativ erlebt. Satirs persönlicher, lösungsorientierter Zugang war es, diese vier Haltungen als wertvolle, positive Chancen zu sehen:

Beschwichtigen ist die Chance zur Herstellung von gegenseitigem Verständnis und Harmonie.

Anklagen ist die Chance, den Überblick über die Situation zu bewahren und enthüllt Konfliktträger.

Rationalisieren ist die Chance, ein hoch emotionales Geschehen auf eine Metaebene zu heben, um so zu logischen Lösungen zu kommen.

Ablenken ist die Chance, die Symptomträger des Systems zu erkennen und festzustellen, dass hier was nicht stimmt.

Wenn wir die Stile erkennen, die Menschen unter Druck und in Konflikten einsetzen, können wir Kommunikation in Verhandlungen fördern, was zur positiven Entwicklung im Verhandlungsprozess beiträgt. Der fünfte, kongruente Stil zeigt uns, dass eine ehrliche und harmonische Kommunikation nur möglich ist, wenn wir uns selbst und andere im gleichen Ausmaß wertschätzen. Um das zu ermöglichen, müssen wir zuerst wissen, wie sich Personen in solchen Situationen verhalten.

2.1.4   Ein Satz, vier Interpretationen

Der Psychologe Friedemann Schulz von Thun hat das Sender-Empfänger-Modell von Shannon und Weaver ebenso für sich entdeckt und daraus sein Vier-Ohren-Modell entwickelt: Er beschreibt ein Modell, in dem eine Nachricht grundsätzlich aus vier Botschaften und Ebenen besteht:

- **Sachebene:** Worüber werde ich rein inhaltlich informiert?
- **Appell:** Welcher Wunsch oder Befehl ist in der Botschaft verborgen?
- **Selbstoffenbarung:** Welche versteckte „Ich-Botschaft" wird mit der Botschaft mitgesendet?
- **Beziehung:** Wie stehen Sprecher und Empfänger zueinander, was denkt sie/er sich und was erlaubt sich diese Person der empfangenden Seite zu sagen?

Beispiel

Jede dieser Aussagen kann zu einem Missverständnis führen. Ein klassisches Beispiel aus einer Verhandlung ist die Aussage: „Können wir nun weitermachen?". Unterschiedliche Dinge können aus dieser Frage herausgehört werden, je nachdem welches Ohr gerade aktiv ist. Auf der Sachebene wird die „Tatsache" verstanden, dass nach der Fortsetzung der Verhandlung gefragt wird. Es könnte aber auch als Befehl

„Jetzt macht endlich weiter!" verstanden werden oder, auf der „Beziehungsebene", als Unterstützung wie „Ich möchte dir beim Zeitmanagement helfen". Die Selbstoffenbarung könnte „Ich habe es eilig!" lauten. Die eine Seite kann dabei z. B. den Appell unterstreichen und die andere Seite den Beziehungsteil der Nachricht empfangen. Dies ist einer der Hauptgründe für Missverständnisse. ◄

Um Missverständnisse zu vermeiden, hören Sie immer mit allen vier Ohren zu, sprechen Sie aber nur mit einer Zunge. Hinterfragen Sie Aussagen, bevor Sie reagieren.

2.1.5 Eisbergmodell

Das Eisbergmodell zählt zu den zentralen Konzepten der zwischenmenschlichen Kommunikation. Die bildhafte Beschreibung eines Eisberges wurde erstmals von dem Literaturnobelpreisträger Ernest Hemingway als Beschreibung seines Schreibstiles verwendet.[1]

Das Modell wird gerne dem Psychoanalytiker Sigmund Freud zugeschrieben, obwohl Freud diesen populären, bildhaften Vergleich selbst nie benützt hat. Ein Modell mit Namen „Eisberg" kam in keinem seiner Werke zum Einsatz, er beschrieb vielmehr ein „Schichten"-Modell.

Freud war der Überzeugung, dass unsere Kommunikation größtenteils unbewusst erfolgt. Es ist (ähnlich einem Eisberg) nur ein sehr kleiner Teil ersichtlich (die sogenannte Sachebene) und der größte Anteil bleibt verborgen (die Beziehungsebene). Das mache die Kommunikation zwischen Menschen so kompliziert und führe zu vielen Problemen.

Der sichtbare, bewusste Teil unserer Kommunikation beschreibt Aussagen zu Zahlen, Daten, Fakten, Gedanken sowie sichtbar gezeigte Gefühle und Wünsche. Der Teil, der gerade noch wahrgenommen werden kann (das Vorbewusste) enthält (verdeckte) Gefühle, heimliche Wünsche, Erfahrungen, Stimmung, Ängste, Persönlichkeitsmerkmale etc. Es sind somit Inhalte, die nicht sofort abgerufen werden können. Sie werden erst durch aktives Nachdenken ins Gedächtnis gehoben (Stangl, 2024).

Der unsichtbare/unbewusste Teil birgt Instinkte, Triebe, Begierden, Lust, Traumata.

---

[1]. Es sei, so Hemingway, nicht erforderlich, dass ein Autor alle Details seiner Hauptfigur erzähle. Es genüge, wenn, wie bei einem Eisberg, ein Achtel über Wasser zu erkennen sei.

Das Eisbergmodell veranschaulicht, dass nur ein kleiner Teil der Kommunikation auf der Sachebene stattfindet. Der größte Teil läuft unbewusst über Mimik, Gestik, Tonfall, Pausen etc. ab. Unterschwellig versteckte Informationen werden dadurch mitvermittelt.

Dieses Modell haben zahlreiche Wissenschaftlicher übernommen und weiterentwickelt. Gerne wird auch die 20/80 Regel dabei angewendet, die als „Pareto-Prinzip"[2] bekannt ist.

2.2   Blickkontakt in Verhandlungen

Was machen Sie, wen Sie jemanden persönlich kennenlernen? Sie blicken der Person automatisch in die Augen. Blickkontakt bestimmt unser Zusammenleben und er verrät sehr viel, oftmals unbewusst.

Der Blickkontakt ist eine der aussagekräftigsten Gesten. Unbewusst verraten unsere Augen, wie wir zu unserem Gegenüber stehen. Darum ist beim ersten Kontakt der Fokus auf Gesicht und Augen.

Wir wollen so schnell wie möglich Menschen einschätzen und deren Verhalten deuten. Freund oder Feind? Sympathisch oder doch nicht? Diese Fragen und viele weitere mehr rattern in Sekundenbruchteilen durch unser Gehirn. Während wir die ersten Worte wechseln, werten wir parallel die ersten Eindrücke aus und beobachten die Augenaktivitäten unseres Gegenübers.

---

[2] Vilfredo Pareto war ein italienischer Wissenschaftler, der um 1900 die Verteilung des italienischen Volksvermögens untersuchte. Er fand heraus, dass rund 80 % des damaligen Volksvermögens im Besitz von nur 20 % der Bevölkerung waren. Diese 80/20-Verteilung wird gerne in vielen anderen Bereichen verwendet.

Blickkontakt gilt oftmals als wichtige Richtlinie am Verhandlungstisch. Man soll dem Gegenüber in die Augen blicken, heißt es. Unsere Empfehlung dabei: Jedoch nicht zu lange und zu starr, wie auch Psychologen der University of British-Columbia das bestätigt haben.

Wollen Sie Ihr Gegenüber überzeugen, dann versuchen Sie, Blicke einzufangen und auszutauschen. Doch zwischen Blickkontakt und Blickkontakt gibt es Unterschiede. Die Augen zeigen mitunter, ob unsere Absichten gut oder böse Absichten sind, ob wir hämisch sind oder voller Anteilnahme, ob wir es ernst meinen oder nicht. Die Augen lügen nicht, heißt es ja.

Pia Heinemann berichtet auf www.welt.de über das Team um Professor Frances Chen, die einen Artikel im Fachjournal „Psychological Sciences" veröffentlich haben, dass es in Verhandlungen kein wirklich gutes Zeichen ist, wenn das Gegenüber einem zu lange in die Augen starrt. Denn wenn zwei Verhandlungspartner im Gespräch häufigen und langen Blickkontakt haben, dann ändert sich die Haltung der beiden zum diskutierten Thema seltener, als wenn sie ihre Blicke schweifen lassen.

Wer sich in einer Diskussion Zeit und Ruhe nimmt, um auch einmal aus dem Fenster zu sehen und in Gedanken das Gehörte mit den eigenen Einstellungen zum Thema abzugleichen, kann bessere, weiterführende Argumente finden und wirkt laut Chen offener.

▶ **Wichtig!**
Ein zu starrer Blickkontakt kann zu einer Verhärtung der Verhandlungssituation führen. Ein lockerer Blickwechsel und ein Abschweifen können dafür sorgen, dass sich Ihr Gegenüber sicher und ernst genommen fühlt.

2.3   Aktives Zuhören

Unter aktivem Zuhören versteht man eine bestimmte Art, auf das Gesagte unseres Gegenübers zu reagieren. Man antwortet nicht, um seine eigene Sichtweise aufzudrängen, sondern um das, was verstanden wurde, mit den eigenen Worten treffend zu beschreiben.

Haben Sie schon einmal in einer Verhandlung bemerkt, dass einer der Gesprächspartner unaufmerksam war oder mit seinem Mobiltelefon „gespielt" hat?

Das Landsiegel Institut hat die wesentlichen Elemente des aktiven Zuhörens wie folgt zusammengefasst:

- Missverständnisse vorbeugen und verringern
- Empathie anwenden
- Beziehungen zueinander vertiefen und verbessern
- Fähigkeit der Selbsthilfe unterstützen
- Gefühle und Gesagtes des Gegenübers verbalisieren
- Werturteilsfrei zuhören

Beispiele:

- Aufnehmendes Zuhören: Durch Bestätigungs- oder Kurzlaute wie „mmhh", „aha", „ja", zeigen wir „Ich höre Dir zu". (Es wird auch „soziales Grunzen" genannt)
- Notizen: Zeigen Sie Ihrem Gegenüber Interesse, indem Sie sich auch Notizen zum Gesagten machen.
- Rückfragen: Durch Fragen wird überprüft, ob wir unser Gegenüber richtig verstanden haben: „Wenn ich Sie richtig verstehe …"
- Umschreibendes Zuhören: Es werden die Angaben des Gegenübers mit eigenen Worten wiederholt, um zu prüfen, ob beide Gesprächspartner das gleiche Verständnis haben.
- Zusammenfassungen: Es wird sichergestellt, dass keine Informationen überhört wurden: „Wenn ich das zusammenfassen darf, ist Ihnen nicht nur die Farbe wichtig, sondern …"
- Körpersprache: Durch Blickkontakt, Mimik, Gestik wird Verständnis oder auch Gegensatz unterstrichen.

Damit Kommunikation in Verhandlungen und anderen Bereichen gut funktioniert, ist es laut dem Landsiegel Institut wichtig, aufeinander einzugehen und dem Gesprächspartner wohlwollend sowie vorurteilsfrei zu begegnen. Dies gelingt durch aktives Zuhören besonders gut. Nonverbale und verbale Techniken greifen wie Zahnräder in Gesprächen ineinander. Dabei profitiert die Zusammenarbeit zwischen den Gesprächspartnern bereits von einfachen Signalen. Zusätzliche Praktiken wie das Nachfragen, Klären von Unklarheiten, Verbalisieren und das Wiederholen der sachlichen Argumente, wirken in Gesprächen unterstützend, verhindern Missverständnisse und allzu hitzige Diskussionen.

Aktives Zuhören ist eine mächtige Fähigkeit, die die Dynamik von Verhandlungen maßgeblich beeinflussen kann. Es ist nicht nur ein Zeichen des Respekts und der Wertschätzung, sondern auch ein strategisches Werkzeug, das zu kreativeren Lösungen und besseren Ergebnissen führt. Indem Sie aktives Zuhören in Ihre Verhandlungspraxis integrieren, werden Sie feststellen, wie sich Ihre Fähigkeit, erfolgreiche Abschlüsse zu erzielen, verbessert und wie Ihr Verhandlungspartner mehr Bereitschaft zeigt, in zukünftigen Gesprächen kooperativ zu sein.

2.4   Körpersprache lesen und einsetzen

Der FBI-Agent Joe Navarro landete als Flüchtlingskind aus Kuba in den USA. Er sprach damals kein Wort Englisch und musste sich durch das richtige Lesen und Interpretieren von Körpersprache durchschlagen. Diese Kunst half ihm später als FBI-Agent, Spione zu entlarven, indem er ihre Körpersprache beobachtete und auswertete.

Wir kommunizieren zu einem Großteil unbewusst mit unserem Körper. An einem Verhandlungstisch schaffen wir es möglicherweise, unseren Oberkörper unter Kontrolle zu halten. Wir beobachten aber in Verhandlungssituationen sehr oft, dass die Körperregungen, die sich unter der Tischplatte befinden, unkontrolliert bewegt werden.

Auch das Lesen von Körpersprache – besonders in einem multikulturellen Umfeld – bedarf Training und Konzentration. Hier sind wir wieder bei den erwähnten drei Kameras.[3]

Wie wirken Sie in einer Verhandlung? Diese wichtige Frage sollten Sie sich stellen, wenn Sie sich für eine Verhandlung vorbereiten. Egal was Sie tun, Menschen in einer Bar beobachten, Schlange stehen an der Supermarktkasse, ein Gespräch mit Ihrer Nachbarin führen, Ihre Körpersprache ist immer aktiv. Es kommt nicht nur auf das Gesagte (oder Nichtgesagte) an, sondern auch auf Ihre Körpersprache, die einen großen Beitrag zu Ihrer Wirkung leistet.

Arme überkreuzen, heftiges Blinzeln, mit den Füßen zappeln, die Handflächen an den Oberschenkeln abwischen und vieles mehr erzählt etwas von Ihnen, ohne dass Sie es möglicherweise realisieren. Je häufiger Sie sich für eine Verhandlung gut vorbereiten – vielleicht durch das Üben von Verhandlungssituationen – und damit erkennen, wie Sie Ihre Körpersprache einsetzen, desto besser werden Sie in der Realität wirken können.

Manchmal sagen wir etwas, denken aber etwas anderes. Wenn Ihnen Ihr Gegenüber ein Kompliment machen will, und erklärt, dass Sie eine sympathische Person seien und gleichzeitig unser Gegenüber den Kopf schüttelt, ist das möglicherweise eine ganz andere Botschaft. Oft sendet unser Körper unbewusste Signale, denn er schweigt nie.

Literatur

Advitago Academy. https://advitago.academy/kommunikationstypen-nach-satir/. Zugegriffen: 15. Dez. 2023.

Der Brockhaus. (2007). *Universal Lexikon* (Bd. 8, S. 3114). Brockhaus Verlag.

Heinemann, P. *Alter Psycho-Trick wird über den Haufen geworfen.* https://www.welt.de/gesundheit/psychologie/article120628493/Alter-Psycho-Trick-wird-ueber-den-Haufen-geworfen.html. Zugegriffen: 22. Okt. 2023.

Pareto, V. (1896–1897). *Cours d'Économie Politique* (2 Bände). Rouge, Lausanne.

Pia Heinemann. https://www.welt.de/gesundheit/psychologie/article120628493/Alter-Psycho-Trick-wird-ueber-den-Haufen-geworfen.html. Zugegriffen: 10. Febr. 2024.

Satir, V. (1995). *Das Satir Modell.* Junfermann Verlag.

Schulz, v., &Thun, F. (1981). *Miteinander reden Teil I-IV.* Rohwolt.

Shannon, E. (1948). A Mathematical Theory of Communication. *The Bell System Technical Journal, 27,* 379–423, 623–656.

Stangl, W. (2024, 9. Februar). Bewusstseinsebenen. Online Lexikon für Psychologie & Pädagogik. https://lexikon.stangl.eu/8954/bewusstseinsebenen-ebenen-bewusstsein. Zugegriffen: 10. Febr. 2024.

Watzlawick P. https://www.paulwatzlawick.de/axiome.html. Zugegriffen: 15. Okt. 2023.

---

[3] Abschn. 13.9

Zimmermann, L. (2022). *Wie der Blickkontakt unsere Kommunikation prägt.* https://www.stern.de/gesundheit/psychologie/-schau-mir-in-die-augen---wie-der-blickkontakt-unsere-kommunikation-praegt-32941618.html. Zugegriffen: 22. Okt. 2023.

https://www.landsiedel.com/at/wissen/aktives-zuhoeren.html. Zugegriffen: 22. Okt. 2023.

Fähigkeiten und Einstellung

Zusammenfassung

In diesem Kapitel wird beschrieben, welche Fähigkeiten und welche mentale Haltung in einer Verhandlung beim Erfolg unterstützen.

3.1	3.2	3.5	3.4	3.5	3.6	3.7
G	**Ie**	**Fl**	**Ad**	**P**	**Sa**	**Rh**
Geduld	Integrität und Ethik	Flexibilität	Adrenalin-management	Partner od. Gegner?	Statements akzeptieren	Rapport herstellen
3.8	3.9	3.10	3.11	3.12	3.13	3.14
Mi	**Kf**	**Zh**	**Kd**	**K**	**Ek**	**V**
Mimik lesen und einsetzen	Kommunika-tionsfähigkeit	Zuhören	Kritisches Denken	Kreatives Denken	Emotions-kontrolle	Voraussicht

---

Fragen

Fragen, auf die Sie in diesem Kapitel Antworten finden können:

- Warum sind Flexibilität und Geduld Schlüsseleigenschaften für erfolgreiche Verhandlungen?
- Was können Sie tun, um Adrenalin in Verhandlungen in den Griff zu bekommen?
- Was ändert sich, wenn Sie Ihr Gegenüber als Partner und nicht als Gegner in einem Verhandlungsprozess sehen?
- Welche Techniken zur Emotionskontrolle stehen zur Verfügung?
- Welche Möglichkeiten bestehen, zukünftige Szenarien und Sachverhalte auf der Grundlage verdeckter Hinweise vorherzusagen?

R. Weiss und J. Lavrih Sztajnbok, *Die Elemente des Verhandelns*, https://doi.org/10.1007/978-3-658-44596-6_3

Verhandlungen sind grundsätzlich Abläufe, in denen zwei oder mehr Parteien, die unterschiedliche Interessen und Ziele haben, versuchen, durch Kommunikation eine Einigung zu erzielen. Es geht darum, einen Weg zu finden, der idealerweise den Bedürfnissen aller Beteiligten gerecht wird. Verhandlungen können formell oder informell sein, strukturiert oder freilaufend – und sie können eine breite Palette von Themen umfassen, von persönlichen Angelegenheiten bis hin zu internationalen Vereinbarungen.

Verhandlungen sind nicht nur ein gesellschaftliches oder geschäftliches Werkzeug, sondern auch ein Spiegelbild unserer komplexen gedanklichen Vorgänge. Ein besseres Verständnis der neurowissenschaftlichen Grundlagen von Verhandlungen kann uns helfen, effektivere Strategien zu entwickeln, unsere eigenen Begrenzungen zu überwinden und stärkere, gegenseitig vorteilhafte Beziehungen aufzubauen. In der Neurowissenschaft der Verhandlungsführung liegt das Potenzial darin, nicht nur erfolgreichere Geschäftsabschlüsse zu erzielen, sondern auch ein tieferes Verständnis für die menschliche Natur zu erlangen.

Somit zeigt sich, dass Verhandlungen nicht nur ein wirtschaftlich oder politisch strategisches Instrument sind, sondern einen integralen Bestandteil unserer Psyche ausmachen, der tief in der Funktionsweise unseres Gehirns verwurzelt ist. Unseren Fähigkeiten und Einstellungen gestalten Rahmen und Inhalt einer Verhandlung mit.

3.1   Geduld

Die Geduld darauf zu warten, bis der richtige Moment gekommen ist, sowie die Beharrlichkeit, trotz Rückschlägen nicht aufzugeben, sind entscheidende Eigenschaften von erfolgreichen Verhandlungsführenden. Erfahrene wissen, wann man standhaft bleiben muss oder Flexibilität gefragt ist.

Verhandlungen können eine komplexe Angelegenheit sein, in der Interessen, Ziele, Persönlichkeiten und Emotionen aufeinanderprallen. Geduld in einer Verhandlung zu bewahren, bedeutet hier, dass Sie sich die Zeit nehmen, die Situation vollständig zu erfassen, auf die Bedürfnisse und Standpunkte des Gegenübers einzugehen und zu einem Ergebnis zu kommen, das für alle Seiten akzeptabel ist. Geduld ermöglicht es, sorgfältige Analysen durchzuführen, kreative Lösungen zu entwickeln und den Verhandlungsprozess Schritt für Schritt zu einem sinnvollen Abschluss zu bringen.

Geduldige Verhandlerinnen und Verhandler nehmen sich die Zeit, alle relevanten Informationen zu sammeln, ihre Ziele klar zu definieren und potenzielle Fallstricke zu identifizieren. Das bildet das Fundament für eine selbstbewusste Verhandlungsführung und hilft dabei, auch auf unerwartete Wendungen adäquat reagieren zu können.

Statt vorschnell mit eigenen Argumenten „zurückzuschießen", hilft Geduld, die Ausführungen des Gegenübers wirklich zu verstehen. Dies fördert nicht nur eine positive Atmosphäre, sondern kann auch dazu beitragen, neue Lösungswege zu erschließen, die zuvor nicht offensichtlich waren.

Verhandlungen können emotional aufgeladen sein, und gerade dann, wenn der Druck steigt, ist es von Bedeutung, Ruhe zu bewahren. Geduld ist hier eng verbunden mit emotionaler Intelligenz – der Fähigkeit, die eigenen Emotionen und die der anderen zu erkennen und zu steuern. Sind Sie geduldig, werden Sie in angespannten Situationen weniger schnell aus dem Konzept gebracht, Sie vermeiden eine Eskalation und können sogar deeskalierend agieren.

Wer geduldig verhandelt, schielt nicht auf schnelle, oberflächliche Erfolge ab, sondern ist bestrebt, langfristige und nachhaltige Vereinbarungen zu treffen. Durch den Blick auf das große Ganze und die Bereitschaft, auch kleine Fortschritte zu würdigen, können tragfähige Ergebnisse erzielt werden, die über den Moment hinaus Bestand haben.

3.2   Integrität und Ethik

In vielen Situationen wird Integrität bei einer Auseinandersetzung unterschätzt, obwohl diese für langfristigen Erfolg entscheidend ist. Ethisches Verhalten und Transparenz schaffen Glaubwürdigkeit sowie eine dauerhafte positive Geschäftsbeziehung.

Was sind Integrität und Ethik?
Einfach ausgedrückt, bezieht sich Integrität auf die Charakterstärke einer Person, insbesondere auf ihre Ehrlichkeit und moralische Geradlinigkeit. Ethik hingegen befasst sich mit moralischen Prinzipien, die das Verhalten im beruflichen und persönlichen Leben leiten. Wenn wir über Verhandlungen sprechen, bedeutet dies, dass Verhandler authentisch handeln und Entscheidungen auf der Grundlage von moralisch korrekten Überlegungen treffen sollten, anstatt sich von reinem Eigennutz leiten zu lassen.

Warum sind Integrität und Ethik in Verhandlungen wichtig?
Integrität fördert Vertrauen zwischen den Verhandlungsparteien. Wenn gegenseitiges Vertrauen besteht, steigt die Wahrscheinlichkeit, langfristige und nachhaltige Vereinbarungen zu treffen. Die Einhaltung ethischer Grundsätze stärkt die eigene Reputation und die des Unternehmens. Es signalisiert anderen, dass Sie ein verlässlicher und respektabler Partner sind.

Ethisches Verhalten sorgt dafür, dass die Verhandlungsergebnisse nicht nur kurzfristige Gewinne, sondern nachhaltige, langfristige Lösungen sind. Ethisches Verhalten kann die Anzahl und Schwere von Konflikten verringern, da Transparenz und Fairness Streitpunkte vorbeugen oder abschwächen.

Unternehmen, die Wert auf Ethik legen, tragen zu einer gesünderen Wirtschaft und Gesellschaft bei. Darum gibt es in Unternehmen Compliance-Regeln. Der weitläufige Begriff „Compliance" lässt sich mit „Einhaltung" übersetzen. Dies liegt vor allem daran, dass es einzig und allein auf das Unternehmen ankommt, was es unter einem regelkonformen Verhalten und dessen Einhaltung versteht.

Ist Ethik nur Wunschdenken?

Um Integrität und Ethik in Verhandlungen umzusetzen, ist klare Kommunikation nötig. Behandeln Sie die andere Seite stets respektvoll. Stehen Sie selbst bei Meinungsverschiedenheiten zu Ihren Zusagen und tragen Sie Verantwortung für Ihre Entscheidungen. Im Kern geht es darum, Fairness, Transparenz und Verantwortung zu wahren und den gegenseitigen Respekt nicht zu untergraben. Doch der Druck, gewinnorientiert zu handeln, kann oft mit diesen Prinzipien in Konflikt geraten.

In der Praxis stehen Geschäftsleute häufig vor der Herausforderung, den Spagat zwischen Gewinnmaximierung und ethischem Verhalten zu meistern. Oftmals werden Verhandlungen hart geführt, mit dem Ziel, den maximalen Vorteil für die eigene Seite herauszuschlagen. Es kann vorkommen, dass moralische Überlegungen in den Hintergrund treten, insbesondere wenn der Druck, eine Verhandlung positiv unter Zeitdruck abzuschließen, groß ist.

Viele Unternehmen haben Ethik-Kodizes und führen Schulungen durch, um ihre Belegschaft auf moralisches und ethisches Verhalten einzuschwören. Es wird stets betont, wie wichtig es ist, die eigenen Unternehmenswerte in jeder Handlung widerzuspiegeln. Dennoch zeigt die Erfahrung, dass zwischen guten Absichten und tatsächlichem Handeln oft eine Lücke klafft.

Beispiele wie Korruption, Täuschung oder unfaire Verhandlungstaktiken haben in der Vergangenheit immer wieder Schlagzeilen gemacht und das Vertrauen in die ethischen Grundlagen des Lebens erschüttert. Andererseits gibt es auch zahlreiche positive Beispiele, wo ethisches Handeln zum Erfolgsrezept wurde und langfristige Geschäftsbeziehungen gefördert hat.

Die Herausforderung besteht darin, eine Kultur zu schaffen, in der Ethik und Moral nicht nur als Wunschdenken existieren, sondern gelebte Praxis sind. Dazu gehören:

- Die Schaffung klarer ethischer Richtlinien.
- Die Implementierung von Compliance-Programmen.
- Regelmäßige Schulungen und ein steter Dialog über ethische Fragen.
- Die Förderung einer offenen Unternehmenskultur, in der Bedenken geäußert werden können.
- Die Etablierung von Anreizsystemen, die ethisches Verhalten belohnen.

3.3 Flexibilität

In einem Zeitalter, in dem sich unsere Welt ständig verändert und Globalisierung und technologische Fortschritte zum Tagesgeschäft gehören, ist Flexibilität zu einer Schlüsseleigenschaft für erfolgreiche Verhandlungen geworden. Ob es darum geht, komplexe Verträge auszuhandeln, diplomatische Beziehungen zu pflegen, mit Nachbarn über laute Musik nach 23 Uhr zu sprechen oder innerbetriebliche Entscheidungen zu treffen, die Fähigkeit, anpassungsfähig zu sein, kann den Unterschied zwischen einer erfolgreichen und einer gescheiterten Verhandlung ausmachen. Es bedeutet also die Bereitschaft, sich an neue Informationen, veränderte Umstände und die Bedürfnisse des Gegenübers rasch anzupassen. Es ist die Fähigkeit, den Verhandlungsplan zu ändern, wenn es die Situation erfordert und innovative Lösungen/Alternativen zu finden. Diese Flexibilität bedeutet, ein breites Spektrum an Werkzeugen und Strategien zur Verfügung zu haben, um auf eine Vielzahl von Szenarien vorausschauend zu reagieren, anstatt starr an einem vordefinierten Plan festzuhalten.

Verhandlungen können durch unvorhersehbare Faktoren kompliziert werden – im Privaten durch die Einflussnahme von Verwandten, gut gemeinten Ratschlägen von Bekannten, von Marktveränderungen bis hin zu politischen Entscheidungen. Flexibilität ermöglicht es in Verhandlungen, kreative Lösungen zu entwickeln, um auch in unsicheren Zeiten zufriedenstellende Ergebnisse zu erzielen.

Wenn Sie auf die Bedenken und Vorschläge des Gegenübers eingehen und bereit sind, Ihren Ansatz entsprechend anzupassen, kann das eine positive und kooperative Atmosphäre schaffen, ohne dass Sie Ihr Ziel damit aufgeben. Moderne Verhandlungen sind sehr dynamisch und wer sich innerhalb von Verhandlungen schnell anpassen kann, wird Vorteile erkennen und nutzen können. Die Flexibilität, veränderte Bedingungen in die Verhandlungen einfließen zu lassen, kann zum Erreichen besserer Optionen führen.

Manchmal ist der Pfad durch eine Verhandlung kompliziert und Schwierigkeiten verlangen oft nach einfallsreichen Lösungen. Starre Verhandlungspositionen könnten zu Konflikten führen, während flexible Ansätze das Potenzial haben, Win-win-Situationen zu generieren, die innovative Angebote für beide Seiten beinhalten. Flexibilität hilft auch dabei, unnötige Eskalationen und Konflikte zu verhindern, wenn die Bereitschaft vorhanden ist, in einer Verhandlung aufeinander zuzugehen. Diese Geste kann dazu beitragen, Spannungen zu reduzieren und eine gegenseitige Übereinkunft zu erleichtern.

Flexibilität ist keine Schwäche, sondern eine Stärke. In unserer wandelbaren Welt kann die Anpassungsfähigkeit letztendlich über den Erfolg oder Misserfolg von Verhandlungsabschlüssen entscheiden. Wer in Verhandlungen erfolgreich sein möchte, muss bereit sein, sich anzupassen, rasch zu lernen und flexibel zu bleiben.

3.4 Adrenalinmanagement

Adrenalin, auch als Epinephrin bekannt, wird in stressigen oder bedrohlichen Situationen von den Nebennieren aus in den Körper gepumpt. Es bereitet den Körper auf eine „Kampf-oder-Flucht"-Reaktion vor und hat starke physiologische Effekte: Herzschlag und Blutdruck steigen, Pupillen erweitern sich, Leber und Milz schütten gespeicherten Zucker aus, die Muskeln werden mit mehr Blut, Zucker und Sauerstoff versorgt. Dieser Prozess war für unsere Vorfahren in physischen Konfrontationen überlebenswichtig, kann aber in einer modernen Verhandlungssituation ein Nachteil sein, denn wir werden Passagier im eigenen Körper, der auf „Autopilot" schaltet. Wir handeln teils nur mehr instinktiv mit unserem „Krokodilhirn", wie wir es gerne bezeichnen.

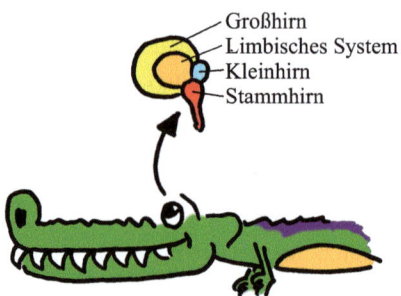

Unter dem Einfluss von Adrenalin können Menschen in Verhandlungen zu vorschnellen Entscheidungen neigen, was zu schlecht durchdachten Zugeständnissen oder Forderungen führen kann. Der Adrenalinschub kann zusätzlich dazu führen, dass man die eigenen Verhandlungspositionen überschätzt und die des Gegenübers unterschätzt, wodurch das Risiko steigt, etwas falsch zu beurteilen.

Adrenalin kann Emotionen verstärken, wodurch Verhandlungen schnell von sachlichen Gesprächen zu hitzigen Auseinandersetzungen werden können. Ein zu hoher Adrenalinspiegel kann die Fähigkeit, klar zu kommunizieren und aktiv zuzuhören, stark beeinträchtigen, wodurch Missverständnisse entstehen können. Ein Zuviel an Adrenalin kann Ihr rationelles Denken so sehr beeinflussen, dass Sie nicht einmal mehr in der Lage sind, einen klaren Satz zu formulieren, oder sogar „einfrieren" und handlungsunfähig werden.

Was können wir nun tun, um das Adrenalin wieder in den Griff zu bekommen?

- Erkennen Sie die Symptome eines Adrenalinschubs in Ihrem Körper (trockener Mund, Schweiß an den Händen etc.)
- Nehmen Sie bewusst Abstand, bitten Sie um eine kurze Pause oder entschuldigen Sie sich auf die Toilette, um sich zu beruhigen.
- Trainieren Sie Stressmanagement-Techniken und wenden Sie diese an: vor und während den Verhandlungen.
- Bewegung kann helfen, Stress zu reduzieren: 25 Mal links und rechts abwechselnd mit den Fingern schnippen oder das Knie-Nase-Ohr Spiel von Stan Laurel[1].
- Verwenden Sie Atemtechniken wie z. B. tiefe, kontrollierte Atemzüge, die Ihnen helfen können, den Adrenalinspiegel zu senken und die Ruhe wiederzufinden. 10 Mal abwechselnd einatmen, 5 Sekunden halten, ausatmen, 5 Sekunden halten usw.

---

[1] Im Film „Fra Diavolo" führt der Komiker Stan Laurel eine lustige Routine durch, bei der er zuerst mit seinen Händen auf seine Knie tippt, dann die Arme überkreuzt, mit der linken Hand das rechte Ohr berührt und mit der rechten Hand über Kreuz die eigene Nase. Danach berühren die Hände wieder die Knie, die Arme überkreuzen sich andersrum, die rechte Hand berührt das linke Ohr und die linke Hand die Nase. Diese Routine dient der Körperkoordination und soll einige Male wiederholt werden.

- Der Arzt und Experte für Performance Psychologie Dr. Chris Walton hat uns eine einfache und wirksame Methode erklärt: Lassen Sie 20 s lang lauwarmes (nicht zu hei-
  ßes) Wasser über die Innenseite Ihrer Handgelenke und über die Handflächen fließen.
  Dadurch werden Ihre parasympathischen Nervenfasern für Ruhe und Entspannung
  aktiviert und Sie rasch aus jeder sympathetischen Stressreaktion herausgenommen.
  „Simple, Easy, Quick and Effective", wie er sagt.

3.5   Verhandlungspartner oder Gegner?

Traditionell werden Verhandlungssituationen oft als Nullsummenspiel betrachtet – was
der eine gewinnt, verliert der andere. Diese „Gegner"-Sichtweise kann zwar in bestimmten Situationen, wie etwa bei einmaligen Deals oder Auktionen, angemessen sein,
allerdings besteht die Gefahr einer eher konfrontativen Dynamik. So kann der Blick auf
den eigenen Vorteil die Brücke zu gemeinsamen Interessen verbauen.

Andererseits legt die „Partner"-Perspektive den Schwerpunkt der Sichtweise auf gemeinsame Ziele und Synergien. Kooperative Verhandlungen streben eine Win-win-Situation
an, von der beide Seiten profitieren. Durch diese Sichtweise wird eine Atmosphäre des
Vertrauens und der Offenheit geschaffen, die zu nachhaltigeren und zufriedenstellenden
Ergebnissen führen kann.

Wenn wir unser Gegenüber als Partnerin/Partner in einem gemeinsamen Verhandlungsprozess sehen, sind wir eher bereit, in die Beziehung zu investieren. Das ist
besonders wichtig, wenn Sie mit dieser Person oder Personengruppe wiederholt zu tun
haben werden. Partnerschaftliches Verhandeln ermutigt dazu, über den Tellerrand hinaus-
zublicken und kreative Lösungen zu finden, die den Bedürfnissen beider Seiten gerecht
werden.

Die erarbeiteten Verhandlungsergebnisse sind bei einer „Partner"-Perspektive stabiler
und nachhaltiger, wenn sie auf einem gegenseitigen Verständnis und einer Einigung aufbauen, die beide Seiten als fair empfinden.

Es ist jedoch nicht immer möglich, das Gegenüber als Partner zu sehen, vor allem,
wenn dieser explizit kampflustig auftritt. In diesen Fällen ist es wichtig, gefasst zu bleiben und die eigenen Interessen klar zu kommunizieren, ohne jedoch in eine rein defensive oder ebenfalls aggressive Haltung zu verfallen.

Um ein partnerschaftliches Klima aufzubauen, beginnen Sie das Gespräch mit Themen, bei denen Einigkeit besteht. Das schafft eine positive Grundstimmung für die folgende Diskussion. Versuchen Sie wirklich zu verstehen, was Ihr Gegenüber möchte und
welche Beweggründe dahinterstecken. Oftmals stecken hinter starren Positionen ver-
handelbare Interessen.

Empathie zeigen: Es ist wichtig, Respekt und Verständnis für die Situation des Gegenübers aufzubringen, selbst wenn man nicht mit jeder Forderung übereinstimmt. Seien
Sie transparent in Bezug auf Ihre Bedenken und Interessen. Versteckte Agenden können

Misstrauen säen und die Verhandlung belasten. Bleiben Sie flexibel und offen für Vorschläge. Manchmal kann eine kreative Lösung gefunden werden, die nicht unmittelbar offensichtlich ist.

3.6   Statements akzeptieren

Der Grundstein für eine erfolgreiche Verhandlungsstrategie wird bereits in den ersten Momenten gelegt, insbesondere während der Austauschphase, in der jede Seite ihre Sichtweisen und Standpunkte darlegt. Aber warum ist es so wichtig, diesen anfänglichen Äußerungen des Gegenübers besondere Aufmerksamkeit zu schenken?

Die erste Austauschphase ist der formelle Beginn eines Dialogs. Durch das aufmerksame Zuhören signalisieren Sie Respekt und Anerkennung gegenüber der anderen Partei, was essenziell ist, um eine vertrauensvolle und offene Atmosphäre zu schaffen. Es ist diese Atmosphäre, die im weiteren Verlauf der Verhandlung dazu beitragen kann, den Weg zu einer einvernehmlichen Lösung zu ebnen.

Ohne ein tiefgreifendes Verständnis der Interessen, Wünsche und Grenzen der Gegenseite sind eigene Angebote und Kompromisse wie Schüsse ins Dunkle. Das Zuhören bietet wertvolle Einblicke in die Perspektiven und Prioritäten der anderen Seite und ermöglicht es, eigene Argumente und Angebote strategisch und zielführend auszurichten.

Durch das Achten auf das Gesagte – und oft auch auf das Ungesagte – kann man den Verhandlungsspielraum besser einschätzen. Man erkennt, wo Flexibilität besteht und welche Aspekte für den Verhandlungspartner nicht verhandelbar sind. Dieses Wissen ist kritisch, um im Laufe der Verhandlungen Kompromisspunkte zu identifizieren.

Missverständnisse und Fehlinterpretationen sind oft die Quelle von Konflikten und können den Verhandlungsfortschritt hemmen. Durch das sorgfältige Zuhören in der ersten Austauschphase können Unklarheiten sofort angesprochen und ausgeräumt werden, bevor sie zu größeren Problemen anwachsen.

Die Informationen, die in der ersten Austauschphase gesammelt werden, sind die Basis für eine fundierte und strategisch gute Antwort. Sie ermöglichen es, Argumente zu formulieren, die auf die Bedürfnisse und Erwartungen der Gegenseite eingehen, und erhöhen die Wahrscheinlichkeit, dass Ihre eigenen Ziele erreicht werden.

Zuhören umfasst nicht nur Verstandesarbeit, sondern ist auch ein emotionaler Prozess. Ein empathisches Erfassen der emotionalen Untertöne im Gesagten kann entscheiden, ob die emotionale Ebene in den Verhandlungen zu einem Katalysator oder zu einem Hindernis wird. Interessanterweise stärkt das Zuhören nicht nur das Verständnis für die andere Seite, sondern auch die eigene Verhandlungsposition. Es verschafft Zeit, während Ihr Gegenüber seine Position offenbart und setzt ihn unter Umständen auch unter Druck, die Karten auf den Tisch zu legen.

3.7   Rapport herstellen und Überzeugungskraft

Rapport bezeichnet eine vertrauensvolle Beziehung zwischen zwei Menschen. Also eine Beziehung, bei der die „Chemie stimmt". Als Rapport wird auch bezeichnet, wenn Sie eine gemusterte Tapetenbahn an Wand kleben, die perfekt an das Muster der schon klebenden Tapetenbahn anschließt und damit ein nahtloser Übergang entsteht.

Der Aufbau von Rapport einer Beziehung zwischen Ihnen und Ihrem Gegenüber erfordert während des gesamten Verhandlungsprozesses ein Zusammenspiel aus Hör- und Sprechfähigkeiten, die mit Körpersprache vermischt ist und dem subtilen bewussten Einsatz von Spiegelungs- und Matching-Techniken. Ziel ist es, die Eigenschaften, Werte, Überzeugungen und gewohnheitsmäßigen Verhaltensmuster Ihres Gegenübers widerzuspiegeln und damit eine positive Gesprächsbasis zu schaffen.

Ihr Gegenüber von Ihrer Denkweise zu überzeugen, beruht auf dem Zusammenspiel von vielen Kommunikationsvariablen. Darum haben wir diesem Element ein eigenes Kapitel[2] gewidmet. Jeder versucht sein Glück auf der Einflussebene, um das Gegenüber während der Verhandlung für sich zu gewinnen. Bleiben Sie sich dabei treu und achten Sie darauf, dass sich Ihr Gegenüber nicht übervorteilt fühlt, sonst sind Nachverhandlungen (meist im unpassendsten Moment) die Folge.[3]

3.8   Mimik lesen und selbst einsetzen

Unsere Gefühle werden von unseren Gesichtsmuskeln verraten. Diese Muskelgruppe ist sehr eng mit unserem Gehirn verknüpft und spiegelt unsere innere Gefühlswelt wider. Ob wir es wollen oder nicht, in vielen Fällen sind wir (zumindest für Sekundenbruchteile) ein offenes Buch. Die sieben Basisemotionen hat der US-Psychologe Paul Ekman experimentell dokumentiert: Ärger, Ekel, Freude, Traurigkeit, Angst, Überraschung und Verachtung.

▶   **Wichtig!**
    Wenn Sie Ihrem Gegenüber in einer Verhandlung einen Vorschlag unterbreiten, beobachten Sie den ersten Moment der Reaktion! Genau dann können Sie mit ein bisschen Übung erkennen, ob sie/er Ihrem Vorschlag gegenüber positiv oder negativ gesinnt ist. Dabei müssen Sie sehr gut und konzentriert beobachten, denn diese Gesichtsausdrücke (Mikroexpressionen) zeigen sich nur für Zehntelsekunden.

Diese Gesichtsausdrücke sind in nahezu allen Kulturen unseres Erdballs gleich. Mit diesem „FACS – Facial Action Coding System" entstand ein international etabliertes

---

[2] Kap. 11.
[3] Abschn. 4.7.

System zur Beschreibung von Gesichtsausdrücken, das als Grundlage für wissenschaftliche Studien dient.

Hüten Sie sich jedoch vor zu raschen Interpretationen, denn bei Personen, die oft ein „Pokerface" aufsetzen, verkümmern die Gesichtsmuskeln zusehends und so wird die Interpretation der Gefühlsregung noch schwerer. Mimik gut zu lesen, bedarf intensivem Training.

Unser Mitgefühl wird durch die Gesichtszüge unserer Mitmenschen beeinflusst und wir nehmen beim Mitfühlen sehr oft die Gesichtszüge unseres Gegenübers an.

Die Berliner Psychologie-Professorin Prof. Dr. Ursula Hess[4] untersucht derzeit, ob Gesichtsmasken unser Mitgefühl beeinträchtigen. Diese wichtige Fähigkeit wird geprägt durch das Wiedergeben der Gefühle anderer. Wie sollen wir diese aber imitieren, wenn wir deren Gesicht gar nicht richtig sehen können? Wir sind schon gespannt auf die Forschungsergebnisse.

3.9   Kommunikationsfähigkeit und Rhetorik

Kommunikation ist die Fähigkeit zu sprechen, zuzuhören, zu überzeugen, zu schreiben und eine Beziehung zum Gegenüber aufzubauen. Es ist eine grundlegende und entscheidende Fähigkeit, die wir täglich in der einen oder anderen Weise im Umgang mit anderen Menschen einsetzen.

Auf der einen oder anderen Ebene haben wir alle ein tiefes Verständnis und eine tiefe Einsicht in diese Fähigkeiten. Die meisten von uns setzen sie jedoch während des gesamten Verhandlungsprozesses nicht bewusst und wirkungsvoll ein, sondern agieren einfach, ohne sich über die Konsequenzen bewusst zu sein. Intuition ist grundsätzlich etwas Gutes, solange sie auf intensivem Training basiert.

Ohne das intuitive Handeln des US-Astronauten Neil Armstrong, wäre die erste Landung der Weltraummission Apollo 11 auf dem Mond in einer Katastrophe geendet. Denn er schaltete nur kurz vor der Landung auf Handsteuerung um, damit die Mondfähre nicht per Autopilot auf einem abschüssigen Hang landet und die Mission scheitert. Zwischen Intuition und Versagen liegt oft nur ein schmaler Grat.

Da Kommunikation schwer in einem einzigen Absatz zu erklären ist, haben wir es in einem eigenen Kapitel versucht.[5]

Wenn es darum geht, Informationen an eine andere Person zu übermitteln, ist es sehr wichtig, dass wir uns klar, prägnant und verständlich ausdrücken können.

Die Bedeutung der von uns verwendeten Worte, die uns selbstverständlich sind, können von einer anderen Person falsch interpretiert werden. Damit geht die Botschaft, die

---

[4] Ausstrahlung des Interviews am 12.10.2023, 12:00h in Servus TV: „P.M. Wissen".
[5] Kap. 2.

wir zu vermitteln versuchen, einfach verloren und landet in einer anderen Richtung. Aus diesem Grund ist es so wichtig, jedes Wort klar und deutlich mit den richtigen emotionalen Untertönen auszusprechen, die wir unserem Gegenüber während des gesamten Verhandlungsprozesses zu vermitteln versuchen.

Ihr Können, wirkungsvolle Texte schreiben zu können, bestimmt, wie andere Sie wahrnehmen. Gerade, wenn Verhandlungen via Mail oder sogar Chat geführt werden, ist dies entscheidend. Gut verfasste Texte sind eine große Unterstützung, wenn es um effektive Verhandlungen geht. Sie helfen Ihnen, Verständnis und Respekt Ihres Gegenübers zu gewinnen.

3.10 Zuhören und aktiv zuhören

Zwei Personen sitzen bei einem Geschäftsessen in einem Restaurant. Der eine macht eine wichtige Aussage und will sicherstellen, dass sie richtig angekommen ist. E sagt: „Haben Sie mich verstanden?" Die andere Person erwidert: „Verstanden habe ich Sie schon, aber wie haben Sie das gemeint?"

Wenn eine andere Person spricht, hören wir zwar oft, was sie sagt, aber selten, verstehen wir auf einer tieferen Ebene, was die andere Person wirklich meint oder gerade bewegt.

Wenn es um erfolgreiche Verhandlungen geht, müssen Sie trainieren, einerseits die Worte zu hören, die Ihr Gegenüber spricht und andererseits die verborgene Bedeutung und die Bedürfnisse verstehen, die diese Person durch ihre Worte und Formulierungen auszudrücken versucht. In dem Kapitel über Kommunikationsmodelle[6] behandeln wir das Thema im Detail.

3.11 Kritisches Denken

Um in Verhandlungen erfolgreich zu sein, müssen Sie in der Lage sein, kritisch über die Argumente, Meinungen und Fakten nachzudenken. Bei kritischem Denken geht es nicht darum, Ihr Gegenüber mit rasiermesserscharfer Kritik niederzuzwingen, sondern um die Fähigkeit, Informationen zu erfassen, zu analysieren und daraus richtige Konsequenzen abzuleiten.

Der amerikanische Wissenschaftler Robert Ennis beschäftigt sich seit über 50 Jahren mit diesem Thema und betreibt die Website CriticalThinking.net. Er hat zahlreiche Bücher zu diesem Thema geschrieben. Zwei seiner markantesten Aussagen zu kritischem Denken sind in den Abkürzungen „FRISCO" und „RRA" zusammengefasst:

---

[6]Abschn. 2.3

FRISCO

- **F** focus: Identifizieren Sie den Kern der Aussage oder das zentrale Anliegen.
- **R** reason: Ermitteln und beurteilen Sie die Zulässigkeit der Begründungen.
- **I** inference: Beurteilen Sie die Qualität der Schlussfolgerung unter der Annahme, dass die Begründungen akzeptabel sind.
- **S** situation: Achten Sie genau auf die Situation.
- **C** clarity: Vergewissern Sie sich, dass die Sprache klar und unmissverständlich ist.
- **O** overview: Treten Sie einen Schritt zurück und betrachten Sie alles als Ganzes.

RRA (Reflections, Reasons, Alternatives)

- Vermeiden Sie vorschnelle Urteile, akzeptieren Sie nicht gleich den ersten Gedanken, der Ihnen einfällt, oder das, was in den Medien verbreitet wird. Denken Sie erst einmal darüber nach.
- Fragen Sie nach: Was ist der Grund dafür? Was ist Ihre Informationsquelle? Woher wissen Sie das?
- Suchen Sie gezielt nach anders lautenden Informationen, nach alternativen Plänen und Lösungen.

Durch kritisches Denken werden Sie in der Lage sein, hinter den Vorhang zu sehen, um die wahren Gründe, Schwächen, Chancen, Probleme und Risiken offenzulegen, die sich in einer Verhandlung verbergen.

3.12   Kreatives Denken

Kreatives Denken umfasst das Entwickeln von neuen Ideen, Ansätzen und Lösungswegen, die sich von den üblichen, gewohnten Vorgehensweisen unterscheiden.

Der australische Neuro-Wissenschaftler und Institutsleiter des „Centre for the Mind" Alan Snyder, berichtet in einem in der ARD ausgestrahlten Interview[7] über seine Forschungsergebnisse zum Thema Kreativität. Seinen Erkenntnissen nach ist Kreativität ein Akt der Rebellion, um die Regeln des Gewohnten zu brechen und gegen gewohnte Konventionen anzugehen. Wer akzeptiert was sie/er macht, ist laut Snyder kein Vorreiter, sondern verfolgt alte Strickmuster.

Eine Paul Watzlawick zugeschriebene Aussage beschreibt diesen Ansatz ebenfalls wunderbar: „Wenn Du immer das tust, was Du immer schon getan hast, wirst Du auch das bekommen, was Du immer schon bekommen hast. Willst Du etwas anderes, dann tu etwas anderes. Und wenn das, was Du tust, Dich nicht weiterbringt, tue etwas völlig anderes als noch mehr vom gleichen Falschen!"

---

[7] Ausstrahlung ARD, „Die Macht des Unbewussten", Teil 2, 30.07.12, 23:25.

Kreativität stellt bestehende Konzepte und Handlungswege in Frage, um neue Perspektiven und Ansätze zu finden, neue Wege zu erkennen und Einfälle vom Funken bis zum Konzept weiterzuentwickeln.

Methoden wie Brainstorming, Disney, 6 Hüte, Moodboard, SCAMPER, Storyboard, Morphologischer Kasten und viele mehr unterstützen Sie dabei, Ihre Kreativität zu fördern.

In einer Verhandlung sollten Sie in der Lage sein, kreativ jeden Aspekt des Verhandlungsprozesses zu hinterfragen, um versteckte Chancen, potenzielle Einigungsbereiche und noch nicht in Betracht gezogene Szenarien zu identifizieren, die zu günstigen Ergebnissen für alle Beteiligten führen könnten.

3.13   Emotionskontrolle, Motivation und emotionale Intelligenz

Als erfolgreiche Person in einem Verhandlungsprozess, ist es essenziell, dass Sie Emotionen und die eigene Körpersprache mit deren wahren Absichten, Meinungen und Gedanken nicht unbeabsichtigt offenlegen.

Das mehrfach prämierte Animations-Unternehmen Gamelearn beschreibt emotionale Intelligenz als einen entscheidenden Faktor, um Verhandlung zum gewünschten Ziel zu führen. Sie besteht aus:

• Selbstvertrauen: zu wissen, wo die eigenen Stärken und Schwächen liegen.
• Ausgeglichenheit: Ihre eigene, innere Gefühlswelt zu kennen und zu wissen, was Ihnen Ruhe vermittelt und was Stress auslöst.
• Resilienz: widrige Umstände zu akzeptieren und unter Druck Ruhe bewahren zu können.
• Selbstmotivation: Anreize erkennen können, um das Beste aus diesen herauszuholen.
• Empathie: wie Sie sich in andere hineinversetzen können.
• Die Fähigkeit zuzuhören: zu wissen, wie der andere denkt, seine Interessen zu verstehen.
• Sozialkompetenz
• Kommunikationsfähigkeit
• Teamfähigkeit

Die eigene Motivation ist ein starker Treiber für die Zielerreichung in einer Verhandlung. Nur auf Anweisung eine Verhandlung zu führen, ohne die eigene Antriebskraft zu erkennen und zu nutzen, kann für den Ausgang einer Verhandlung maßgeblich entscheidend sein. Nicht nur die eigene Motivation ist ein wichtiger Faktor, um ein gewünschtes Ergebnis zu erzielen, sondern auch Motivation und Interessen der anderen Verhandlungsseite spielen eine Rolle.

Eine klare Vorstellung davon, was man erreichen möchte, hilft dabei, während der Verhandlung fokussiert und zielgerichtet zu bleiben. Personen, die hochmotiviert sind, werden wahrscheinlich mehr Zeit und Ressourcen in die Vorbereitung und Planung investieren. Dies kann auch zu einem größeren Engagement im Verhandlungsprozess führen.

Wenn Sie in einer Verhandlung Enthusiasmus ausstrahlen und so Ihr Gegenüber anregen, ebenfalls konstruktiv zum Verhandlungsergebnis beizutragen, kann das die Wahrnehmung Ihrer Verhandlungsmacht steigern und Ihren Standpunkt stärken. Positive Motivation kann Ihnen dabei helfen, Stress und Druck besser zu bewältigen und Verhandlungen mit einer konstruktiven Einstellung zu führen.

Nervöses Verhalten oder Ungeduld Ihres Gegenübers kann laut Gamelearn ein wichtiger Hinweis für Sie sein, ob Ihr Gegenüber versucht, Sie zu einem (vor-)schnellen Abschluss zu drängen. In einer solchen Position benötigen Sie eine exzellente Kontrolle über Ihre Emotionen.

Emotionskontrolle bedeutet nicht, dass Sie sich kalt oder gefühllos zu zeigen, sondern die Situation im Griff zu behalten und immer die Kontrolle über die eigenen Emotionen zu haben. Emotionen in einer Verhandlung zu zeigen ist in Ordnung, solange es bewusst geschieht. Sich Notizen bei der Verhandlung zu machen ist z. B. eine Methode, die Ihnen hilft, die Kontrolle über den gesamten Verhandlungsprozess, einschließlich Ihrer eigenen Emotionen, zu bewahren.

Wenn sich eine Verhandlung in die Länge zieht (Stunden, Tage, Wochen) ist es laut Gamelearn wichtig, ab und zu innezuhalten und sich vor Augen zu führen, an welchem Punkt die Verhandlung angelangt ist. Unkontrollierte Ungeduld ist hier fehl am Platz, denn es ist wichtig, die Kontrolle über Ihre Emotionen zu behalten und sich zu vergewissern, dass der Prozess voranschreitet.

▶   **Wichtig!**

Entscheiden Sie nie direkt aus einer Emotion heraus, weder im Positiven noch im Negativen. Gewinnen Sie ein wenig Abstand und treffen Sie dann Ihre Entscheidung. Nehmen Sie Ihre Gefühle wahr und finden Sie heraus, was die eine oder andere Emotion in Ihnen auslöst.

Es gibt zahlreiche Methoden und Übungen zur Emotionskontrolle. Die Psychologin Valeria Sabater beschreibt vier Techniken:

- Gedankenstopp
- Emotionale Lautstärkeregelung
- Logisches emotionales Denken
- Der Spiegel als Hilfsmittel zur Emotionskontrolle

3.13.1 Gedankenstopp

- Atmen Sie tief durch und entspannen Sie sich (5-s-Regel[8]), sobald Sie die Anwesenheit negativer Gedanken bemerken.
- Lassen Sie zunächst alle Gedanken zu, die Ihnen in den Sinn kommen und unterdrücken Sie diese nicht. Sie sollen die Emotionen hinter dem Gedanken verstehen, bevor Sie diese anschließend loslassen können – so als wäre sie ein Blatt, das vom Wind davongeweht wird.
- Wenn Sie den vorherigen Schritt durchgeführt haben, sagen Sie laut „Stopp", um diesen negativen Gedankengang zu unterbrechen.
- Anschließend ersetzen Sie Ihre negativen Gedanken durch einen positiven. Dabei können Sie jeden Ausdruck nutzen, der Ihr Selbstwertgefühl bestätigt.

3.13.2 Emotionale Lautstärkeregelung

- Sabater empfiehlt, dass Sie sich vorstellen, Ihr Geist ist ein schlecht eingestelltes Radio. Sie hören viele Sender gleichzeitig und können die Botschaft nicht verstehen.
- Die Lautstärke ist zu hoch, Ihre Traurigkeit schreit und vermischt sich mit Ihrem Zorn. Nun beginnen Sie vorsichtig, die Intensität ein wenig zu reduzieren, denn Sie wollen diese Stimmen auch nicht vollkommen ausschalten. Vielmehr müssen Sie versuchen, deutlich zu hören, was diese Ihnen eigentlich sagen wollen.
- Nachdem Sie nun die Lautstärke reduziert haben, ist es an der Zeit, jede Stimme (jede Emotion) zu identifizieren und sie zu verstehen („Ich bin betrübt, weil …", „Ich bin wütend, weil …").

---

[8]Langsam einatmen, 5 Sekunden halten, langsam ausatmen, 5 Sekunden halten, langsam einatmen, 5 Sekunden halten…10 × wiederholen.

3.13.3 Logisches emotionales Denken

- Analysieren Sie die Gedanken, die Ihnen in den Sinn kommen wie z. B.: „Das solltest Du besser nicht tun, denn Du wirst versagen und Du bist nicht einmal gut darin."
- Anschließend identifizieren Sie die Emotionen hinter diesem Gedanken. Ist es Angst? Verunsicherung? Frustration? Verärgerung?
- Und danach rationalisieren Sie: „Was ist an dieser Aussage wahr? Warum bin ich ein Versager? Hatte ich noch nie Erfolg bei irgendetwas? Was nützt es mir, wenn ich mir einrede, bei dem, was ich zu erreichen erhoffe, nicht gut zu sein? Wenn ich es nicht versuche, werde ich es nie erfahren."

3.13.4 Der Spiegel als Hilfsmittel zur Emotionskontrolle

Sabater schlägt vor, dass Sie sich zu Beginn allein an einen ruhigen und ungestörten Ort zurückziehen. Planen Sie mindestens eine Stunde für sich ein. Achten Sie darauf, dass Sie ungestört sind. Für diese Übung benötigen Sie einen Spiegel, der groß genug ist, um sich bequem darin betrachten zu können. Nun setzen Sie sich vor diesen Spiegel oder halten Ihn vor Ihr Gesicht. Sie konzentrieren sich auf Ihre Augen und fragen Ihr Spiegelbild: „Wie fühlst du Dich?".

Dabei kann es oftmals vorkommen, dass Emotionen in Ihnen aufsteigen, nachdem Sie sich diese Frage gestellt haben. Wenn Sie Trauer oder Zorn verspüren, lassen Sie diesen Gefühlen ihren Lauf, um den emotionalen Druck in Ihnen an Ihrem privaten Ort zu vermindern. Nehmen Sie sich so viel Zeit, wie Sie benötigen.

Wenn Sie fertig sind, Blicken Sie nochmal in den Spiegel. Tun Sie dies mit Wertschätzung und Zuneigung. Verbinden Sie sich mit Ihrem Inneren durch Mitgefühl, Fürsorge und Anerkennung. Sagen Sie sich, dass alles in Ordnung sein wird. Dass Sie neue Entscheidungen treffen, sich um neue Perspektiven kümmern und alle Änderungen vornehmen werden, die erforderlich sind, um sich besser zu fühlen.

3.14 Voraussicht

In einer erfolgreich geführten Verhandlung besitzen Sie die Fähigkeit, zukünftige Szenarien und Sachverhalte auf der Grundlage verdeckter Hinweise vorherzusagen, die sich während der Verhandlung ergeben.

Wie ein Großmeister im Schach, sind Sie in der Lage, einige Schritte Ihres Gegenübers vorherzusagen und können daher einen wirkungsvollen Maßnahmenplan entwickeln, der Sie bei der Erreichung Ihrer Verhandlungsziele unterstützt.

Stellen Sie sich vor, eine Karaffe mit Trinkwasser gefüllt und ein leeres Glas stehen vor Ihnen auf einem Tisch. Das Glas steht mit dem Glasboden nach oben gedreht auf dem Tisch. Wenn Sie nun das Glas nehmen, um daraus zu trinken, passiert etwas Spannendes: Währen Sie nach dem Glas greifen, drehen Sie Hand und Arm, drehen das Glas und stellen es richtig herum hin. Ihre Hand ist am Ende der Bewegung wieder in einer bequemen Position. Dieses Phänomen, das Psychologen den „End-state Comfort Effect" nennen, zeigt, dass Sie unbewusst vorausschauend gedacht haben. Ihre Bewegung wurde im Voraus geplant.

Grundlage dieses Verhaltens sind Training und Erfahrung. 15. Januar 2009: Ein Flugzeug der Fluglinie US Airways muss nach dem Ausfall beider Triebwerke auf dem eiskalten Hudson River in New York notlanden. Mit dieser Notlandung am Fluss rettete der frühere Militärpilot Pilot Chesley „Sully" Sullenberger allen an Bord befindlichen Passagieren und Crew-Mitgliedern das Leben.

Nach diesem Vorfall leitete die US-Verkehrsbehörde eine Untersuchung ein. Man kam zuerst fälschlicherweise zum Schluss, dass die Computersimulationen gezeigt hätten, dass eine sichere Rückkehr zum Flughafen in New York City möglich gewesen wäre. Allerdings vernachlässigten die Simulationen, dass die Besatzung Nachdenkzeit gebraucht hätte, um die Situation zu erfassen und zu beurteilen. Hätte der Pilot nach diesen Vorgaben gehandelt, hätte er einen Absturz inmitten einer Großstadt in Kauf genommen. Die Untersuchung kam zum Schluss, dass durch das rasche und vorausschauende Handeln des Piloten eine Katastrophe vermieden werden konnte.

Sehen Sie zukünftige Entwicklungen als positive Herausforderung an Ihr Können. Durch Erfahrung, Recherche und eigene Überlegungen können Sie zukünftige Entwicklungen einschätzen, Muster erkennen und dementsprechend vorausschauend handeln, wie es „Sully" gemacht hat.

Literatur

Adam Sicinsk. https://blog.iqmatrix.com/better-negotiator. Zugegriffen: 12. Juni 2013.

Bargh, J. (2018). *Vor dem Denken: Wie das Unbewusste uns steuert.* Touchstone Verlag.

Cialdini, R. (2023). *Influence – The Psychology of Persuasion* (S. 7 ff.). Harper Collins Verlag.

Dorsch Lexikon der Psychologie. https://dorsch.hogrefe.com/stichwort/end-state-comfort. Zugegriffen: 3. Nov. 2023.

Ekman, P. (2016). *Gefühle lesen: Wie Sie Emotionen erkennen und richtig interpretieren.* Springer.

Ennis, R. (1995). *Critical Thinking.* Pearson.

Kürzel mwa/sda, Spektakuläre Notlandung im Fluss: Was aus Pilot «Sully» Sullenberger geworden ist, Tagblatt. (2019). https://www.tagblatt.ch/leben/spektakulare-notlandung-im-fluss-was-aus-pilot-sully-sullenberger-geworden-ist-ld.1337823. Zugegriffen: 5. Nov. 2023.

Navarro, J. (2010). *Menschen lesen.* mvg Verlag.

Sabater, V. *4 effektive Techniken zur Emotionskontrolle.* https://gedankenwelt.de/4-effektive-techniken-zur-emotionskontrolle/. Zugegriffen: 3. Nov. 2023.

https://www.game-learn.com/de/ressourcen/blog/wie-sie-ihre-emotionen-kontrollieren-und-eine-verhandlung-zum-erfolg-fuhren/. Zugegriffen: 7. Nov. 2023.

Phasen in einer Verhandlung

4

Zusammenfassung

In diesem Kapitel werden die einzelnen Phasen in einer Verhandlung beschrieben.

Fragen

Fragen, auf die Sie in diesem Kapitel Antworten finden können:

- Worüber müssen Sie sich im Klaren sein, wenn Sie sich auf eine Verhandlung vorbereiten?
- Wie kann bereits zu Beginn ein kleiner Sieg errungen werden?
- Wie erkennen Sie die Flexibilität der anderen Seite in der Phase „Informationsaustausch"?
- Wie soll mit emotionalen Untertönen umgegangen werden?
- Welche Abschlusstechniken bestehen, nachdem ein Angebot gemacht wurde?

In einer Verhandlung können unterschiedliche Phasen erkannt werden, deren Dauer je nach Verhandlungssituation unterschiedlich sein kann. Jede dieser Phasen kann wiederum aus einzelnen Etappen und Runden bestehen. Es ist nicht unbedingt erforderlich, dass in einer Verhandlung alle Schritte in chronologischer Reihenfolge durchlaufen werden. Dieses Kapitel und die Beschreibung der einzelnen Phasen dient dazu, Ihnen einen Überblick darüber zu geben, wie ein typischer Verhandlungsprozess auf dem Weg zu einem Ergebnis erfolgen kann.

Diesen Verhandlungsablauf haben wir in 6,5 Phasen eingeteilt:

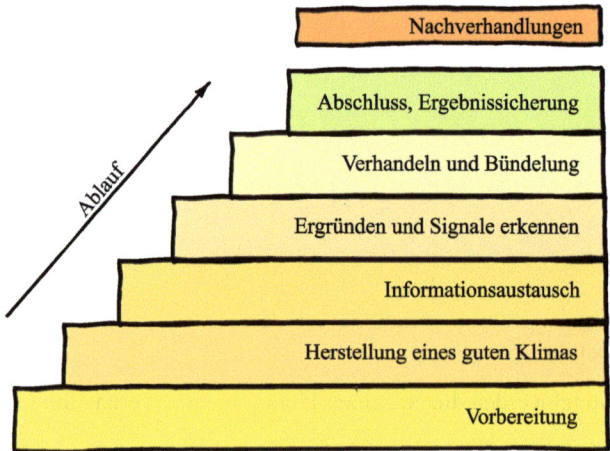

4.1   Vorbereitung

Obwohl wir diesem Punkt ein eigenes Kapitel gewidmet haben, gehört es zur Beschreibung der Phasen dazu. Darum in aller Kürze die wichtigsten Punkte: Während Sie sich auf Ihre Verhandlung vorbereiten, müssen Sie sich zunächst darüber im Klaren sein, was Sie von dieser Verhandlungssitzung erwarten. Das Verständnis für die Bedürfnisse, Prioritäten, Grenzen, Ziele, Risiken und emotionalen Tendenzen Ihres Gegenübers soll dabei nicht vernachlässigt werden.

- Halten Sie Ihre Situation und Ihre Ziele fest.
- Listen Sie Verhandlungspunkte auf, die Sie besprechen wollen und priorisieren Sie diese – aus Ihrer Sicht und aus der Sicht des Gegenübers.
- Sammeln Sie Informationen (Kollegen, Mails, Internet, Presse, Jahresberichte …).
- Reflektieren Sie frühere Verhandlungen mit diesem Verhandlungspartner.
- Was ist Ihr BATNA?
- Was ist Ihr WATNA?
- Was ist Ihre „No Deal"-Grenze? Wann stehen Sie auf und brechen die Verhandlung ab – zumindest für dieses Mal?
- Welche Verhandlungspunkte könnte der Verhandlungspartner besprechen wollen?
- Welche Prioritäten hat Ihr Gegenüber?

- Wo liegen deren/dessen BATNA/WATNA?
- Was könnten Sie anbieten und was wollen Sie dafür erhalten (quid pro quo)?
- Definieren Sie die richtige Reihenfolge der Zugeständnisse, die Sie zu machen/zu verhandeln bereit sind.
- Planen Sie Ihre Strategien und Taktiken.
- Klären Sie rechtzeitig zuvor die Rollen bei Teamverhandlungen.
- Welches kleine Zugeständnis können Sie NACH Abschluss der Verhandlung noch bieten (als Zeichen des guten Willens)?
- Wahl des passenden Umfelds (Sitzordnung, Raum, Licht, Temperatur, Erfrischungen …)
- Vorbereitung des eigenen Werkzeugkastens (drei Kameras, Verhandlungsprotokoll, Dokumente, …)

4.2   Herstellen eines guten Klimas und der Agenda

Schaffen Sie eine positive und konstruktive Atmosphäre, um Vertrauen und Zusammenarbeit zu fördern. Beide Seiten haben im Normalfall ein gemeinsames Ziel, nämlich eine Lösung zu einem Thema zu finden. Definieren Sie die Themen, die besprochen werden sollen, und die Reihenfolge der Tagesordnungspunkte – falls das nicht schon im Vorfeld geklärt wurde. Stimmen Sie den Verhandlungsmodus ab und legen Sie fest, wie Entscheidungen getroffen werden sollen.

- Aufwärmen: „Wie war die Anreise?" Small Talk
- Einleitung und Vorstellung: „Wer ist wer"
- Warum dieses Treffen? Ziele? Agenda

▶   Die eigene Agenda größtenteils durchzubringen ist bereits ein kleiner Sieg zu Beginn.

Neben der Agenda werden – falls notwendig – die einzelnen Personen und deren Funktion vorgestellt.

4.3   Informationsaustausch

Nachdem das Klima und die Agenda etabliert sind, teilen Sie Ihrem Gegenüber ihre Informationen, Interessen und Ziele mit, soweit das Ihre gewählte Strategie zulässt. Es hilft auf alle Fälle Ihrem Gegenüber zu verstehen, wo Gemeinsamkeiten und Unterschiede vorliegen. Offener Informationsaustausch kann hilfreich sein, um Vertrauen aufzubauen und den Verhandlungsspielraum der anderen Partei zu erkennen.

Wenn Ihr Gegenüber seine Positionen und Interessen vorstellt, ist es wichtig, gut zuzuhören und auch auf nonverbale Signale zu achten. Durch geschicktes Fragen und aufmerksames Zuhören können Sie Hinweise auf die Flexibilität der anderen Seite entdecken.

- Was muss erreicht werden?
- Allgemeiner Informationsaustausch
- „Offene Fragen" stellen, um die Standpunkte der anderen Seite besser zu verstehen.
- Prüfen Sie Ihre Vermutungen auf Richtigkeit.

Wenn alles gesagt und getan ist, sollten Sie und Ihr Gegenüber erkennen können, was aufgrund der beschriebenen Situation gewollt bzw. abgelehnt wird. Mit anderen Worten: Alle Seiten sollten genau wissen, was von diesem Verhandlungsprozess erwartet wird.

4.4 Ergründen und Signale zu den eingenommenen Positionen erkennen

In dieser Phase des Verhandlungsprozesses werden gegenseitig die Argumente dargelegt. Jede Seite stellt ihre Positionen und Interessen vor. Hierbei ist es wichtig, gut zuzuhören und auch auf nonverbale Signale zu achten. Durch geschicktes Fragen und aufmerksames Zuhören können Sie Hinweise auf die Flexibilität der anderen Seite entdecken.

- Was muss erreicht werden?
- Allgemeiner Informationsaustausch
- „Offene Fragen" stellen, um die Standpunkte der anderen Seite besser zu verstehen.
- Prüfen Sie Ihre Vermutungen auf Richtigkeit.

Legen Sie Ihre Position dar, indem Sie Ihrem Gegenüber eine Geschichte erzählen, die aus logischen Argumenten mit emotionalen Untertönen besteht. Wenn alles gesagt und getan ist, müssen Sie sagen, was Sie aufgrund der beschriebenen Situation wollen. Mit anderen Worten: Ihr Gegenüber soll genau wissen, was Sie von diesem Verhandlungsprozess erwarten.

▶ **Wichtig!**
Jetzt noch nicht verhandeln!

Lassen Sie Ihrem Gegenüber genug Zeit für die Erklärungen und Fragen, fordern Sie dasselbe aber auch für sich ein. Zeigen Sie neugierig Verständnis, stellen Sie immer tiefere Fragen im Sinne des Frage-Canyons[1]. Er wird Ihnen helfen, die Wünsche und Ziele Ihres Gegenübers zu ergründen.

---

[1] Abschn 1.15.

In dieser Phase sollen Sie einen klaren Eindruck davon bekommen, was Ihr Gegenüber von dieser Verhandlung erwartet, braucht und zu gewinnen hofft.

Wenn Sie verstehen, was Ihr Gegenüber antreibt, dann haben Sie eine bessere Auswahl an Argumenten, um ihn von Ihrer Denkweise zu überzeugen.

4.5   Die eigentliche Verhandlung und Bündeln der Ergebnisse

Diese Phase des Verhandlungsprozesses wird auch als argumentative Phase bezeichnet.

In dieser Phase wird versucht, Lücken in den Argumenten und Fakten der Gegenseite zu finden. Gleichzeitig signalisieren Sie, dass Sie auch bereit sind, sich aus dieser Verhandlung (zumindest für dieses Mal) zurückzuziehen, wenn keine Einigung erzielt werden kann. Bringen Sie Ihre Argumente vor, verteidigen Sie Ihre Positionen, bearbeiten Sie Einwände, eliminieren Sie Vorwände.

Sie müssen auch auf mögliche Frontalangriffe des Gegenübers vorbereitet sein. Wehren Sie diese Angriffe einfach ab, indem Sie darauf hinweisen, dass Sie sich vollkommen bewusst sind, was sie tun, und dass Sie nicht ausgenutzt werden wollen.

- Bleiben Sie sachlich, auch wenn die Verhandlungen emotional oder konfrontativ werden.
- Formen Sie beanstandete Punkte in Ihrem Angebot in eine akzeptablere Form um.
- Was macht der anderen Seite Druck und wo liegt deren Schmerzgrenze?
- Verwenden Sie faire Taktiken für einen Schritt nach vorne.
- Lösen Sie Konflikte.
- Machen Sie kreative Vorschläge à la Brainstorming für Alternativen:
- Wer die meisten Angebote im Ärmel hat, besitzt die Macht.
- Rationelle Argumente vs. Einfluss von Emotionen.
- Suchen Sie nach Win-win-Lösungen und alternativen Optionen, die beiden Seiten nutzen könnten.

Im Anschluss muss sich der Kreis Ihrer Argumente und Erkundungen schließen. Signalisieren Sie Ihrem Gegenüber, dass Sie zu einer Zusammenarbeit bereit sind und für ein effektives Ergebnis sind, das alle Beteiligten zufriedenstellt.

Tun Sie dies, indem Sie eine positive offene Haltung und Körpersprache an den Tag legen, indem Sie ehrlich über Ihre Bereitschaft kommunizieren, ein angemessenes Ergebnis auszuhandeln und indem Sie über die Möglichkeiten sprechen, die sich ergeben könnten, wenn die Verhandlung abgeschlossen ist.

Am Ende dieser Phase werden mögliche Zustimmungspunkte, die von beiden Parteien getätigt werden können, identifiziert, um ein für alle Beteiligten günstiges Ergebnis zu erzielen.

Wenn Sie Ihre Vorschläge effektiv verpacken oder bündeln, können Sie in dieser Phase des Verhandlungsprozesses eine größere Hebelwirkung erzielen. Bündeln Sie die verschiedenen Themen und Vorschläge zu Paketen, bei denen Zugeständnisse ausgeglichen werden.

4.6   Abschluss und Ergebnissicherung

In dieser abschließenden Phase geht es um die Absicherung des Verhandlungsergebnisses. Die gemachten Zusagen, zu denen Sie und Ihr Gegenüber stehen, sollen schriftlich festgehalten und dokumentiert werden. Die Parteien klären die einzelnen Bedingungen, setzen Zeitrahmen und definieren, wie die Ergebnisse umgesetzt und überprüft werden sollen. Es ist wichtig, dass alle Aspekte klar und eindeutig formuliert werden, um Missverständnisse und Konflikte in der Zukunft zu vermeiden.

Auch für den Abschluss einer Verhandlung gibt es bestimmte Vorgangsweisen, von denen wir die gängigsten hier beschreiben:

- Bei der **Summary-Close-Technik** werden alle erzielten Übereinkünfte zusammengefasst, beim Gegenüber die Bestätigung der einzelnen Ergebnisse eingeholt und die Vorteile der Vereinbarung betont, um abschließend die finale Zustimmung zu erreichen.
- Beim **„direkten Abschluss"** fordert die eine Verhandlungsseite zum Ende des Gespräches direkt und unverblümt zum Abschluss auf. Zum Beispiel: „Wie ich sehe, konnten wir alle notwendigen Punkte besprechen. Sind Sie bereit, zu diesen Konditionen zu unterschreiben?"
- Die **alternative Abschlusstechnik** bietet mehrere Möglichkeiten, die zum Abschluss führen können – zum Beispiel verschiedene Zahlungspläne oder Paketoptionen – und bittet das Gegenüber, sich final zu entscheiden.
- Die Technik des **„assumptiven Abschlusses"** basiert auf der Annahme, dass sich Ihr Gegenüber bereits entschieden hat zu unterschreiben. Sie führen das Gespräch entsprechend weiter und besprechen z. B. Lieferdetails oder die Modalitäten der Zahlungsabwicklung.
- Bei dem **„Sonderangebot"** wird etwas vom ursprünglichen Angebot entfernt, oft verbunden mit einem zeitlichen oder mengenmäßigen Limit, um ein Gefühl der Dringlichkeit zu schaffen. Dies soll die andere Seite motivieren, schnell zu handeln, um das „Angebot nicht zu verpassen".
- Wird die **„Kompliment-Technik"** eingesetzt, wird durch positiv formulierte Bestätigung oder Komplimente der Verhandlungspartner in seiner Entscheidungsfindung bestärkt und somit näher zum Abschluss gebracht.
- Mit der **„Ja-Kette"** wird das Gegenüber durch gezielte Fragetechnik (geschlossene Fragen) veranlasst, mit „Ja" zu antworten, um eine positive Stimmung zu erzeugen, die dann mit einer Abschlussfrage gekrönt wird.

- Der **Kontingenz- oder Konditionale Abschluss** knüpft den Abschluss an eine Bedingung, die dem Gegenüber wichtig ist: „Wenn ich das Problem für Sie bis morgen lösen kann, unterschreiben wir dann den Vertrag?"

Achten Sie darauf, ein positives Ergebnis für alle beteiligten Verhandlungsparteien erzielt zu haben, um spätere Nachverhandlungen zu vermeiden.

- Erkennen Sie den richtigen Zeitpunkt, um den „Sack zuzumachen".
- Fassen Sie nochmals zusammen und holen Sie sich die Zustimmung ab.
- Klare „nächste Schritte" festhalten.
- Halten Sie Vereinbartes schriftlich fest und lassen Sie es sich auch bestätigen.
- Würdigen Sie das Verhalten und die Zielstrebigkeit des Gegenübers.
- Drücken Sie Ihre Zuversicht über Ihr Vertrauen in eine gemeinsame Zusammenarbeit aus.
- Vergessen Sie nicht das Verhandlungsprotokoll und bedanken Sie sich für das konstruktive Klima.

Nach der Unterzeichnung erfolgt die Umsetzung und Nachbereitung der Verhandlung, um aus dem Prozess zu lernen und mögliche Verbesserungen für die Zukunft zu identifizieren.

Jede dieser Techniken sollte mit Integrität und unter Berücksichtigung ethischer Standards eingesetzt werden. Manipulative oder unaufrichtige Abschlusstaktiken können zwar zu kurzfristigen Erfolgen führen, schaden aber langfristig der Reputation und den Geschäftsbeziehungen.

4.7   Gefährliche Nachverhandlungen

Nachverhandlungen stellen eine doppelte Gefahr dar:

- Nachverhandlungen durch falsche Kompromisse
- Nachverhandlungen durch Ihre Verhandlungspartner

Nachverhandlungen durch falsche Kompromisse
Im Thomas-Kilmann-Modell[2] wird die Problematik des Kompromisses beschrieben. Ein Kompromiss ist ein Mittelweg voller lauernder Gefahren. Kompromisse zu schließen bedeutet, auch bereit zu sein, etwas aufzugeben. Es liegt zwischen den beiden Extremen einer direkten Konfrontation und des widerstandslosen Zustimmens.

---

[2]Abschn. 13.4

Ein Kompromiss ist das kleine Geschwister eines „Lose-Lose", denn die Verhandlungsparteien müssen ein Stück von deren ursprünglichen Verhandlungszielen aufgeben, um das große (restliche) Ganze zu retten. Genau darin besteht auch die Gefahr.

Ein Kompromiss funktioniert nur dann langfristig, wenn alle Verhandlungsparteien zu diesem Entgegenkommen der besonderen Art auch vollinhaltlich stehen. Ist das nicht der Fall (z. B. eine Seite ist mit dem Resultat trotz Zustimmung unzufrieden und spricht dies nicht früh genug an), kommt es in der Zukunft unweigerlich zu Nachverhandlungen. Das passiert dann oft in einem vollkommen unerwarteten und für die eigene Position unpassenden Moment, möglicherweise erst Monate später. Zum Beispiel: „Und übrigens, damals aus dem Projekt XY, da ist der eine Punkt noch immer nicht sauber geklärt. Das müssen wir heute auch noch besprechen, sonst können wir hier heute nicht weitermachen!"

VW in der selbstgegrabenen Fallgrube?

In einem Artikel des Online-Magazins Automobil-Industrie (Kennung: dpa/sd, ID:46.742.430, 2020) wird über den Streit zwischen der Volkswagengruppe und dem Zulieferer Prevent berichtet. Seit 2016 schwelt der Konflikt zwischen den beiden Unternehmen. Der Streit eskalierte in der sofortigen Beendigung von gültigen Lieferverträgen, sodass die Produktionsbänder in Wolfsburg und anderen Werken tagelang stillstanden. Es wurden keine Sitzbezüge und Getriebegehäuse mehr von Prevent-Töchtern angeliefert. Viele Millionen Euro Kosten waren das Resultat. Der Zulieferer wehrte sich im Gegensatz zu anderen Lieferanten gegen den ständigen Preisdruck des Automobilherstellers. Letztlich wurde Prevent von der Liste der Lieferanten gestrichen und bekam keine neuen Aufträge mehr. Die Vertragsbeziehung war beendet.

Die daraus resultierenden zahlreichen Gerichtsverfahren (beide Seiten reklamieren weiterhin Schadenersatz) laufen zum Teil heute noch (2023) und werden auch aufs Neue angefacht. Prevent soll angeblich noch immer Zulieferer, die an VW liefern, aufkaufen, um weiterhin Druck machen zu können.

Aus unserer Sicht eine misslungene Strategie des VW-Einkaufs mit dem Resultat einer maximalen Eskalation und Geldverbrennung für beide Seiten. ◄

Nachverhandlungen durch Ihre Verhandlungspartner
Nachverhandlungen entstehen oft durch Lücken in abgeschlossenen Vereinbarungen oder Verträgen. In vielen Fällen können nicht alle Eventualitäten, die eintreffen könnten, im Vorhinein bereits mitverhandelt werden. Dadurch gibt es zu manchen Punkten keine klaren Abmachungen, wie sich die Verhandlungsparteien zu verhalten haben.

Gerade in Zeiten des Corona-Lockdowns ab 2020 und am Anfang der Ukraine-Krise entstanden Situationen, die bis dato in dieser Ausprägung Seltenheitswert hatten: Mietzinszahlungen trotz geschlossener Geschäftslokale, Energie- und Rohstoffpreise in unvorhersehbaren Höhen, Bauverträge mit unklar vereinbarten Preisbindungen etc.

Die gestiegenen Kosten brachten viele Zulieferer unter Druck. Die Lieferanten wollen verständlicherweise ihre Mehrkosten auch bei schon abgeschlossenen Verträgen weitergeben. Immobilienbesitzer fordern ihre Mieter zu Nachzahlungen auf und drohen mit Aufkündigung des Mietverhältnisses, oder Lieferanten fordern Preisanpassungen und drohen im gleichen Zuge mit Lieferstopp, da sie auf Liefer- oder Einkaufsschwierigkeiten zusteuern oder ihre Liquidität bedroht ist.

▶ **Wichtig!**
- Hören Sie bei Nachverhandlungen aktiv zu! Warum wünscht mein Gegenüber eine Nachverhandlung? Ist es nur ein Missverständnis? Sollte es Punkte geben, bei denen sich Ihr Gegenüber über den Tisch gezogen fühlt, versuchen Sie diesen einen Punkt in einem Anhang zur geschlossenen Vereinbarung zu klären. Das hat den Vorteil, nicht das ganze Paket wieder aufschnüren zu müssen.
- Schaffen Sie keine Klärung, laufen Sie Gefahr, dass Ihr Gegenüber auf eine Gelegenheit für eine Revanche lauert oder sogar aktiv gegen Sie im Hintergrund agiert.
- Wenn es zu einer erfolgreichen Nachverhandlung kommt, stellen Sie sicher, dass es nur diese eine Möglichkeit gibt und es keine weiteren Nachverhandlungen zu dieser Übereinkunft geben wird,
- Bleiben Sie kontrolliert und höflich, halten Sie Ihr Adrenalin im Zaum, damit Sie Pilot und nicht Passagier im eigenen Körper bleiben, legen Sie notfalls eine kurze Pause zum Abkühlen und Nachdenken ein.
- Vorschnelle Entscheidungen bei Nachverhandlungen können für beide Seiten schädigend wirken. Bereiten Sie sich ausgezeichnet vor und überdenken Sie Ihre Entscheidungen.
- Denken Sie darüber nach, ob es nicht sinnvoll ist, auch von Ihrer Seite Themen in die Nachverhandlung einzuwerfen, bei denen Sie eine Nachbesserung wünschen.

Literatur

Adam Sicinsk. https://blog.iqmatrix.com/better-negotiator. Zugegriffen: 12. Juni 2013.

Cialdini, R. (2023). *Influence – The Psychology of Persuasion* (S. 7 ff.). Harper Collins Verlag.

Dpa/sd, Streit zwischen VW und Zulieferer Prevent wird zur Spitzel-Affäre. https://www.automobil-industrie.vogel.de/streit-zwischen-vw-und-zulieferer-prevent-wird-zur-spitzel-affaere-a-f3dce46946b70479a95e4b20f2664867/. Zugegriffen: 13. Okt. 2023.

Edmüller, A. (2023). *Wilhelm T, Manipulationstechniken*. Haufe.

Richtlinien zur Orientierung

5

Zusammenfassung

In diesem Kapitel werden die Richtlinien für eine erfolgreiche Verhandlung beschrieben.

Fragen

Fragen, auf die Sie in diesem Kapitel Antworten finden können:

- Welche Fähigkeiten und Eigenschaften braucht eine erfolgreiche Verhandlungsführung?
- Wozu dienen Modelle, die unterschiedliche Kulturen erklären?
- Was beinhaltet das Prozesswissen eines geschickten Verhandlers?
- Welche geistige Haltung unterstützt den Verhandlungsprozess und welche Denkweisen können ihn sabotieren?
- Welche Todsünden gibt es in Verhandlungen?

Verhandlungen können ein komplexes Zusammenwirken von mehreren Personen sein. Um darin Erfolg zu haben, ist es wichtig, sich auf bestimmte Richtlinien stützen können, die den Prozess strukturieren und tragen. Wir haben die wichtigsten für Sie zusammengefasst:

© Der/die Autor(en), exklusiv lizenziert an Springer Fachmedien Wiesbaden GmbH, ein Teil von Springer Nature 2024
R. Weiss und J. Lavrih Sztajnbok, *Die Elemente des Verhandelns*,
https://doi.org/10.1007/978-3-658-44596-6_5

5.1   Wichtige Fähigkeiten

Um erfolgreich eine Verhandlung zu führen, muss man über ein breites Spektrum an Fähigkeiten verfügen – von exzellenter Kommunikation bis hin zu psychologischer Feinfühligkeit. Eine gründliche Vorbereitung, Problemlösungs- und Beziehungsaufbaukompetenz sowie Beharrlichkeit und Integrität sind weitere wichtige Eigenschaften eines guten Verhandlers. Diese Fähigkeiten ermöglichen es ihm, die Dynamik jeder einzelnen Auseinandersetzung zu verstehen, um sie zum Vorteil seiner Organisation oder Klienten zu lenken.

Kommunikationsfähigkeit
Die grundlegende Voraussetzung ist die Fähigkeit zur klaren, präzisen und überzeugenden Kommunikation. Das beinhaltet sowohl verbale als auch nonverbale Aspekte. Erfahrene Verhandlungsexperinnen und -experten wissen komplexe Themen einfach darzustellen, effektive Fragen zu stellen und gleichzeitig aufmerksam zuzuhören, um die Bedürfnisse der Gegenseite zu verstehen.

Psychologisches Geschick
Jeder Mensch tickt anders, was Verhandlungen komplex macht. Sie oder er müssen in der Lage sein, hinter Entscheidungen der Gegenseite psychologische Motive wie nonverbale Signale oder Ängste zu erkennen und zu verstehen. Empathie spielt eine Schlüsselrolle bei der Schaffung von Win-win-Situationen durch Berücksichtigung beider Parteien.

Vorbereitung und strategische Planung
Erfolg in Verhandlungen basiert oft auf gründlicher Vorbereitung. Dabei gilt es nicht nur eigene Ziele festzulegen, sondern auch die Ziele, Möglichkeiten und Schwächen der Gegenseite zu verstehen. Eine sorgfältige Vorbereitung ermöglicht es dem Verhandlungsführer, den Verlauf des Prozesses zu kontrollieren und strategisch zu planen.

Problemlösungskompetenz
Unvorhergesehene Probleme und Meinungsverschiedenheiten sind in Verhandlungen an der Tagesordnung. Erfolgreiche Verhandler zeichnen sich durch ihre Fähigkeit zur kreativen Lösungssuche aus, indem sie Kompromisse finden oder alternative Lösungen entwickeln, von denen beide Parteien profitieren können.

Fähigkeit zum Beziehungsaufbau
Verhandlungen sind nicht nur Transaktionen, sondern beinhalten auch den Beziehungsaufbau. Ein kompetenter Verhandlungsführer ist in der Lage, eine Bindung herzustellen und gegenseitiges Vertrauen aufzubauen. Langfristige Geschäftsbeziehungen können für zukünftige Verhandlungen von unschätzbarem Wert sein sowie ein Netzwerk basierend auf Respekt und gegenseitigem Wohlwollen etablieren.

Beharrlichkeit und Geduld

Die Geduld, darauf zu warten, bis der richtige Moment gekommen ist sowie die Beharrlichkeit, trotz Rückschlägen nicht aufzugeben, sind entscheidende Eigenschaften in einer erfolgreich geführten Verhandlung. Ausreichend Erfahrung hilft zu wissen, wann Standhaftigkeit oder Flexibilität gefragt ist.

Integrität und Ethik

In vielen Situationen wird Integrität bei einer Auseinandersetzung unterschätzt, obwohl diese für langfristigen Erfolg entscheidend ist. Ethisches Verhalten und Transparenz schaffen Glaubwürdigkeit sowie eine dauerhafte positive Geschäftsbeziehung.

Drei Kameras

In einer Verhandlung spielen die „drei Kameras" eine wichtige Rolle. Eine Kamera hat den Fokus auf uns selbst in einer Verhandlung, eine Kamera beobachtet unser Gegenüber und eine Kamera beobachtet den Verhandlungsprozess, der zwischen den Verhandlungsparteien abläuft. Das ist gleichzeitig das anspruchsvolle in einer Verhandlung: einerseits die drei Kameras wie in einer Bildregie bewusst zu überwachen, andererseits eine aktive Rolle in der Verhandlung einzunehmen.[1]

5.2 Dokumentation

Eine gute Dokumentation kann in Verhandlungen eine entscheidende Rolle für Erfolg, Nachvollziehbarkeit und Rechtssicherheit spielen, denn sie sichert die Informationsverteilung in hoher Qualität und vermeidet in großem Maße das Entstehen von Missverständnissen. Dokumente können als Referenz verwendet werden, um sicherzustellen, dass alle Beteiligten korrekt verstanden haben, was besprochen und vereinbart wurde.

Im Falle von Streitigkeiten dient die Dokumentation einerseits bereits zum Glätten der Wogen als auch als Beweismittel dafür, was verhandelt und vereinbart wurde. Sie kann vor Gericht als schriftlicher Nachweis der Absichten der Parteien verwendet werden.

Eine saubere Dokumentation ermöglicht es allen beteiligten Parteien, den Verhandlungsprozess und die getroffenen Entscheidungen nachzuvollziehen. Dies ist besonders wichtig in komplexen Verhandlungen, bei denen viele Dokumente, Details und Aspekte berücksichtigt werden müssen.

Die Dokumentation unterstützt dabei, Fortschritte der Verhandlungen festzuhalten und zu prüfen (wer macht was bis wann etc.). Dies dient dazu, den Überblick zu behalten und sicherzustellen, dass alle vereinbarten Schritte durchgeführt werden. Eine gute Struktur

---

[1] Abschn. 13.9

in der Dokumentation ermöglicht eine schnellere Wiederaufnahme von Verhandlungen und erleichtert die Einarbeitung neuer Teammitglieder, da der aktuelle Stand und die Geschichte der Verhandlungen leicht nachzuvollziehen sind. Zusätzlich hilft eine gute Dokumentation beim Einlesen von neuen Mitgliedern im Verhandlungsteam bzw. bei einer eventuell nötigen Nachrecherche Jahre später.

Nach Abschluss der Verhandlungen dient die Dokumentation als Lernmittel, um die Verhandlungsführung zu analysieren, aus Fehlern zu lernen und zukünftige Strategien zu verbessern. Nach der Verhandlung ist vor der Verhandlung.

Um die genannten Vorteile zu gewährleisten, sollte eine gute Dokumentation präzise, vollständig und aktuell sein und von allen Verhandlungsparteien genehmigt werden. Es ist auch empfehlenswert, Dokumente wie Vertragstexte, Besprechungsprotokolle und Korrespondenz professionell zu verwalten und sicher aufzubewahren.

5.3   Kulturelle Einflüsse

Als Kultur werden im weitesten Sinne jegliche Erscheinungsformen menschlicher Existenz, die auf bestimmten Werten und erlerntem Verhalten beruhen, definiert. Der Umgang mit verschiedenen Kulturen in einer Verhandlung, stellt eine große Herausforderung dar. Missverständnisse durch unterschiedliche Körpersprache, verwenden von denselben Worten mit unterschiedlichen Bedeutungen, Verschiedenheit von Verhandlungsphasen u.v.m. sind Stolperfallen, die auf Sie lauern.

Doch wo beginnt der Unterschied? Zählen Verhandlungen zwischen Menschen aus München und Hamburg oder zwischen Zürich und Bern bereits dazu? Reicht der Unterschied zwischen Großstadtbezirken oder verschiedenen Tälern im gleichen Bundesland?

In der modernen Welt, in der Geschäftsbeziehungen und Partnerschaften über Kontinente hinweg geschlossen werden, spielt die Fähigkeit, erfolgreich zu verhandeln, eine entscheidende Rolle für den Erfolg. Verhandlungen sind komplizierte Schritte, die auch tief in kulturellen Normen und Werten verwurzelt sind. Wenn Ihr Gegenüber aus einer anderen Kultur stammt, werden Sie schnell feststellen, dass etwas, was z. B. in einem Land als Zeichen der Stärke gilt, in einem anderen als Schwäche oder gar Beleidigung aufgefasst werden kann. Diese Phänomene im Einzelnen zu behandeln, würde den Rahmen dieses Kapitels sprengen.

Verschiedene Standardwerke (z. B. von Erin Meyer oder Richard Lewis) setzen sich damit auseinander. Egal welche Bücher wir hier aufzählen, sie haben eines gemeinsam, vor dem wir hier freundschaftlich warnen: Sie arbeiten mit Klischees. Wenn wir von „den Chinesen" oder „den Amerikanern" reden, stecken wir Länder mit ihren vielen hundert Millionen Menschen, die dort leben, in eine Schublade. Kann denn das funktionieren? Es wird mit Modellen gearbeitet, die dazu dienen, komplexe Dinge leicht und einfach darzustellen. Der Nachteil: Die Modelle weichen immer mehr von der Realität ab, je einfacher sie sind. Wenn wir von „den Europäerinnen und Europäern" sprechen, ste-

cken wir Menschen aus Norwegen und Sizilien in einen Topf. So einfach ist es wiederum
nicht – leider und glücklicherweise zugleich.

Erin Meyer, eine renommierte Expertin auf dem Gebiet der interkulturellen Kommunikation, stellt in ihrem Buch "The Culture Map" eine Reihe von Dimensionen dar, an
denen sich Verhandlungsstile orientieren können. In diesen Schlüsseldimensionen mani-
festieren sich kulturelle Unterschiede wie:

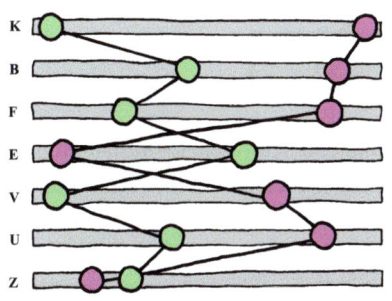

K - Kommunikation (von explizit bis implizit)
R - Rückmeldungen (von direkt und kritisch bis indirekt)
F - Führung (von hierarchisch bis egalitär)
E - Entscheidungsfindung (von konsensual bis top-down)
V - Vertrauen (von aufgabenbasiert bis beziehungsbasiert)
U - Uneinigkeit (von konfrontativ bis vermeidend)
Z - Zeit (von pünktlich bis flexibel)

Meyers Ansatz bietet eine Orientierung für internationale Beziehungen, um zu verstehen,
wie Kulturdifferenzen Verhandlungsstrategien und -ergebnisse beeinflussen können.
Wenn zwei so unterschiedliche Kulturen wie in unserer Grafik aufeinandertreffen, sind
Missverständnisse vorprogrammiert.

Beispielsweise bevorzugt die US-amerikanische Kultur (in der Grafik grün dargestellt) in Verhandlungen eine direkte und explizite Kommunikation, während Japaner
(violett) eher indirekte Hinweise und die Bewahrung des sozialen Friedens priorisieren.
Die Unschärfen in Amerika – zum Beispiel zwischen Chicago, New York, Los Angeles
und Denver –bleiben hier unberücksichtigt. Kritisches Feedback eines Briten kann sogar
als Lob wahrgenommen werden, weil es so höflich formuliert wird. Das eines Nieder-
länders ist hingegen so klar und konkret, dass es für manche schon wieder als persönlicher Angriff wahrgenommen wird, obwohl hier die Devise gilt: „Meine unverfälschte
Offenheit ist das Wertvollste, was ich Ihnen geben kann"

Richard Lewis präsentiert in seinem Buch "When Cultures Collide" ein weiteres Modell, das auf drei Kulturkategorien basiert:

- Linear-aktive Kulturen: Diese Kulturen, wie z. B. Deutschland oder die Schweiz sind
  organisiert, planen Schritt für Schritt und setzen Aufgaben auf methodische Weise
  um.
- Multi-aktive Kulturen: Spanisch- und italienischsprachige Kulturen fallen in diese
  Kategorie. Menschen sind emotionaler, weniger strukturiert und legen mehr Wert auf
  zwischenmenschliche Beziehungen.
- Reaktiv: Asiatische Kulturen wie Japan und China tendieren dazu, reaktiv zu sein. Sie
  hören zu, verstehen die ganze Bandbreite einer Situation und antworten sorgfältig.

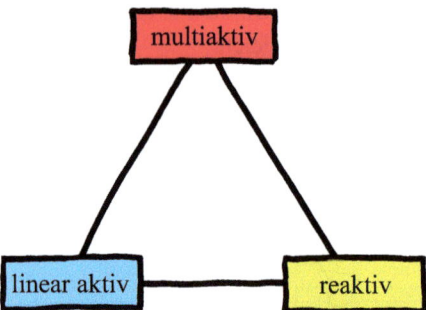

Diese Kategorisierung hilft zu verstehen, warum manche Kulturen in Verhandlungen direkter agieren, während andere mehr Wert auf Harmonie und indirekte Kommunikation legen oder zuerst den Beziehungsaufbau benötigen, bevor über die eigentlichen Verhandlungspunkte gesprochen werden kann.

Beispiel

Ein anschauliches Beispiel für kulturelle Unterschiede in Verhandlungen könnte die Interaktion zwischen einem deutschen und einem brasilianischen Unternehmen sein. Deutsche Geschäftsleute könnten einen linearen, direktiven Ansatz bevorzugen, der Zeitpläne und feste Vereinbarungen betont und rasch auf den Punkt kommen will. Für Small Talk wird wenig Zeit vergeudet. Brasilianische Partner hingegen könnten eine flexiblere Haltung einnehmen, die mehr Spielraum für Änderungen in letzter Minute lässt und in den persönlichen Beziehungen eine größere Rolle spielen. Hier gilt: Man muss eine Person zunächst kennenlernen, um einschätzen zu können, ob man ihr in einer Verhandlung vertrauen kann. Andernfalls ist ein Verhandlungsabschluss schwer möglich. ◀

- Prüfen Sie, wie wichtig Ihrem Gegenüber der Aufbau einer persönlichen Beziehung ist, bevor die Verhandlungsgespräche beginnen. Dies gilt insbesondere dann, wenn Beziehungen in der betreffenden Kultur stark bewertet werden.
- Achten Sie darauf, ob direkte oder indirekte Kommunikation angebracht ist.
- Seien Sie bereit, Ihren Ansatz anzupassen, respektieren Sie lokale Traditionen und Gepflogenheiten.
- Verstehen von Zeiteinstellungen: Passen Sie Ihre Erwartungen an die kulturelle Wahrnehmung von Entscheidungsfindung, Zeit und Pünktlichkeit an.

Verhandlungen über Kulturgrenzen hinweg können komplex sein. Doch mit einem gründlichen Verständnis der zugrunde liegenden kulturellen Dynamiken, wie sie von Erin Meyer, Richard Lewis und zahlreichen anderen beschrieben werden, können sie auch äußerst lohnend sein. Durch die Beachtung kultureller Unterschiede und die Anpassung von Kommunikations- und Verhandlungsstrategien können Sie erfolgreicher vernetzen, verhandeln und letztendlich Geschäfte abschließen.

Wir empfehlen Ihnen, sich weiter in die Materie einzulesen, um ein tieferes Verständnis zu erlangen.

5.4 Prozesswissen

Das umfassende Wissen über die Abläufe, die sich in einer Verhandlung abspielen, und deren Entschlüsselung stellt ein wichtiges Element in Ihrem Werkzeugkoffer dar.

Neben dem strukturierten Ablauf (siehe Phasen[2]) kann eine komplexe Verhandlung aus einzelnen Etappen bestehen, wenn z. B. die Agenda nicht in einem Tag gelöst werden kann, sondern mehrere Treffen nötig sind.

Verhandlungen sind ein überaus komplexes Feld, auf dem die teilnehmenden Personen nicht nur durch Charisma und Wortgewandtheit glänzen, sondern vielmehr ein tiefes Verständnis des Verhandlungsprozesses selbst mitbringen. Dieses Prozesswissen ist das unsichtbare Drehbuch, nach dem eine geschulte Verhandlerin Schritte setzt, die weit über das bloße Gespräch und das Lehrbuch hinausgehen. Schlüsselaspekte dieses Prozesswissens, die in einer Verhandlung beherrscht werden sollten, um in der rauen See komplexer Verhandlungen nicht nur zu überleben, sondern zu triumphieren sind:

Vorbereitung: Das Fundament legen
Eine gewissenhafte Vorbereitung ist das A und O jeder Verhandlung, darum wurde diesem Punkt ein ausführliches Kapitel gewidmet[3]. Kenntnisse über die eigene Verhandlungsposition, Ziele und Schmerzgrenzen sind genauso wichtig wie das Verständnis für die Motivation und die Bedürfnisse der Gegenseite. Gute Verhandler verzahnen diese Informationen mit dem kulturellen, wirtschaftlichen und rechtlichen Kontext und sind so auf verschiedenste Szenarien vorbereitet.

Strategien und Taktiken: Die Kunst des Manövrierens
Mächtige Prozesskenntnisse beinhalten die Entwicklung von Strategien, die konkrete Wege aufzeigen, wie die Verhandlungsziele erreicht werden können. Gute Verhandler denken mehrere Züge voraus und sind bereit, ihre Taktik der sich ändernden Dynamik anzupassen, ohne dabei auf unfaire Mittel zurückzugreifen.

Kommunikation: Mehr als nur Worte
Ein Verhandler muss nicht nur klar und präzise kommunizieren können, sondern auch zwischen den Zeilen lesen, insbesondere, wenn es z. B. um die Kommunikation mit anderen Kulturen geht. Aktives Zuhören, nonverbale Signale und die Fähigkeit,

---

[2] Kap. 4

[3] Kap. 1

komplizierte Fachterminologie in verständliche Sprache zu übersetzen, sind essenzielle Bestandteile.

Emotionale Intelligenz: Mit Empathie steuern

Verhandlungen sind nicht nur sachlich, sondern auch emotional. Die Fähigkeit, Emotionen zu erkennen, zu verstehen und angemessen darauf zu reagieren, kann den Unterschied zwischen einer Einigung und einem Abbruch der Gespräche bedeuten. Emotionale Intelligenz umfasst Selbstbewusstsein, Selbstregulierung, Motivation, Empathie und soziale Geschicklichkeit.

Beziehungsaufbau: Langfristiges Denken

Als gute Verhandlungspersönlichkeit denken Sie über die aktuelle Situation hinaus und bauen Beziehungen auf, die auch in Zukunft von Vorteil sein können. Vertrauensbildung, Respekt und Integrität sind Kernelemente, die ein solides Fundament für anhaltende Geschäftsbeziehungen legen.

Verhandlungsführung: Die Regie in der Hand halten

Während einer Verhandlung das Heft in der Hand zu behalten, bedeutet, die Agenda zu kontrollieren, den Diskussionsfluss zu steuern und Sackgassen effektiv zu umgehen. Hierbei spielt das Beherrschen verschiedener Verhandlungstechniken, wie etwa das „Anchoring" oder „Framing[4]" eine zentrale Rolle.

Konfliktlösung: Das Steuer im Sturm

Komplexe Verhandlungen sind kaum ohne Konflikte denkbar. Konflikte wollen ein Spannungspotenzial ausgleichen wie ein Gewitter. Konflikte sind nichts Schlechtes, es kommt nur darauf an, wie man sie klärt. Ein umfassendes Prozesswissen beinhaltet die Fähigkeit, Konflikte zu identifizieren, zu bewältigen und als Chance zur Verbesserung der eigenen Position zu nutzen. Techniken der Konfliktlösung und das Finden von Win–win-Lösungen sind das Kernstück kompetenter Verhandlungsführung.

Abschluss und Nachbereitung: Den Kreis schließen

Ein geschickter Verhandler weiß, wann es an der Zeit ist, den Deal zu besiegeln und wie dieser nachhaltig gesichert wird, ohne noch eine „Ehrenrunde" im Verhandlungsablauf (z. B. durch falsch gewählte Zeitpunkte von Pausen) zu ziehen. Die sorgfältige Analyse des Verhandlungsprozesses sowie das Erfassen von Erkenntnissen und Lernfeldern für zukünftige Verhandlungen sind unverzichtbar.

---

[4] Der Framing Effekt beschreibt, wie sich Entscheidungen durch die Präsentation von Informationen beeinflussen lassen. Dabei spielen der gesetzte Rahmen um ein Wort/eine Phrase und die Wahrnehmung eine entscheidende Rolle.

▶ **Fazit:**

Prozesswissen in der Verhandlungsführung ist eine vielschichtige Disziplin, die weit über die Grenzen von Taktik und Rhetorik hinausgeht. Es ist das Rückgrat jeder erfolgreichen Verhandlung, das durch Erfahrung, stetige Weiterbildung und kritische Selbstreflexion gestärkt wird. Wer dieses Wissen meistert, kann auch in den stürmischsten Gewässern komplexer Verhandlungen nicht nur navigieren, sondern den Kurs auf Erfolg setzen und halten.

5.5 Geistige Haltung

Die Denkweise, die Sie in jede Verhandlung einbringen, ist genauso wichtig wie die Techniken, Taktiken und Werkzeuge, die Sie während des Verhandlungsprozesses verwenden. Aus diesem Grund zeigen wir die wesentlichen Denkweisen, die für eine effektive Verhandlung erforderlich sind. Eine sattelfeste Verhandlungsführerin/-führer verfügt über eine Reihe von Anschauungen, die während des gesamten Verhandlungsprozesses Entscheidungen bestimmen, die zu treffen sind.

Die folgenden Punkte bilden das Rückgrat für eine effektive Entscheidungsfindung. Wenn Sie sich jeden Tag Zeit nehmen, um sie in Ihren gewohnten Verhaltensmustern zu verankern, erhalten Sie einen überlegenen Vorteil, wenn Sie durch jedes potenzielle Verhandlungsszenario schreiten.

Flexibilität

Effektive Verhandler passen sich während des Verhandlungsprozesses flexibel an. Sie sind sich bewusst, dass sie sich den Gegebenheiten und Veränderungen anpassen müssen – den Tendenzen, taktischen Manövern und den präsentierten Informationen Ihres Gegenübers –, um ein vorteilhaftes Ergebnis zu erzielen.

Geduld

Sie verstehen genau, dass es unverantwortlich wäre, die Verhandlungen überhastet oder gehetzt abzuwickeln, da dies Fehler und Schäden verursachen könnte. Diese könnten wiederum dazu führen, dass der gesamte Prozess weiter verzögert wird oder ungünstige Ergebnisse bringt.

Belastbar unter Druck

Sie wissen, dass ein belastbarer Charakter nötig ist – insbesondere unter Druck – um erfolgreich zu verhandeln. Sie nehmen zur Kenntnis, dass Ihr Gegenüber oft jedes Mittel nutzt, um die Situation zu seinen Gunsten zu beeinflussen. Trotzdem bleiben sie standhaft und beharren darauf, ihre Ziele auch dann noch zu erreichen, wenn die Bedingungen ungünstig erscheinen. Ihre Widerstandskraft hilft ihnen letztendlich dabei, scheinbar unüberwindliche Hindernisse nach und nach abzubauen sowie Fortschritte in Richtung einer fairen und zufriedenstellenden Vereinbarung zu machen.

Gleichgültigkeit gegenüber Ergebnissen
Sie sind sich vollkommen bewusst, dass Sie nicht an ein bestimmtes Ergebnis gebunden sein dürfen. Sie erkennen, dass das zwanghafte Festhalten an einem gewünschten Resultat dazu führen kann, dass Sie unsachliche und somit ineffektive überhastete Entscheidungen treffen. Dies würde den gesamten Verhandlungsprozess sabotieren.

Emotional proaktiv
Sie behalten zu jeder Zeit die volle Kontrolle über Ihre emotionalen Reaktionen während des Verhandlungsprozesses. Sie sind sich bewusst, dass selbst ein einziger emotionaler Ausbruch einen Nachteil in der Verhandlung bedeuten könnte, der ihre Chancen auf ein günstiges Ergebnis zunichtemachen kann. Daher halten Sie eine emotionale Distanz zum gesamten Prozess aufrecht.

Grundregeln, an die sogar die „Ferengis"[5] nicht gedacht haben...
- Alles ist verhandelbar.
- Eine Verhandlung ist nie zu Ende.
- Vorbereitung ist der Schlüssel zum Erfolg.

5.6   Todsünden

Das richtige Verhalten in Verhandlungen kann über Erfolg oder Misserfolg entscheiden, Beziehungen aufbauen oder zerstören, zu nachhaltigen Vereinbarungen führen oder in Sackgassen enden. Erfahrung in Verhandlungen zu besitzen, bedeutet jedoch nicht nur zu wissen, was zu tun ist, sondern auch, was unbedingt vermieden werden sollte.

Keine Vorbereitung
Eine Verhandlung ohne gründliche Vorbereitung zu betreten, ist wie in einen Kampf zu ziehen, ohne die Waffen zu kennen.

Es ist entscheidend, die eigenen Ziele, die Interessen des Gegenübers und die möglichen Verhandlungsspielräume zu kennen. Das Sammeln von Informationen über den Markt, das Produkt und die Verhandlungshistorie sind essenziell.

Überheblichkeit
Überheblichkeit in Verhandlungen kann schnell zum Verlust von Vertrauen und Autorität führen. Niemand möchte mit jemandem verhandeln, der respektlos oder selbstherrlich wirkt.

---

[5]Ein humanoides Volk, dass eine prominente Rolle in der Science-Fiction Serie „Star Treck: Deep Space Nine" spielt. Das Fundament ihrer Gesellschaft ist der Handel und die Vorliebe Profit zu machen.

Vermeidungsstrategie: Bewahren Sie Bescheidenheit und Professionalität, erkennen Sie die Stärken des Gegenübers an und vermeiden Sie Herablassung. Seien Sie selbstbewusst, aber nicht arrogant.

Mangelnde Flexibilität

Wer zu unflexibel an bestimmte Ausgänge oder Methoden gebunden ist, verliert wertvolle Gelegenheiten für kreative Lösungen. Oft ist die erste Lösung nicht die beste.

Bleiben Sie offen für neue Ideen und Ansätze. Beziehen Sie die Bedürfnisse und Wünsche der anderen Seite mit ein und seien Sie bereit, Ihre Strategie anzupassen, wenn neue Informationen verfügbar werden.

Nachlassen in der Kommunikation

Kommunikation ist der Lebenssaft einer jeden erfolgreichen Verhandlung. Wenn wir aufhören zu kommunizieren, überlassen wir das Feld möglichen Missverständnissen und Konflikten.

Führen Sie ein offenes und ehrliches Gespräch. Seien Sie klar in Ihren Aussagen und stellen Sie sicher, dass Sie auch das Gesagte des Gegenübers korrekt verstanden haben. Aktives Zuhören ist dabei ebenso wichtig wie sprechen.

Kurzsichtigkeit

In Verhandlungen ist es wichtig, langfristig zu denken. Sich nur auf den unmittelbaren Vorteil zu konzentrieren, kann langfristige Beziehungen schädigen und zukünftige Geschäfte gefährden.

Betrachten Sie die Verhandlung im Kontext einer langfristigen Beziehung. Bauen Sie Brücken, anstatt Gräben zu graben, und denken Sie daran, dass Ihr Ruf und Ihre Glaubwürdigkeit auf dem Spiel stehen.

Fehlende Empathie

Empathie ermöglicht es uns, die Perspektive der anderen Seite zu verstehen und bessere, gegenseitig vorteilhafte Lösungen zu finden. Ohne sie riskieren wir, die Beziehung zu schädigen und weniger erreichen zu können, als möglich wäre.

Versuchen Sie, sich in die Position des anderen zu versetzen. Verstehen Sie die Beweggründe sowie Interessen und suchen Sie nach Lösungen, die für alle Parteien funktionieren.

Nicht wissen, wann man aufhören muss

Es gibt einen Punkt in jeder Verhandlung, an dem weitere Versuche, den Deal zu verbessern, nur noch Schaden anrichten können. Zu wissen, wann man den Abschluss sucht, ist eine Kunst für sich.

Erkennen Sie, wann Sie das bestmögliche Ergebnis erreicht haben, und wissen Sie, wann es Zeit ist, den Deal zu besiegeln. Hüten Sie sich davor, aus Gier oder Ehrgeiz Grenzen zu überschreiten, die das Gesamtergebnis gefährden könnten.

Weitere Todsünden:

- Falscher Dresscode
- Alkohol in Verhandlungen
- Das Gegenüber herabwürdigen oder beschimpfen
- Unpünktlichkeit
- Kulturelle Unterschiede nicht berücksichtigen
- Beleidigungen
- Unkontrollierte Emotionalität
- Nicht zuhören
- Falsche Informationen verbreiten
- U.v.m.

Verhandlungen sind komplex und Fehler können passieren. Doch durch das aktive Bewusstmachen und Vermeiden dieser Todsünden können Sie Ihre Chancen auf erfolgreiche Ergebnisse erheblich verbessern. Erinnern Sie sich immer daran, dass eine erfolgreiche Verhandlung ein Prozess ist, bei dem sich beide Seiten respektiert fühlen und einen Wert darin sehen, das Abkommen zu besiegeln.

Literatur

Adam Sicinsk. https://blog.iqmatrix.com/better-negotiator. Zugegriffen: 12. Juni 2013.
Cialdini, R. (2023). *Influence – The Psychology of Persuasion* (S. 7 ff.). Harper Collins Verlag.
Lewis, R. (2018). *When Cultures Collide*. Nicholas Brealey International.
Meyer, E. (2016). *The Culture Map*. PublicAffairs.
Morrison, T. (2006). *Conaway W, Kiss, Bow or Shake Hands*. Adams Media.

Strategien

6

Zusammenfassung

In diesem Kapitel wird der Unterschied zwischen Strategien und Taktiken besprochen sowie das Konfliktlösungsmodell von Thomas-Kilmann in Bezug auf Verhandlungen beschrieben.

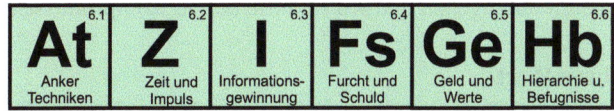

Fragen

Fragen, auf die Sie in diesem Kapitel Antworten finden können:

- Ist ein durchsetzender Verhandlungsstil das Allheilmittel in einer Verhandlung?
- Worin besteht der Unterschied zwischen Strategie und Taktiken?
- Welche Stufen beinhaltet eine gute Verhandlungsstrategie?
- Welche Stile ergeben sich aus den zwei Dimensionen Durchsetzungsvermögen und Kooperationsbereitschaft?
- Welche sechs Strategiegruppen gibt es und was beinhalten sie?

Wir werden oft gefragt, ob Taktik und Strategie nicht ein und dasselbe ist. Unsere kurze und knappe Antwort dazu lautet: „Nein".

R. Weiss und J. Lavrih Sztajnbok, *Die Elemente des Verhandelns*, https://doi.org/10.1007/978-3-658-44596-6_6

▶   Die Strategie bestimmt den Einsatz der verschiedenen Taktiken und nicht um-
     gekehrt.

Die **Strategie** ist also die übergeordnete Ausrichtung, der rote Faden für Ihre Verhandlung. Sie beschreibt den grundlegenden Stil, mit der Sie Ihre Verhandlung gestalten
wollen wie beispielsweise hart, sanft oder ausgleichend. Strategien sind Gruppen von
Taktiken, die eine gemeinsame Orientierung haben.

Taktiken beschreiben die mit der Strategie verbundenen einzelnen Schritte, die es
möglich machen sollen, Ihr definiertes Ziel zu erreichen. Die Strategie definiert den Umriss und Stil Ihres Verhandlungsgebäudes, die Taktiken die Baustoffe, Etagen und die Art
der Dachdeckung.

Die Harvard Business School beschreibt den Entwicklungsprozess einer guten Verhandlungsstrategie in vier Stufen:

Definieren Sie Ihre Rolle und Ihr Ziel
- Verstehen Sie das gesetzte Ziel umfassend?
- Können Sie eine passende Verhandlungsstrategie entwickeln?
- Gibt es einen Grund, der Sie daran hindert, Ihr volles Potenzial auszuschöpfen?
- Erhoffen Sie sich durch den Verhandlungserfolg eine Beförderung?
- Wo liegen Ihre Prioritäten?
- Was sind Sie bereit aufzugeben und wo sind Sie bereit, Kompromisse einzugehen?

Verstehen Sie Ihren Wert
- Welche einzigartigen Fähigkeiten bringen Sie in das Team ein?
- Wie würde die Verhandlung im Falles Ihrer Abwesenheit funktionieren?
- Was würde es an Zeit, Geld und Aufwand kosten, um Sie zu ersetzen?
- Denken Sie positiv und stellen Sie bei aller Ernsthaftigkeit nicht die Bedrohungen in
  den Vordergrund.

Verstehen Sie die Sichtweise Ihres Gegenübers
- Mit wem verhandeln Sie und von welchem Ausgangspunkt geht Ihr Gegenüber aus?
- Kennen Sie seine Standpunkte und werden die von Ihnen gewürdigt?
- Versteht Ihr Gegenüber die Bedeutung Ihrer Rolle, die Sie ausüben?
- Gibt es unausgesprochene Faktoren, die den Ablauf der Verhandlung beeinflussen
  könnten?

Hinterfragen Sie sich selbst
- Wie leicht können Furcht und Anspannung Ihre Fähigkeit beeinträchtigen, ruhig und
  rational für Ihre Sache einzutreten?
- Können Sie sich vor einer Verhandlung beruhigen und Stress in positive Energie um-
  wandeln, um Ihre Leidenschaft für den Erfolg zu wecken?
- Sind Sie ausreichend gut vorbereitet, um das Vertrauen Ihres Gegenübers zu gewinnen?

Die US-Wissenschaftler Kenneth Thomas und Ralph Kilmann der University of California haben sich bereits in den siebziger Jahren des vergangenen Jahrhunderts dafür interessiert, welches Verhalten und welche Strategien bzw. Stile eingesetzt werden können, um Konflikte zu lösen. Zusätzlich haben Thomas und Kilmann bei ihrer Arbeit erkannt, dass dieselben Stile, die der Lösung von Konflikten dienen, auch in Verhandlungen eingesetzt werden.

Ähnlich dem GRID-Modell von Robert Blake und Jane Mouton, bei dem die Faktoren „Aufgabenorientierung" und „Menschenorientierung" fünf grundlegende Managementstile beschreiben, spannen Thomas und Kilmann ihr Modell ebenfalls in zwei Dimensionen auf: Durchsetzungsvermögen und Kooperationsbereitschaft. In dem sogenannten TKI® Modell werden von Thomas-Kilmann genauso fünf grundlegende Stile, jedoch mit dem Fokus auf Verhandlungen und Konflikte beschrieben:

- Durchsetzen: bestimmend, energisch und unkooperativ
- Zusammenwirken: auf der Suche nach einer gemeinsamen Lösung
- Kompromisse: keine perfekte Win-win-Lösung, ein Mittelweg
- Vermeiden: weder die eigenen Anliegen noch die der anderen Seite werden verfolgt
- Anpassen: die eigenen Interessen hintanstellen, die Bedürfnisse anderer erfüllen.

Das Harvard-Konzept der Autoren Fisher/Ury/Pearson beschreibt sechs wesentliche Elemente für eine erfolgreiche Verhandlungsstrategie:

- Win-win-Situation schaffen – keine Verlierer
- Die beste Alternative kennen – was ist mein Plan B?
- Menschen von den Sachthemen getrennt betrachten
- Die Interessen sind wichtig, nicht die Positionen.
- Entwickeln Sie Optionen, von denen alle profitieren.
- Bestehen Sie auf objektive Kriterien.

Die Strategien, die sich hinter den im Kap. 7 beschriebenen Taktiken verbergen, haben wir in Anlehnung an Steve Gates (2019) gegliedert und beschrieben:

- Ankertechniken
- Zeit und Tempo
- Informationsgewinnung
- Furcht und Schuld
- Geld und Werte
- Hierarchie und Befugnisse

Ankertechniken

Ankern bedeutet, dass eine Partei versucht, eine Idee, einen Gedanken im Kopf des Gegenübers zu verankern. Das Ziel ist es, die Annahmen der Gegenseite zu beeinflussen und damit eine vorteilhafte Position für sich selbst zu schaffen. Wenn Sie mit Ihrer Position beginnen und in der Lage sind, Ihr Gegenüber dazu zu bringen, darüber zu sprechen, selbst wenn dies bedeutet, dass sie sie ablehnt, ist es Ihre Position, die sich in deren Kopf verankert. Ausnahme: sie macht ein Gegenangebot. Oft ist Ihr Gegenüber so sehr damit beschäftigt, Ihre Taktik anzugreifen, oder abzuwehren, dass sie die eigene Strategie übersehen.

Mehrere Experimente des US-Psychologen Philip Zimbardo (2010) beschreiben, dass eine in ein Gespräch eingebrachte Zahl, einen strategischen Vorteil darstellt. Die erwähnte Zahl kann (auch wenn sie überhöht ist und in keinen Zusammenhang mit der Entscheidung steht) einen Einfluss auf das Verhandlungsergebnis nehmen.

Zeit und Tempo
Zeit ist ein äußerst wirkungsvolles Instrument, das Ihnen zur Verfügung steht. Es ist von großer Bedeutung, den zeitlichen Druck der Gegenseite zu verstehen, um die eigene Machtposition während Ihrer Verhandlungen zu Ihrem Vorteil zu gestalten. Zeit und die damit verbundenen Sachverhalte haben einen Einfluss auf den Wert der zu verhandelnden Sache.

Informationsgewinnung
Diese Strategie dient der Stärkung des Vorteiles in einer Verhandlung, denn Informationen geben Macht und einen Vorsprung im Wissen. Je mehr Informationen über Optionen, Umstände und Prioritäten der Gegenseite vorhanden sind, desto mächtiger ist die Position in einer Verhandlung.

Furcht und Schuld
Diese Strategie erhöht den Druck in der Beziehung, aber auch die damit verbundene Gefahr des Verhandlungsabbruchs. Mit einem hohen Maß an Macht werden diese Taktiken raffiniert eingesetzt, um das Gegenüber in eine bestimmte Richtung zu drängen. Die Furcht vor einem schlechten Verhandlungsergebnis oder einer anderen Bedrohung wird bewusst geschürt.

Geld und Werte
Diese Gruppe ergibt sich aus der Neugestaltung des zu verhandelnden Angebotes, der Auslegung oder der Veränderung von Begriffen, um einer Verhandlung einen neuen Blickwinkel zu verleihen. Das Verhältnis zwischen Angebotsinhalt und Gegenwert wird von vielen in Verhandlungen genutzt, um den besten Preis bei zum eigenen Vorteil veränderten Bedingungen zu erzielen.

Hierarchie und Befugnisse
Dabei geht es Taktiken, die es sich zu Nutze machen, wie weit jemand in einer Verhandlung berechtigt ist, Zugeständnisse zu machen und inwieweit andere Personen in

den Entscheidungsprozess einbezogen werden (müssen). Befugnisse beziehen sich auf den Umfang und die Bandbreite der Optionen sowie das Mandat, innerhalb dessen verhandelt oder agiert werden darf.

Literatur

Adam Sicinsk. https://blog.iqmatrix.com/better-negotiator. Zugegriffen: 12. Juni 2013.

Gates, S. (2019). *Verhandeln – das Buch*. Wiley.

Killmann, R. (2023). *Matering the Thomas-Killmann Conflict Mode Instrument* (S. 7 ff.). Kilmann Diagnostics.

Thomas, K., & Kilmann, R. (1974). *The Social Desirability Variable in Organizational Research: An Alternative Explanation for Reported Finding*, based on a paper presented at the 15th Annual Meeting of the Western Academy of Management.

Zimbardo, P. (2018). *Psychologie* (S. 316 ff.). Pearson.

https://online.hbs.edu/blog/post/4-tips-for-developing-a-successful-negotiation-strategy. Zugegriffen: 1. Okt. 2023.

https://www.betterup.com/blog/negotiation-strategies. Zugegriffen: 11. Okt. 2023.

Taktiken und Gegenmaßnahmen

Zusammenfassung

In diesem Kapitel werden Taktiken und Gegentaktiken beschrieben.

Anker Techniken	Zeit und Tempo	Informations- gewinnung	Furcht und Schuld	Geld und Werte	Hierarchie und Befugnisse
7.1.1 **Sa** Die Saat säen	7.2.1 **Dr** Detail am Rande	7.3.1 **W** Warum?	7.4.1 **Bb** Brüllen und beschimpfen	7.5.1 **Tw** Vom Tisch wischen	7.6.1 **Aw** Alles was ich bieten kann
7.1.2 **Ms** Macht- Statement	7.2.2 **As** Aufschieben	7.3.2 **Hf** Hypothetische Frage	7.4.2 **Ph** Physisches Verstören	7.5.2 **D** Wenn, dann	7.6.2 **Ni** Nimm es oder lass es
7.1.3 **Üf** Überzogene Forderung	7.2.3 **Dl** Deadlines	7.3.3 **Kt** Karten auf den Tisch	7.4.3 **Rf** Russian Front	7.5.3 **Ff** Falsche Fährte	7.6.3 **Hö** Höhere Autorität
7.1.4 **Sp** Sprung in der Platte	7.2.4 **Vz** Verweigerter Zugriff	7.3.4 **Mi** Mal ganz inoffiziell	7.4.4 **Pg** Persönlicher Gefallen	7.5.4 **S1** Salami Taktik	7.6.4 **Pt** Problem Transfer
7.1.5 **Vk** Vorgetäuschter Schock	7.2.5 **Td** Termindruck	7.2.6 **A** Die Auktion	7.4.5 **Gb** Good guy bad guy	7.5.5 **Us** Unlogische Salami	7.6.5 **N** Neue Gesichter
7.1.6 **Bz** Bewusstes Zurückweichen	7.2.7 **Ha** Holländische Auktion	7.2.8 **A1** Auszeit	7.4.6 **Su** Schuld	7.4.7 **St** Stille	7.6.6 **Kx** Komplexe Taktiken

R. Weiss und J. Lavrih Sztajnbok, *Die Elemente des Verhandelns*,
https://doi.org/10.1007/978-3-658-44596-6_7

Fragen

Fragen, auf die Sie in diesem Kapitel Antworten finden können:

- Warum ist es wichtig, eine Taktik zu kennen, obwohl Sie sie nicht einsetzen oder einsetzen wollen?
- Welche Taktiken benötigen einen höheren Energieaufwand?
- Welche möglichen Gegenmaßnahmen gibt es für die beschriebenen Taktiken?
- Welche Taktiken können intuitiv während der Verhandlung ohne gute Vorbereitung sofort eingesetzt werden?
- Wovon hängt es ab, ob eine Taktik als fair oder unfair empfunden wird?

Taktiken beschreiben die mit einer Strategie verbundenen einzelnen Schritte, die es Ihnen möglich machen sollen, Ihr definiertes Ziel zu erreichen. Die Strategie definiert Umriss und Stil Ihres Verhandlungsgebäudes, Taktiken die Baustoffe, Etagen und die Art der Dachdeckung. Im Detail gehen wir auf Strategien im Kap. 6 ein.

Taktiken werden in jeder Verhandlung eingesetzt. Darum ist es notwendig, sie zu erkennen und zu verstehen. Auch wenn Sie die eine oder andere Taktik nicht einsetzen können oder einsetzen wollen, so ist es trotzdem wichtig, dass Sie diese erkennen können, um im Notfall eine Gegenmaßnahme rasch aufzubauen, falls Ihr Gegenüber diese Taktik einzusetzen versucht. Das Wissen, wie Sie auf die Taktiken Ihres Gegenübers antworten und Ihre eigenen im richtigen Moment einsetzen, sind wesentliche Elemente in einer Verhandlung.

Um Ihnen eine rasche Orientierung zu geben, haben wir für Sie ein Taktik-Cockpit entwickelt, dass Ihnen einen schnellen Überblick geben soll:

- Verhandlungsphase in der diese Taktik eingesetzt werden kann. **Achtung:** Taktiken, bei denen das Kästchen „Vorbereitung" aktiv ist (=grün), sollten oder müssen vor dem Einsatz vorbereitet werden.
- Belastung der Beziehung zwischen den Verhandlungspartnern durch den Einsatz der jeweiligen Taktik: Regler links = wenig, Regler rechts = hoch[1]
- Höhe des Macht-/Energieaufwands für den Einsatz dieser Taktik: Regler links = wenig, Regler rechts = hoch
- Mit welchen Medien diese Taktik genutzt werden kann (Telefon, Mail …)
- Welche Grundstrategie in Anlehnung an Steve Gates (2019) zugrunde liegt:
  - Ankertechniken
  - Zeit und Tempo

---

[1] Die zugrundeliegende Berechnung der beiden Werte resultiert aus dem Mittelwert der von Gates angeführten Werte (sofern vorhanden), hochgerechnet auf eine 12-teilige Skala und unserer eigenen Bewertung, mittels des paarweisen Vergleiches, aufgetragen auf einer 12-teiligen Skala.

- – Informationsgewinnung
- – Furcht und Schuld
- – Geld und Werte
- – Hierarchie und Befugnisse
- Wo sich diese Taktik im Thomas-Kilmann-Diagramm wiederfindet[2] (rechtes Diagramm)
- Wo sich diese Taktik im angepassten Gates-Diagramm wiederfindet[3] (linkes Diagramm)

Hier ein Beispiel für die gewählte Darstellung:

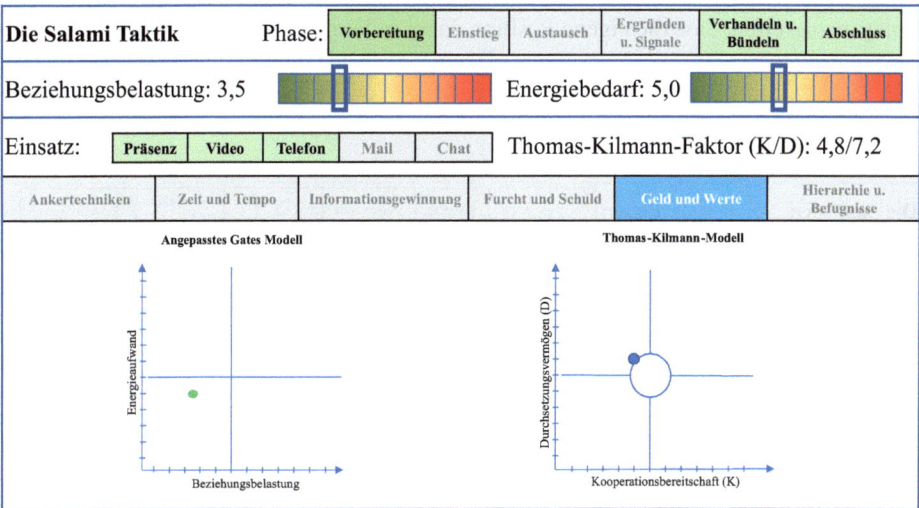

Um einige der am weitest verbreiteten Taktiken zu skizzieren, haben wir jede einzelne in eine der damit verbundenen Grundstrategien in Anlehnung an Steve Gates (2019) eingeordnet:

7.1 Ankertechniken

Ankern ist eine bekannte Vorspiegelung in Verhandlungen und beschreibt z.B. die allgemeine Tendenz, der ersten Zahl, die in einer Diskussion vorgebracht wird, zu viel Gewicht beizumessen und dann von diesem Ausgangspunkt – einem „Anker" – weiter zu

---

[2]Auch hier wurde zur Ermittlung der Positionierung der paarweise Vergleich aller Taktiken untereinander für beide Achsen verwendet.

[3]Auch hier wurde zur Ermittlung der Positionierung der paarweise Vergleich aller Taktiken untereinander für beide Achsen verwendet.

verhandeln. Wir fixieren uns auf diese mentalen Anker, selbst wenn wir wissen, dass sie für die anstehende Verhandlung nicht relevant sind.

Das Ziel des Ankers ist es, eine vorteilhafte und dennoch realistische Ausgangsposition zu schaffen, von der aus dann weiterverhandelt wird. Ankertechniken konstruieren in den Köpfen eine neue Wirklichkeit. Wenn Sie es schaffen, zuerst Ihre Position darzustellen und Ihr Gegenüber dazu bringen, darüber zu sprechen, selbst wenn es bedeutet, dass sie diese ablehnt, ist es Ihre Position, die sich in deren Kopf verankert – es sei denn, Ihr Gegenüber macht ein Gegenangebot.

Oft ist die eine Verhandlungspartei so sehr damit beschäftigt, einen geäußerten Vorschlag anzugreifen, dass die eigene Position dabei in Vergessenheit gerät.

7.1.1 Die Saat säen

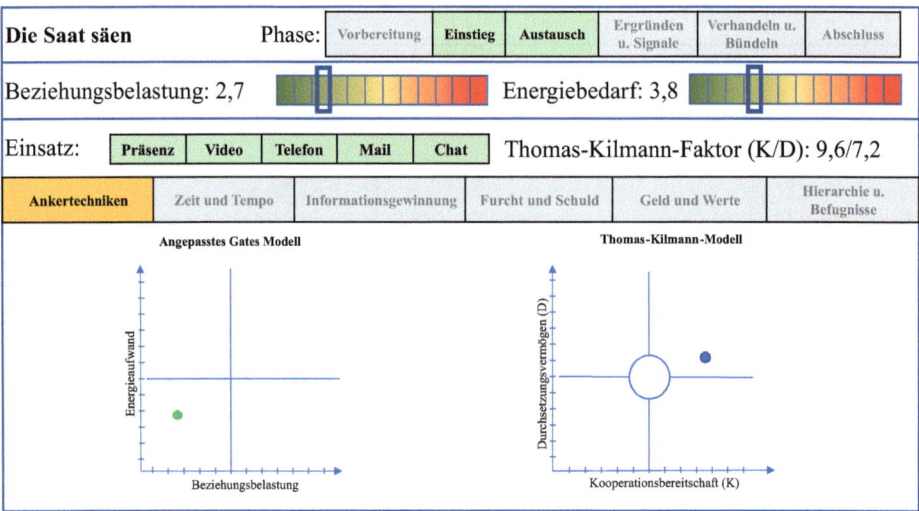

Diese Taktik kann z. B. in Form eines Mailverkehrs im Vorfeld erfolgen, der dazu dient, eine Idee oder eine Position in den Kopf des Gegenübers „einzusetzen" und bereits vor dem Treffen eine Reaktion auszulösen. Es wird ein Gedanke wie ein kleiner Samen in die Köpfe der anderen Verhandlungsseite eingepflanzt, der dort zu wachsen beginnt: „Wenn wir uns nächste Woche treffen, erwarten wir von Ihnen eine merkbare Verbesserung Ihres Angebots, sonst können wir die Verhandlung bereits heute absagen."

Eine andere Möglichkeit, diese Taktik einzusetzen, ist es, Ideen wieder aufzufrischen, die in früheren Besprechungen eingebracht und geparkt wurden, wissentlich, dass sie zu einem späteren Zeitpunkt wieder hervorgeholt und angesprochen werden.

Den Samen frühzeitig zu säen ist deshalb wichtig, um die Einstellungen und Erwartungen der anderen Verhandlungsseite anzupassen. Seien Sie geduldig und gehen Sie in kleinen Schritten vor, denn es wird sonst zu offensichtlich, wenn Sie Ihre Ideen durchpeitschen wollen. Wenn Sie es langsam angehen, wird sich Ihre Idee ganz natürlich wie von selbst in deren Köpfen entstehen.

▶ **Gegenmaßnahmen**
- Sie können scheinbar empathisch sein und sagen: „Ich verstehe/Ich sehe, dass DAS für SIE wichtig ist." Damit entlarven Sie eine etwaige manipulative Absicht.
- Behalten Sie Ihre eigene Strategie im Auge. Verhandlung ist ein Zeit- und Machtprozess. Folgen Sie Ihrer eigenen Strategie.
- Was tun, wenn Ihr Gegenüber den ersten Anker setzt? Der erste und vielleicht wichtigste Schritt besteht darin, den Schritt zu erkennen.
- Ein häufiger Fehler ist es, mit einem Gegenangebot zu reagieren, bevor der Verankerungspunkt der anderen Seite in den Verhandlungen entschärft wird. Entschärfen Sie den Anker klar und deutlich: „Ich versuche nicht, mit Ihnen zu spielen, aber wir sind preislich meilenweit voneinander entfernt." Wenn Sie den fremden Anker nicht zuerst entschärfen, suggerieren Sie, dass 100 € innerhalb der Verhandlungszone liegen.
- Nachdem Sie den Anker entschärft haben, gehen Sie schnell zu Ihrem Gegenvorschlag über und erklären Sie, warum es fair und vertretbar ist. Vermeiden Sie bewusst das Angebot Ihres Gegenübers zu wiederholen. Je öfter Sie es ansprechen, desto stärker machen Sie deren Aussage.

7.1.2 Macht-Statement

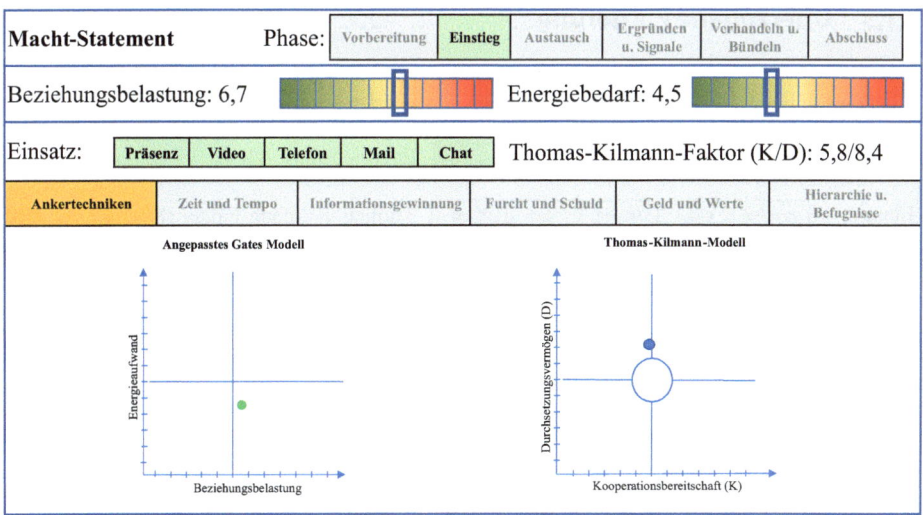

Eine machtvolle Aussage bei der Eröffnung einer Verhandlungssitzung ist darauf ausgelegt, die Bestrebungen der anderen Verhandlungsseite zu beeinflussen. Sie werden in der Regel als Aussage in Form einer angenommenen Wirklichkeit verwendet. Das Ziel ist es, die eingenommene Position des Gegenübers auszutesten, indem man z. B. effektvoll behauptet zu erkennen, dass das Gegenüber unter Druck stehe, während Sie sich in einer entspannten Position der „Gleichgültigkeit" befinden.

- „Ich möchte ausdrücklich festhalten, dass Sie in den heutigen Gesprächen alle uns zur Verfügung stehenden Möglichkeiten geboten bekommen, eine Vereinbarung mit uns zu erzielen."
- „Ich verstehe, dass Sie bis zum Ende des Tages eine Vereinbarung brauchen."

Die nachdrückliche Wortwahl und eingenommene Position soll zur Folge haben, dass das Gegenüber zum Reden und Nachdenken über das eigene Verhalten angeregt wird.

▶ **Gegenmaßnahmen**
  - Seien Sie sich bewusst, dass solche Aussagen rationale Denkprozesse trüben. Bleiben Sie analytisch, um die psychologischen Risiken zu minimieren.
  - Nehmen Sie die gezielte Verunsicherung nicht als persönliche Geringschätzung war. Reagieren Sie souverän und selbstbewusst.
  - Lehnen Sie elegant, wie ein Diplomat, ab: „Grundsätzlich könnte ich zustimmen, jedoch gibt es eine andere, wichtige Frage ..." Damit übernehmen Sie die Verhandlungsführung.
  - Machen Sie Ihr eigenes Macht-Statement.
  - Hinterfragen Sie die Aussage.

7.1.3 Überzogene Forderung

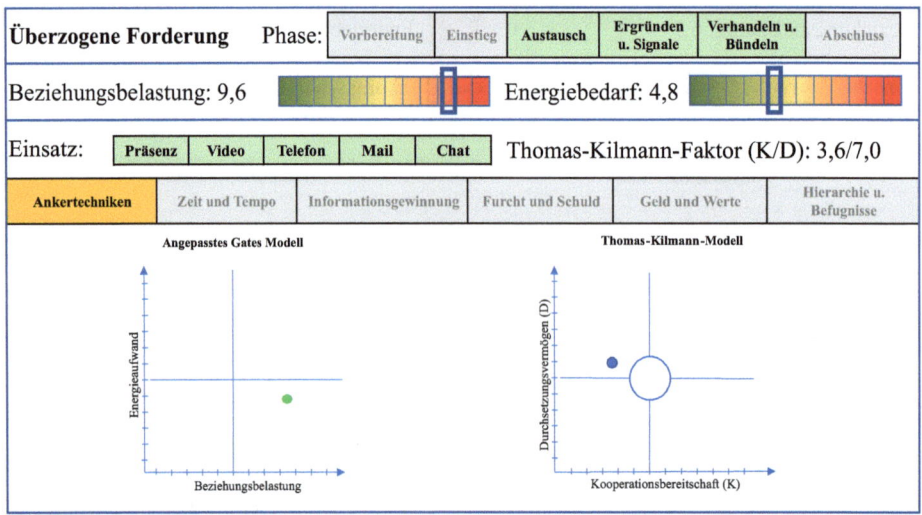

Bei dieser Taktik beginnt Ihr Gegenüber mit einer vollkommen unrealistischen Forderung, um Sie einzuschüchtern. Der Einsatz von extremen Forderungen, gefolgt von schrittweisen kleinen Zugeständnissen ist typisch für diese Taktik. Es ermöglicht die Chance, in kleinen Schritten zu einem Entgegenkommen zu gelangen,

Die Methode der „überzogenen Forderung" wird oft in Geschäftsverhandlungen angewendet. Dabei werden bewusst Forderungen oder Preise vorgebracht, die weit vom eigentlichen Ziel entfernt liegen. Das Ziel dieser Taktik ist es, einen größeren Verhandlungsspielraum zu schaffen und letztendlich bessere Bedingungen auszuhandeln.

Indem Ihnen eine überzogene Forderung gestellt wird, zeigt Ihnen Ihr Gegenüber die Bereitschaft zum Handeln und demonstriert gleichzeitig Selbstbewusstsein. Wenn Sie auf die überzogenen Forderungen reagieren, hat es sich gelohnt! Ihr Gegenüber hat Raum geschaffen, um Kompromisse einzugehen bzw. Ihren Zugeständnissen zuzustimmen, ohne selbst viel an Boden verloren zu haben.

▶ **Gegenmaßnahmen**
- Setzen Sie sich klare Ziele.
- Seien Sie darauf vorbereitet, dass diese Karte gegen Sie gespielt wird.
- Stille und warten.
- Täuschen Sie den Verhandlungsabbruch vor.
- Kennen Sie Ihr BATNA und WATNA.
- Lassen Sie sich dabei von einem aggressiven Gegenüber nicht irritieren und behalten Sie Ihr Ziel im Auge.
- Zeigen Sie Interesse am Standpunkt des Gegenübers und hinterfragen Sie die Forderung.
- Begründen Sie sachlich, warum die Forderung nicht akzeptabel wäre.
- Suchen Sie gemeinsame Lösungsansätze.

7.1.4 Der Sprung in der Platte

Der Sprung in der Platte Phase:	Vorbereitung	Einstieg	Austausch	Ergründen u. Signale	Verhandeln u. Bündeln	Abschluss

Beziehungsbelastung: 4,9 ▐█████▌ Energiebedarf: 3,2 ▐███▌

Einsatz:	Präsenz	Video	Telefon	Mail	Chat	Thomas-Kilmann-Faktor (K/D): 7,2/4,8

Ankertechniken	Zeit und Tempo	Informationsgewinnung	Furcht und Schuld	Geld und Werte	Hierarchie u. Befugnisse

Angepasstes Gates Modell — Energieaufwand / Beziehungsbelastung

Thomas-Kilmann-Modell — Durchsetzungsvermögen (D) / Kooperationsbereitschaft (K)

Die eine Seite wiederholt mehrmals innerhalb der Verhandlung eine bestimmte Aussage in verschiedenen Varianten (Wir haben kein Budget, das Geld ist knapp …, sie wissen ja, die wirtschaftliche Lage …, unsere Mittel sind limitiert …). Je öfter die Behauptung wiederholt wird, desto glaubwürdiger wird sie, es entsteht eine Wirklichkeit. Je mehr über die Situation diskutiert wird, desto wahrscheinlicher ist es, dass sie von der anderen Seite als immer realistischer gesehen wird. Es klingt wie eine verkratzte Vinyl-Schallplatte, bei der die Nadel immer in dieselbe Spur zurückspringt. Die Botschaft gräbt sich immer tiefer in das Gehirn der anderen Seite ein.

Beispiel

Eine Passagierin ist wütend, weil die First-Class-Reservierung, die für ihren Flug bestätigt wurde, nicht im System der Fluggesellschaft zu finden ist und keine anderen First-Class-Sitzplätze mehr verfügbar sind. Zu jeder Option, die der Bedienstete am Check-in-Schalter vorschlägt, wiederholt die Frau: „Meine Reservierung ist im System. Sie müssen meinen Platz finden." ◄

Es gibt mehrere Faktoren, die in dieser Situation wirksam sein können. Sich zu entschuldigen und auf die Frustration des Kunden mit Empathie zu reagieren, ist ein guter Anfang. Ein Brainstorming mit dem Fahrgast über alternative Lösungen oder das Vorschlagen von Alternativen, die funktionieren könnten, könnte ebenfalls effektiv sein.

Ausdauer ist der Schlüssel zum Erfolg. Wenn eine Aussage oftmals wiederholt wird, wird sie ihre Wirkung tun – denken Sie nur daran, wie Wahlplakate wirken.

Manche Leute hören nie auf, ihre kaputte Schallplatte abzuspielen. Wenn das der Fall ist, könnten Sie die Emotionen des Gegenübers anerkennen: „Ich verstehe, dass dies eine sehr frustrierende Situation ist und Sie nicht glücklich sind. Welche der möglichen Lösungen, die ich vorgeschlagen habe, würde für Sie am besten funktionieren?"

▶ **Gegenmaßnahmen**
- Vom Tisch wischen.
- Bieten Sie ein Mischangebot aus dem geforderten A und dem verfügbaren B an.
- Achten Sie darauf, nicht alles zu glauben, was Ihnen gezeigt oder erzählt wird.
- Wenn die andere Person ihre Stellungnahme oder Bitte an Sie wiederholt, wiederholen Sie einfach dieselben ablehnenden Worte. Vielleicht müssen Sie dies mehrmals tun, aber irgendwann wird die Nachricht ankommen.
- Bestehen Sie darauf, dass Sie im Gegenzug etwas mit Gegenwert erhalten.
- Nutzen Sie die Taktik der höheren Autorität: „Falls mein Vorgesetzter Ihnen einen Erste-Klasse-Sitzplatz auf einem anderen Flug besorgen kann, wäre Ihnen das lieber?"
- Mitgefühl zeigen und das Alternativangebot wiederholen.

7.1.5 Der vorgetäuschte Schock

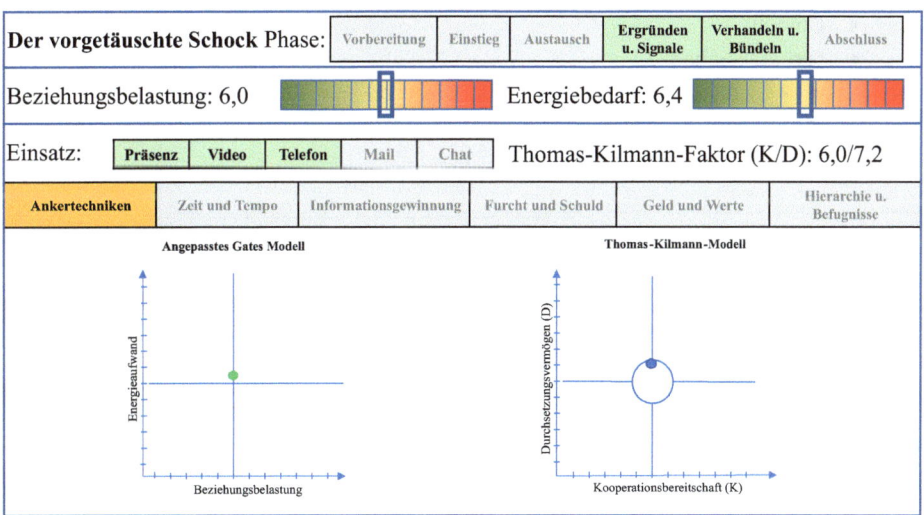

Diese Taktik stellt eine Erweiterung des Macht-Statements dar. Wenn bereits zu Beginn einer Verhandlung dargestellt wird, was alles beim Scheitern der Verhandlung verloren geht, wird genau diese Taktik eingesetzt. Die Darstellung der verheerenden Folgen bei einer Nicht-Kooperation kann die andere Seite dazu bringen, ihre Position zu überdenken:

- „Wie wollen Sie in Zukunft mit uns größere Geschäfte abwickeln, wenn Sie nicht bereit sind, eine Einigung bei diesem kleineren Auftrag zu erzielen? Haben Sie sich schon Gedanken über die Auswirkungen auf Ihr gesamtes Geschäft gemacht?"
- „Wir kommen aufgrund der aktuellen, schlechten Bewertung Ihrer Leistungszahlen und Ihrer unflexiblen Haltung in dieser Verhandlung nicht umhin, die Kündigung des bestehenden Kooperationsvertrags als einzige Möglichkeit in Betracht zu ziehen."

Es wird dabei die andere Seite durch eine Behauptung beeinflusst, dass durch deren Unfähigkeit, eine Entscheidung zu treffen oder sich auf eine Vereinbarung einzulassen, dies schwerwiegende Folgen nach sich ziehen wird. Dies kann auch für kleinere Verhandlungsergebnisse verwendet werden, wenn z. B. ein jetziges Scheitern die Verhandlung in einem größeren Projekt stark beeinträchtigen kann. Demgegenüber wird die Reparatur der anscheinend beschädigten Beziehung als vorrangiges Ziel hervorgehoben.

▶ **Gegenmaßnahmen**
- Warum?
- Bleiben Sie gelassen. Reagieren Sie auf Basis objektiver Überlegungen.
- Zeigen Sie mehrere Alternativen auf.
- Timeout
- Zurückweichen

7.1.6   Bewusstes Zurückweichen

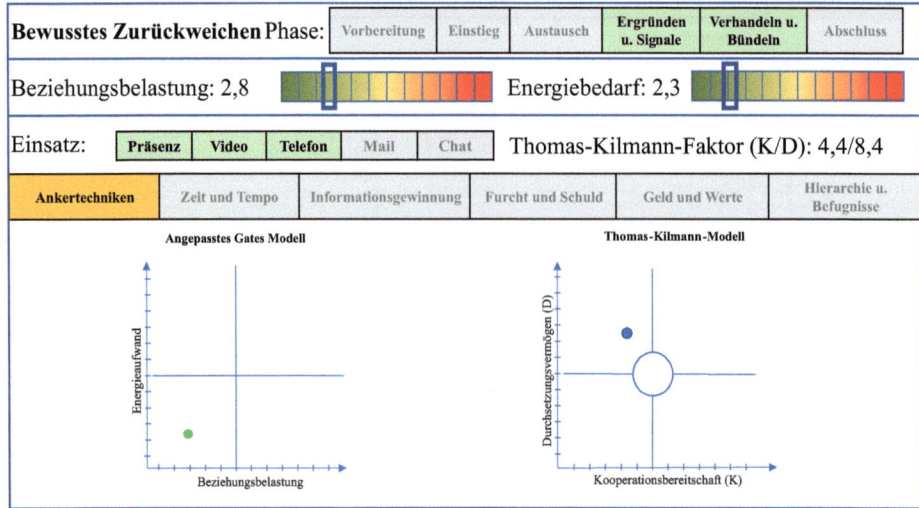

Dies ist eine absichtliche Schockreaktion auf die Aussage des Gegenübers. Entweder durch eine entsprechende Wortwahl, extreme Gesichtsreaktionen oder beispielsweise das Fallenlassen des Stiftes wird die Verblüffung über die Aussage des Gegenübers unterstrichen. Ziel ist es, die Hoffnungen der anderen Seite stark zu senken und damit deren Selbstvertrauen in die eingenommene Position zu schwächen.

Diese Verhandlungstechnik erfordert ein wenig dramaturgisches Talent. Es geht darum, dramatisch und überzeugend darzustellen, dass die Bedingungen des aktuellen Angebots im Vergleich zu den Erwartungen geradezu lächerlich erscheinen. Eine passende Reaktion könnte sein: „Das kann nicht ernst gemeint sein" oder „Machen Sie mir ein anderes Angebot oder ich bedaure gehen zu müssen". Es deutet daraufhin, dass eine Vereinbarung nicht zustande kommen wird, wenn die Verhandlungspartner es mit ihrem Eröffnungsangebot ernst meinen.

▶ **Gegenmaßnahmen**
  - Erkennen Sie, dass die Reaktion wahrscheinlich eine absichtliche Übertreibung ist.
  - Nutzen Sie Stille als Taktik.
  - Bringen Sie Ihren Standpunkt noch einmal zum Ausdruck und bleiben Sie ruhig und gelassen.
  - Warten Sie auf eine Erklärung für die überzogene Reaktion.

7.2   ZEIT UND TEMPO

Zeit ist ein äußerst wirkungsvolles Instrument, das Ihnen zur Verfügung steht. Es ist von großer Bedeutung, den zeitlichen Druck der Gegenseite zu verstehen, um Ihre Machtposition während Ihrer Verhandlungen zu Ihrem Vorteil zu nutzen. Zeit und die damit verbundenen Sachverhalte haben einen Einfluss auf den Wert der zu verhandelnden Sache. Zeit kann entweder Ihre Verhandlungsstrategie unterstützen oder ihr schaden. Diese Auswirkung hängt direkt mit den angewandten Taktiken zusammen, die Sie wählen.

7.2.1 „Nur noch ein Detail am Rande"

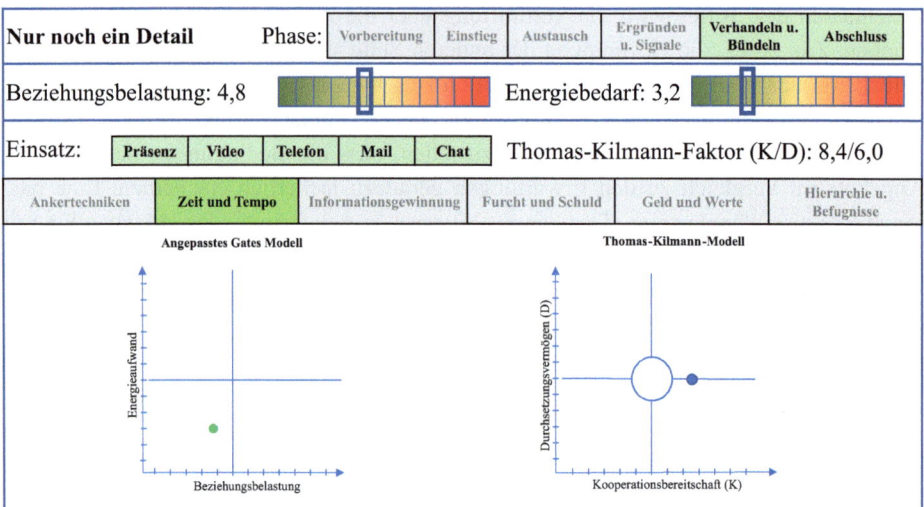

Kennen wir nicht die Szene, aus den alten Inspector Columbo Filmen, in denen der Darsteller Peter Falk sich nach dem Verhör von der verdächtigen Person verabschiedet. Es scheint alles geklärt, die Person entspannt sich und atmet durch. Columbo ist schon fast aus der Haustüre draußen, stoppt, hebt seinen Arm, dreht sich wieder um und sagt: „Ach, eine Frage habe ich noch …" In dem Moment nutzt Columbo exakt diese Taktik.

Die Taktik wird zum Beispiel angewendet, wenn eine Verhandlung schon als abgeschlossen angesehen wird und auf einmal wie aus dem Nichts heraus, noch ein „kleiner" Diskussionspunkt auftaucht. Es kann auf noch ungeklärte Meinungsverschiedenheiten oder Missverständnisse hinweisen, die wirklich noch geklärt werden müssen, es kann aber auch reine Absicht sein, um die Verhandlungsmasse noch im letzten Moment zu verbessern.

Wenn Sie diese Taktik einsetzen, nutzen Sie sie zum Schluss, um noch das ein oder andere Zugeständnis – das z. B. nicht direkt mit dem Preis oder einem ähnlich zentralen Thema zu tun hat – herauszulocken.

Stellen Sie sich vor, Sie schütteln Ihrem Gegenüber bereits die Hände, freuen sich über das Verhandlungsergebnis, die Konzentration und Anspannung fällt und Ihr Gegenüber denkt, es ist alles in trockenen Tüchern. In diesem scheinbar harmlosen Moment stellen Sie der anderen Seite beiläufig die Frage: „Nur noch eine kleine Sache, die wir übersehen haben. Die Verpackungsentsorgung bei der Maschinenlieferung wird ja von Ihnen durchgeführt, wie wir verstanden haben, nicht wahr?" Sie blicken Ihr Gegenüber freundlich an, halten deren Hand fest und warten auf eine Antwort.

Wenn es sich bei dieser „Kleinigkeit" nicht um etwas handelt, das in direkter Weise mit Geld zu tun hat (wie z. B. Zahlungskonditionen, Preisnachlässe etc.), wird in diesem Moment sehr oft nachgegeben. Ihr Gegenüber denkt sich vielleicht: „Jetzt haben wir es bis hierher geschafft, sollen wir jetzt wirklich nochmal das ganze Verhandlungspaket, dass wir so mühsam erarbeitet haben, wieder aufschnüren?"

Wenn Ihr Gegenüber diese Taktik einsetzt, seien Sie sich bewusst, dass Sie gerade Gefahr laufen, noch ein zusätzliches Stück vom Verhandlungskuchen herzuschenken.

▶   **Gegenmaßnahmen**
- Ablehnen und erklären, dass diese Verhandlung abgeschlossen ist. Die gesamte Vereinbarung muss neu überdacht werden, wenn Ihr Gegenüber eindeutig wünscht, diesen Punkt nachträglich zu integrieren.
- Quid pro quo / Wenn, dann … nichts herschenken!
- Das Paket wieder aufschnüren.
- Ignorieren
- Stille
- Zeit und Abstand gewinnen, nachdenken, nicht sofort antworten.

7.2.2   Aufschieben

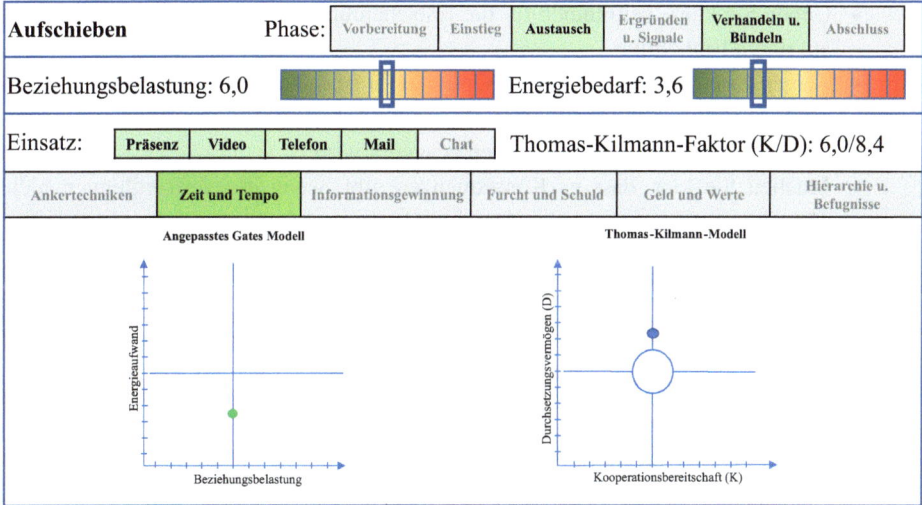

Die Verhandlungstaktik des Aufschiebens, auch bekannt als „Stalling" oder „Hinhalten", ist eine Strategie, bei der die Verhandlungsseite bewusst Zeitverzögerungen einsetzt, um einen engen Zeitrahmen zu verschwenden und damit Handlungsdruck entstehen zu lassen. Dadurch soll das Gegenüber dazu gedrängt werden, Konzessionen einzugehen oder zusätzliche Informationen preiszugeben.

Ein Merkmal dieser Taktik: Antworten verzögern. Die Reaktion auf E-Mails oder Anrufe wird absichtlich verzögert, um die andere Verhandlungspartei zu verunsichern oder um den Anschein zu erwecken, dass das vorgelegte Angebot nicht attraktiv genug ist.

Es wird auf Zeit gespielt. Ihr Gegenüber behauptet z. B., dass mehr Zeit benötigt wird, um über das Angebot nachzudenken, zusätzliche Informationen zu sammeln oder Rücksprache mit Vorgesetzten oder Beratern zu halten.

Auch „Fragenflut" gehört in diese Kategorie. Die eine Verhandlungsseite stellt unzählige Detailfragen, um bei Ihnen Ressourcen zu binden, die dringend für etwas anderes benötigt werden könnten. Dadurch wird der Druck bis zum Ablauf einer bestimmten Frist (z. B. fester Abgabetermin) erhöht.

Gerne wird auch in der letzten Minute noch etwas aufgeschoben, um damit Druck auszuüben, in der Hoffnung, dass die andere Seite noch Zugeständnisse macht, um die Verhandlung abzuschließen. Dabei wird eine künstliche Verzögerung eingeführt, die durch ein angebliches inneres oder externes Ereignis hervorgerufen wird, um eine Art Notfall-Situation zu schaffen: „Tut mir leid, wir müssen uns um ein anderes, sehr dringendes Thema kümmern, dass all unsere Aufmerksamkeit erfordert. Wir melden uns wieder bei Ihnen."

Ein weiteres Merkmal dieser Taktik ist es, wenn die eine Verhandlungsseite fordert, Änderungen zu bereits geklärten Punkten vorzunehmen, um dadurch den Prozess in die Länge zu ziehen und Zeitdruck entstehen zu lassen.

▶ **Gegenmaßnahmen**
- Geben Sie klare Zeitrahmen für die Entscheidungsfindung vor und bestehen Sie auf deren Einhaltung.
- Zeigen Sie, dass Sie alternative Optionen haben und nicht vollständig von dieser Verhandlung abhängig sind. Dadurch verringern Sie die Wirksamkeit des Drucks, der durch das Aufschieben ausgeübt wird.
- Machen Sie klar, dass es Konsequenzen gibt, wenn die Verhandlungen nicht zeitnah voranschreiten – das Angebots kann zurückgezogen oder ein Preis erhöht werden.
- Berichten Sie über den Zeitverlust an Ihre nächsthöhere Instanz, damit z. B. von Geschäftsführung zu Geschäftsführung wieder Schwung in die Sache gebracht wird.
- Bleiben Sie in regelmäßigem Kontakt und betonen Sie die Dringlichkeit des Fortschritts. Vermeiden Sie es, zu verzweifelt oder abhängig zu wirken.
- Warum: Hinterfragen Sie im Detail, das irritierende Verhalten.
- Manchmal sind Verzögerungen auf legitime Bedenken zurückzuführen. Versuchen Sie herauszufinden, ob es echte Hindernisse gibt, bieten Sie dafür Lösungen an.
- Stellen Sie sicher, dass die Personen, die am Verhandlungstisch sitzen, auch die Befugnis haben, Entscheidungen zu treffen, um unnötige Verzögerungen zu vermeiden.
- Vorbereitet sein: Kennen Sie Ihre BATNA (Best alternative to a negotiated agreement), also die beste Alternative zu einer Einigung, und seien Sie bereit, diese zu nutzen, falls die Verhandlungen nicht vorankommen.

7.2.3   Deadlines

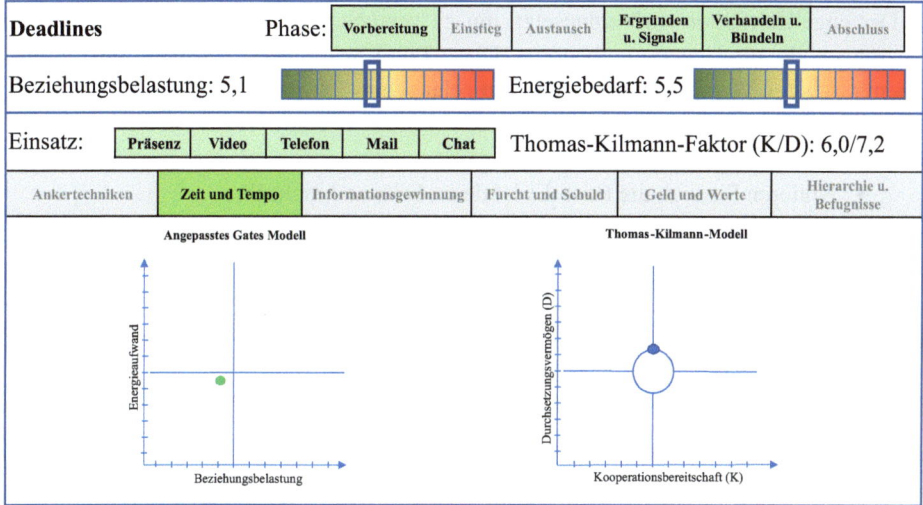

Deadlines	Phase:	Vorbereitung	Einstieg	Austausch	Ergründen u. Signale	Verhandeln u. Bündeln	Abschluss

Beziehungsbelastung: 5,1   Energiebedarf: 5,5

Einsatz:	Präsenz	Video	Telefon	Mail	Chat	Thomas-Kilmann-Faktor (K/D): 6,0/7,2

Ankertechniken	Zeit und Tempo	Informationsgewinnung	Furcht und Schuld	Geld und Werte	Hierarchie u. Befugnisse

Das Einsetzen einer zeitlichen Einschränkung verursacht oft Druck in Verhandlungen und beeinträchtigt das Machtgleichgewicht zwischen den beteiligten Parteien. Aufgrund des (künstlich) verkürzten Zeitrahmens entstehen Spannungen durch die Konsequenzen, die in den Köpfen der betroffenen Verhandlungspersonen entstehen. Es entsteht eine Fantasie, was alles Unangenehmes passieren könnte, wenn die gesetzte Frist nicht eingehalten werden kann.

Menschen in ein enges Zeitkorsett zu pressen, verkürzt auch die Möglichkeiten, ihnen ausreichend Zeit zum Nachdenken zu geben. Wer sich unter Druck damit beschäftigt, was passieren könnte, wenn die Frist nicht eingehalten wird, hat geringere Chancen, alle Einwände und Gegenargumente zu den gemachten Vorschlägen zu überdenken und abzuwägen. Fristen können leicht angefochten werden, aber es ist erstaunlich, wie wenig sie hinterfragt werden.

- „Ich muss eine Antwort haben, bevor wir heute wieder auseinandergehen."
- „Wenn bis zum Ende dieser Woche keine akzeptable Nachbesserung des Angebots von Ihnen vorliegt, können wir das Projekt nicht im festgelegten Zeitrahmen starten."
- „Ich spreche morgen mit Herrn Heller, unserem Vorstand. Er wird von mir wissen wollen, ob eine weitere Verhandlungsrunde noch Sinn macht."

Wenn Ihr Gegenüber diese Taktik einsetzt, hinterfragen Sie, warum diese genannte Frist so wichtig ist. Erklären Sie Ihre Sichtweise und setzen Sie eine eigene Deadline. Je weniger Zeit Sie zum Nachdenken, Planen und Vorbereiten haben, desto schwächer ist Ihre Position in den Verhandlungen. Achten Sie daher auf Menschen, die Sie zu einer

Entscheidung oder Zusage sofort oder bis zum nächsten Tag drängen: „Diesen Super-preis für Ihre neue Traumküche kann ich Ihnen nur noch heute bis 18 Uhr anbieten."

Der enge Zeitfaktor wird eingesetzt, um zu versuchen, Sie zu den Zugeständnissen zu drängen, die die Gegenseite benötigt. Diese Taktik wird auch gerne eingesetzt, um zu einem rascheren Verhandlungsabschluss zu gelangen.

▶ **Gegenmaßnahmen**
- Notieren Sie sich die Frist. Es ist deren Frist und nicht Ihre.
- Akzeptieren Sie die Frist nicht blind, wenn Sie die Gegenseite unter Termin-druck setzt. Ist der Termin real oder künstlich?
- Stellen Sie Fragen, um zu sehen, wie real und wie unverrückbar der Termin ist. Die Person, die die Frist festlegt, verlässt sich darauf, dass es in der Natur des Men-schen liegt, zu glauben, dass Fristen real und unverrückbar sind.
- Ermitteln Sie, warum diese Frist so wichtig ist.
- Legen Sie Ihre eigene Frist fest. Tun Sie so, als hätten Sie es nicht eilig – auch wenn Sie unter Zeitdruck stehen!
- Während der Verhandlung erinnern Sie Ihr Gegenüber daran, dass ihre Frist immer näher rückt. Damit kehren Sie den Druck um.

7.2.4 Verweigerter Zugriff

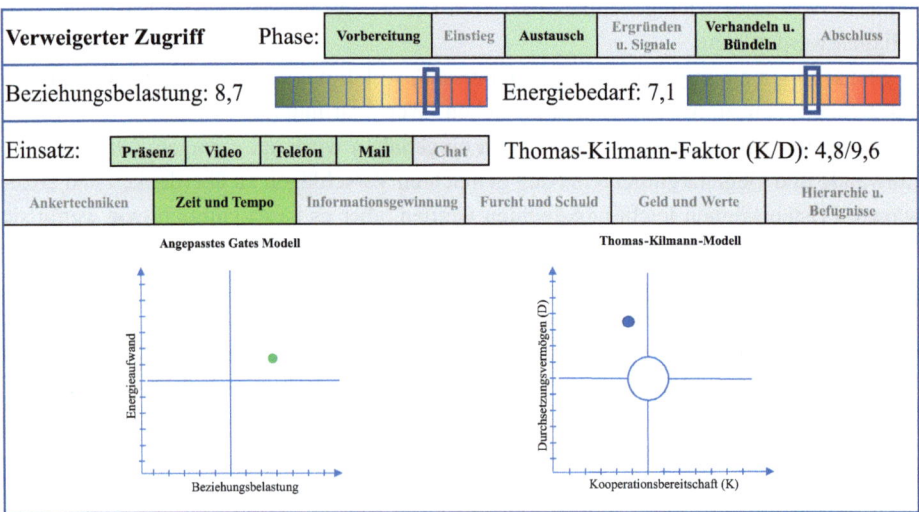

Ziel dieser Taktik ist es, den Zeitdruck für die Gegenseite durch Abwesenheit oder Nicht-erreichbarkeit zu erhöhen, obwohl es Fristen gibt, die nicht überschritten werden sollen.

Die eine Partei sorgt dafür, dass sie nicht verfügbar ist. Sie lässt das Gegenüber durch Kollegen und Assistenz wissen, dass sie in aufeinanderfolgenden Besprechungen ist, sich außerhalb der Stadt oder im Ausland befindet. Das Gegenüber wird dadurch behindert, Fortschritte zu machen, bis die „Verweigerer" dazu bereit sind und/oder der Druck maximal wird.

Diese Taktik wird gerne unterstützend zu „Deadlines" oder „die Saat säen" verwendet. Diese Verhandlungstechnik erzeugt Druck und zwingt die Gegenseite, bestimmte Ziele aufzugeben, nur um sicherzustellen, dass der Deal zustande kommt.

▶   **Gegenmaßnahmen**
- Wenn Sie sicher sind, dass der Kontakt vorsätzlich verweigert wird, hinterlassen Sie eine Nachricht für Ihr Gegenüber. Teilen Sie mit, die Frist künstlich vorzuverlegen und fügen Sie hinzu, dass, wenn die Frist ohne Einigung verstreicht, die Verhandlung geplatzt ist oder die Bedingungen zeitlich begrenzt sind. Dies ist zwar riskant, verschafft Ihnen aber ein strategisches Zeitfenster.
- Führen Sie eine überzeugende Klausel ein. Wenn Sie keine Rückmeldung erhalten, werden Sie die Verhandlung mit großem Bedauern aufgeben. Natürlich ist diese Reaktion riskant, da Sie einen Abbruch in Aussicht stellen. Oft funktioniert es aber als eine Möglichkeit, diese Taktik aufzuweichen.
- Eskalieren Sie die Situation, indem Sie das Anliegen an Ihre Geschäftsführung bzw. an die Geschäftsführung Ihres Verhandlungspartners weitergeben, um auf einer anderen Hierarchieebene Bewegung in die Sache zu bringen.

7.2.5   Termindruck

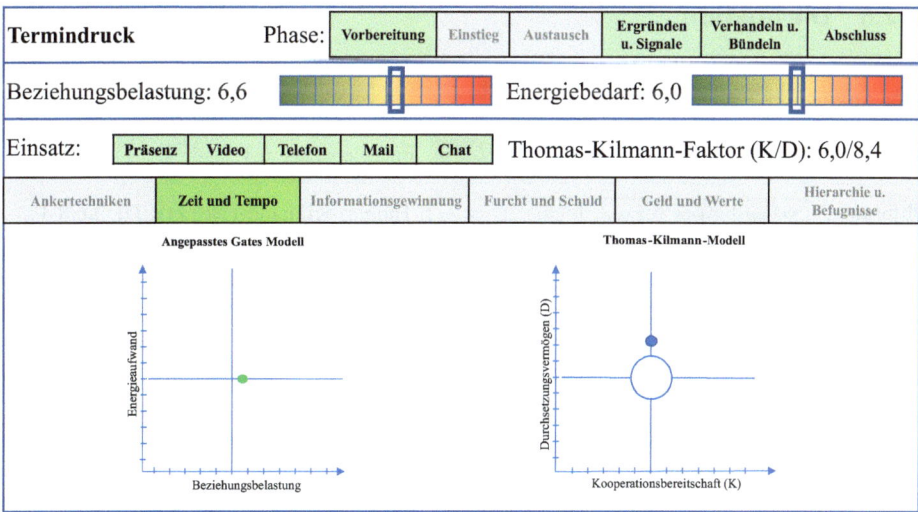

Diese Taktik wird angewendet, wenn künstliche Zeitpläne oder Fristen einführt werden, die besagen, dass z.B. das Angebot nur mehr bis zu einem bestimmten Zeitpunkt gültig ist. Als Konsequenz aus der Nichteinhaltung der Frist werden dann weitere Forderungen als „Kompensation" für die Auswirkungen eingeführt. Zeitliche Beschränkungen werden auch dann angewendet, wenn eine Partei bereits zu den meisten Bedingungen zustimmt, die andere jedoch beschließt, auf ein noch besseres Angebot zu warten: „Wir geben Ihnen eine letzte Möglichkeit, Ihr Angebot noch zu verbessern. Bitte teilen Sie uns bis Freitag um 17:30 Uhr Ihre Entscheidung mit. Wir werden Sie gerne wissen lassen, ob Ihnen der Zuschlag erteilt wird." Während die Zeit vergeht, steigt der psychische Druck, Unsicherheit und Zweifel werden größer, sodass die andere Partei sich unter Druck gesetzt fühlt, ihr endgültiges Angebot zu verbessern.

Sollte es sich um eine „echte" Frist handeln, besteht für die eine Seite auf alle Fälle die Gefahr, dass die andere Seite nach dem Verstreichen des Termines die gesamte Situation neu bewertet und die andere Seite alle Zugeständnisse verliert, die bis zu diesem Zeitpunkt ausverhandelt wurden.

▶   **Gegenmaßnahmen**
   - Nimm es oder lass es.
   - Verhandeln Sie immer den Verhandlungsprozess, bevor Sie sich mit inhaltlichen Fragen befassen. Je klarer Sie den Prozess angehen, desto geringer ist die Wahrscheinlichkeit, dass Sie in inhaltlichen Fragen Fehler machen.
   - Informieren Sie sich über die Hintergründe der gesetzten Frist.
   - Zeit nehmen, um die Hintergründe herauszufinden. Vielleicht ist der Zeitdruck echt, vielleicht ist es nur ein Verhandlungstrick.

7.2.6   Die Auktion

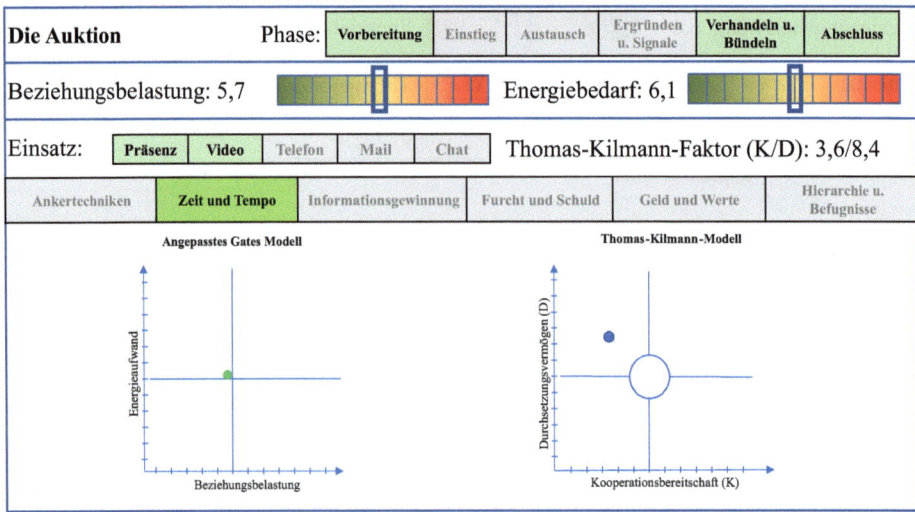

Wenn Menschen wissen, dass sie etwas verlieren könnten, dann werden sie es noch mehr wollen[4]. Wir sind von Natur aus wettbewerbsorientiert, denn das hat der Menschheit zu überleben geholfen. Wenn wir mit anderen Personen konfrontiert werden, die das Gleiche wollen, kann sich eine zum Sieg drängende Situation entwickeln. Das passiert gerne bei Auktionen, wenn zwei Personen gegeneinander bieten und die Gebote weit über den wahren Wert des Gegenstandes hinausgehen – der Triumph über den anderen steht im Vordergrund.

Wenn viele Parteien das Gleiche wollen, werden sie bei Auktionen einander gegenübergestellt. Sie werden zusammengebracht und informiert, dass nur eine Person oder Bietergruppe das bekommt, was sie will. Dies kann verwendet werden, um sowohl Verkäufer untereinander als auch Käufer in Konkurrenz zu setzen. Eine normale Auktion ist eine Auktion, bei der die Bieter steigende Preise anbieten, bis niemand mehr ein weiteres Gebot abgibt. Eine andere Variante stellt die „holländische Auktion" dar, die im Detail nachfolgend beschrieben wird.

▶   **Gegenmaßnahmen**
  * Achten Sie genau darauf, wo sich Ihre Grenze für ein Angebot befindet und wo Sie abbrechen werden. Bis zu welchem Limit werden Sie mitbieten? Lassen Sie sich nicht in einen Bieterrausch hineinziehen.
  * Steigen Sie rechtzeitig aus, wenn es kein ZOPA[5] mehr gibt.
  * Versuchen Sie, Ihre Gefühle und Emotionen auszublenden. Betrachten Sie Verhandlungen als das, was sie meistens sind: strategische Abläufe.
  * Schalten Sie Ihre persönlichen Befindlichkeiten aus und denken Sie klar strategisch.

---

[4] Kap. 11 „Knappheit"
[5] Abschn. 10.5

7.2.7   Holländische Auktion

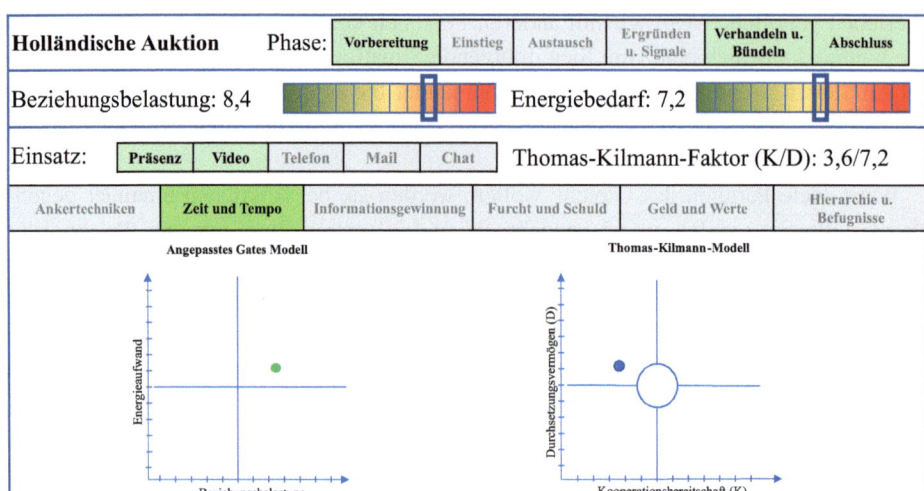

Ursprünglich wurde diese Taktik in den Niederlanden für den Tulpenverkauf entwickelt und wird bis heute genutzt. Die Idee war es, Tulpen binnen kürzester Zeit zum höchstmöglichen Preis zu verkaufen. Man begann mit einem unrealistisch hohen Tulpenpreis und senkte dann den Preis mit einer ablaufenden Uhr in kleinen Schritten. Diejenige Person, die als erste ein Zeichen gab, erhielt den Zuschlag.

Es ist ein Nervenspiel. Einerseits liegt es im Vorteil des Käufers, bei sinkenden Preisen kaufen zu können. Je später er zuschlägt, desto geringer ist der Kaufpreis. Gleichzeitig steigt aber auch das Risiko, dass einer der mitbietenden Kontrahenten die angebotene Ware wegschnappt. Durch die anwesende Konkurrenz wird man möglicherweise dazu angestiftet, früher zu bieten, als man es wollte, nur ihnen die Ware wegzuschnappen.[6] Der Entscheidungsdruck ist groß, da die Bieter auf den sinkenden Preis rasch reagieren müssen.

Es ähnelt ein wenig einem Showdown bei einem Western. Die Spannung steigt ins Unermessliche, wenn die Kontrahenten auf die tickende Uhr und den sinkenden Preis blicken. Man kann eine Stecknadel fallen hören, so still ist es. Plötzlich hebt einer der Mitbietenden den Arm und gibt damit das Zeichen zur Annahme des Preises.

---

[6] Hier kommt eines von Robert Cialdinis Prinzipien zum Einsatz: Knappheit. Siehe Abschn. 11.5.10

Im Laufe der Zeit wurde diese Taktik von Einkaufsabteilungen entdeckt und adaptiert: Die besten drei bis fünf Lieferanten, die ein gutes Gebot abgegeben haben, werden eingeladen und befinden sich im selben Raum, jeder an einem eigenen Tisch. Nun beginnt die Person, die die Auktion leitet, einen unrealistisch niedrigen Preis auszurufen. Den Lieferanten bleibt ein kurzer Zeitraum (z. B. 30 s), um darüber zu entscheiden, ob dieser Preis akzeptiert werden kann. Falls keiner der eingeladenen Lieferanten akzeptiert, erhöht sich der Preis automatisch um einen kleinen, vordefinierten Schritt. Die Lieferanten stehen dann erneut für einen kurzen Zeitraum vor derselben Entscheidung. Diese Prozedur wiederholt sich so lange, bis einer der Lieferanten den vorgegebenen Preis akzeptiert – dann endet die Auktion, wer als Erster die Hand hebt, bekommt den Auftrag.

Da die Lieferanten keinerlei Informationen über die Angebotsstrategie ihrer Konkurrenten haben, setzen sie sich selbst unter Druck. Zusätzlich ist der Konkurrenzdruck da, denn die Lieferanten sitzen im selben Raum, sehen einander und befürchten, dass ein anderer vor ihnen beim angebotenen Preis zuschlägt. Diese Person gewinnt, denn es gibt nach dem Zuschlag keine weiteren Möglichkeiten zur Verbesserung oder Neuaushandlung des Angebots.

▶ **Gegenmaßnahmen**
- Bereiten Sie sich exzellent vor und definieren Sie das schlechteste Angebot, das Sie gerade noch akzeptieren würden.
- Lassen Sie sich nicht zu voreiligen Handlungen verleiten!
- Entweder Sie akzeptieren das Angebot oder Sie warten auf die nächste Auktion.
- Wenn Ihr Ausgangspunkt darin besteht, einen strategischen Fuß bei Ihrem Kunden in die Tür zu bekommen und genügend budgetäre Mittel zur Verfügung stehen, dann akzeptieren Sie den Preis. Die Auktion zu verlieren wäre in diesem Fall teurer als keinen Zuschlag zu erhalten.
- Machen Sie die Zeit zu Ihrem Verbündeten. Vermeiden Sie es, überstürzt oder ungeduldig zu handeln, da dies nachteilig für Sie wirken kann und das möglicherweise der Grund ist, warum Sie gegenüber einem anderen Konkurrenten im Nachteil sind. Beim Verhandeln ist Warten oft Ihr bestes Ass im Ärmel. Seien Sie auch darauf vorbereitet, keinen Abschluss zu machen. Handeln Sie nicht aus einem Zwang heraus, den Vertrag unbedingt abschließen zu müssen.

7.2.8 Auszeit

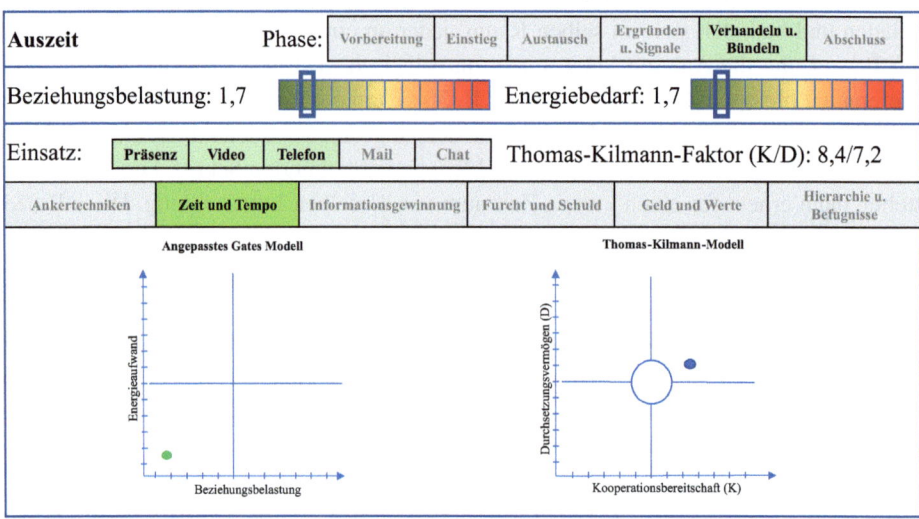

| Auszeit | Phase: | Vorbereitung | Einstieg | Austausch | Ergründen u. Signale | **Verhandeln u. Bündeln** | Abschluss |

Beziehungsbelastung: 1,7   Energiebedarf: 1,7

Einsatz: | **Präsenz** | **Video** | **Telefon** | Mail | Chat | Thomas-Kilmann-Faktor (K/D): 8,4/7,2

| Ankertechniken | **Zeit und Tempo** | Informationsgewinnung | Furcht und Schuld | Geld und Werte | Hierarchie u. Befugnisse |

Angepasstes Gates Modell   Thomas-Kilmann-Modell

Pausen oder Vertagungen dienen dazu, sich zu erholen, neu zu orientieren oder Bedenken auszuräumen. Sie benötigen Zeit, um Klarheit über die Konsequenzen, verbundenen Kosten oder Risiken zu gewinnen und Wege zu finden, voranzukommen. Eine Auszeit wird oft verlangt, wenn neue Informationen in den Vordergrund treten, wenn sich eine Sackgasse abzeichnet, ein „frischer Blick" auf die Verhandlung erforderlich ist oder um die Gemüter wieder abzukühlen.

Sie wird auch eingesetzt, wenn Zeitdruck besteht und um die Verhandlungspartner noch mehr unter Druck zu setzen, indem Sie sich aus dem Raum entfernen. Dies geschieht so lange, bis der Zeitdruck für Ihr Gegenüber unerträglich wird. Auszeit kann auch ein rein taktisches Mittel sein, um den Rhythmus zu stören und die andere Seite aus dem Konzept zu bringen.

Achten Sie darauf, in welcher Phase einer Verhandlung eine Auszeit genommen wird. Befinden Sie sich gerade in einem emotionalen Hoch, knapp vor einem entscheidenden Durchbruch, ist eine Auszeit eher behindernd als förderlich. Fragen Sie sich, warum gerade jetzt Ihr Gegenüber nach einer Pause fragt.

Sprechen Sie es an, wenn Sie erkennen, dass es emotional heiß hergeht: „Das war jetzt ein anspruchsvoller Punkt. Ich schlage vor, hier jetzt eine Pause zu machen." Nutzen Sie die Zeit, um Ihre Gedanken zu ordnen und sich (mit Ihrem Team?) zu besprechen:

Welche Fragen sind offen? Was konnten Sie wahrnehmen? Wie sieht Ihr Gegenüber die derzeitige Lage? Wie beurteilen Sie den Verhandlungsfortschritt? Was sind die nächsten Teilziele, die Sie erreichen wollen?

Nach der Rückkehr zum Verhandlungstisch hat wahrscheinlich auch Ihr Gegenüber die Zeit für sich genutzt.

▶ **Gegenmaßnahmen**
- Stille
- Bitten Sie, die Pause erst in 15 min zu machen, um noch diesen einen Punkt zu klären.
- Nutzen Sie die Zeit zu Ihrem Vorteil.
- Gerade diplomatische Verhandlungen bestehen in der Regel zu einem geringen Prozentsatz aus Verhandlung am Tisch und zum Großteil aus Auszeiten und internen Beratungen.
- Eine Pause zu nehmen, ist manchmal das Beste für beide Seiten.

7.3 Informationsgewinnung

Diese Taktiken dienen der Informationsgewinnung zur Stärkung des Vorteiles in einer Verhandlung, denn Informationen geben Macht. Je mehr Informationen Sie über Optionen, Umstände und Prioritäten der Gegenseite haben, desto mächtiger ist die Position in einer Verhandlung.

7.3.1 Warum?

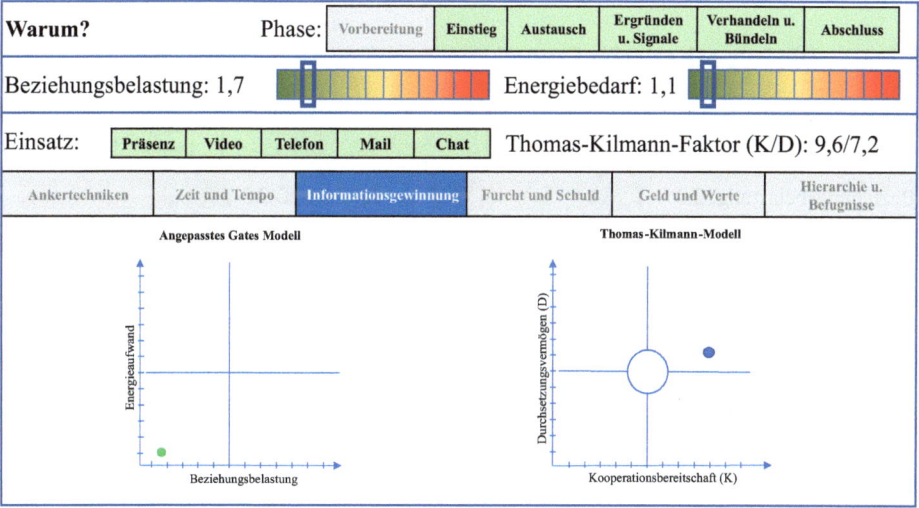

Diese Taktik wird verwendet, um jedes Detail in Frage zu stellen: neue Ideen, Wünsche, Prioritäten, Beweggründe, Tagesordnungspunkte etc. Es ist eine wirksame Möglichkeit, um hinter den Vorhang zu blicken und den Nutzen eines bestimmten Punktes, einer Reaktion oder eines Diskussionsthemas in einem bestimmten Moment zu ergründen.

Die Informationen, die Sie erhalten, werden Ihnen neue Einblicke geben, selbst, wenn Sie eine abwehrende Reaktion auslösen und Ihnen eine Antwort verwehrt wird. Während der Erkundung lohnt es sich, Ihrem Gegenüber viele Fragen zu stellen: „Warum reagieren Sie gerade jetzt so?", „Was ist der Grund für Ihre abwehrende Haltung?" Nur wenn Sie den genauen Grund für seine Fragen kennen, können Sie eine qualitativ gute Antwort geben.

Die Frage nach dem Warum sollte mit Bedacht eingesetzt werden. Zu viele Nachfragen können den Dialog eher behindern als fördern, da eine „Warum-Stafette" von Ihrem Gegenüber möglicherweise als unangenehm, als persönlicher Angriff, als Misstrauen oder Anklage gewertet werden kann. Es besteht die Gefahr, dass er den Eindruck gewinnt, sich in einem Verhör zu befinden, in dem er sich rechtfertigen soll. Eine elegante Alternative zu einem Warum ist die Formulierung „Aus welchem Grund …?"

▶ **Gegenmaßnahmen**
- Greifen Sie ein beliebiges Wort aus dem Gesagten auf und stellen Sie es in einen anderen Zusammenhang. So gehen Sie auf Ihr Gegenüber ein, beantworten aber nicht die Frage.
- Stellen Sie eine Gegenfrage.
- Wechseln Sie das Thema: „Stecken Sie eigentlich auch schon in der Budgetplanung oder weicht Ihr Geschäftsjahr vom Kalenderjahr ab?"

7.3.2 „Die hypothetische Frage"

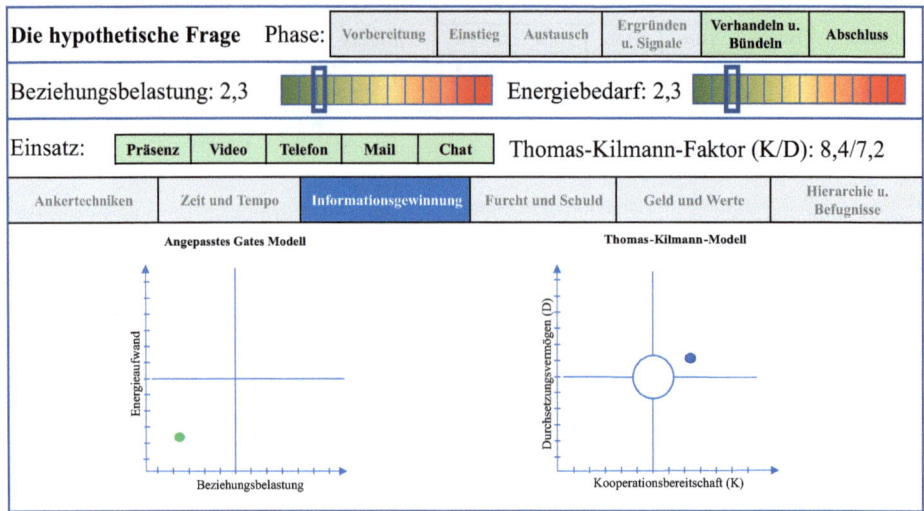

Die Verwendung von „Nur einmal angenommen, wir könnten …" oder „Stellen Sie sich vor …" und „Angenommen … wie wäre es …", wird eingesetzt, um die Bereitschaft des

Gegenübers zu testen, sich auf bestimmte Verhandlungspunkte einzulassen, Optionen zu erkunden oder zu überprüfen, ob Ihr Verhandlungspartner schon entscheidungsbereit ist.

In der Aussage „Was wäre, wenn wir das Bestellvolumen nach sechs Monaten – jetzt nur einmal hypothetisch angenommen – um 50 % erhöhen könnten. Wie könnte das den Stückpreis beeinflussen?" besteht vielleicht nicht die Absicht, dies wirklich zu tun. Doch die Idee ist, Annahmen zu testen, Erkenntnisse zu gewinnen und später effektiver zu handeln. Antwortet Ihr Gegenüber auf diese Frage, ist das ein Zeichen, dass er sich mit dem Gedanken auseinandersetzt. Andernfalls wird er keine Antwort geben. Aber auch keine Antwort ist bereits eine Antwort und bildet ein weiteres Mosaiksteinchen im Gesamtbild. Diese Taktik kann genutzt werden, um Möglichkeiten elegant auszuloten, insbesondere dort, wo sich eine Sackgasse abzeichnet.

▶ **Gegenmaßnahmen**
- Warum
- Gegenfrage
- Stille
- Ignorieren
- Themenwechsel

7.3.3 Karten auf den Tisch

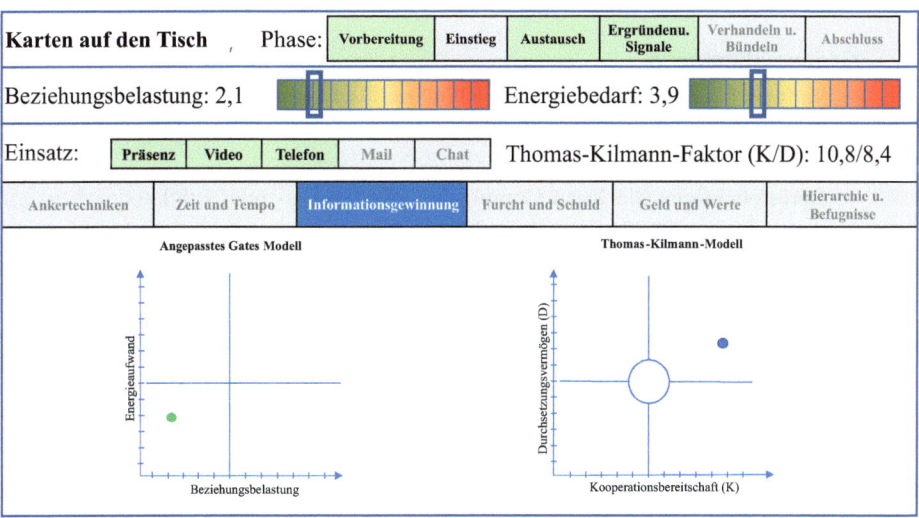

Bei dieser Taktik ist größte Vorsicht geboten, denn die Art der Offenheit und Offenlegung, die Sie anbieten, stimmt möglicherweise nicht mit der Ihres Gegenübers überein. Wenn Sie bei einem Kartenspiel Ihre Karten offen auf den Tisch legen, zeigen Sie den Mitspielern, welche Trümpfe Sie besitzen. Es gibt keinen Ausweg, etwas zu verdecken.

Wenn Sie diese Taktik einsetzen, müssen Sie sich bewusst sein, dass Sie Ihrem Gegenüber vieles mitteilen, was vorher unbekannt war. Erklären Sie, warum Sie dies tun und was Sie dafür erwarten. Indem Sie in einem Bereich Vertrauenswürdigkeit zeigen, z. B. indem Sie unerwartete Informationen bekanntgeben, kann sich der Gedanke bei Ihrem Gegenüber festsetzen, dass Sie in anderen Bereichen auch vertrauenswürdig sind. Zum Beispiel dann, wenn es um die Preisverhandlung geht.

- „Sehen Sie, ich lege meine Karten auf den Tisch. Was ich wirklich will, ist …".
- „Ich denke, ich kann Ihnen vertrauen. Der Grund, warum mir dieser Verhandlungspunkt so wichtig ist, ist folgender …"

Wenn Ihr Gegenüber diese Taktik anwendet, werden gerne Wörter wie wirklich, tatsächlich, aufrichtig, ernsthaft, offen heraus und – besonders oft – ehrlich verwendet. Achten Sie auf Ihre Wortwahl und seien Sie sich der langfristigen Auswirkungen einer vollständigen Offenlegung bewusst. Die Formulierung „… ehrlich gesagt …" könnte so interpretiert werden, dass das zuvor Gesagte nicht ganz ehrlich gemeint war.

Grundsätzlich kann davon ausgegangen werden, dass Ihr Gegenüber nicht alle Punkte offen auf den Tisch legt und etwas zurückhält. Das ist nichts Negatives, seien Sie sich darüber jedoch im Klaren. Der Prozess der Due Diligence (sorgfältige Prüfung z. B. vor einem Unternehmenskauf) wird aus guten Gründen eingesetzt. Es wird dadurch sichergestellt, dass die bereitgestellten Informationen vertrauenswürdig, glaubwürdig und vollständig sind.

▶ **Gegenmaßnahmen**
- Bedanken Sie sich für das Vertrauen und prüfen Sie die Informationen.
- Betonen Sie, dass Sie beide Due-Diligence-Bestimmungen berücksichtigen müssen.
- Berücksichtigen Sie Ihren Compliance-, Verhaltens- oder Ethikkodex bzw. ein dazu passendes Dokument Ihrer Organisation.
- Stellen Sie weitere vertiefende Fragen in Bezug auf Themen, die mit wirklich, tatsächlich, aufrichtig, ernsthaft argumentiert wurden.
- Stellen Sie sich die Frage: Wenn die Phrase „ehrlich gesagt …" von Ihrem Gegenüber verwendet wird, waren dann die vorherigen Aussagen genauso „ehrlich" gemeint?

7.3.4 „Mal ganz inoffiziell"

Mal ganz inoffiziell	Phase:	Vorbereitung	Einstieg	Austausch	Ergründen u. Signale	Verhandeln u. Bündeln	Abschluss

Beziehungsbelastung: 2,8   Energiebedarf: 2,3

Einsatz:	Präsenz	Video	Telefon	Mail	Chat	Thomas-Kilmann-Faktor (K/D): 7,2/6,0

Ankertechniken	Zeit und Tempo	Informationsgewinnung	Furcht und Schuld	Geld und Werte	Hierarchie u. Befugnisse

Angepasstes Gates Modell   Thomas-Kilmann-Modell

Energieaufwand

Beziehungsbelastung

Durchsetzungsvermögen (D)

Kooperationsbereitschaft (K)

Informationen, die bei inoffiziellen Treffen ausgetauscht werden, können nur in seltenen Fällen danach offiziell genutzt werden, selbst wenn es sich um die redliche Absicht handelt, eine stockende Verhandlung voranzubringen.

Die erste Frage, die Sie sich in einer solchen Situation stellen sollten, ist: „Warum sucht man diese Art des Gespräches und geht nicht den offiziellen Weg?" Die Absichten mögen anständig sein, aber die Informationen werden nur aus einem einzigen Grund gesucht: um Ihnen Informationen zu entlocken.

Wenn Sie um ein inoffizielles Treffen gebeten werden, denken Sie immer an die daraus entstehenden Auswirkungen, die Sie zu verantworten haben. Alle Hinweise, Signale, Kommentare oder sogar Haltungen, die Sie (unbewusst) äußern, werden von Ihrem Gegenüber interpretiert – so oder so. So etwas wie ein „inoffizielles" Treffen gibt es nicht. Alles, was Sie sagen, wird weitergegeben und besprochen werden. Es kann mit hoher Wahrscheinlichkeit Einfluss auf das Resultat Ihrer Verhandlungen haben.

Machen Sie auf jeden Fall Gebrauch von inoffiziellen Treffen, wenn Verhandlungen ins Stocken kommen. Ein informelles Treffen bei einer Tasse Kaffee, außerhalb des Verhandlungstisches, kann vieles bewirken. Seien Sie sich jedoch der Wirkung und Gefahr bewusst und lassen Sie sich nicht aushorchen.

▶ **Gegenmaßnahmen**
- Berücksichtigen Sie Ihren Compliance-, Verhaltens- oder Ethikkodex bzw. ein dazu passendes Dokument Ihrer Organisation.
- Wenn es ein solches Dokument nicht gibt oder wenn es sich um eine Grauzone handelt, reagieren Sie nach bestem Wissen und Gewissen, hüten Sie sich vor einem Formalfehler.

- Sie können fragen: „Können Sie schweigen?", um dann auf ein „Ja" mit „Ich auch" zu reagieren.
- Sie lehnen die Einladung höflich ab.
- Seien Sie sich bewusst, dass es so etwas wie ein informelles Treffen nicht gibt, wenn es um Verhandlungen geht.
- Behandeln Sie jede Begegnung so, als hinge die Verhandlung davon ab.
- Notieren Sie sich, was Sie besprochen haben, auch in informellen Besprechungen.
- Lassen Sie nicht zu, dass Sie sich aus Höflichkeit gezwungen fühlen, Zugeständnisse zu machen.

7.4   Furcht und Schuld

Diese Taktiken erhöhen den Druck in der Beziehung, aber auch die damit verbundene Gefahr des Verhandlungsabbruchs. Mit einem hohen Maß an Macht werden diese Taktiken raffiniert eingesetzt, um das Gegenüber in eine bestimmte Richtung zu drängen. Die Furcht vor einem schlechten Verhandlungsergebnis oder einer anderen Bedrohung werden bewusst geschürt. Mit diesen Taktiken wird versucht, mittels einer Machtposition so hohen psychologischem Druck aufzubauen und eine Zwangslage entstehen zu lassen, um ein Handeln oder Zustimmen des Gegenübers zu bewirken.

7.4.1   Brüllen und Beschimpfen

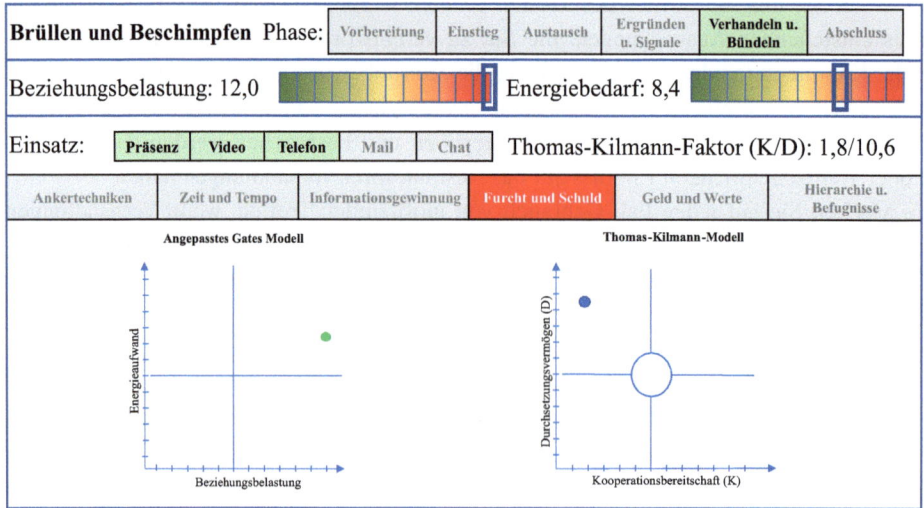

Wurden Sie in einer Verhandlung schon angebrüllt oder beschimpft? Ihr Gegenüber will meist nicht Sie als Person attackieren, sondern Ihre Rolle. Das Ziel: Die Schwächung Ihrer Verhandlungsposition. Dabei ist es wichtig zu verstehen, dass es nicht um Sie persönlich geht, sondern um den Triumph in der Verhandlung – und da scheint manchen jedes Mittel Recht zu sein.

Verhandlungen bieten zahlreiche „Einladungen", um auf solche Provokationen oder Einschüchterungen zu reagieren. Es liegt allein an Ihnen, ob Sie diese annehmen oder eher in Gedanken zu sich selbst sagen: „Vielen Dank, ich kümmere mich lieber um mein Verhandlungsziel".

Mit verschiedenen Tricks versuchen manche Teammitglieder Ihres Gegenübers, Sie zu destabilisieren, damit Ihnen möglichst viel Adrenalin[7] ins Blut schießt und Sie dadurch versehentlich Fehler machen. Je höher Ihr Adrenalinspiegel, desto schlechter werden Sie verhandeln können und desto leichter lassen Sie sich steuern. Ab einer bestimmten Adrenalinmenge im Körper reagieren und argumentieren wir nur noch emotional, entscheiden ohne Selbstkontrolle aus dem Affekt heraus und ohne Plan. Wir werden zum Passagier im eigenen Körper. Ein Todesstoß für die Verhandlung, Ihre Zeit und Ihr Geld.

Brüllen oder Beschimpfen kann auch aus einer Emotion heraus geschehen. Stress, Frustration oder gar die Sorge, in der Verhandlung unterzugehen, können Auslöser dafür sein. Das kann dazu führen, dass eine Partei die Beherrschung verliert. Es wird aber auch bewusst als Taktik eingesetzt, um die andere Seite zu verunsichern oder über sie zu dominieren.

Die Wirkung des Brüllens kann zunächst einschüchternd oder verstörend auf das Gegenüber sein. Es kann die andere Seite in die Defensive drängen und möglicherweise zu Zugeständnissen bewegen. Allerdings sind solche Ergebnisse meist von kurzer Dauer. Brüllen oder Beschimpfen schafft eine Atmosphäre der Feindseligkeit und des Misstrauens. Es beschädigt die Basis für eine langfristig erfolgreiche Beziehung und schadet dem Ruf beider Parteien.

Bei einem namhaften deutschen Automobilhersteller gab es einen Einkäufer, der bekannt dafür war, in Verhandlungen loszubrüllen. In der letzten Verhandlungsrunde schmiss er zudem die Unterlagen auf den Boden und verließ regelmäßig schreiend den Raum. Wenn ein solches Verhalten bereits im Vorhinein bekannt ist, wo bleibt da noch die einschüchternde Wirkung? Das Einzige, das dieser Einkäufer erzielt, ist die Erheiterung der Lieferanten.

▶ **Wichtig!**
Verhandlungen sind nichts Persönliches, es geht nur um das Erreichen eines Ziels: Wer seinen Emotions- und Adrenalinhaushalt im Griff hat und dem brüllenden Gegenüber vielleicht sogar die kalte Schulter zeigt, verwirrt deutlich mehr. Versuchen Sie, den Raum so zu kontrollieren, dass Ihr Verhandlungspartner erst gar keine Möglichkeit hat, sie einzuschüchtern. Ihr Ziel in Verhandlungen sollte immer sein, eine gegenseitige Vereinbarung zu treffen, die auf Respekt und Verständnis basiert.

---

[7]Abschn. 3.4.

Die Nutzung aggressiver Verhandlungstaktiken wie dem Anschreien ist weder nachhaltig noch zeugt es von Professionalität. Es ist wichtig, eine Umgebung zu schaffen, in der offene Kommunikation und gegenseitiger Respekt herrschen, um nicht nur kurzfristige Ziele zu erreichen, sondern auch langfristige und stabile Geschäftsbeziehungen zu etablieren.

▶   **Gegenmaßnahmen**
- Ignorieren
- Verhandlungsabbruch
- Bitten Sie um eine Pause, um die Gemüter wieder abzukühlen.
- Reagieren Sie nicht beleidigt, bleiben Sie ruhig und lassen Sie den Sturm an sich vorbeiziehen. Das heißt nicht, dass Sie nicht auch Ihre Grenzen aufzeigen dürfen, sondern dass Sie im Kopf sachlich und kontrolliert bleiben.
- Drehen Sie den Spieß einfach um und brüllen Sie überraschend, kurz, kontrolliert und wirksam zurück (Trainieren Sie Ihre Stimme dafür!).
- Schreien oder Aufregen kann in Verhandlungen durchaus hilfreich sein, aber nur, wenn Sie sich ganz rational und kontrolliert dafür entscheiden, diese Emotion für Ihren Erfolg einzusetzen.
- Setzen Sie in solchen Situationen Ihr Pokerface auf, atmen Sie tief durch und entscheiden Sie danach ganz rational, wie Sie nun reagieren.
- Lachen Sie herzlich und sagen Sie: „Ich mag Ihren Humor!"
- Freuen Sie sich persönlich darüber, dass diese Taktik keine andere Wirkung auf Sie hat, als die, ihre eigene Position zu stärken.

7.4.2   Physisches Verstören

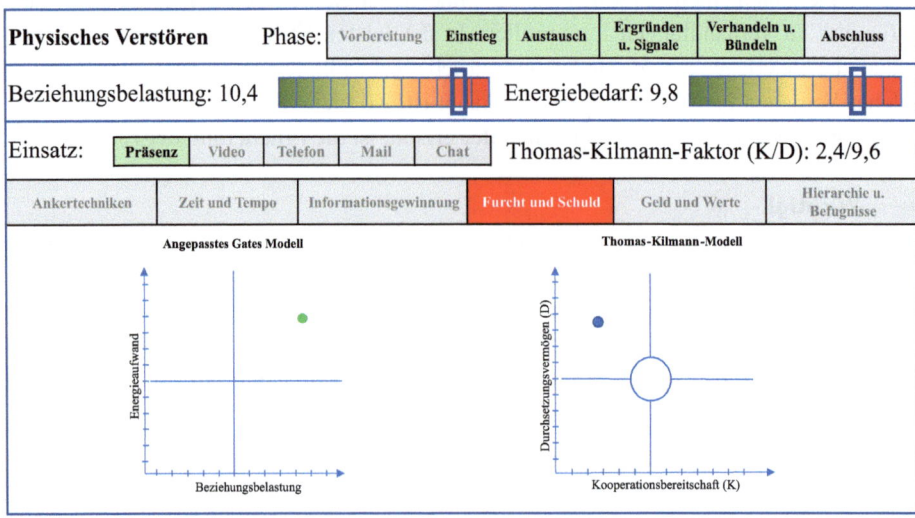

Physisches Verstören nutzt eine Vielzahl von körperlichen Handlungen, um das Gegenüber zu verunsichern und/oder abzulenken. Dies kann bedeuten, dass Sie sich z. B. sehr nahe zu jemanden stellen, das Sitzmuster ändern, um sich direkt neben jemanden zu setzen oder sich über den Tisch zu lehnen, um in den persönlichen Bereich des Gegenübers einzudringen. Unbequeme oder zu wenige Sitzgelegenheiten, viel zu kleine Besprechungsräume oder ein Sitzplatz im grellen Sonnenlicht, sind Beispiele dieser Taktik, die zur Einschüchterung oder Verunsicherung verwendet wird. Ziel ist es, die Strategie der anderen Seite zu stören und Unbehaglichkeit zu verursachen.

Vergessen Sie nicht, dass Sie die Kontrolle über den Verhandlungsverlauf bewahren. Dazu gehört auch die Verhandlungsumgebung. Wenn es sich also für Sie nicht richtig anfühlt, dann sprechen Sie es an, hinterfragen Sie es und ändern Sie es aktiv. Sie werden dafür Respekt erlangen und die Voraussetzungen für den gleichen Respekt in der Besprechung schaffen.

Auch absichtlich zu leises oder undeutliches Sprechen oder übertriebene Gesten gehören zu dieser Taktik.

▶ **Gegenmaßnahmen**
- Auszeit
- Sprechen Sie direkt an, was Sie gerade beobachten und hinterfragen Sie es offen.
- Ignorieren
- Versuchen Sie, den Raum so zu kontrollieren, dass Ihr Gegenüber keine einschüchternden Optionen hat, die sie gegen Sie verwenden kann.
- Lachen Sie einfach und sagen Sie: „Ich mag Ihren Humor!"
- Freuen Sie sich persönlich darüber, dass diese Taktik keine andere Wirkung auf Sie haben wird, als Ihre eigene Position zu stärken.
- Setzen Sie sich in den Schatten, wenn Sie in die Sonne gesetzt werden oder setzen Sie sich direkt zu ihrem Gegenüber.

7.4.3 The Russian Front / Pest und Cholera

The Russian Front	Phase:	Vorbereitung	Einstieg	Austausch	Ergründen u. Signale	Verhandeln u. Bündeln	Abschluss

Beziehungsbelastung: 7,8   Energiebedarf: 8,2

Einsatz:	Präsenz	Video	Telefon	Mail	Chat	Thomas-Kilmann-Faktor (K/D): 3,6/7,8

Ankertechniken	Zeit und Tempo	Informationsgewinnung	Furcht und Schuld	Geld und Werte	Hierarchie u. Befugnisse

Angepasstes Gates Modell — Energieaufwand / Beziehungsbelastung

Thomas-Kilmann-Modell — Durchsetzungsvermögen (D) / Kooperationsbereitschaft (K)

Wie Gavin Kennedy in seinem Buch „Alles ist verhandelbar" beschreibt, stammt diese Taktik aus dem Zweiten Weltkrieg, als einem jungen, russischen Leutnant von seinem Oberst gesagt wurde, dass er an die russische Front geschickt würde, wenn er nicht tue, was er befahl. Der Oberst hatte die Macht, der Leutnant glaubte ihm, und das Ergebnis war vorhersehbar. Er würde bereitwillig alles tun, was von ihm verlangt würde, um der Versetzung an die russische Front zu entgehen.

In Verhandlungen wird darauf Bezug genommen, wenn zwei schlechte Optionen angeboten werden. Die andere Partei soll dazu gebracht werden, das bessere von zwei Übeln zu akzeptieren. Eines, von dem Sie wissen, dass es sich als schmerzende Herausforderung erweisen wird und eine andere als eine absolute Katastrophe. Wenn das gesamte Konzept nicht abgelehnt wird, stehen die Chancen gut, dass man dazu verführt wird, die schmerzende Herausforderung zu wählen.

Dahinter steht auch ein psychologisches Phänomen, dass wir in Abschn. 1.15.11 bereits beschrieben haben. Wer vor die Wahl zwischen zwei Optionen gestellt wird, denkt selten über eine dritte Möglichkeit nach.

Beispiel

Eine klassische Anwendung der Taktik der russischen Front besteht darin, dass ein Kunde seinem Lieferanten mitteilt, dass die Preise im Schnitt um 10 % gesenkt werden müssen, andernfalls sehe sich das Unternehmen gezwungen, den Auftrag für das nächste Jahr neu auszuschreiben. Vor die Alternative gestellt, das Geschäft zu verlieren oder bestenfalls ein stark verbessertes Angebot abgeben zu müssen, kann der Lieferant beschließen, die Preissenkung zu akzeptieren. Die Preissenkung um 10 % scheint allemal attraktiver als die Drohung, den Auftrag zu verlieren. ◄

▶ **Gegenmaßnahmen**

- Machen Sie Ihre Hausaufgaben, um die Bedrohung realistisch einschätzen zu können. Beim erwähnten Beispiel würde die Durchführung eines vollständigen Ausschreibungsverfahrens viel Zeit und Geld in Anspruch nehmen und ist daher möglicherweise keine realistische Bedrohung.
- Fragen Sie nach weiteren Optionen.
- Seien Sie kreativ. Schlagen Sie eigene Optionen vor: je größer die Auswahl, desto mächtiger Ihre Position.
- Sollte die Gegenseite trotz Alternativvorschlägen strikt auf die beiden Optionen bestehen, sollten Sie darüber nachdenken, ob es sich wirklich auszahlt, hier weiter zu verhandeln oder ob es besser ist zu vertagen oder den Rückzug anzutreten.
- Bitten Sie um eine Pause oder vertagen Sie das Gespräch, um nachzudenken.

7.4.4 Persönlicher Gefallen

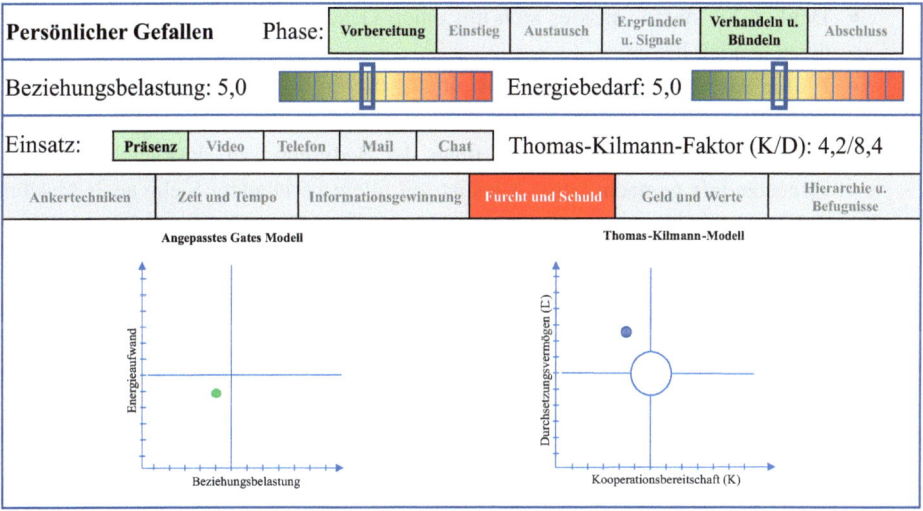

Ihr Gegenüber verspricht Ihnen einen Bonus für ein zukünftiges Projekt, wenn Sie jetzt ein Zugeständnis machen. Leider ist der versprochene Bonus nur vage beschrieben und in ferner Zukunft. Da kann noch viel passieren, und der Bonus gerät mitunter in Vergessenheit. Es ist sehr wahrscheinlich, dass die gleiche Taktik auch in Zukunft angewendet wird, nachdem Sie dieses Mal einen Präzedenzfall geschaffen haben.

- „Wenn Sie das für mich tun, werde ich mich für die Annahme Ihres Angebotes einsetzen."
- „Hilf Du mir dieses Mal und ich helfe Dir dafür gleich beim nächsten Mal."
- "Komm schon, wir sind doch alte Studienkollegen, Du kannst das doch locker für mich tun."

Begegnen Sie dieser Taktik, indem Sie Ihr Angebot an Ihr Gegenüber nur dann verbessern, wenn Sie im Gegenzug klare Zusagen erhalten. Sie müssen standhaft bleiben, auf die kompromittierende Situation hinweisen, in der Sie sich dadurch befinden würden, und erklären, dass es sich nicht um eine persönliche Situation, sondern um ein Geschäft handelt.

▶ **Gegenmaßnahmen**
- Sie bleiben standhaft, weisen auf die kompromittierende Situation hin, in die Sie geraten würden und erklären, dass es sich nicht um eine persönliche, sondern nur um eine geschäftliche Angelegenheit handelt.
- Erwidern Sie, dass Sie Ihr Angebot nur dann verbessern, wenn Sie im Gegenzug konkrete und greifbare Vorteile/Zugeständnisse erhalten.
- Denken Sie daran, dass es sich um einen Geschäftsabschluss handelt, den Sie ausgehandelt haben.
- Prüfen Sie, ob Sie hier nicht in eine kompromittierende Situation oder eine Compliance-Falle tappen.
- Stimmen Sie dem Zugeständnis unter der Bedingung zu, dass auch Ihnen ein Zugeständnis gemacht wird: Alles ist mit allem verbunden. Siehe auch Abschn. 7.5.2

7.4.5 Good guy, bad guy

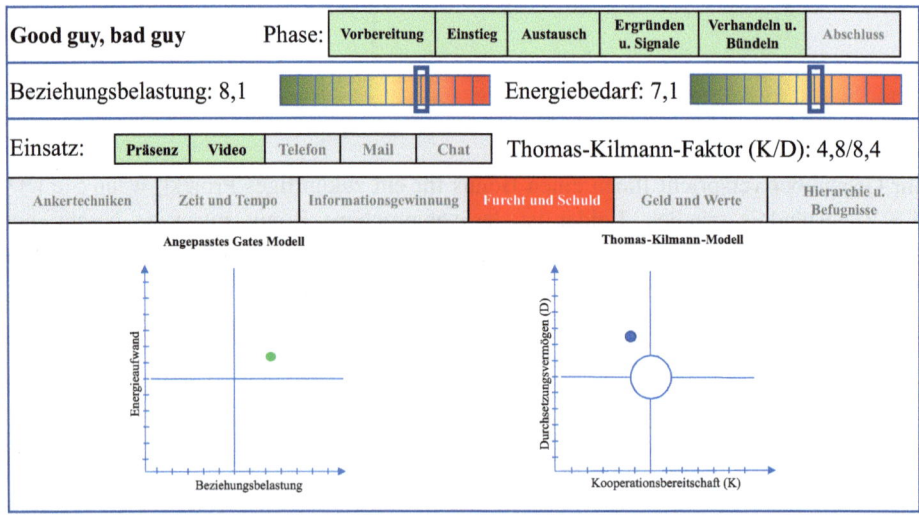

Eine Person im Verhandlungsteam verhält sich negativ, aggressiv und aufdringlich, stellt unangemessene Forderungen, zweifelt an der Sinnhaftigkeit des Treffens oder verlangt nach der Erfüllung der gestellten Forderungen. Eine andere Person aus demselben Verhandlungsteam verhält sich freundlich und verständnisvoll, baut Brücken, fragt nett und wünscht sich eine Zusammenarbeit.

Die „gute" Person entschuldigt sich vielleicht und bittet der Forderung nachzukommen, weil die böse Person ja auch unfreundlich zur freundlichen Kollegin aus dem eigenen Team ist: „Es ist wirklich schwierig, mit Thomas in solchen Situationen umzugehen. Vielleicht, wenn Sie ein wenig nachgeben, kann ich ihn zur Vernunft bringen."

Diese Taktik kann auch von einer einzelnen Person durchgeführt werden: Zuerst ist die Person negativ eingestellt, dann entschuldigt sie sich („Ich stehe unter Stress") und fragt freundlich nach, was Sie wollen. Auch das Geschlecht kann eine Rolle spielen, hier wird mit Tendenzen und Stereotypen gespielt: Der „Bösewicht" ist ein Mann und die „Gute" eine Frau.

▶ **Gegenmaßnahmen**
- Sprechen Sie die Situation höflich, aber direkt an und besprechen Sie sie offen.
- Lassen Sie Ihr Gegenüber wissen, dass Sie den Versuch erkannt haben, Sie unter Druck zu setzen. Stellen Sie klar, dass es am besten ist, es zu unterlassen, da es bei Ihnen nicht funktionieren wird.
- Verhandeln Sie mit dem „Guten", als wäre er der Böse. Beide spielen in Wirklichkeit für den gleichen Verein.
- Denken Sie daran, dass alle im Team Ihres Gegenübers die gleichen Interessen verfolgen.
- Humor kann manchmal funktionieren. „Ich weiß, was Sie gerade machen … das habe ich gestern im TV-Krimi gesehen."

7.4.6　Schuld

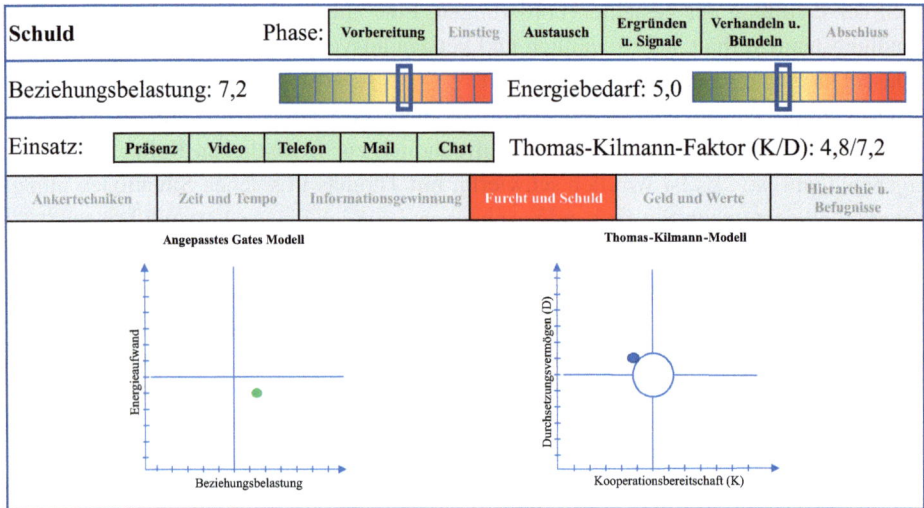

Schuld	Phase:	Vorbereitung	Einstieg	Austausch	Ergründen u. Signale	Verhandeln u. Bündeln	Abschluss

Beziehungsbelastung: 7,2　　　　　　　　　　　　　Energiebedarf: 5,0

Einsatz:	Präsenz	Video	Telefon	Mail	Chat	Thomas-Kilmann-Faktor (K/D): 4,8/7,2

Ankertechniken	Zeit und Tempo	Informationsgewinnung	Furcht und Schuld	Geld und Werte	Hierarchie u. Befugnisse

Angepasstes Gates Modell　　　　　　　　　　Thomas-Kilmann-Modell

Bei dieser Taktik suggeriert die eine Seite, dass die andere Seite gegen Vereinbarungen, Richtlinien, Vorschriften, ein Pflichtenheft oder gegen die branchenüblichen Sitten verstößt, dass eine Verpflichtung nicht eingehalten wurde oder eine Leistung nicht so erbracht wurde, wie es sein sollte.

Sie wird eingesetzt, wenn eine Partei über eine Entschädigung verhandelt, die Unannehmlichkeiten, Gesichtsverlust, indirekte Einkommensverluste, entstandene Schäden und sogar zukünftige Risiken ausgleichen soll. Daraus ergibt sich eine Forderung, die weit über die normalen finanziellen Verpflichtungen hinausgeht. Die eine Seite versucht, die andere Seite in eine defensive Position zu drängen.

▶ **Gegenmaßnahmen**
- Wenn Ihr Gegenüber im Recht ist, bringen Sie es rasch in Ordnung. Lösen Sie die Situation zufriedenstellend, verstärkt das das Vertrauen in Sie.
- Sichern Sie zu, dass eine Lösung gefunden wird und kehren Sie zur Agenda zurück.
- Hinterfragen Sie die Vorwürfe im Detail und bitten Sie um messbare Kriterien.
- Ignorieren Sie die Vorwürfe und setzen Sie die Punkte an eine Position in der Agenda, die Ihnen Vorteile bietet.
- Trennen Sie den Vorwurf von der restlichen Verhandlung und setzen Sie dafür einen gesonderten Termin an.
- Wischen Sie die Forderung vom Tisch.
- Niemand kann Ihnen ein schlechtes Gewissen machen, außer Sie selbst.

7.4.7 Stille

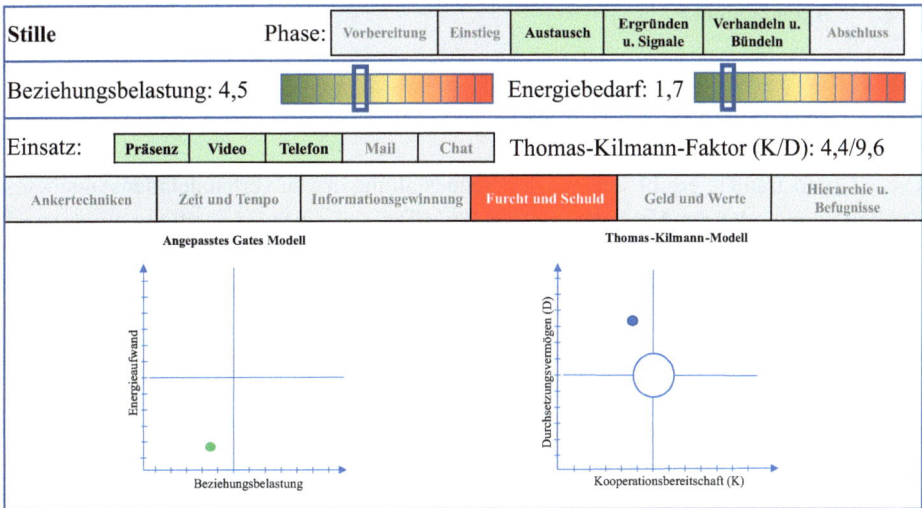

Stille	Phase:	Vorbereitung	Einstieg	**Austausch**	Ergründen u. Signale	Verhandeln u. Bündeln	Abschluss

Beziehungsbelastung: 4,5   Energiebedarf: 1,7

Einsatz:	**Präsenz**	**Video**	**Telefon**	Mail	Chat	Thomas-Kilmann-Faktor (K/D): 4,4/9,6

Ankertechniken	Zeit und Tempo	Informationsgewinnung	**Furcht und Schuld**	Geld und Werte	Hierarchie u. Befugnisse

Stille ist eine sehr mächtige Taktik bei Verhandlungen. Sie erfordert Disziplin, Kraft und Konzentration. Stille wird benutzt, um die andere Seite zu verunsichern und zum „Ausplaudern" zu verführen. Stille wird am besten direkt angewendet, wenn z. B. Sie oder Ihr Gegenüber einen wichtigen Vorschlag geäußert haben. Warten Sie einige Sekunden, bevor Sie auf einen Kommentar oder eine Aussage Ihres Gegenübers reagieren. Oft wird die Stille dadurch unterbrochen, dass Sie zusätzliche Informationen erhalten, die Ihr Gegenüber eigentlich für sich behalten wollte. Es ist ein psychologisches Phänomen, da wir dieses „akustische Vakuum" als unangenehm empfinden. Es wird versucht, dieses Vakuum mit Worten aufzufüllen.

Der einfachste Weg, diese Taktik in Verhandlungen anzuwenden, besteht darin, zu schweigen, wenn Sie jemand um ein Zugeständnis bittet. Schweigen kombiniert mit einem freundlichen, direkten und ausdauernden Blickkontakt kann Wunder wirken. In vielen Situationen wird Ihnen als Reaktion ein milderes Gegenangebot gemacht oder die geäußerte Forderung komplett zurückgezogen.

Selbst wenn Sie antworten, warten Sie ein paar Sekunden. Spannung baut sich auf und führt oft zu weiteren Zugeständnissen. Ihr Schweigen erhöht somit Ihren Erfolg.

▶ **Gegenmaßnahmen**
- Nutzen Sie die Taktik „Sprung in der Platte".
- Antworten Sie im Gegenzug mit noch mehr Stille.
- Sagen Sie, dass Sie sich über eine Antwort auf Ihre letzte Aussage freuen würden.
- Warten sie darauf, dass Ihr Gegenüber die Stille bricht.

- Antworten Sie, dass Sie das Schweigen des Gegenübers als Zustimmung zu Ihrem Vorschlag werten, bedanken Sie sich und wechseln Sie zum nächsten Agendapunkt.

7.5   Geld und Werte

Diese Grundstrategie ergibt sich aus der Neugestaltung des zu verhandelnden Angebotes, der Auslegung oder der Veränderung von Begriffen, um einer Verhandlung einen neuen Blickwinkel zu verleihen. Das Verhältnis zwischen Angebotsinhalt und Gegenwert wird von vielen in Verhandlungen genutzt, um den besten Preis bei zum eigenen Vorteil veränderten Bedingungen zu erzielen.

7.5.1   Vom Tisch wischen: ablehnen, ohne nein zu sagen

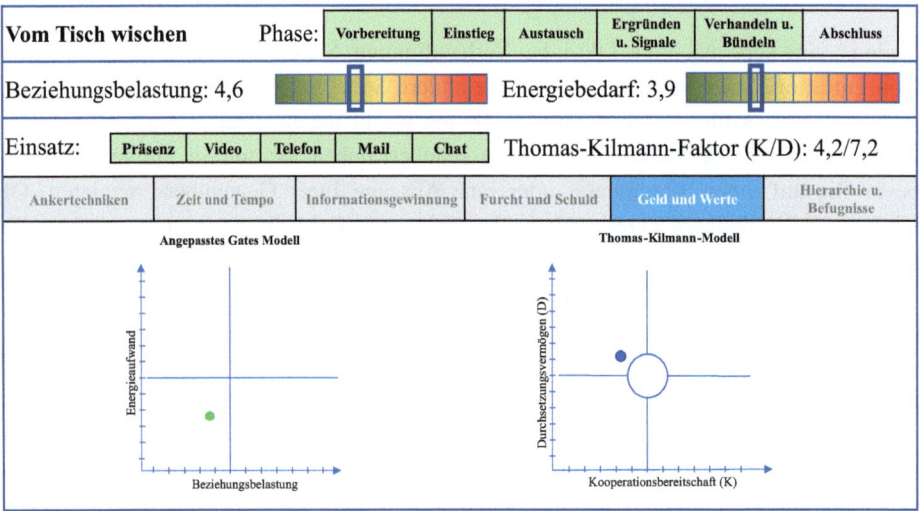

In einer Verhandlung kann die Abneigung gegenüber den verschiedensten Verhandlungspunkten geäußert werden. Die eine Seite will Punkte streichen, die ihr nicht gefallen oder nicht in die Strategie passen. Die andere Seite will sich auf die für sie passenden Punkte konzentrieren.

Wenn Sie mit den Abneigungen und Vorurteilen Ihres Gegenübers spielen, kann es hilfreich sein, wenn Sie zuerst deren Vorlieben verstehen. Dementsprechend können Sie Ihr Angebot attraktiv gestalten.

Hier haben Sie zwei Möglichkeiten: Sie können alles, was Ihnen nicht passt (oder neu in die Verhandlung eingebracht werden soll), sehr rüde strikt ablehnen oder Sie wählen die diplomatische Variante, bei der Ihr Gegenüber selbst seinen Vorschlag wieder zurückzieht. Dazu wird eine Reihe von Möglichkeiten angeboten, sodass jede Entscheidung, die sie/er trifft, für Sie akzeptabel erscheint. Erwähnen Sie jedoch nicht die Dinge, die Sie besonders ablehnen.

Beispiel

Lieferant und Einkauf diskutieren über Konditionen. Einkauf: „Ihr Rohaufschlag auf der Basis Ihrer letztjährigen Jahresumsätze muss von 12,7 % auf 5,5 % sinken." Der Lieferant antwortet: „Unter der Voraussetzung, dass Sie Ihren Werbekostenzuschlag für das nächste Jahr von 280.000 € auf 160.000 € reduzieren und die Bestellmenge um 30 % erhöhen, akzeptieren wir Ihre Forderung." Die Antwort des Einkaufs wird unweigerlich sein: „Das bekommen wir bei unserem Vorstand so nie durch", worauf der Lieferant reagiert: „Und deshalb sind wir nicht in der Lage, Ihre Position so hinzunehmen." ◄

In Verhandlungen muss man selten Nein sagen, um Nein zu meinen. Finden Sie einen Weg, unter denen die neu eingebrachten Diskussionspunkte des Gegenübers elegant neutralisiert werden können.

Sie können erkennen, dass die andere Partei diese Taktik anwendet, wenn sie die Elemente Ihres Vorschlags auswählt, die ihnen selbst gefallen, und die Elemente ablehnt, die nicht gefallen. Bei diesem „Rosinenpicken"[8] werden nur die Elemente ausgewählt, die vorteilhaft erscheinen. Damit die Verhandlung funktioniert, benötigen Sie möglicherweise aber alle Elemente, auch die, die die andere Seite ablehnt.

▶ **Gegenmaßnahmen**
- Stellen Sie sicher, dass Ihre Positionierung klar ist – nichts ist vereinbart, bis alles vereinbart ist.
- Hinterfragen Sie die abwehrende Reaktion, erklären Sie die Wichtigkeit dieses Punktes, den Zusammenhang mit der bereits abgestimmten Agenda und die Konsequenzen, wenn dieser Punkt nicht mitbesprochen wird.
- Ankern Sie Ihren Punkt, indem Sie viel darüber sprechen. Wenn sich Ihr Gegenüber darauf einlässt, mitzudiskutieren, wird es auch in deren Kopf ein Agendapunkt.
- Erklären Sie, warum Sie den gewünschten Punkt einbringen, wie dieser mit der bereits verabschiedeten Agenda zusammenhängt und weshalb er wichtig ist.

---

[8] Bildlicher Vergleich für ein egoistisches Verhalten, bei der sich eine Person die besonders attraktiven Teile für sich selbst sichert und die unattraktiven Teile den anderen überlässt.

7.5.2 Wenn, dann …

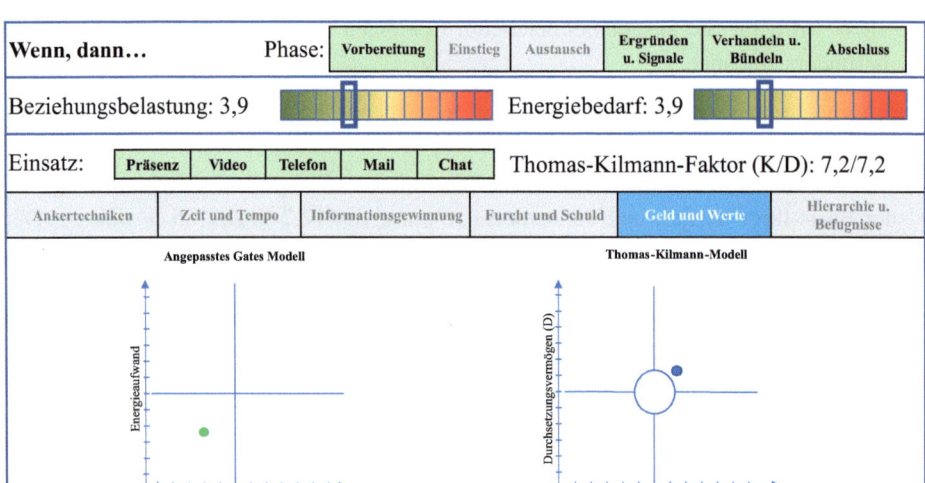

Wenn Sie in Verhandlungen Vereinbarungen festlegen, verknüpfen Sie verschiedene Elemente miteinander: alles ist von allem abhängig und miteinander verbunden. Verknüpfen Sie insbesondere die Punkte, die Ihrem Gegenüber wichtig sind, mit Punkten, die Ihnen wichtig sind. Verknüpfen Sie auch die Konsequenzen: Wenn Fall A eintritt, tritt damit auch Fall B ein. Verwenden Sie Wörter wie „sonst", „hat die Folge", etc. Verbinden Sie auch die Punkte, die unerwünscht sind.

Machen Sie Vereinbarungen davon abhängig, dass bestimmte Ziele erreicht werden: „Wenn Sie die erwähnten technischen Details nicht anpassen können, können wir die Verhandlung an dieser Stelle nicht weiterführen." Sie können auch schwache Probleme mit starken verbinden. Erreicht Ihr Verhandlungspartner sein Hauptziel, werden auch Sie im Gegenzug eine Reihe kleinerer Ziele erreichen.[9]

Diese Taktik wird manchmal verwendet, um bestimmte Verhandlungspunkte abzusichern. Wenn beispielsweise der Preis für eine Jahresliefermenge von 28.000 Stück, für die eine Seite sehr wichtig ist und bekannt ist, dass ein wichtiger Punkt für die andere Seite eine Mindestvertragsdauer von vier Jahren ist, können die beiden Punkte miteinander verknüpft werden, um sicherzustellen, dass die Vertragslaufzeit nicht einfach verkürzt werden kann.

▶   **Gegenmaßnahmen**
- Verweigern Sie die Verknüpfung zweier Punkte, wenn dies nicht in Ihrem Interesse ist.

---

[9] Abschn. 1.4

- Verknüpfen Sie selbst das von Ihnen Geforderte ein weiteres Mal.
- Verschärfen Sie Ihre Haltung zu anderen Themen.
- Informieren Sie Ihr Gegenüber, dass die Forderung nach einem verbundenen Verhandlungspunkt darauf hindeutet, dass Ihr Gegenüber anscheinend glaubt, sich in einer schwächeren Position zu befinden.

7.5.3   Falsche Fährte

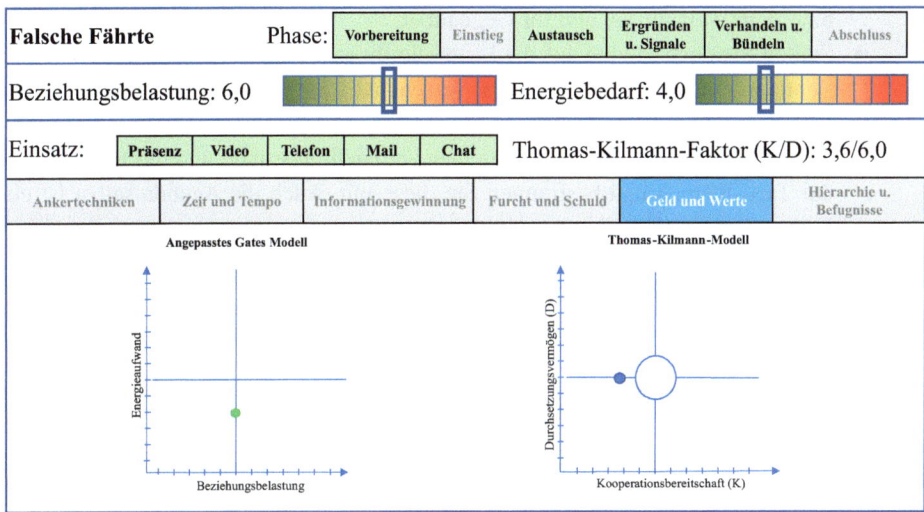

Bei Verhandlungen geht es oft darum, Zugeständnisse zu machen und Punkte auszutauschen, um eine Einigung zu erzielen. Bei Zugeständnissen müssen Sie etwas opfern. Wenn Sie nur wertvolle Punkte auf Ihrer Liste haben, die Sie unbedingt behalten/erzielen wollen und nichts, was Sie für einen Tausch hergeben können, gefährden Sie den Verhandlungserfolg. Wenn Sie gut vorbereitete „Bonbons"[10] besitzen, die gerne gegen etwas für Sie Wertvolleres Ihres Gegenübers tauschen, können Sie davon profitieren. Der beste Weg dafür ist es, „Tauschobjekte" von (für Sie selbst) geringerer Bedeutung vorzubereiten, die gleichzeitig für Ihr Gegenüber interessant erscheinen.

▶   Achten Sie darauf, dass der Wert für Ihr Gegenüber auch wirklich besteht, ansonsten fühlt sich Ihr Verhandlungspartner getäuscht, Sie verlieren Ihre Glaubwürdigkeit und beschädigen das Verhandlungsklima. Handeln Sie nicht aus Gier wie die Konquistadoren, die im 15. und 16. Jahrhundert Glasperlen gegen das Gold der indigenen Bevölkerung Amerikas tauschten.

---

[10]Abschn. 1.14.

Verhandeln Sie alles, was Sie anbieten und hergeben wollen, so, als wäre es Ihnen tatsächlich wichtig. Es erhält dadurch einen Wert, der eine Verhandlung erst interessant macht. Was nichts kostet, ist nichts wert. Machen Sie kein Zugeständnis, ohne eine Gegenleistung zu fordern. Ansonsten schwächen Sie Ihre Verhandlungsposition. Sollte Ihnen dies irrtümlich passieren, so fügen Sie noch rasch eine Bedingung im Nachhinein hinzu, ohne das Verhandlungsklima zu beschädigen: „… nur noch ein Detail am Rande …".

▶   **Gegenmaßnahmen**

- Bereiten Sie Verhandlungspunkte gut vor und ordnen Sie sie nach der Relevanz bzw. dem Wert für Sie und Ihr Gegenüber.
- Stellen Sie auch Punkte auf die Liste, die Ihnen wenig wichtig sind, um sie zur richtigen Zeit tauschen zu können. Verschenken Sie diese „Bonbons" für die andere Seiten nicht leichtfertig.
- Besprechen Sie die Tagesagenda einer Verhandlungsrunde und die Reihenfolge der Tagesthemen und bestimmen Sie diese mit. Auch die Agenda selbst ist ein Verhandlungspunkt, nicht nur der Inhalt.
- Während der Verhandlung: Quid pro quo/Wenn, dann …
- Nehmen Sie zurück, was Sie zuvor gegeben haben.

7.5.4   Die Salami Taktik

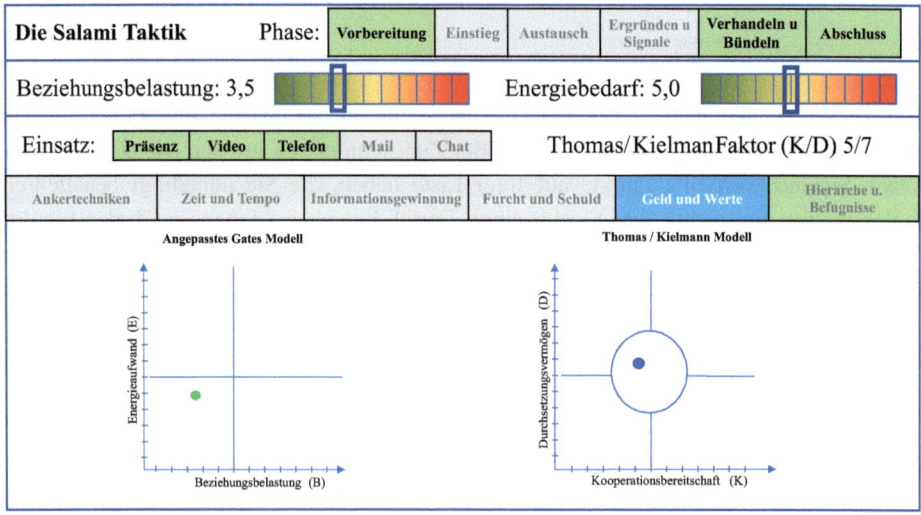

Eine Salami ist eine luftgetrocknete Wurstspezialität, die oft mit Gewürzen wie Knoblauch oder Pfeffer verfeinert wird. Sie stammt ursprünglich aus Italien und hat mittlerweile weltweit große Beliebtheit erlangt. Die Wurst wird in sehr feine Scheiben geschnitten, da sie erst dann am Gaumen ihren wunderbaren Geschmack entfaltet.

Ist ein Verhandlungsthema sehr komplex, so empfiehlt es sich, das große Ganze in kleinere, leichter zu verhandelnde Pakete zu zerteilen, die Schritt für Schritt nacheinander verhandelt werden. Autos oder Computer werden in vielen Fällen so verkauft. Es gibt für ein bestimmtes Modell eine Grundausstattung, an die noch zusätzliche Elemente (Farbe, Sitzbezug, Arbeitsspeicher, Leistung etc.) hinzugefügt werden können. Dadurch steigt Schritt für Schritt der Preis.

Wenn Sie diese Taktik einsetzen, zeigen Sie, dass diese zusätzlichen Elemente benötigt werden und vermeiden Sie es, über die Gesamtkosten zu sprechen, bis Sie sich auf jeden einzelnen Punkt geeinigt haben.

„Der Computer, Frau Martins, wird nur 980 € kosten. Brauchen Sie noch einen schnelleren Prozessor für nur 250 Euro? Wir haben auch ein gutes Angebot für eine größere SSD-Festplatte und mehr Arbeitsspeicher, damit alles noch schneller läuft …'.

Volumenerhöhung

Sie wissen, dass die Menge für Ihr Gegenüber ein entscheidender Verhandlungspunkt ist. Sie sind derzeit bei 650 t pro Jahr und wissen, dass Sie eine Bestellung von 1.800 t benötigen. Als Ersatz dafür, die 1.800 t unverrückbar zu fordern, setzen Sie eine Erhöhung auf 800 t im Gegenzug für ein Zugeständnis von Ihrer Seite ein. Später erhöhen Sie um weitere 200 t für ein weiteres Zugeständnis, dann um zusätzliche 150 t und so weiter. Jedes Zugeständnis ist an eine weitere Volumens-Steigerung geknüpft, um sicherzustellen, dass das Gesamtvolumen steigt. ◄

Sie können den gleichen Ansatz auch anwenden, um Nachteile in Ihrem Angebot kleiner erscheinen zu lassen. Zerlegen Sie das große schlechte Element in viele kleine. Sie können auch Zeitabschnitte teilen, indem Sie einen Zeitraum in kleinere Aktivitätsabschnitte aufteilen.

Gerne wird auch im Einkauf diese Taktik verwendet. Der unwichtigste Punkt wird zuerst verhandelt und sich dafür ein Zugeständnis eingeholt. Danach folgt der nächste, etwas wichtigere Punkt usw. Damit erhält die Einkäuferin ein Zugeständnis nach dem anderen, um erst ganz zum Schluss über den Preis zu sprechen, bei dem sie sich ein weiteres Zugeständnis einholt. In Summe hat unsere Einkäuferin damit mehr ausgehandelt, als es bei der Verhandlung über das Gesamtpaket möglich gewesen wäre.

▶ **Gegenmaßnahmen**
- Setzt Ihr Gegenüber auf diese Strategie, können Sie kontern, indem Sie die „Wenn, dann …-Taktik" einsetzen: „Wenn Sie mir X geben, dann stimme ich Y gerne zu."
- Behalten Sie stets das „große Ganze" im Fokus.
- Sagen Sie der anderen Partei, dass es nicht möglich sein wird, eine Einigung zu erzielen, ohne alle Themen vollständig zu besprechen.

- Ziehen Sie frühere Zugeständnisse zurück und teilen Sie mit, dass die neuen Informationen die gesamte Verhandlung in ein neues Licht rücken. Daher muss alles neu überdacht werden.
- Hinterfragen Sie: „Ist das der einzige Punkt, den wir heute noch verhandeln müssen?", um die anderen „Salamischeiben" sichtbar zu machen.

7.5.5   Die unlogische Salami

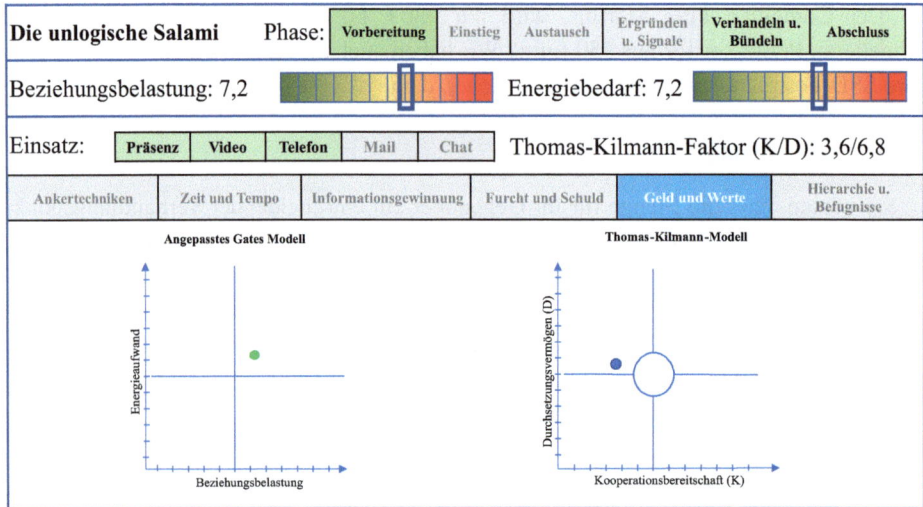

Die „unlogische Salami" ist ähnlich, wie die zuvor beschriebene Taktik. Jedoch werden die einzelnen Pakete so verhandelt, dass die Themen zusammenhangslos besprochen und verhandelt werden, um das große ganze Paket zu verschleiern.

Die verschiedenen Themen werden diskutiert und verhandelt und auf den ersten Blick scheinen die Punkte nichts miteinander zu tun zu haben. Es wird geschickt vom eigentlichen Verhandlungsziel abgelenkt. Dadurch wird es schwieriger, den roten Faden zu erkennen und die eigenen Interessen durchzusetzen.

▶ **Gegenmaßnahmen**
- Bewahren Sie einen klaren Kopf. Machen Sie sich bewusst, dass hier eine Ablenkungstaktik genutzt wird.
- Lassen Sie sich nicht verwirren oder aus dem Konzept bringen! Behalten Sie immer Ihr übergeordnetes Ziel im Auge und bleiben Sie konsequent in Ihren Forderungen.

- Setzen Sie die verschiedenen Themen miteinander in Beziehung. Versuchen Sie herauszufinden, wie die einzelnen Themen letztendlich zusammenhängen und welche Auswirkungen das auf das Gesamtpaket haben könnte.
- Decken Sie Schwachstellen durch Hinterfragen auf.
- Bleiben Sie flexibel und offen für alternative Lösungen. Wenn Sie eine klare Verbindung zwischen den einzelnen Themen herstellen können, haben Sie gute Chancen, die „unlogische Salami" zu durchschauen und Ihre eigenen Interessen erfolgreich zu vertreten.

7.6 Hierarchie und Befugnisse

Befugnisse legen dar, inwieweit jemand zum Verhandeln berechtigt ist und inwieweit andere Personen in die Entscheidung eingebunden werden müssen.

Der Verhandlungsprofi Steve Gates (2011) erklärt, dass Verhandlungen sich nur weiterentwickeln können, wenn die Kommunikation in beiden Richtungen fließt und die wesentlichen Beteiligten auch Entscheidungen treffen dürfen. Daher ist es eine Grundvoraussetzung, die Rolle von Befugnissen in Verhandlungen zu verstehen. Je mehr Sie oder Ihr Gegenüber befähigt sind, desto mehr Spielraum haben Sie, um zu verhandeln, um kreativ zu sein, um einen Mehrwert in Ihren Vereinbarungen zu schaffen und nicht leicht in die Ecke gedrängt zu werden.

Eine Ihrer Stärken in einer Verhandlung sollte es sein, Befugnisse zu verstehen:

- Wie sie verwendet werden können, um Sie zu schützen
- Wie es sich auf Ihre Fähigkeit auswirkt, kreativ zu sein
- Wie Sie es mit Ihrer Machtposition schaffen, nicht in die Ecke gedrängt zu werden
- Wie es sich auf Ihre Fähigkeit auswirkt, Werte zu schaffen
- Wie es sich auf Denken und Verhalten Ihres Gegenübers auswirkt.

Genau genommen, ist es laut Gates der zur Verfügung stehende Spielraum, indem Sie verhandeln dürfen und Entscheidungen treffen können, ohne dass Sie Chefin oder Chef fragen müssen. Das gibt viel Freiheit, schränkt aber auch die Rückzugsmöglichkeiten ein, wenn Sie selbst die letzte Instanz für eine wichtige Entscheidung sind. Mit anderen Worten, Befugnisse beziehen sich auf den Umfang und die Bandbreite der Optionen sowie das Mandat, innerhalb dem Sie verhandeln oder agieren dürfen.

7.6.1   „Das ist alles, was ich bieten kann"

Das ist alles, was ich... Phase:	Vorbereitung	Einstieg	Austausch	Ergründen u. Signale	Verhandeln u. Bündeln	Abschluss

Beziehungsbelastung: 3,4	Energiebedarf: 2,3

Einsatz:	Präsenz	Video	Telefon	Mail	Chat	Thomas-Kilmann-Faktor (K/D): 6,0/8,4

Ankertechniken	Zeit und Tempo	Informationsgewinnung	Furcht und Schuld	Geld und Werte	Hierarchie u. Befugnisse

Angepasstes Gates Modell | Thomas-Kilmann-Modell

Die eine Verhandlungspartei konfrontiert die andere Seite mit dem Argument, dass Sie nur über ein begrenztes Budget verfügt. Mehr ist nicht vorhanden. Das ist es, was diese Taktik zu einem „endgültigen Angebot" macht und die andere Seite davon überzeugen soll, das Angebot anzunehmen.

Die Demonstration von begrenzten Mitteln ist auch ein Plädoyer an das Mitgefühl, das darauf hinzielt, Mitleid zu haben und das Angebot anzunehmen, weil es eine „gute" Sache ist.

- „Oh je. Ich habe nur ein Budget von 12.500 €. Reicht das?"
- „Tut mir leid, aber mein Chef reißt mir den Kopf ab, wenn ich mehr als 25,00 € pro Stück ausgebe."
- „Wenn ich mehr hätte, ich würde ich es Ihnen gerne zahlen."

▶ **Gegenmaßnahmen**
- Um diese harte Taktik zu entschärfen, versuchen Sie, sie zu ignorieren. Konzentrieren Sie sich stattdessen auf den Inhalt des Angebots oder reduzieren Sie es.
- Machen Sie ein Gegenangebot, das den Bedürfnissen beider Seiten entspricht. Ändern Sie beispielsweise die Zahlungsbedingungen, Mengen, INCO-Terms etc.
- Die meisten Budgets sind flexibel. Finden Sie heraus, wer die entscheidungsbefugte Person ist, die das Budget kontrolliert.

7.6.2 Nimm es oder lass es

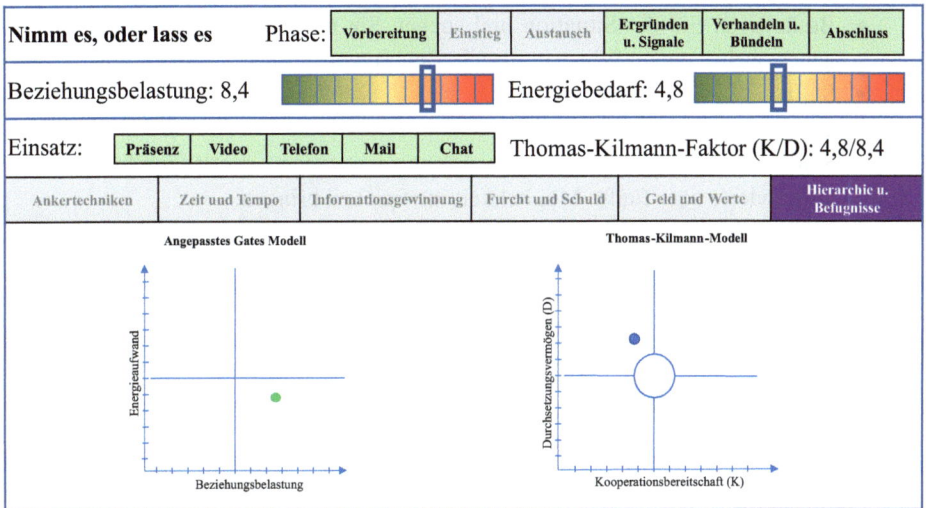

Eine eskalierende Steigerung der vorhergehenden Taktik lautet „Nimm es oder lass es". Der Druck für das Gegenüber steigt, denn es werden nur mehr zwei Optionen vorgeschlagen: Das Präsentieren des letzten Angebots und die Forderung, dieses zu akzeptieren – oder man zieht sich zurück.

Es gibt Situationen, in denen diese Taktik durchaus erfolgreich sein kann. Wenn Sie zum Beispiel einen klaren Wettbewerbsvorteil haben oder Ihr Angebot so überzeugend ist, dass Ihr Gegenüber keine Chance hat abzulehnen. In diesem Fall könnte das Durchsetzen Ihrer Position mit der Taktik „Nimm es oder lass es" funktionieren.

Verhandlungspartner, die eine Art Monopolstellung besitzen, setzen es ebenfalls gerne ein. Diese Taktik birgt jedoch auch Risiken. Zum einen könnten Sie damit die Verhandlungsbeziehung zu Ihrem Gegenüber beschädigen und möglicherweise langfristig verlieren. Außerdem besteht immer die Gefahr von Gegenmaßnahmen: Ihr Gegenüber könnte ebenfalls auf stur schalten. Dann verhärten sich die Positionen im Sinne von „Nimm es oder lass es".

Um solche Konflikte zu vermeiden, gibt es alternative Techniken wie z.B: weitere Optionen anzubieten, eine Pause machen um Zeit zu gewinnen und der Situation den entstandenen Druck zu nehmen oder ein vorbereitetes Zugeständnis zu machen (wenn, dann…).

Insgesamt ist es wichtig, die Dynamik der Situation zu erkennen und flexibel auf diese einzugehen. Diese Taktik kann sehr wirkungsvoll sein, sollte aber mit Vorsicht eingesetzt werden.

▶ **Gegenmaßnahmen**

- Präsentieren Sie Ihre eigene Gegenvariante von „Nimm es oder lass es".
- Besänftigen Sie die Situation und suchen Sie nach einer kooperativen Herangehensweise, einem Win-win für alle Beteiligten.
- Stille
- Time out
- Statt sich nur auf eine bestimmte Lösung festzulegen, bietet sich hier an, eine dritte, vierte oder fünfte Möglichkeit ins Spiel zu bringen.
- Erklären Sie Ihre Position klar und überzeugend, um das Verhandlungsergebnis positiv zu beeinflussen.
- Wenn, dann…

7.6.3 Höhere Autorität

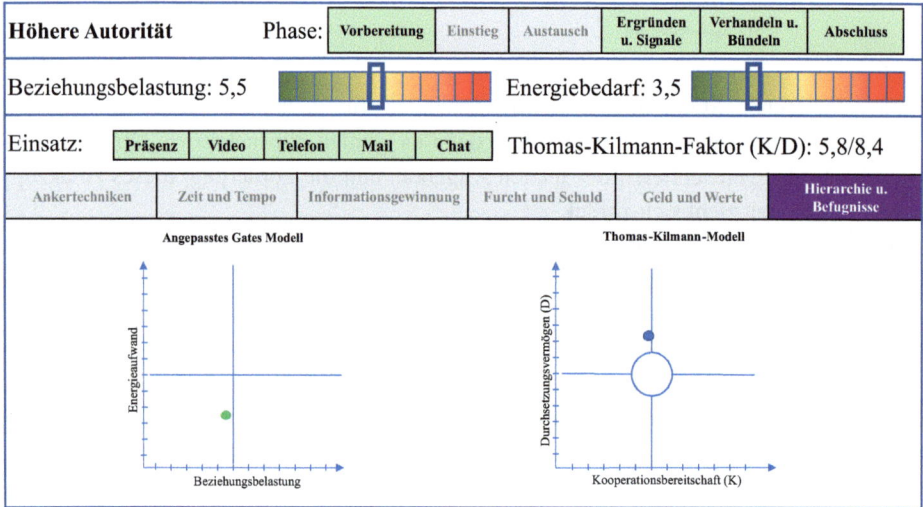

Die eine Seite ist überzeugt, dass innerhalb bestimmter Rahmenbedingungen, diese Person berechtigt ist, eine Vereinbarung zu treffen. Anderenfalls muss sie weitergereicht werden. Dann wird die Entscheidung auf nächst höherer Ebene mit Zeitverzug getroffen. Möglicherweise stimmt die/der Vorgesetzte nicht zu und auch die anderen – bereits vereinbarten – Zugeständnisse, sind dann Geschichte. Diese Taktik wird auch verwendet, um sich davon zu distanzieren, einen Vorschlag annehmen zu müssen.

- „Nun, Ihr Vorschlag klingt interessant, aber ich muss das meiner Chefin zur endgültigen Genehmigung vorlegen."
- „Das liegt außerhalb meiner Kontrolle und da werde ich Rücksprache halten müssen."

▶ **Gegenmaßnahmen**

- Stellen Sie die Frage: „Wenn wir zu einer Einigung gelangen, bekomme ich dann von Ihnen persönlich die Unterschrift?" Wenn es nicht so ist, bitten Sie höflich, direkt mit jemandem zu verhandeln, die/der über die nötige Autorität verfügt.
- Bleiben Sie dran und lassen Sie sich nicht vertrösten. Schlagen Sie eine Pause vor, in der Ihr Gegenüber Rücksprache halten kann.
- Bitten Sie, dass die/der Vorgesetzte, zur Verhandlung erscheint, um die Entscheidungswege zu verkürzen.
- Appellieren Sie an das Ego des Gegenübers: „Also … ich dachte, Sie haben hier das Sagen und können Entscheidungen treffen?"
- Erkundigen Sie sich schon im Vorfeld, wie die endgültige Entscheidung im Unternehmen getroffen wird und ob es andere Entscheidungsebenen gibt. Es kann sinnvoll sein, eine Beziehung zu der Person mit niedrigerer Autorität aufzubauen, mit der Sie verhandeln, da diese einen Einfluss zu Ihren Gunsten ausübt. Nachdem Sie festgestellt haben, dass Sie mit einer übergeordneten Autorität sprechen müssen, machen Sie klar, dass ein Gespräch mit dieser Person nötig ist und Vorteile bietet.

7.6.4 Problem Transfer

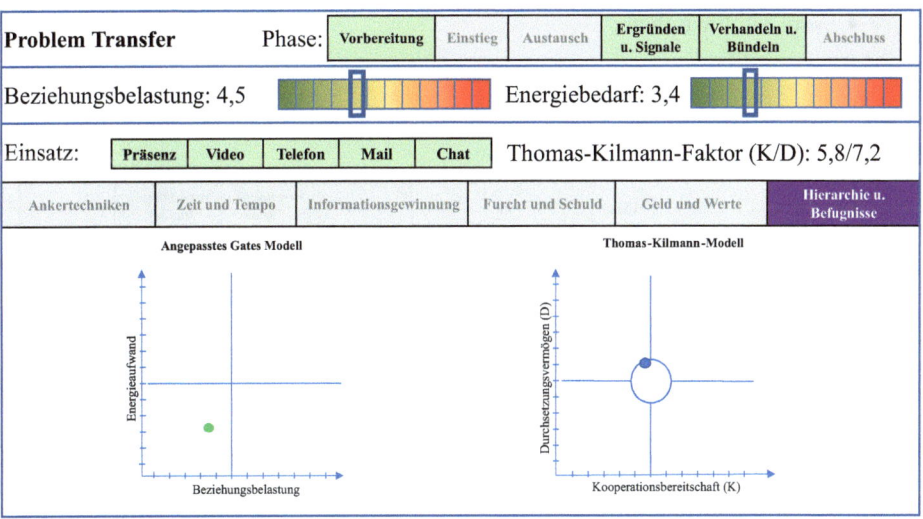

Die Verpflichtung zur Lösung eines Problems wird von der einen Seite an die andere Seite delegiert. Sobald die andere Seite bereit ist, darüber zu diskutieren, wird das Problem – zumindest gedanklich – bereits geteilt. Die Auswirkungen mögen immer noch direkt bei der einen Seite liegen, aber die Last wurde bereits verlagert. Das kann einerseits verwendet werden, um gemeinsam an einer konstruktiven Lösung zu arbeiten, aber auch, um ein Problem oder eine Verantwortung auf die andere Partei zu schieben, um einen Vorteil zu erlangen oder um von eigenen Schwächen abzulenken.

- „Wir werden Ihnen die bestellten Teile mit nur fünf Wochen Verzug liefern können. Wie wollen Sie damit umgehen?"
- „Das Schulungsbudget für das nächste Jahr wurde gekürzt, die Anzahl der teilnehmenden Personen wird jedoch nahezu gleichbleiben. Wie werden Sie dieses Problem für uns lösen können?"

▶ **Gegenmaßnahmen**
  - Drehen Sie den Spieß um. Wenden Sie die Technik bei der anderen Partei an. Wer kann sagen, dass Ihr Gegenüber Recht hat, wenn sie von Ihnen verlangt, dass Sie ihren Forderungen nachkommen und nicht umgekehrt?
  - Verwenden Sie den „Sprung in der Platte", um auf die Vereinbarung zu bestehen.
  - Machen Sie der anderen Seite klar, welche unangenehmen Konsequenzen sich daraus ergeben können.
  - Definieren Sie klar Ihre eigenen Verantwortlichkeiten. Lassen Sie nicht zu, dass die Grenzen verwischt werden.
  - Stille
  - Vom Tisch wischen

7.6.5   Neue Gesichter

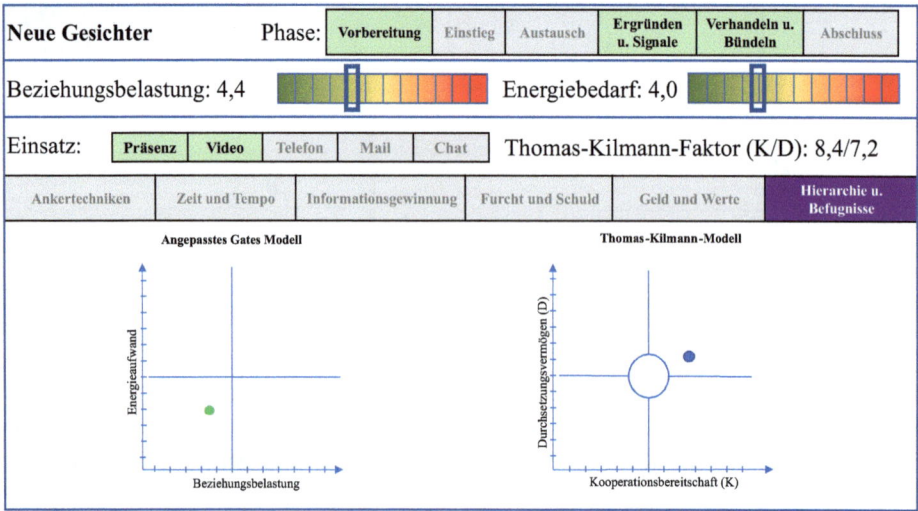

Wenn eine Verhandlung, die mehrere Runden in Anspruch nimmt, ins Stocken gerät, sich das Verhandlungsklima verhärtet oder die Chemie zwischen den Verhandlungsteams nicht mehr stimmt, ist es hilfreich, eine neue Person ins Verhandlungsteam zu bringen oder gegen jemanden auszutauschen. Das kann einen Neuanfang darstellen. Vor allem, wenn die Verhandlung feststeckt oder nicht nach Plan verläuft, kann eine andere Person neuen Schwung und neue Ideen einbringen.

Haben sich die Beziehungen verschlechtert, kann sich die neue Person für die vorherige entschuldigen oder die Beziehung auf andere Weise kitten. Gleichzeitig kann das neue Gesicht die vergangenen Situationen ruhen lassen:

- „Es tut mir leid, damit habe ich nichts zu tun. Das war vor meiner Zeit."
- „Pardon, ich bin hier neu. Um das richtig beurteilen zu können, müssen wir von vorne anfangen."
- „Hmm. Bevor wir weitermachen, möchte ich noch einmal Revue passieren lassen, was bisher vereinbart wurde."
- „Ich habe gehört, dass die Dinge gestern ziemlich hitzig wurden. Können wir bitte neu anfangen?"

In vielen Großunternehmen wird diese Taktik bewusst (und unserer Meinung nach fälschlich) verwendet, um die Personen in Einkaufsabteilungen regelmäßig in ihren Verantwortungsbereichen auszuwechseln. Ziel ist es, keine Vertrautheit zwischen Einkauf und Lieferanten aufkommen zu lassen. Das bedeutet auch, dass die Unternehmen grundsätzlich davon ausgehen, dass ihre eigenen Leute empfänglich für „Zuwendungen" sind. Der Nachteil eines solchen Vorgehens: Fach- und Hintergrundwissen über bestimmte Lieferanten gehen verloren oder können nicht genutzt werden. Und auch die Vorteile eines aufgebauten Vertrauens gehen auf Kosten einer (scheinbaren) Compliance-Konformität und zum Schaden der Großunternehmen verloren.

Vorsicht, diese Taktik kann auch verwendet werden, um nach einigen Stunden intensiver Verhandlung das Team auszuwechseln, um dann mit frischen Kräften gegen ein ermüdetes Verhandlungsteam auf der anderen Seite weiter zu verhandeln.

▶ **Gegenmaßnahmen**
- Hinterfragen Sie den Grund für die Änderung.
- Bringen Sie selbst neue Gesichter ein.
- Nutzen Sie die Gelegenheit, bestimmte Pakete, die einen Nachteil für Sie bedeuten, neu zu verhandeln.
- Vertagen Sie auf den nächsten Tag, falls Sie schon zu müde sind.

7.6.6   Komplexe Taktiken

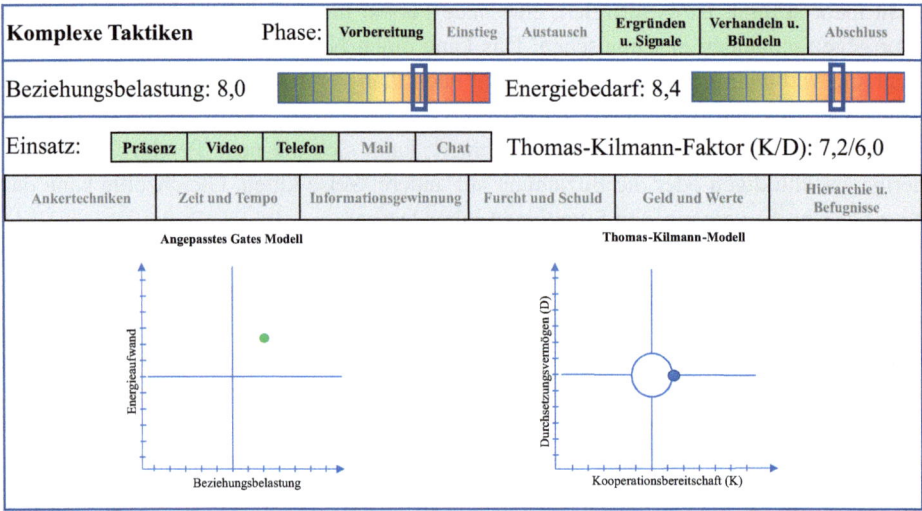

Was können Sie tun, wenn Sie jemandem gegenübersitzen, der verschiedene Verhandlungstaktiken geschickt miteinander kombiniert? Die Herausforderung wird größer,
aber nicht unüberwindbar. Beispiele für Taktiken, die in Verhandlungen kombiniert werden und eine Gefahr darstellen können sind:

- Good guy, bad guy & Termindruck
- Macht-Statement & Stille
- Russian Front & Termindruck
- Überzogene Forderung & Sprung in der Platte
- …

Beim Einsatz von Taktik-Kombinationen sind Sie gefordert, Ihr gesamtes Können zusammenzufassen:

- Informieren Sie sich über gängige Verhandlungstaktiken und integrieren Sie diese in
  Ihr Wissen.
- Entwickeln Sie vor der Verhandlung verschiedene Szenarien basierend auf möglichen
  Taktiken des Gegenübers. Manchmal ist erst die 44. Idee die beste.
- Setzen Sie sich klare Ziele und alternative Optionen (BATNA, WATNA, ZOPA).
- Hören Sie genau zu, um die eingesetzten Taktiken zu identifizieren.
- Erkennen Sie Muster im Verhandlungsgeschehen und passen Sie Ihre Strategie ent-
  sprechend an.
- Bewahren Sie Ruhe, auch wenn mehrere Taktiken gleichzeitig angewendet werden.

- Lassen Sie sich nicht zu emotionalen Reaktionen provozieren, die Ihre Verhandlungsposition schwächen könnten.
- Achten Sie auf die nonverbalen Signale Ihres Gegenübers.
- Nutzen Sie Ihre eigene Körpersprache, um Selbstbewusstsein und Offenheit zu demonstrieren.
- Stellen Sie klärende Fragen, um verwendete Taktiken zu enttarnen.
- Lenken Sie die Verhandlung durch gezieltes Fragen in gewünschte Bahnen.
- Seien Sie bereit, Ihre Strategien dynamisch anzupassen.
- Nutzen Sie Wenn-Dann-Vorschläge, um Alternativen zu erkunden.
- Schaffen Sie durch ehrliche Kommunikation eine positive Gesprächsatmosphäre.
- Vermeiden Sie es, Taktiken anzuwenden, die das Vertrauen untergraben könnten.
- Lassen Sie sich durch Zeitdruck nicht in die Defensive drängen.
- Setzen Sie Pausen strategisch ein, um Zeit zum Nachdenken und für die Neuausrichtung Ihrer Strategie zu haben.
- Fokussieren Sie sich auf Win-win-Situationen, um gemeinsam mehr zu erreichen.
- Betonen Sie gemeinsame Interessen, um eine Atmosphäre der Zusammenarbeit zu schaffen.

Wenn Sie es mit einem Verhandlungspartner zu tun haben, der mehrere Taktiken kombiniert, erfordert dies ein hohes Maß an Aufmerksamkeit, Anpassungsfähigkeit und Selbstkontrolle. Indem Sie die hier vorgestellten Strategien einsetzen, können Sie eine feste Grundlage schaffen, von der aus Sie effektiv navigieren und erfolgreich verhandeln können. Nutzen Sie jede Verhandlung als Chance, um zu lernen, sich zu verbessern und selbst die komplexesten Verhandlungsherausforderungen zu meistern.

7.6.7 Gegenmaßnahmen für unbekannte Taktiken

Wir sammeln Taktiken im Rahmen unserer Trainings und Verhandlungsbegleitungen. Derzeit sind es schon mehr als 240 – allein daraus könnte man ein eigenes Buch machen. Gerne nehmen wir auch Ihre Ideen in unsere Sammlung auf, wir freuen uns auf Ihre Nachricht. Sie werden immer wieder Verhandlungstaktiken begegnen, die Ihnen zuvor unbekannt waren. Darum hier abschließend unsere Empfehlung, welche Strategien Ihnen auch dann helfen können, wenn Sie auf unbekanntes Terrain gelangen:

▶ **Allgemeine Gegenmaßnahmen**
  - Warum? – Hinterfragen Sie die Beweggründe für das Verhalten Ihres Gegenübers im Detail.
  - Ignorieren Sie das Verhalten Ihres Gegenübers, schieben Sie den Punkt zur Seite und fahren Sie mit Ihren Themen fort.

- Stille – reagieren Sie mit Schweigen. Halten Sie Augenkontakt und warten Sie darauf, dass Ihr Gegenüber etwas sagt.
- Lachen Sie und loben Sie den Humor Ihres Gegenübers und fahren Sie mit Ihrer Agenda fort.
- Stellen Sie sich dumm und interpretieren Sie die Aussage Ihres Gegenübers zu Ihrem Vorteil.
- Bitten Sie um eine Pause, die Sie zum Nachdenken oder ein Telefonat nutzen.
- Vertagen Sie die Verhandlung mit der Erklärung, dass diese Umstände intensive Recherchearbeiten und Rücksprachen verlangen, bevor eine Fortsetzung möglich ist. Dies sei kurzfristig nicht machbar. Die Verhandlung muss auf neue Beine gestellt werden.

7.7   Einsatz der Taktiken

Die beschriebenen Taktiken können in den unterschiedlichen Phasen einer Verhandlung mit verschiedenen Medien eingesetzt werden, um den Verhandlungsverlauf zu beeinflussen und die gesetzten Ziele zu erreichen. Wir haben alle Taktiken in einer Tabelle zusammengefasst, um Ihnen einen Überblick zu geben, welche in welcher Phase eingesetzt und mit welchen Medien wirkungsvoll gearbeitet werden kann.

Die Taktiken sind in derselben Reihenfolge angeführt, wie sie in diesem Kapitel beschrieben werden. Die Phasen, die in der Tabelle beschrieben werden, entsprechen den Phasen im Kap. 4:

1. Vorbereitung
2. Herstellen eines guten Klimas und der Agenda
3. Informationsaustausch
4. Ergründen und Signale zu den eingenommenen Positionen erkennen
5. Die eigentliche Verhandlung und Bündeln der Ergebnisse
6. Abschluss und Ergebnissicherung

In der Tabelle sind manche Taktiken in der Phase „Vorbereitung" mit einem „o" markiert. Das bedeutet, dass diese vor dem Einsatz gut vorbereitet werden müssen, um maximale Wirkung zu erzielen. Andere können intuitiv während der Verhandlung sofort eingesetzt werden.

Jede Phase bietet Raum für spezifische Taktiken, die, wenn sie geschickt angewendet werden, die Wahrscheinlichkeit eines erfolgreichen Verhandlungsergebnisses erhöhen können. In unserer Abbildung haben wir die Medien auf ihre Anfangsbuchstaben abgekürzt: P = persönlich, V = Video, T = Telefon, M = Mail, C = Chat.

Der Einsatz verschiedener Medien kann die Kommunikation effektiver gestalten, wie wir bereits zu Beginn in Abschn. 1.16 beschrieben haben.

Persönliche Treffen sind dann zu bevorzugen, wenn es um komplizierte oder besonders wichtige Verhandlungen geht. Nonverbale Kommunikation (Körpersprache, Mimik, Gestik) kann optimal eingesetzt werden.

Videokonferenzen bieten eine Alternative, wenn persönliche Treffen aufgrund von Entfernung oder anderen Beschränkungen nicht möglich sind. Video bietet viele Vorteile, schränkt aber die teilnehmenden Personen in ihrer Wirkung auch ein.

Telefonate sind persönlicher als E-Mails, da die Stimme des Gesprächspartners gehört wird und eine sofortige mündliche Rückmeldung möglich ist. Sie eignen sich für die Diskussion komplexer Themen, wenn visuelle Hinweise nicht erforderlich sind oder ein schnelles Gespräch bevorzugt wird.

E-Mails sind ein Standardmittel für geschäftliche Kommunikation. Sie eignen sich gut für die Übermittlung von Dokumenten, die formelle Bestätigung von Vereinbarungen und für Situationen, in denen eine schriftliche Aufzeichnung der Kommunikation erforderlich ist. E-Mails können aber auch leicht missverstanden werden, da nonverbale Hinweise fehlen.

Instant Messaging oder Chat-Plattformen sind nützlich für einen schnellen, informellen Austausch oder für die Klärung kleinerer Fragen. Sie können den Verhandlungsprozess beschleunigen und sind hilfreich, um Informationen schnell zu teilen oder einen kurzen Statusbericht zu geben.

In der Praxis werden oft mehrere Medien gleichzeitig oder in verschiedenen Phasen der Verhandlung eingesetzt. In der Initiierungs- und Vorbereitungsphase beginnt beispielsweise ein Informationsaustausch via E-Mail, erste Konzepte und Vorschläge werden ausgetauscht. Das erste Zusammentreffen findet als Videokonferenz oder im Rahmen einer persönlichen Zusammenkunft statt. Einzelne Punkte, die es nach dem Treffen zu klären gilt, werden wieder via Mail oder Telefon besprochen. Auch Chat-Apps am Laptop oder Mobiltelefon kommen für rasche Rückmeldungen zum Einsatz.

Für die finale Verhandlung werden oft Video oder Telefon genutzt, in komplexeren Fällen kommt es auch zu einem persönlichen Treffen.

Die jeweilige Nutzung hängt sowohl von der Situation als auch von den Vorlieben der beteiligten Parteien ab. In der Verhandlungsvorbereitung sollten stets die Vor- und Nachteile jedes Kommunikationsmediums beurteilt werden, um das geeignetste Medium für die spezifischen Bedürfnisse zu wählen.

Taktiken	Phasen						Medien				
	1	2	3	4	5	6	P	V	T	M	C
Die Saat säen	o	x	x				x	x	x	x	x
Macht-Statement	o	x					x	x	x	x	x
Überzogene Forderung	o		x	x	x		x	x	x	x	x
Der Sprung in der Platte			x	x	x		x	x	x	x	
Der vorgetäuschte Schock				x	x		x	x	x		
Bewusstes Zurückweichen				x	x		x	x	x		
"Nur noch ein Detail am Rande"					x	x	x	x	x	x	x
Aufschieben			x		x		x	x	x	x	
Deadlines	o			x	x		x	x	x	x	x
Verweigerter Zugriff	o		x		x		x	x	x	x	
Termindruck	o			x	x	x	x	x	x	x	x
Die Auktion	o				x	x	x	x	x		
Holländische Auktion	o				x	x	x	x	x		
Auszeit					x		x	x	x		
Warum?		x	x	x	x	x	x	x	x	x	x
"Die hypothetische Frage"					x	x	x	x	x	x	x
Karten auf den Tisch	o		x	x			x	x	x		
"Mal ganz inoffiziell "	o		x		x		x	x	x		
Brüllen und Beschimpfen					x		x	x	x		
Physisches Verstören des Gegenübers		x	x	x	x		x				
The Russian Front / Pest und Cholera	o		x	x	x		x	x	x	x	x
Persönlicher Gefallen	o				x		x				
Good guy, bad guy	o	x	x	x	x		x	x			
Schuld	o		x	x	x		x	x	x	x	x
Stille			x	x	x		x	x	x		
Vom Tisch wischen	o	x	x	x	x		x	x	x	x	x
Wenn, dann...	o			x	x	x	x	x	x	x	x
Falsche Fährte	o		x	x	x		x	x	x	x	x
Die Salami Taktik	o				x	x	x	x	x		
Die unlogische Salami	o				x	x	x	x	x		
"Das ist alles, was ich bieten kann"	o			x	x		x	x	x	x	x
Nimm es, oder lass es	o			x	x	x	x	x	x	x	x
Höhere Autorität	o			x	x	x	x	x	x	x	x
Problem Transfer	o			x	x		x	x	x	x	x
Neue Gesichter	o			x	x		x	x			
Komplexe Taktiken	o			x	x		x	x	x		

7.8   Abschließendes Fazit

In Verhandlungen gibt es zahlreiche Taktiken, die angewendet werden können. Diese können fair, unflätig oder etwas dazwischen sein. Dies ist abhängig vom Wettbewerbs- oder Kooperationsstil der beteiligten Personen, auf welcher Seite des Verhandlungstisches man sich befindet und der Ernsthaftigkeit der Ergebnisse. Diese Liste der Taktiken ist keine Einladung zum Einsatz schmutziger Tricks. Es ist vielmehr eine Sammlung, die dabei helfen soll, die Strategie Ihres Verhandlungspartners zu erkennen und eine wirksame Gegenmaßnahme zu entwickeln – wenn nötig nach Ihrem Ethikkodex oder dem des Unternehmens. Hier sind einige allgemeine Ratschläge zur Verwendung:

- Erkennen Sie die angewandten Taktiken und bewerten Sie, welchen Einfluss sie auf das Verhandlungsziel haben.
- Wenn Sie sich angegriffen fühlen, dann erinnern Sie sich, dass der Angriff nicht Ihnen als Person gilt, sondern Ihrer Rolle in der Verhandlung. Dabei geht es immer um eine Sache – die Verhandlung zu gewinnen.
- Berücksichtigen Sie immer, welches Risiko eine eingesetzte Taktik für die Verhandlung mit sich bringt.
- Verschiedene Taktiken werden oft kombiniert, um den Druck zu erhöhen, da andere versuchen werden, Ihre Handlungen zu manipulieren.
- Nehmen Sie jede Verhandlung sportlich. Ihre Rolle wird attackiert, nicht Sie als Person.
- Wir haben in Anlehnung an ein Konzept des Buchautors Steve Gates unsere beschriebenen Taktiken anhand eines Schaubildes dargestellt:
  - Energiebedarf: Die Menge an Energie, die benötigt wird, um diese Taktik erfolgreich einzusetzen.
  - Beziehungsgefährdung: Das Ausmaß, in dem Ihre Beziehung beeinträchtigt wird, wenn die eingesetzte Taktik für Ihr Gegenüber transparent wird.

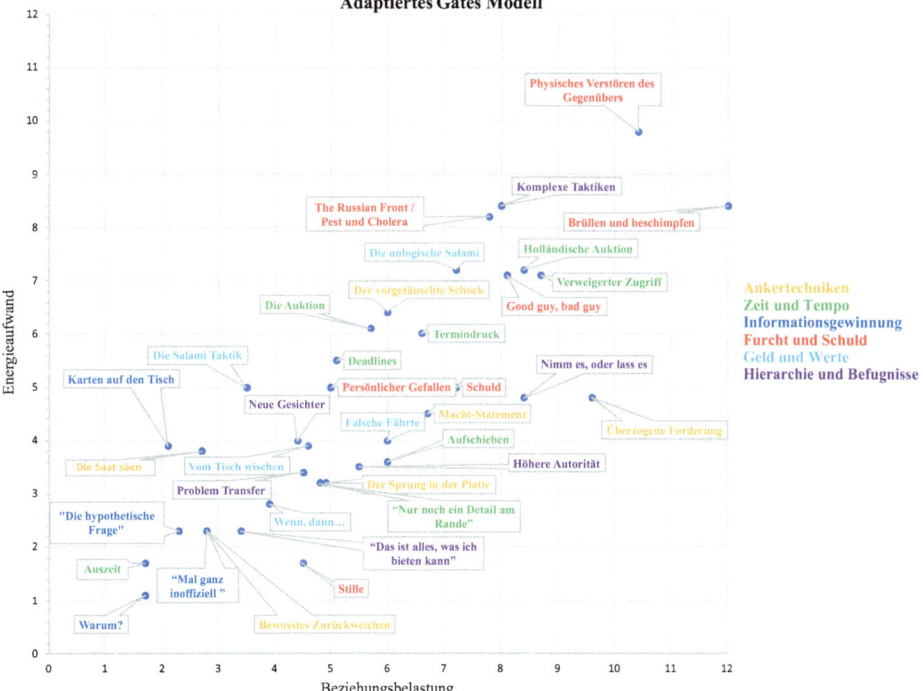

Wir haben das Modell von Steve Gates für dieses Buch adaptiert und die in diesem Kapitel beschriebenen Taktiken zusammen in einem Diagramm dargestellt. Aus der Abbildung lässt sich leicht erkennen, dass beziehungsbelastende Taktiken einen höheren Energieaufwand benötigen, als es bei beziehungsschonenden Taktiken der Fall ist.

Während beziehungsbelastende Taktiken auf kurzfristige Gewinne abzielen und das Gegenüber unter Druck setzen, erzeugen sie auch Widerstand und Misstrauen, was langwierige Diskussionen und emotionale Kämpfe nach sich ziehen kann. Diese Art der Auseinandersetzung ist für alle Beteiligten kraftraubend und kann auch nach dem Abschluss einer Verhandlung zu weiteren Spannungen führen.

Auf der anderen Seite erfordern beziehungsschonende Taktiken – wie aktives Zuhören, Empathie und offene Kommunikation – zwar auch Geduld, Aufmerksamkeit und Einfühlungsvermögen, sie tragen aber dazu bei, eine positive Verhandlungsatmosphäre zu schaffen und zu erhalten. Dies fördert das gegenseitige Verständnis und kann zu einer effizienteren Lösungsfindung führen, bei der weniger Energie in konfliktbehaftete Auseinandersetzungen investiert werden muss und stattdessen eine konstruktive und zukunftsorientierte Zusammenarbeit im Fokus steht.

Literatur

Coaching for Sales Success. (peaksellinginc.com). Zugegriffen: 5. Sept. 2023.

Faculty.washington.edu. *Dirty Tricks and What You Can Do About Them*. http://faculty.washington.edu/vandra/html/body_negdirty.html. Zugegriffen: 5. Apr. 2018.

Gates, S. (2019). *Verhandeln – das Buch*. Wiley.

Harvard.edu. *10 Hard-Bargaining Tactics & Negotiation Skills*. https://www.pon.harvard.edu/daily/batna/10-hardball-tactics-in-negotiation/. Zugegriffen: 5. Apr. 2018.

Hazeldine, S. (2016). *Have You Ever Fallen Victim To These Dirty Negotiation Tricks? Linkedin.com*. https://www.linkedin.com/pulse/have-you-ever-fallen-victim-dirty-negotiation-tricks-simon-hazeldine/. Zugegriffen: 5. Apr. 2018.

Kennedy, G. (2008). *Everything is Negotiable*. Random House Business.

K&R-5-Negotiating-Tactics-Whitepaper.pdf. (negotiators.com). Zugegriffen: 17. Okt. 2023.

Negotiation Tactics 101: The time limit. (concordian.net). Zugegriffen: 17. Okt. 2023.

Novotny, V. (2017). *Agiles verhandeln*. Schäffer-Pöschel Verlag.

PeterBarronStark. *Negotiation Tactic #31 – Playing a Broken Record*. Accessible via: https://peterstark.com/negotiation-tactic-31-broken-record/#. Zugegriffen: 5. Apr. 2018.

Schranner, M. (2018). *Der Verhandlungsführer*. Ecowin Verlag.

Time Outs in Negotiations. (karrass.com). Zugegriffen: 17. Okt. 2023.

https://www.makingbusinessmatter.co.uk/50-negotiation-techniques/. Zugegriffen: 15. Nov. 2023.

https://procurementtactics.com/negotiation-tactics/. Zugegriffen: 4. Dez. 2023.

Nachbereitung und Vorbereitung: Wenn eine Verhandlung nur ein Zwischenschritt ist

8

Zusammenfassung

In diesem Kapitel wird beschrieben, wie wichtig eine gute Nachbereitung nach einer Verhandlungsetappe ist.

Fragen

Fragen, auf die Sie in diesem Kapitel Antworten finden können:

- Welche Fragen sollen nach jeder Verhandlungsrunde gestellt werden?
- Wie nutzen Sie optimal Zeit bis zum nächsten Termin?
- Welche Vorteile bringt mentale Vorbereitung auf einen bevorstehenden Verhandlungstermin?
- Warum ist es bei der Nachbereitung wichtig, die potenzielle Verhandlungsmasse zu ergründen?
- Welche Schritte sind A und O der strategischen Verhandlungsplanung?

Verhandlungen sind ein komplexes Schachspiel der Kommunikation und Strategie, in dem jeder Zug, jede Offenlegung und jedes Zugeständnis zählen. Komplexe Verhandlungen sind aber eher vergleichbar mit einem Schachturnier, das aus mehreren Partien besteht. So wie bei einem Schachturnier besteht auch eine komplexe Verhandlung aus mehreren Etappen, die gut nachbereitet werden müssen, um sich auf die nächste Etappe vorzubereiten. Das bekannte Sprichwort im Sport „Nach dem Spiel ist vor dem Spiel" lässt sich auch auf Verhandlungen übertragen: Nach einer Verhandlung ist vor einer Verhandlung. Die Nachbereitung einer noch nicht abgeschlossenen Verhandlung ist daher ebenso entscheidend wie die Vorbereitung.

Erkenntnisse aus der letzten Runde: Die Basis für den weiteren Weg
Am Ende jeder Verhandlungsrunde steht die Reflexion. Was haben wir gelernt? Welche Erkenntnisse haben wir über die Interessen, Druckpunkte und Verhandlungstaktiken unseres Gegenübers gewonnen? Es ist unabdingbar, sich diese Fragen gründlich zu be- antworten und das Verhandlungsprotokoll sorgfältig zu analysieren, um verborgene Be- dürfnisse oder unausgesprochene Erwartungen zu erkennen. Sie haben gerade eine wich- tige Verhandlungssitzung hinter sich gebracht, die jedoch vertagt wurde und noch nicht zum Abschluss gelangt ist.

Sie fragen sich, wie Sie die Zeit bis zum nächsten Termin optimal nutzen können, um sich noch besser vorzubereiten und einen Vorteil zu erlangen? Prüfen Sie als erstes ihre Notizen, solange Ihre Erinnerungen an die Verhandlung noch frisch sind. Sind sie vollständig? Fehlt etwas? Gehen Sie dabei nicht nur die Fakten durch, sondern auch Ihre eigenen Gedanken und Beobachtungen während des Treffens. Holen Sie sich ergänzende Informationen ein – z. B. von Mitgliedern Ihres Verhandlungsteams – und recherchieren Sie mögliche Argumente oder neue Ansätze.

Nutzen Sie außerdem die gewonnene Zeit für eine gründliche Analyse des bisherigen Verlaufs der Verhandlung: Was läuft gut, Was muss verbessert werden? Wo befinden wir uns auf unserem Weg zum Ziel? Betrachten Sie dabei insbesondere Ihre eigenen Strate- gien und eingesetzten Taktiken sowie die Reaktionen des Gegenübers. Identifizieren Sie Stärken und Schwächen auf beiden Seiten (SWOT[1]) und legen Sie fest, wie Sie diese Er- kenntnisse beim nächsten Treffen nutzen können.

Eine weitere wichtige Aufgabe ist es, alle offenen Fragen oder Punkte zu klären. Neh- men Sie Kontakt mit relevanten Personen auf, um fehlende Informationen zu erhalten oder Unklarheiten aus dem Weg zu räumen. Seien Sie dabei präzise in Ihren Fragen und machen Sie sich Notizen.

Es ist von großer Bedeutung, sich auch mental auf den kommenden Termin vorzu- bereiten. Visualisieren Sie den Ablauf des Treffens und stellen Sie sich die verschiedenen Szenarien vor – sowohl positive als auch weniger positive. Bereiten Sie sich auf mög- liche Herausforderungen vor und finden Sie Lösungsansätze im Voraus.

Die Nachbereitung einer vertagten Verhandlungssitzung ist eine wertvolle Gelegen- heit, um Ihre Strategie zu überdenken und zu optimieren. Nutzen Sie diese Zeit effektiv, um Ihr Wissen zu erweitern, offene Fragen zu klären und sich mental auf den nächsten

---

[1] Abschn. 13.3

Termin einzustellen. Mit dieser sorgfältigen Vorbereitung werden Sie gut gerüstet sein, um Ihren Zielen näherzukommen.

Potenzielle Verhandlungsmasse: Das Tauschpotenzial ausloten

Für die Fortsetzung der Verhandlung ist eine präzise Betrachtung der potenziellen Verhandlungsmasse entscheidend. Hierbei müssen Sie den Überblick behalten zwischen dem, was konkret auf dem Tisch liegt, und dem, was noch versteckt liegt. Es ist strategisch klug, wenn Sie sich fragen, welche zusätzlichen Ressourcen zur Verfügung stehen und wie diese geschickt in die Verhandlung eingebracht werden können.

Um die potenzielle Verhandlungsmasse zu ergründen und das Tauschpotential auszuloten, gehen Sie noch einmal alle Notizen, Protokolle der bisherigen Sitzungen sowie sämtliche schriftliche Kommunikationen mit den Verhandlungspartnern durch. Machen Sie sich Gedanken über mögliche Alternativen oder Optionen für beide Seiten. Überlegen Sie genau, welche Interessen hinter den verschiedenen Positionierungen stehen könnten und wie diese miteinander in Einklang gebracht werden können.

Eine weitere wichtige Aufgabe bei der Nachbereitung ist es herauszufinden, wo Kompromisse möglich sind. Analysieren Sie dazu nicht nur Ihre eigenen Prioritäten und Bedürfnisse, sondern versuchen Sie auch einzuschätzen, was Ihrem Gegenüber wirklich wichtig sein könnte – denn hier liegt oft ein großes Potenzial für einen erfolgreichen Abschluss.

Nutzen Sie außerdem vorhandene Ressourcen wie Expertengutachten oder Marktanalysen, um objektive Fakten als Argumentationsgrundlage heranzuziehen – dies kann helfen, Ihr Gegenüber von bestimmten Zugeständnissen zu überzeugen.

Nehmen Sie sich ausreichend Zeit und ergründen Sie sorgfältig die potenzielle Verhandlungsmasse, um das Tauschpotenzial bestmöglich auszuloten.

Spiegel der Gegenwart und Zukunft

Die Ergebnisse der letzten Verhandlungsrunde zu bewerten ist notwendig, um die eigene Position zu verstehen und die des Gegenübers einzuschätzen. Es ist wie bei der Navigation eines Schiffes: Sind wir auf Kurs? Haben wir die richtigen Zwischenziele in Sicht? Gibt es Abweichungen? Werden wir unser geplantes Ziel im geplanten Zeitraum erreichen können? Werden wir Schäden davontragen?

Ähnlich sind die Fragen nach einer Verhandlungsetappe: Was waren die festen Zusagen? Wo gab es Unklarheiten oder Unstimmigkeiten? Diese Informationen sind Ihr Fundament, auf dem die nächste Verhandlung aufgebaut wird.

Sieg + Niederlage: Eine objektive Betrachtung

In Verhandlungen gibt es selten absolute Sieger oder Verlierer. Es ist vielmehr eine Frage von Perspektive und langfristigen Zielen. Wo konnten wir punkten (Sieg für uns) und worin lag unsere Schwäche (Niederlage für uns)? Genauso kritisch ist es, das gleiche für unseren Gegner zu tun. Diese Einschätzung ermöglicht eine realistische Standortbestimmung und legt eventuelle Korrekturen in der Verhandlungstaktik nahe.

Gehen Sie bewusst durch die einzelnen Punkte der Verhandlung, notieren Sie sich wichtige Aspekte wie Argumente, Gegenargumente oder auch unerwartete Aussagen und Reaktionen Ihres Gegenübers. Indem Sie alle Informationen zu einem großen Gesamtbild zusammenfassen, erhalten Sie einen Überblick über die bisherige Situation beider Seiten.

Anschließend sollten Sie Ihre eigenen Ziele und Interessen kritisch reflektieren. Was konnten Sie bereits erreichen? Welche Punkte sind noch offen? Durch diese Selbstreflexion schärfen Sie Ihr Bewusstsein für Ihre eigenen Prioritäten und können gezielter agieren.

Es gilt nun, mögliche Strategien für die nächste Verhandlungsrunde zu entwickeln. Analysieren Sie sowohl Ihre Argumentation als auch die Ihres Gegenübers kritisch: Was waren Ihre Stärken und Schwächen? Wo könnten Sie ansetzen, um weitere Vorteile für sich herauszuholen?

Ein weiterer wichtiger Punkt sind die Rückmeldungen Ihres Verhandlungsteams oder Beobachtern der letzten Runde. Oftmals haben Außenstehende einen anderen Blick auf bestimmte Situationen und können wertvolle Anregungen geben.

Die Analyse der Ergebnisse aus der letzten Verhandlungsrunde ist also ein entscheidender Schritt, um sich bestmöglich auf den nächsten Termin vorzubereiten. Indem Sie alle relevanten Informationen zusammenfassen, Ihre eigenen Ziele reflektieren und Strategien entwickeln, können Sie gezielt auf die nächste Runde blicken und weitere Vorteile erlangen.

Nächste Schritte: Die Weichen für die Zukunft stellen
Nächste Schritte sind das A und O der strategischen Verhandlungsplanung. Hierzu gehört es konkrete Maßnahmen zu definieren, Termine zu planen und Verantwortlichkeiten festzulegen. Dies schafft Verbindlichkeit und erhöht die Wahrscheinlichkeit für eine fruchtbare Fortsetzung der Verhandlungen.

Analysieren Sie auch die Gründe für die Vertagung der Verhandlungssitzung. War es im Vorhinein so geplant, nur eine Etappe zu gehen? Warum konnte kein abschließendes Ergebnis erzielt werden? Identifizieren Sie mögliche Hindernisse oder Konfliktpunkte und überlegen Sie Strategien zur Überwindung der Hindernisse. Denken Sie außerdem auch darüber nach, ob weitere Informationen oder Dokumente benötigt werden könnten und bereiten Sie diese gegebenenfalls vor.

Ein weiterer wichtiger Schritt ist die Kommunikation mit Ihrem Verhandlungspartner. Klären Sie offene Fragen ab, besprechen Sie Unklarheiten oder Missverständnisse und versuchen Sie bereits im Vorfeld mögliche Kompromisslösungen und Ankermöglichkeiten[2] zu finden. Eine gute Kommunikation trägt maßgeblich zum Erfolg einer Verhandlung bei.

---

[2] Abschn. 7.1.2

Neben diesen organisatorischen Aspekten sollten Sie auch Ihre persönlichen Ziele für den nächsten Termin klar definieren. Was möchten Sie erreichen? Welche Argumente oder Beweise möchten Sie präsentieren? Überlegen Sie sich, wie Sie Ihre Position stärken und überzeugend auftreten können. Mit einem gut durchdachten Maßnahmenplan sind Sie gut auf den nächsten Termin vorbereitet und erhöhen damit Ihre Erfolgsaussichten.

Hausaufgaben: Vorbereitung ist alles
Für den Verhandlungserfolg sind erledigte Hausaufgaben von essenzieller Bedeutung. Das bedeutet aktive Informationsbeschaffung, Szenario-Analyse und das Durchspielen von Verhandlungssituationen. Diese Vorbereitungsmaßnahmen sollen darauf abzielen, die eigene Position zu stärken und auf unvorhergesehene Entwicklungen adäquat reagieren zu können.

Zusammenfassend lässt sich sagen, dass die Nachbereitung einer Verhandlungsrunde nicht nur der Reflexion dient, sondern zugleich der aktive Startschuss für die nächste Runde ist. Ein wachsames Auge für die Dynamik des Verhandlungsprozesses, gepaart mit einer klaren Analyse und strategischen Planung, legt das Fundament für den Weg zum Verhandlungserfolg und kann letztendlich darüber entscheiden, ob aus einer Pattsituation ein gewinnbringendes Abkommen werden kann.

Literatur

Adam Sicinsk. https://blog.iqmatrix.com/better-negotiator. Zugegriffen: 12. Juni 2013.
Birkenbihl. (2007). *Stroh im Kopf?* (S. 181 ff.). mvg Verlag.
Bargh, J. (2018). *Vor dem Denken: Wie das Unbewusste uns steuert*. Touchstone Verlag.
Gates, S. (2019). *Verhandeln – das Buch*. Wiley.
Grassler, M. https://www.stattys.com/de/negotiation-canvas-a3-pdf-download-version-german. Zugegriffen: 30. Sept. 2023.
Kyprianou, A. (2013). *La bibe de la négotiation*. Eyrolles.
Lakhani, D. (2008). *Persuasion: The Art of Getting What You Want*. John Wiley & Sons Inc.
Novotny, V. (2017). *Agiles verhandeln*. Schäffer-Pöschel Verlag.
Portner, J. (2010). *Besser Verhandeln*. Gabal Verlag.
Peter, F. (1977). *Drucker: People and Performance: The Best of Peter Drucker on Management*. Harper's College Press.
Rackham, N. (1996). *The SPIN Selling Fieldbook*. McGraw-Hill Professional.
Sanibel, M. (2009). The Art of Negotiating. Accessible via: Https://www.entrepreneur.com/article/203168. Zugegriffen: 6. Apr. 2018.
Schott, B., & Troczynski, P. (2012). *Verhandeln*. Haufe Verlag.
Stanzel, V., & Voelsen, D. *Diplomatie und Künstliche Intelligenz*. SWP Studie. https://www.swp-berlin.org/publikation/diplomatie-und-kuenstliche-intelligenz. Zugegriffen: 18. Nov. 2023.
Team AdaptiveWork. *The Pen Is Mightier Than the Keyboard*. https://blog.planview.com/de/the-pros-and-cons-of-banning-laptops-in-meetings/. Zugegriffen: 22. Okt. 2023.
Verhandln in Einkauf und Vertrieb Brandl Peter. (2017). *Verhandeln*. Gabal.
https://negobrain.ai. Zugegriffen: 18. Nov. 2023.
https://friedergamm.de/manipulation-in-verhandlungen/. Zugegriffen: 10. Sept. 2023.

Zusammenfassung

In diesem Kapitel werden 16 verschiedene Verhandlungstypen beschrieben.

Fragen

Fragen, auf die Sie in diesem Kapitel Antworten finden können:

- Welche 3 Gruppen von Verhandlungstypen gibt es?
- Welche persönlichen Eigenschaften zeichnen die beschriebenen Verhandlungstypen aus?
- Welche Verhandlungstypen verhalten sich manchmal widersprüchlich?
- Wie reagieren Sie auf unberechenbare Verhandlungstypen?
- Welches Risiko besteht, wenn sie mit passiven Typen verhandeln?

© Der/die Autor(en), exklusiv lizenziert an Springer Fachmedien Wiesbaden GmbH, ein Teil von Springer Nature 2024
R. Weiss und J. Lavrih Sztajnbok, *Die Elemente des Verhandelns*,
https://doi.org/10.1007/978-3-658-44596-6_9

Von Gehaltsverhandlungen bis hin zu internationalen Vertragsabschlüssen – es ist wichtig zu erkennen, welche Verhandlungstypen gegenübersitzen und wie man mit diesen Persönlichkeiten richtig umgeht, um erfolgreich zu sein. Wir beschreiben hier verschiedene Persönlichkeitstypen unter Zuhilfenahme der Konzepte von Dr. Wolfgang Hinz, Ralph Kilmann, Fritz Riemann, C.G. Jung und A. Kyprianou. Auch hier werden Klischees beschrieben, die Sie in den seltensten Fällen als „Reinform" antreffen werden. Da jeder Mensch außergewöhnlich ist, werden Sie in den meisten Situationen Mischformen vorfinden. Trotzdem soll Ihnen diese Typensammlung eine Richtlinie geben, was dem einen oder anderen Verhandlungstyp wichtig ist und was nicht. Dieser Abschnitt soll Ihnen helfen, mit diesen Verhandlungstypen umzugehen, ohne Ihren Gesprächspartner auf ein bestimmtes Profil zu reduzieren. Wir gliedern die Typen (angelehnt an A. Kyprianou) in drei Gruppen:

- Selbstbestimmte Typen
- Unberechenbare Typen
- Passive Typen

9.1   Selbstbestimmte Typen

Sie treten sehr selbstbewusst und zielorientiert auf. Oft haben sie eine klare Vorstellung davon, was sie erreichen wollen und setzen sich aktiv für ihre Interessen ein. Selbstbestimmte Verhandler planen ihre Strategie im Voraus und sind gut vorbereitet, um ihre Argumente zu vertreten. Sie sind häufig gut informiert über das Verhandlungsthema und können Daten und Fakten verwenden, um ihre Position zu untermauern. Diese Typen können allerdings manchmal zu aggressiv wirken, was zu Konflikten führen kann, wenn sie nicht aufpassen.

9.1.1   Kämpferische Typen

Diese Personen gehen Verhandlungen mit einer durchsetzenden Haltung an. Der Sieg ist das Ziel. Sie sind aggressiv, steuern hart auf ihre Ziele zu und sehen Sie eher als Gegner. Die eigenen Ziele werden verfolgt und die Vorstellungen der anderen sind kaum von Interesse, außer, sie bieten einen Vorteil.

Stehen Sie fest zu Ihren Prinzipien, ohne sich einschüchtern zu lassen und setzen Sie klare Grenzen, um nicht untergebuttert zu werden. Festigen Sie Ihre Position durch objektive Argumente und Fakten. Seien Sie bereit, mit fairen, aber soliden Gegenangeboten zu kontern. Bereiten Sie sich auf harte Verhandlungsstrategien vor und entwickeln Sie Gegenmaßnahmen.

9.1.2 Experten

Sie sind sicherlich mit diesem Kundentyp vertraut. Es gibt zwei Arten von Verhandlungs-experten: Die einen sind ein wenig unsicher. Mit einem verschmitzten Lächeln fragen sie dann: „Ich habe das gleiche Produkt bei Ihrer Konkurrenz um 200 € pro Stück günstiger gesehen. Machen Sie mir den gleichen Preis?" Die anderen sind professioneller, selbst-bewusster und zeigen keinerlei Emotionen oder Freundlichkeit. Sie sagen direkt, was sie wollen: „Ihr Angebot für die Modernisierung ist mir zu teuer. Geben Sie es mir zum glei-chen Preis wie Ihre Konkurrenz und ich werde Ihnen den Auftrag geben."

Wenn Sie keinen Spielraum für Verhandlungen eingeplant haben und Sie sich nicht auf diesen Ringkampf einlassen möchten, dann planen Sie den geordneten Rückzug. Ge-währen Sie keine Zugeständnisse ohne Beweise und ohne ein Entgegenkommen Ihres Gegenübers.

Verhandlungsexperten versuchen mit allen Mitteln, den Preis zu drücken und argu-mentieren beispielsweise damit, dass das Material minderwertig sei oder alles schlecht verarbeitet wäre – nur um einen niedrigeren Preis herauszuholen. Gehen Sie nicht dar-auf ein! Erklären Sie anhand von Fakten, warum sich Ihr Preis rechtfertigt. Geben Sie einem hartnäckigen Feilscher niemals nach; in seinen Augen wird der Preis immer zu hoch sein.

Führen Sie stattdessen Vergleiche durch und sprechen Sie über die angebotenen Leis-tungen. Wenn Ihr Gegenüber weiterhin auf niedrigere Preise beharrt, sagen Sie konse-quent, aber freundlich, dass eine weitere Preisanpassung nur möglich ist, wenn Ihre Leis-tung durch Änderung von Rahmenbedingungen (Liefermenge, Zahlungsbedingungen, Jahresvolumen, etc.) günstiger gemacht werden kann. Falls darauf eingegangen wird und sich das Verhalten ändert, sollten Sie die Produktvorteile noch einmal betonen. Lassen Sic sich jedoch nicht in weitere Diskussionen verwickeln.

9.1.3 Kumpelhafte Typen

Solche Persönlichkeiten setzen auf Win-win-Szenarien. Ihr Fokus liegt auf langfristigen Beziehungen und sie ziehen Kompromisse vor, die beiden Parteien zugutekommen. Diese Verhandlungstypen nutzen eine Taktik, die als „Den Kuchen vergrößern" be-zeichnet wird. Kumpelhafte Verhandler sind bereit, sich Zeit zu nehmen, um das Ge-schäft durch das Aufdecken von Interessen noch wertvoller scheinen zu lassen. Dieser Type begegnet man oft in Verhandlungssituationen, bei denen der Gegenstand der Ver-handlung einen beachtlichen Wert hat, es um langfristige Beziehungen geht und Ge-fahren alle am Verhandlungstisch bestehen.

Verteidigung gegen kooperative Verhandlungstypen ist nötig, wenn Sie zu der Er-kenntnis gelangen, dass eine Kooperation nicht in Ihrem besten Interesse liegt. Ihre Zeit und ihre Ressourcen sind knapp, also achten Sie darauf, mit wem Sie kooperieren.

Pflegen Sie eine freundliche, positive Atmosphäre, zeigen Sie Interesse an den Zielen und Bedürfnissen Ihres Gegenübers, suchen Sie gemeinsame Interessen und betonen Sie Synergien.

Seien Sie bereit, in Ihrem Angebot Flexibilität zu zeigen. Behalten Sie offene Kommunikationswege bei.

9.1.4   Nörgelnde Typen

Nörgler sind ständig unzufrieden und finden an allem etwas auszusetzen. Sei es der Preis, die Länge oder Oberflächlichkeit Ihres Verhandlungsvorschlags oder das Engagement einer Person. Egal wie sehr man sich bemüht, es scheint unmöglich, Nörglern gerecht zu werden. Sie provozieren oft Streitigkeiten und lassen einen spüren, dass sie genervt sind. Es ist eine schwierige Aufgabe mit ihnen umzugehen.

Um Nörglern erfolgreich in Verhandlungen zu begegnen, ist Widerspruch unbedingt zu vermeiden! Bleiben Sie ruhig und gelassen, auch wenn der Versuch gemacht wird, Sie zu provozieren – selbst, wenn es schwerfällt.

Nörgler wissen genau, was sie wollen und haben ein konkretes Bild des gewünschten Verhandlungszieles im Kopf. Leider können Sie nicht immer etwas Passendes bieten, doch hier kommt Ihr besonderes Verhandlungsgeschick ins Spiel. Fordern Sie auf, das gewünschte Verhandlungsziel so detailliert wie möglich zu beschreiben und machen Sie sich dabei Notizen. Dadurch können Sie immer wieder vorweisen, dass Ihnen bewusst ist, was Ihrem Gegenüber wichtig ist. Zeigen sie dabei ihr Fachwissen und beeindrucken sie damit.

Allerdings haben sie nur wenig Zeit zur Verfügung, da Nörgler die Wünsche am liebsten sofort erfüllt sehen möchten. Wenn es Ihnen gelingt, das Interesse zu wecken, indem sie freundlich bleiben und auf die Bedürfnisse eingehen, könnte es vielleicht doch eine Option geben, die zumindest teilweise den Vorstellungen entspricht.

Beachten Sie dabei, dass Sie in Ihren Bemühungen genau beobachtet werden. Fehlerhafte Aussagen, Unsicherheit oder widersprüchliche Angaben dürfen Ihnen nicht passieren. Nörgler warten nur darauf, Fehler zu entdecken und Ihre Kompetenz in Frage zu stellen.

Zeigen Sie deshalb, dass Sie sich besonders für die speziellen Wünsche interessieren. Hierbei ist Geduld gefragt. Mit viel Feingefühl und Gelassenheit werden Sie auch einen Nörgler von einer alternativen Lösung überzeugen und in der Verhandlung erfolgreich sein.

9.1.5   Schwätzende Typen

Schwätzer wollen die Verhandlung mit Wortanteil dominieren. Sie sprechen ununterbrochen über verschiedene Themen, die nichts mit dem eigentlichen Thema zu tun haben – einschließlich privater Informationen („Meine Tochter hat ihre Defensio an der Uni mit großem Erfolg bestanden und will nun in die Forschung gehen. Als Belohnung habe ich ihr eine vierwöchige Asienreise geschenkt. Apropos Asien: Ich habe letzte Woche …").

Lassen Sie Schwätzer zunächst einmal reden, zeigen Sie Interesse an den Aussagen. Dadurch gewinnen Sie Sympathiepunkte und bauen eine Brücke. Konzentrieren Sie sich auch auf die Atemtechnik Ihres Gegenübers. Sobald sich eine kurze Pause durch das Einatmen ergibt, steigen Sie entschlossen ein, ohne dabei unhöflich zu wirken. Beginnen Sie mit dem Nennen des Namens Ihres Gegenübers („Frau Müller, vielen Dank …", „Herr Forlett, das ist ausgezeichnet! Dazu habe ich Ihnen …"). Hintergrund: Wir halten gerne kurz inne, wenn wir unseren Namen hören.

Unterbrechen lassen sollten Sie sich dann nicht mehr, um Ihr Informationspaket abzuliefern. Beginnen Sie am besten Ihre Erklärungen damit, Lob auszusprechen, denn dafür sind Menschen besonders empfänglich: „Da kann ich Ihnen nur zustimmen, da haben Sie vollkommen recht. Darum sollten wir uns nun die zur Verfügung stehenden Möglichkeiten für eine Zusammenarbeit genauer ansehen."

Auch wenn Sie unterbrochen werden, dürfen Sie keinesfalls erkennen lassen, dass Sie dieses unhöfliche Verhalten stört. Schwätzer merken es meist nicht einmal, wenn sie unhöflich agieren. Formulierungen wie z. B.: „Ich möchte jetzt gerne einmal ausreden dürfen" sollten eher gemieden werden. Richten Sie stattdessen besser die Aufmerksamkeit auf Ihre Verhandlungspunkte.

9.1.6   Besserwissende Typen

Besserwisser treten energisch auf, sind leicht reizbar sowie egozentrisch. In der Regel nähern sie sich zielstrebig an und strecken die Hand aus, um Begrüßungsgesten auszutauschen. Der Händedruck ist fest und er spricht Personen normalerweise mit dem Namen an („Hallo, Herr Bauminger, Sie werden mir sicherlich die passende Information geben!"). Alles besser zu wissen, liegt ihnen im Blut und dennoch suchen sie nach Ratschlägen.

Gerne wollen Sie den größten Redeanteil haben, lassen einen oft nicht ausreden oder unterbrechen.

Hier ist Ruhe und Geduld gefordert. Fassen Sie sich kurz, geben Sie ruhig und präzise die gewünschten Antworten. Besserwisser haben eine feste Meinung. Deren eigene Meinung steht über allem. Heben sie deren Kompetenz hervor, lassen Sie ihn oder sie quasi sich selbst das Angebot verkaufen. Eine dazu passende Methode ist die von Neil Rackham publizierte S.P.I.N. Methode.

Stimmen sie den Aussagen zu und loben Sie. Das wird das starke Bedürfnis nach Anerkennung befriedigen. Stellen Sie Fragen wie zum Beispiel „Aus welchem Grund bevorzugen Sie im Badezimmer großflächige Paneele anstatt einer klassischen Verfliesung?" Fragen dieser Art muss sie oder er dann selbst beantworten. Ist es Ihnen geglückt, dass Ihr Gegenüber Ihnen etwas erklärt, haben Sie so gut wie gewonnen.

Sich selbst zu präsentieren, stärkt ihr Ego; sie fühlen sich wohl, sie können über das sprechen, was ihnen am liebsten ist: über sich selbst. Das schafft beste Voraussetzungen in der Verhandlung. Falls Sie diesen Verhandlungstyp korrigieren möchten, sollte es nicht belehrend erfolgen. Eine gute Fragetechnik ist hier wichtig. Besserwissende können Unsinn reden, aber dennoch auf ihrem Standpunkt beharren. Stellen Sie sich vor, Sie müssten Ihre Chefin/Chef (sofern vorhanden) diplomatisch von einer (widersinnigen) Ansicht abbringen. Genauso sollten Sie Besserwissende behandeln.

9.1.7 Eilige Typen

Eilige Verhandlungstypen betonen den Zeitdruck, unter dem sie stehen indem z. B. ständig auf die Uhrzeit am Mobiltelefon geblickt oder nach der Uhrzeit gefragt wird. Oft wird auch mit dem Kugelschreiber herumgeklickt, dem Schlüsselbund gespielt oder ein Stift um den Daumen gewirbelt („Penspinning"). Dabei wird hastig und unkontrolliert gesprochen. Ziel ist es, Sie durch den Zeitdruck zu einem raschen Zugeständnis zu bringen.

Beachten sie, dass Eilige wenig Zeit haben und vermeiden Sie es, durch eine bewusst ruhige und langsame Sprechweise zu reizen. Antworten Sie knapp auf Fragen, kommen Sie schnell auf den Punkt. Das Wichtigste über Ihre Verhandlungspunkte sollten Sie in kurzen, verständlichen Sätzen (KISS[1]) zusammenfassen. Zum Beispiel könnten sie sagen: „Da Ihre Zeit knapp bemessen ist, fasse ich das Wichtigste für Sie zusammen." Dabei kann Ihnen auch die Pyramiden-Methode von Barbara Minto (2005) helfen. Ihr eiliges Gegenüber wird diese klaren Aussagen schätzen. Da Eilige unter Zeitdruck stehen, ist es wahrscheinlich, dass es auch rasch zu einer Entscheidung kommt.

9.1.8 Misstrauische Typen

Allein die Körpersprache eines misstrauischen Verhandlungstypen verrät unmissverständlich, wie er oder sie sich Ihnen gegenüber positioniert. Sie werden von Kopf bis Fuß geprüft, wobei der Kopf gerne auf die Seite gelegt wird. Oft blicken sie auch über den Brillenrand und runzeln kritisch die Stirn. Misstrauische bleiben immer hellhörig und warten Ihre Erklärungen zunächst ab. Obwohl sie meistens wenig Worte verlieren, stellen sie dennoch klare Fragen. Ebenso klar äußern sie ihre Meinung („Ich bin nicht der Meinung, dass Automatikgetriebe komfortabler sind als Handschaltgetriebe").

Unterbrechen Sie sie nicht und lassen Sie sie reden. Machen Sie sich Notizen, wenn Ihnen etwas unklar ist, fragen Sie am besten nach. So wird erkennbar, dass Ihre Bemühungen ernsthaft sind.

---

[1] KISS: Abkürzung für „Keep it short and simple".

Misstrauische haben hohe Erwartungen daran, dass gerade Details präzise behandelt werden. Das Misstrauen steigt, je öfter der Eindruck entsteht, dass die Einwände nicht ernst genommen werden. Äußern Sie sich in einer beruhigenden Wortwahl und beantworten Sie Fragen Schritt für Schritt. Struktur wird von misstrauischen Typen geliebt.

Misstrauische legen Ihre Worte auf die Goldwaage, hören genau zu und legen großen Wert auf jedes Detail. Vermeiden Sie negative Sätze wie: „Das Problem ist …", „Das ist unwichtig, allerdings …", „Ich bedaure, das ist nicht möglich, aber …", denn das lässt das Misstrauen wachsen.

Es wird von Ihnen eine kompetente und überzeugende Erklärung Ihrer Argumente erwartet. Führen Sie behutsam durch Ihre Argumentation und währenddessen sollten Sie immer wieder rückfragen, ob Ihre Ausführungen nachvollziehbar sind.

Es ist wichtig, ihm Raum zum Abwägen und zur unabhängigen Entscheidungsfindung zu geben, ohne zu drängen. Für Misstrauische zählen ausschließlich handfeste Beweise.

9.1.9   Sachliche Typen

Sachliche Verhandler verhalten sich prinzipienbasiert und logisch. Sie verhandeln auf Basis von Fakten und sachlichen Informationen und meiden emotionale Einflüsse. Dieser Verhandlungstyp meidet Nähe und will nicht von anderen vereinnahmt zu werden. Unabhängigkeit und persönliche Freiheit sind essenziell. In Verhandlungen präferieren sie oft eine sachliche, distanzierte Herangehensweise und lassen sich ungern emotional beeinflussen. Sie agieren in Verhandlungen klar und intelligent und wirken kühl, distanziert.

Sachlichen Verhandlungstypen macht ein zu enger, emotionaler Beziehungsaufbau in einer Verhandlung Druck, da sie Sicherheit durch rationelles Arbeiten gewinnen.

Verwenden Sie in Verhandlungen mit diesem Typ klare und logische Argumente. Legen Sie Beweise und Daten vor, die Ihre Argumentation stützen. Vermeiden Sie emotionale Ausbrüche und konzentrieren Sie sich auf rationale Diskussionen. Sein Sie gut vorbereitet mit allen notwendigen Informationen und Dokumenten. Respektieren Sie den Wunsch nach Unabhängigkeit und persönlichem Raum. Bleiben Sie sachlich und vermeiden Sie zu persönliche Ansätze, unterbreiten Sie Vorschläge, die Unabhängigkeit und Freiheit beinhalten.

9.2   Unberechenbare Typen

Wie der Name andeutet, sind ihre Handlungen und Reaktionen schwer vorherzusagen. Unberechenbare Typen können ihre Taktiken spontan ändern oder unkonventionelle Methoden einsetzen, wodurch sie schwer einzuschätzen sind. Sie nutzen Überraschungsmomente oder verhalten sich manchmal widersprüchlich, was bei anderen Verhandlungsteilnehmern für Verwirrung oder Unsicherheit sorgen kann. Diese Unberechenbarkeit wird auch genutzt, um zu verwirren und Sie zu Fehlern zu zwingen.

9.2.1 Unentschlossene Typen

Personen, die sich nicht entscheiden können, sind meist schon anhand ihrer Körpersprache und Äußerungen erkennbar. Sie legen ihre Hände oft ans Kinn, reiben nachdenklich über ihre Wangen und vermeiden den direkten Blickkontakt. Dabei sagen sie: „Ich weiß nicht so recht", „Ich bin mir nicht sicher." oder Ähnliches. Eine auffällige Eigenschaft dieser unentschlossenen Personen ist, dass sie bestimmte Fragen immer wieder stellen, die ihnen besonders wichtig sind. Zum Beispiel: „Sind Sie wirklich der Meinung, dass dieser Fahrzeugtyp für Langstrecken gut geeignet ist?" Während Sie Ihnen zuhören, bewegen sie den Kopf oft hin und her, als ob sie etwas abwägen.

Der Satz „Ich weiß nicht so recht." ist ein Hilferuf Ihres Gegenübers, damit jemand anders die Entscheidung trifft – also helfen Sie bei der Entscheidungsfindung. Beschreiben Sie Ihre Verhandlungspunkte so einfach wie möglich. Vergleiche mit Zahlen, Daten und Fakten helfen dabei.

Auf keinen Fall sollten Sie unentschlossene Verhandlungstypen sich selbst überlassen. Aus Angst vor einer Entscheidung könnte die Verhandlung sogar auf unbestimmte Zeit vertagt werden und verläuft dann im Sand. Seien Sie ihrem Gegenüber behilflich. Zeigen Sie erfolgreiche Referenzbeispiele und machen Sie konkrete Vorschläge zur Entscheidungsfindung: „Wenn wir uns die Fakten gemeinsam ansehen, wäre die Option B aus unserem Vorschlag die beste Lösung für Sie."

9.2.2 Anpassungsfähige Typen

Anpassungsfähige Verhandlungstypen sind flexibel und können ihre Herangehensweise je nach Situation und Bedarf anpassen. Sie legen Wert darauf, dass sowohl sie als auch die Gegenseite zufrieden sind, behalten jedoch stets ihre eigenen Ziele im Blick. Sie glauben daran, dass man die anderen Parteien für sich gewinnen kann, indem man ihnen das gibt, was sie wollen. Dabei geht es nicht nur um die gestellten Forderungen und Bedingungen in der Verhandlung, sondern auch um wertvolle Informationen. Dieser Stil wird verwendet, wenn sich die eine Seite in einer unvorteilhaften Position befindet und die einzige Möglichkeit darin besteht, höflich zuzustimmen.

Seien Sie selbst flexibel und offen für neue Lösungswege und zeigen Sie Bereitschaft, Ihre Pläne und Ideen zu überdenken. Bauen Sie eine Beziehung auf, indem Sie Interessen und Werte teilen, seien Sie geduldig und behalten Sie eine langfristige Perspektive.

9.2.3 Ja-Sager

Ist es Ihnen in Verhandlungen schon passiert, dass Ihr Gegenüber so wenig Interesse gezeigt hat, dass Sie sich gefragt haben, warum Sie sich überhaupt getroffen haben? Dieses

Verhalten ist charakteristisch für Ja-Sager. Sie bleiben schweigsam und defensiv. Aber kann man diese Persönlichkeiten aus ihrem Schneckenhaus herauslocken?

Das Wichtigste dabei ist, Ja-Sager zum Reden zu bringen. Seien Sie nicht zu kommunikationsfreudig, achten Sie auf Signale, die zeigen, dass sie/er sich einbringen will. Stellen Sie offene Fragen, hören Sie zu, unterbrechen Sie nicht, jedoch lassen Sie sich immer unterbrechen.

„Was ist Ihnen bei Ihrer neuen Lösung besonders wichtig?"

Geben sie ausreichend Zeit für die Beantwortung Ihrer Fragen, stellen Sie keine geschlossenen Fragen[2] (Ja/Nein-Fragen), da leicht abzuschätzen ist, wie darauf geantwortet wird. Stellen Sie stattdessen offene Fragen. Anstatt z. B. „Gefällt ihnen dieses Konzept?" zu fragen, ist es besser „Was gefällt Ihnen besonders gut an diesem Konzept?" zu fragen.

In besonderen Fällen kann auch Stille als Taktik helfen. Wenn Sie absichtlich ein paar Sekunden lang schweigen, wird Ihr Gegenüber wieder von sich aus ins Gespräch einsteigen. Die meisten Menschen empfinden anhaltende Stille in einem Gespräch als unangenehm und fühlen sich daher verpflichtet, etwas zu sagen.

Die Chancen stehen gut, mit Ja-Sagern zu einem Verhandlungsabschluss zu gelangen, denn wer oft zustimmt, der kann auch schwer ablehnen. Streben Sie also entschlossen eine Entscheidung an und sichern Sie diese ab.

9.2.4   Mandatslose Typen

Der Umgang mit diesem Verhandlungstyp erfordert Geduld, Verständnis und eine sorgfältige Kommunikationsstrategie. Sie können oder wollen oft nicht selbst entscheiden und kontaktieren häufig eine vorgesetzte Stelle. Das kann neben beruflichen Hierarchien auch ein Vereinsvorstand oder ein Familienmitglied sein. Mandatslose Verhandlungstypen weichen endgültigen Entscheidungen gerne aus oder erklären Ihnen offen, dass eine weitere Meinung eingeholt werden muss. Sollten Sie doch zu einer Entscheidung kommen, besteht das Risiko, dass es durch die vorgesetzte Stelle im letzten Moment noch abgeändert oder zurückgezogen wird.

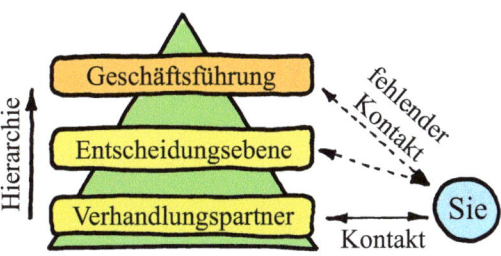

---

[2]Abschn. 1.15.11.

Bewahren Sie Geduld und Verständnis für die Position des Gegenübers. Das Fehlen von Entscheidungsgewalt kann für beide Seiten frustrierend sein, daher ist es kontraproduktiv, Unmut zu äußern. Stellen Sie sicher, dass Ihre Kommunikation klar und präzise ist. Komplizierte Sachverhalte sollten einfach und verständlich erläutert werden, damit Ihr Gegenüber diese an die Entscheidungsträger weiterleiten kann.

Finden Sie heraus, wer letztendlich die Entscheidung trifft und wie der Entscheidungsprozess aussieht. Stellen Sie gezielte Fragen, die Ihr Gegenüber zur Entscheidungsfindung vorlegen kann. Versuchen Sie die Entscheidung treffenden Personen in die Kommunikation oder den Mailverkehr direkt mit einzubeziehen. Bieten Sie detaillierte Hintergrundinformationen und Dokumentationen an, die Ihr Gegenüber verwenden kann, um interne Diskussionen zu erleichtern. Da die wahren Entscheidungsträgerinnen und -träger über den Verlauf der Gespräche auf dem Laufenden gehalten werden, wird es erschwert, den Inhalt der Vereinbarung später noch abzuändern.

Wiederholen Sie wichtige Punkte, um sicherzustellen, dass diese im Gedächtnis bleiben und korrekt an die Entscheidenden weitergegeben werden. Sie müssen die richtigen Argumente für Ihr Gegenüber mitaufbereiten, damit bei der Entscheidungsfindung alles für Sie spricht.

Erwägen Sie, direkt mit den Entscheidungsträgern zu sprechen, falls dies möglich und angemessen ist. Manchmal können Sie Ihren Verhandlungspartner bitten, ein direktes Treffen zu dritt zu arrangieren. Um später keine Überraschungen zu erleben, sollten Sie einer Vereinbarung erst zustimmen, wenn das wirkliche Entscheidungsorgan direkt eingebunden ist, um einseitige Änderungen in letzter Minute schon im Vorfeld zu vermeiden.

9.3 Passive Typen

Sie neigen dazu, Konfrontationen zu vermeiden und sind oft nachgiebig, um Konflikte zu umgehen. Passive Verhandler bringen ihre eigenen Interessen möglicherweise nicht aktiv ein und lassen stattdessen anderen den Vortritt. Sie können als freundlich und kooperativ wahrgenommen werden, da sie häufig auf die Bedürfnisse und Wünsche anderer eingehen. Obwohl diese Art von Verhalten zu harmonischen Verhandlungen beitragen kann, besteht das Risiko, dass passive Typen ihre eigenen Ziele nicht erreichen, weil sie zu bereitwillig nachgeben.

9.3.1 Vermeidende Typen

Diese Personen versuchen, Konfrontationen und Verhandlungen so weit wie möglich zu meiden. Es kann schwierig sein, ihre wahren Absichten und Bereitschaften einzuschätzen, da sie diese oft nicht offenlegen. Verhandlerinnen und Verhandler mit einer starken Neigung zur Vermeidung scheuen Konflikte und können manchmal passivaggressiv reagieren, um sich aus der Situation zu lösen. Dieser Führungsstil wird bevorzugt eingesetzt, wenn es vorteilhafter ist, eine Verhandlung gar nicht stattfinden zu lassen, um nicht Zeit in eine Konfliktlösung aufzuwenden.

Ein weiterer Grund für die Anwendung von Vermeidung besteht darin, einen „wunden Punkt" zu verbergen, der Nachteile in der eigenen Position während der Verhandlung bewirken könnte. Die Strategie der Meidung kann auch dazu dienen, eine Deeskalation herbeizuführen, wenn Gespräche zu hitzig werden und eine Abkühlungsphase empfehlenswert ist.

Es ist ratsam, klare zeitliche Erwartungen von Anfang an festzulegen und darüber nachzudenken, ob die Eskalation des Streites auf eine höhere Ebene erfolgen soll oder nicht. Schaffen Sie ein Umfeld, in dem sich Vermeidende sicher fühlen können. Bauen Sie durch geduldiges Zuhören und Empathie das nötige Vertrauen auf.

Helfen Sie dabei Bedürfnisse und Prioritäten klar zu definieren, aber agieren Sie nicht allzu aggressiv, um den Rückzug des anderen Teilnehmers bzw. der anderen Teilnehmerin abzuwenden. Bieten Sie einfache Lösungen an, um die Entscheidungsfindung zu erleichtern.

9.3.2 Schüchterne Typen

Schüchterne Menschen in Verhandlungen sind oft schon an ihrem schwachen und passiven Händedruck zu erkennen. Sie versuchen darum häufig einen Händedruck zu vermeiden, indem sie aus der Ferne zum Gruß zu nicken. Sie meiden es auch, Ihnen nahezukommen oder Kontakt herzustellen. Dieses Verhalten führt für Schüchterne zu unnötigem Stress, da es ihnen schwerfällt, Blickkontakt herzustellen. Daher sollten Sie selbst den Blickkontakt auf ein Minimum reduzieren.

Seien Sie besonders höflich, geben Sie Sicherheit, sprechen Sie mit einem beruhigenden Ton. Schüchterne agieren oft mit großer Vorsicht und reagieren empfindlich auf persönliche Ansprache. Lassen Sie private Fragen eher aus. Vermitteln Sie Sicherheit, indem Sie behutsam in der Verhandlung vorgehen – zum Beispiel indem Sie gemeinsam die einzelnen Punkte in der Agenda durchgehen und Sie sich die einzelnen „Ja" abholen. Sprechen Sie über Sicherheit, Nachhaltigkeit, Garantieleistungen und Referenzen.

Stellen Sie viele offene Fragen, die eine detaillierte und informationsreiche Antwort erfordern. Schweigen Sie, nachdem Sie die Frage gestellt haben.

9.3.3 Fragenstellende Typen

Von Beginn an stellen diese Charaktere unzählige Fragen bis ins kleinste Detail, um eine vollständige Erklärung (z. B. zur Verwendung von biologischen Desinfektionsmitteln für Krankenhauslifte) zu erhalten. Fragensteller sind hartnäckig, wissbegierig und schon fast aufdringlich. Es kommt vor, dass sie mit Stift, Notizblock oder Tablet alles festhalten, was gesagt wird. Wenn sich Fragesteller jedoch nicht für die Vereinbarung eines Folgetermins interessieren, beispielsweise um die Details im vorliegenden Verhandlungsangebot zu besprechen, kann es sein, dass es sich um jemanden handelt, die/der Informationen sammelt, ohne eine wirkliche Verhandlungsabsicht zu haben.

Ziel könnte eine kostenlose Fachberatung oder das Einholen eines Vergleichsangebots sein, um bei einem favorisierten Konkurrenten den Preis mittels Ihres Angebotes zu drücken. In einigen Fällen hören Fragesteller Ihnen gar nicht richtig zu. Ein Anzeichen dafür ist, wenn die gestellten Fragen ähnlich sind und Sie das Gleiche mehrfach erklären müssen.

Da es aber vorkommen kann, dass diese Fragesteller tatsächlich ein echtes Interesse haben, sollten Sie nicht zu früh das Gespräch abbrechen. Möglicherweise sollen verschiedene Angebote verglichen werden oder Sie vor einer Verhandlung zuerst einmal „abgetastet" werden. Vielleicht soll zuerst geprüft werden, wie der Preis der gebotenen Leistung gegenübersteht.

Falls die erste Verhandlungsrunde nicht erfolgreich war, lassen Sie die Tür einen Spalt offen, denn es besteht noch die Möglichkeit, dass Sie in einigen Wochen oder Monaten wegen eines anderen Themas kontaktiert werden.

Literatur

Adam Sicinsk. https://blog.iqmatrix.com/better-negotiator. Zugegriffen: 12. Juni 2013.
Cialdini, R. (2023). *Influence – The Psychology of Persuasion* (S. 7 ff.). Harper Collins Verlag.
Haustec Akademie. https://www.haustec.de/management/betriebsfuehrung/die-10-haeufigsten-kundentypen-so-ueberzeugen-sie-noergler-feilscher-co. Zugegriffen: 22. Dez. 2023.
Hinz, W. https://www.pbi-institut.org/kompendium.html. Zugegriffen: 14. Sept. 2023.
Kyprianou, A. (2013). *La bibe de la négotiation*. Eyrolles.
Minto, B. (2005). *Das Prinzip der Pyramide*. Prearson.
Rackham, N. (1996). *The SPIN Selling Fieldbook*. McGraw-Hill Professional.

Das Harvard Konzept 10

Zusammenfassung

In diesem Kapitel wird das Konzept der Autoren Fisher, Ury und Patton beschrieben.

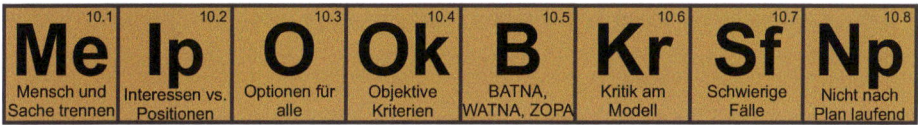

Fragen

Fragen, auf die Sie in diesem Kapitel Antworten finden können:

- Was sind die vier Grundbausteine des Harvard Konzeptes?
- Wie sieht eine strukturierte Vorbereitung auf eine Verhandlung aus, wenn die vier Grundprinzipien berücksichtigt werden?
- Ist das Harvard Prinzip trotz seines Alters (1979) noch immer gültig?
- Von welcher Kampfkunst inspiriert sich das Harvard Prinzip, wenn es nicht nach dem Plan läuft?
- Ist das Harvard Prinzip ein Schönwetterkonzept, oder kann es auch für schwierige Situationen eingesetzt werden?

Das Harvard-Konzept oder Harvard Prinzip beschreibt die Vorgehensweise bei sachbezogenen Verhandlungen, dass erstmals 1979 von Roger Fisher und William L. Ury unter dem Titel „Getting to Yes" vorgestellt wurde. Dieses Buch wurde zu einem weltweiten Bestseller und ist seitdem die Nummer 1 unter den Verhandlungsbüchern.

R. Weiss und J. Lavrih Sztajnbok, *Die Elemente des Verhandelns*,
https://doi.org/10.1007/978-3-658-44596-6_10

Es wurde in über 20 Sprachen übersetzt. Ziel dieses Konzeptes ist es, eine Win-win-Situation in Verhandlungen herbeizuführen.

Voraussetzung für die Klärung, ob eine Verhandlung notwendig ist, steckt laut den Autoren in der Klärung der Frage: "Wie kann ich mein Ziel besser erreichen? Mit oder ohne Verhandlung?". Ohne Verhandlung könnte man seine Forderung einfach anordnen und seine Interessen durchsetzen. Mit Verhandlung kann man den damit verbundenen Ablauf ordnungsgemäß durchführen, um seine und die Interessen des Gegenübers zu vereinen.

Studien, welche an der Harvard University durchgeführt wurden, haben beobachtet, was erfolgreiche Verhandlungsführer tun.

Die wichtigsten Erkenntnisse des Harvard-Ansatzes nach Fisher/Ury/Patton:
- Win-win-Situation schaffen – „keine Verlierer"
  Eine Win-win-Situation, in der alle Verhandlungsparteien ihre zentralen Interessen sichern können, ist langfristig wirtschaftlich erfolgreicher als ein kurzfristiger, einseitiger Verhandlungssieg.
- Die beste Alternative kennen – was ist mein Plan B?
  Klarheit darüber zu haben, was Sie tun werden, wenn Sie in einer Verhandlung Ihr Primärziel nicht erreichen können, beschützt Sie davor, über den Tisch gezogen zu werden.

Diese vier Bausteine sind aus der Beobachtung des o.a. Autorenteams hervorgegangen:

- Menschen und Sachthemen getrennt betrachten.
- Die Interessen sind wichtig, nicht die Positionen.
- Entwickeln Sie Optionen, von denen alle profitieren.
- Bestehen Sie auf objektive Kriterien.

10.1   Menschen von den Sachthemen trennen

Fisher et al. (2020) halten fest, dass es wichtig ist, dass die langfristige Beziehung zum Verhandlungspartner nicht leidet und ein sachliches Ziel verfolgt wird: Respektvoll gegenüber Menschen, klar und konsequent zu Sachthemen.

Unterschiedliche Sichtweisen auf die sachlichen Themen und ungelöste Probleme auf der menschlichen Ebene voneinander getrennt zu halten, bedürfen Disziplin und einen starken Willen aller Beteiligten.

Verhandlungsobjekt (Auto, Gewinn, Grundstücksgrenze, Vertragsinhalte, Frachtgut …) und persönliche Beziehungen (Stammkunden, Reputation, Gesichtswahrung) sind grundlegende Interessen, die die Verhandlungsparteien schützen wollen.

Voraussetzung dafür: Klarheit über die Situation durch gute Vorbereitung, ein gutes Klima zwischen den beiden Verhandlungspartnern und Klärung von unterschiedlichen Vorstellungen, Emotionskontrolle, gute Kommunikation, klare Sprache, Zuhören.

Deshalb: Probleme diskutieren – anstatt Menschen persönlich angreifen!

10.2   Die Interessen sind wichtig, nicht die Positionen

Fisher und Ury beschreiben, wie wichtig es ist, wenn Sie Ihre Ziele VOR der Verhandlung festlegen. Dabei helfen, laut den Autoren, zwei Fragen:

- Welche Interessen möchte ich mir mit den Zielen sichern?
- Welche Interessen wird die andere Person haben?

Das Erstellen einer Liste mit eigenen und fremden Interessen unterstützt Sie, die Übersicht zu bewahren. In der Verhandlung können Sie die Interessen des Gegenübers erkunden. Einfache Fragen wie z. B. "Aus welchem Grund können Sie diesen Vorschlag nicht akzeptieren?" oder „Was steht für Sie heute absolut im Vordergrund?" können zu den zugrunde liegenden Interessen führen. Eine Frage wie z. B. "Warum lösen wir das Problem nicht so …" kann ebenfalls mehr Klarheit über die Interessen der Gegenseite schaffen. Während der Verhandlung können Sie Ihre vorbereitete Interessenliste betrachten (vielleicht auch gemeinsam?), abgleichen und durcharbeiten.

Erfolgreiche Verhandler mauern sich nicht in Positionen ein, sondern arbeiten die dahinterstehenden Interessen heraus, um eine Brücke zu bauen. Das hilft, damit die Verhandlungsparteien ihre Ziele gemeinsam erreichen können.

10.3   Entwickeln Sie Optionen, von denen alle profitieren

Einer der wirkungsvollsten Ansatzpunkte ist es, Ihrem Gegenüber etwas anbieten zu können, dass seinen Interessen entspricht, ihm etwas bringt und Sie wenig kostet. Dazu gilt es, Optionen zu finden, die den eigenen Interessen UND denen des Verhandlungspartners dienen. Trennen Sie die Suchoptionen von den Bewertungsoptionen. Beziehen Sie in die Ansichten und Ideen verschiedene Experten mit ein, um auch unterschiedliche Blickwinkel und Meinungen zu berücksichtigen.

▶ **Wichtig!**
Versuchen Sie, die Anzahl der Optionen zu erhöhen. Entwickeln Sie verschiedene Auswahlmöglichkeiten – manchmal ist erst die 75. Idee die beste. Achten Sie bei den Optionen auf die Ausgewogenheit der Vorteile auf beiden Seiten. Selbst Punkte, bei denen Sie bereit sind, Zugeständnisse zu machen, gehören gut vorbereitet und konsequent verhandelt. Je mehr Optionen Sie zur Verfügung haben, je mehr Angebote Sie machen können, desto mächtiger ist Ihre Verhandlungsposition.

10.4   Bestehen Sie auf objektive Kriterien

Fakten, Vorschläge, Ideen und Optionen sind oft umstritten. Sie können das Problem lösen, wenn Sie gemeinsame Beurteilungsmaßstäbe finden, z. B.: Was hat den Handlungsspielraum der Verhandlungspartner in ähnlichen Situationen eingeschränkt? Wie ist es üblich, den Verschleiß einer Waschmaschine zu berechnen? Welche Gesetze, Prozesse, Messkriterien sind anzuwenden?

Sie können gemeinsam mehrere Kriterien wie Marktwert, Gutachten, Kosten, Gerichtsurteile, moralische Kriterien, aber auch rechtlich legitimierte Kriterien finden und sich dann auf eines oder mehrere einigen.

Häufig werden auch von beiden Seiten anerkannte objektivierende Kriterien herangezogen wie z. B. Fachzeitschriften oder allgemein anerkannte Verfahren für Kostenvoranschläge.

Letztendlich, wenn beide Parteien einverstanden sind, können Sie auch einen Schiedsrichter oder Experten hinzuziehen. Hier gilt es zu klären: Wer bestimmt, wer das Gutachten erstellt und wer bezahlt es?

Strukturierte Vorbereitung
Es ist sinnvoll, die vier Kernpunkte des Harvard-Konzepts Schritt für Schritt zu planen: aus eigener Sicht und aus Sicht des Verhandlungspartners.

Der Inhalt der Vorbereitung ist z. B.:

- Was sind die Fakten?
- Wie ist die emotionale Situation der Beteiligten?
- Worauf muss ich beim Einstieg achten?
- Welche Ziele wurden gesetzt? (Trennung von Wunsch/Ziel/Grenze)
- Kennen Sie die beste Alternative, lassen Sie sich nicht überrumpeln.

Strukturierte Nachbearbeitung
Es lohnt sich, während und nach der Verhandlung kurze Notizen zu machen. Zwei Stunden später haben Sie möglicherweise bereits wichtige Details vergessen.

Fragen für die Nachbereitung sind z. B.:

- Wie zufrieden bin ich mit dem Ergebnis, wie zufrieden ist die andere Seite?
- Was war hilfreich für meine Art zu verhandeln, was eher hinderlich?
- Was könnte ich beim nächsten Versuch anders/besser machen?

10.5   Rolle von BATNA, WATNA, ZOPA

Das „Program on Negotiation at Harvard Law School" definiert sinngemäß folgende Abkürzungen[1]:

▶ **Definition**

- **BATNA – B**est **A**lternative **t**o a **N**egotiated **A**greement – beschreibt die beste Alternative für eine Verhandlungslösung. Wer sich im Vorfeld mit dem BATNA beschäftigt, kann in Verhandlungen objektiv entscheiden, welche Alternativen es zu einem Verhandlungsabschluss in der aktuellen Situation gibt.
- **WATNA** steht auf der gegenüberliegenden Seite von BATNA und bedeutet **W**orst **A**lternative **t**o a **N**egotiated **A**greement. Es stellt die ermittelte, schlechteste Alternative dar, falls Sie sich mit Ihren Verhandlungspartnern nicht einigen können. Wenn Sie sich Zeit nehmen, WATNA zu ermitteln, können Sie in der Verhandlung das Ruder herumreißen, bevor das Schlimmste passiert. Bevor Sie z. B. desaströsen oder riskanten Bedingungen zustimmen oder eine Verhandlung abbrechen. Damit kann das Schlimmste verhindert werden.
- **ZOPA – Z**one **o**f **P**ossible/Potential **A**greement steht in einem engen Zusammenhang mit den beiden vorhergehenden Abkürzungen. Es bezeichnet die Überschneidung der Bandbreiten, in denen die Verhandlungspartner Möglichkeiten für eine Einigung sehen. Damit bietet sich Ihnen ein strategischer Spielraum, in dem sich eine Lösung anbietet.

Es ist ein Fehler, sich gleich mit dem ersten Angebot zufriedenzugeben. Eine erfolgreiche Verhandlungsstrategie basiert auf der Kombination von BATNA, WATNA und ZOPA. Um auf die mögliche negative Alternative (WATNA) vorbereitet zu sein – z. B. die Ablehnung einer Gehaltserhöhung durch Ihre Chefin – sollten im Vorfeld Alternativen überlegt werden.

Beispiele für realistische Möglichkeiten innerhalb des potenziellen Einigungsbereiches (ZOPA) sind geldwerte Vorteile, zusätzlicher Urlaub oder Bonuszahlungen. Die BATNA hilft dabei, Ruhe zu bewahren und gegebenenfalls Druck auszuüben, um ein Angebot innerhalb des eigenen Spielraums (ZOPA) durchzusetzen. Es ist ratsam, BATNA, WATNA und ZOPA als Teil der Verhandlungsvorbereitung einzubeziehen, um mehr Sicherheit in das Gespräch zu bringen.

Bei komplexen Verhandlungen kann die Ausarbeitung von BATNA, WATNA und ZOPA viel Zeit in Anspruch nehmen. Da Einschätzungen subjektiv sind, sollte man versuchen, Gefühle außen vorzulassen und so viele Fakten wie möglich einzubringen. Für

---

[1] In Anlehnung an https://www.pon.harvard.edu/tag/what-is-watna/ Stand:17.9.2023.

einen effektiven Auftritt als Team während der Verhandlung ist eine gute Abstimmung unerlässlich.

Eine allzu optimistische oder positive BATNA begrenzt den Handlungsspielraum unnötig und kann dazu führen, dass auch gute Angebote innerhalb des möglichen Bereichs übersehen werden.

Wenn Sie Ihre Interessen bei einer Verhandlung erfolgreich vertreten möchten, empfehlen wir, folgende Punkte zu beachten:

- Sammeln Sie Informationen über die Interessen und Ziele der Verhandlungspartner.
- Definieren Sie Ihre eigenen Verhandlungsziele, zum Beispiel in einem Kundengespräch das Budgetziel in Euro oder die prozentuale Steigerung.
- Hinterfragen Sie Ihre eigenen Positionen.
- Legen Sie den Grundstein für Alternativen und definieren Sie akzeptable Optionen.
- Ermitteln Sie Ihre eigene Bereitschaft zur Veränderung und die definieren BATNA
- Bereiten Sie sich auf das Worst-Case-Szenario vor.
- Wechseln Sie die Perspektive und nehmen Sie die BATNA des Gegenübers vorweg.
- Beschäftigen Sie sich mit Alternativen zu Ihrer eigenen BATNA und legen Sie eine mögliche Einigungsbasis fest.
- Offenbaren Sie während der Verhandlung Ihre ZOPA, aber ohne Drohungen oder Erpressungen auszusprechen.
- Seien Sie offen für verschiedene Ergebnisse und wählen Sie die bessere Alternative.

Beispiel

Die Vertriebsmitarbeiterin eines Sportbekleidungsherstellers steht kurz vor dem Vertragsabschluss mit einem Sportfachgeschäft über ein umfangreiches Sortiment. Der Standort des Geschäftes ist aus Sicht des Herstellers attraktiv. Der Abschluss ist noch offen, das Ziel wurde definiert: Wenn das Sportgeschäft (dass in einem Gebiet angesiedelt ist, in dem der Hersteller noch nicht vertreten ist) das Angebot akzeptiert, erhält es einen Zusatzbonus von maximal vier Prozent über dem üblichen Nachlass von drei Prozent Skonto.

BATNA für den Hersteller: Aufgrund der guten Auftragslage und der Auslastung ist das Unternehmen nicht um jeden Preis auf den Geschäftsabschluss angewiesen.

WATNA für den Hersteller: Die strategisch wichtige Kundschaft entscheidet sich für die Konkurrenz.

Die Vertriebsmitarbeitern garantiert dem Sportgeschäft beste Servicequalität sowie eine termin- und budgetgerechte Lieferung der Saisonwaren. Als BATNA wird die hervorragende Auftragslage aufgrund der Alleinstellungsmerkmale der Sportprodukte angeführt.

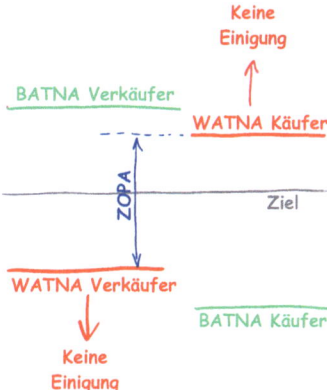

Droht die Kundschaft abzuspringen, muss die Vertriebsmitarbeiterin, um das WATNA zu vermeiden, Zugeständnisse machen. Das könnte beispielsweise die kostenlose Lieferung zusätzlicher Produkte bedeuten. Geht das Unternehmen auf das Angebot ein, wird ein für beide Seiten akzeptables Ergebnis erzielt. ◄

Die Kenntnis von BATNA, ZOPA und WATNA schützt Sie davor, überstürzte und nachteilige Vereinbarungen zu treffen oder ungewollte Misserfolge herbeizuführen. Es verleiht Ihnen mehr Flexibilität, erhöht Ihre Verhandlungssicherheit und steigert Ihre Chancen, die vorab festgelegten Ziele zu erreichen.

Eine zufriedenstellende Lösung für alle Beteiligten setzt voraus, dass jeder in einer Verhandlung seine Standpunkte offen äußert. Dort, wo sich die verschiedenen ZOPAs überschneiden, liegt der Bereich des Win-win und somit auch die Lösung.

Kritiker behaupten fälschlicherweise, dass das Fokussieren auf BATNA usw. dazu führt, dass man lieber den einfacheren Plan B wählt und damit zufrieden ist, anstatt konsequent den lukrativeren Plan A auszuhandeln. Dies wäre jedoch eine falsche Denkweise, nur weil es bequemer erscheint und ein vermeintlich schnelleres Erfolgsergebnis verspricht.

Werden Feuerwehren abgeschafft, nur weil einige wenige unter ihnen, auch Brände legen? Führt ein Fahrtechniktraining vermehrt zu Unfällen, nur weil man sich auf besondere Situationen vorbereitet? Natürlich nicht! Daher gehört BATNA & Co zur professionellen Vorbereitung dazu.

10.6   Kritik am Modell

Das Harvard-Konzept läutete vor knapp vierzig Jahren eine neue Ära des Verhandelns ein. Heute reicht es aber nicht mehr aus, denn die Zeiten des ethischen „fair plays" sind lange vorüber. Die moderne Wissenschaft hat jedoch die Grundprinzipien des Modells bestätigt, darum ist es auch heute noch ein guter Leitfaden für Verhandlungen.

Viele, die das Harvard-Konzept zum ersten Mal einsetzen wollen, reagieren verstört, wenn das Konzept nicht „aufgeht" wie erwartet, denn jede Verhandlung unterscheidet sich ein wenig von der anderen.

Darum ist es wichtig, nur die Elemente einzusetzen, die für Ihre Verhandlung passen. Achten Sie darauf, dass Ihr Gegenüber die Zusammenarbeit nicht nur vortäuscht, um herauszufinden, was Ihre wirklichen Interessen sind, um dann sein eigenes Spiel zu spielen, und Sie ausmanövriert. Enthüllen Sie Ihre Interessen in kleinen Schritten – quid pro quo[2], um den Prozess der Vertrauensbildung zu prüfen und zu fördern.

Die Prinzipien des Harvard-Konzepts sind noch immer gültig. Die moderne Forschung erkennt Zusammenarbeit und Durchsetzung als gleichwertige Disziplinen an, wie auch das Magazin „Harvard Business Manager" bestätigt. Damit spielt das Thomas-Kilmann-Modell eine wesentliche Rolle.

Der Münchner Anwalt Dr. Hermann Rock beschreibt in einem Artikel seine Lösungsvorschläge, um die aus seiner Sicht heutigen Schwachstellen des Harvard Prinzips zu neutralisieren. Er beschreibt professionelle Verhandlungsführung als nichts anderes als professionelles Konfliktmanagement. Seine Empfehlung:

- Treten Sie Konflikten positiv gegenüber, denn sie tragen zu Klärung bei. Es geht nur darum, welchen Stil Sie zur Klärung verwenden. Bleiben Sie respektvoll und versuchen Sie sich freundlich und konsequent durchzusetzen.
- Analysieren Sie zuerst alle Konflikte und suchen Sie erst dann nach Lösungen. Es geht dabei nicht um Sturheit, sondern um das Schaffen einer emotionalen Zufriedenheit für alle Parteien.
- Auch wenn Sie keinen Plan B in der Tasche haben, sollen Sie trotzdem konsequent und zielorientiert handeln. Konzentrieren Sie sich auf Ihr gesetztes Ziel und bleiben Sie aktiv statt reaktiv.

10.7   Das Harvard Prinzip in schwierigen Fällen doch einsetzen?

Sie befinden sich in einer schwierigen Verhandlungssituation und möchten das Harvard-Modell einsetzen, um zu einer Win-win-Lösung zu gelangen. Und auf einmal sind Sie überrascht, dass die Umsetzung in die Praxis in solch einer herausfordernden Situation nicht den gewünschten Erfolg bringt.

Das Harvard Konzept beruht auf den bereits beschriebenen vier Prinzipien:

- Trennung von Personen und Problemen.
- Fokussierung auf Interessen statt Positionen.

---

[2]Lat. und bedeutet „etwas für etwas". Wenn Sie etwas hergeben sollen, müssen Sie im Gegenzug auf dafür etwas bekommen.

- Entwicklung von Optionen zur Lösungsfindung, von denen alle profitieren.
- Festlegung objektiver Kriterien für eine Einigung.

Es ist zweifellos ein effektives Instrument für viele Verhandlungssituationen. Allerdings stoßen wir bei komplexeren oder kontroverseren Themen schnell an die Grenzen. In schwierigen Verhandlungen spielen Emotionen eine große Rolle. Konflikte sind hochgradig persönlich und die beteiligten Parteien stark emotional involviert. Das Trennen von Personen und Problemen gestaltet sich hier äußerst komplex, da die Emotionen der Beteiligten eng mit dem Problem verknüpft sind.

Des Weiteren können Interessen in solchen Situationen knifflig sein. Die Parteien haben oft unterschiedliche Prioritäten oder sogar verborgene Interessen, die schwer zu erkennen sind. Das Finden gemeinsamer Optionen wird dadurch erschwert.

Oft fehlt es an objektiven Kriterien für eine Einigung. In hitzigen Debatten werden Argumente subjektiv bewertet und Standpunkte verteidigt, ohne dass eine objektive Grundlage dafür existiert. Das Harvard-Modell stößt hier an seine Grenzen, da es auf rationalen Entscheidungen basiert.

Der Autor William Ury, Mitverfasser des Standard-Werkes „Getting to Yes", dass bei uns als „Das Harvard Prinzip" bekannt ist, hat mit seinem Buch „Getting Past No" versucht, eine Lösung dafür zu entwickeln.

Ury ist ein weltweit anerkannter Verhandlungsexperte und zeigt uns in seinem Werk effektive Strategien auf, um festgefahrene Situationen aufzulösen und zu einem positiven Ergebnis zu gelangen. Dabei geht er nicht nur auf die technischen Aspekte der Verhandlungsführung ein, sondern auch auf die psychologischen Hintergründe.

Ein zentraler Gedanke des Buches ist die Bedeutung von Kommunikation und Empathie. Indem man versucht, sich in die Sichtweise des Gegenübers hineinzuversetzen und seine Interessen zu verstehen, legt man den Grundstein für eine konstruktive Lösung. Es geht darum, nicht gegen-, sondern miteinander zu arbeiten.

Darüber hinaus stellt Ury verschiedene Techniken vor, mit denen man Widerstand überwinden kann. Dazu gehören beispielsweise das Erkennen und Nutzen von Machtunterschieden sowie das Finden gemeinsamer Ziele. Durch geschicktes Fragen und aktives Zuhören lässt sich oft eine Lösung herbeiführen.

Ury beschreibt fünf Prinzipien, die von Jutta Pontner (2010) in Ihrem Buch zusammengefasst wurden:

- Reflektieren, statt zu reagieren
- Die Perspektive wechseln, statt zu streiten
- Umformulieren, statt ablehnen
- Bauen Sie „Goldene Brücken", statt Druck auszuüben
- Bringen Sie die Gegenseite zur Vernunft, statt sie in die Knie zu zwingen

Prinzip 1: Reflektieren, statt zu reagieren

In vielen Fällen laufen Sie in einer Verhandlung Gefahr, durch Ihre Reaktionen Opfer einer Provokation zu werden. Das Risiko ist hoch, in einen Teufelskreis hineingezogen zu werden. Deshalb empfiehlt Ury im ersten Schritt, nicht zu reagieren, sondern das eigene Verhalten zu kontrollieren:

- Treten Sie gedanklich einen Schritt zurück und überprüfen Sie Ihre eigenen Schwachstellen.
- Überdenken Sie die Taktiken und Tricks des Gegenübers.
- Nehmen Sie sich Zeit, die Diskussion zu verlangsamen, um das Ziel im Blickfeld zu behalten.

Prinzip 2: Die Perspektive wechseln, statt zu streiten
Werden Sie von Ihrem Gegenüber angegriffen, so erwartet dieser intuitiv von Ihnen einen Gegenangriff beziehungsweise eine Entgegnung. Und die Versuchung ist groß. Anstatt sich jetzt auf den Streit einzulassen, ist Urys Empfehlung, einfach zuzuhören, für die Argumente Ihres Gegenübers Verständnis zu zeigen und so viele Gemeinsamkeiten wie nur möglich zu finden.

Dadurch wird beim Gegenüber eine „kognitive Dissonanz", also eine gedankliche Unstimmigkeit erzeugt, da Ihr Gegenüber Sie eigentlich als Gegner wahrnimmt und Sie durch Ihr unerwartetes Verhalten sympathisch zu werden beginnen. Das macht es einfacher, die eigenen Ansichten klar auszudrücken, ohne zu provozieren. Ein günstiges Diskussionsklima wird dadurch geschaffen. William Ury empfiehlt daher:

- Hören Sie aktiv zu.
- Zeigen Sie, dass Sie der Argumentation der Gegenseite folgen.
- Stimmen Sie zu, wo immer es möglich ist.
- Erkennen Sie die Argumentation der Gegenseite an, zeigen Sie Verständnis.

Prinzip 3: Umformulieren, statt ablehnen
Um in schwierigen Verhandlungen eine Lösung zu finden, muss die Gedankenfolge verändert werden. Anstatt die Position des Gegenübers strikt abzulehnen – was noch mehr zu einer Verhärtung der Positionen führt – soll die gemeinsame Aufmerksamkeit auf die Schwierigkeit gerichtet werden, auf die Interessen beider Seiten einzugehen: „Ja, es ist schwierig hier eine Lösung zu finden. Was können wir tun? Haben Sie eine Idee?" Das magische Wort ist hier das „wir", dass beide Seiten miteinschließt und Sie einander und einer Lösung näherbringt.

Ury gibt dazu folgende Empfehlungen:

- Legen Sie den Fokus auf das Problem und fragen Sie nach den Motivationen Ihres Gegenübers und seinen Rat- und Lösungsvorschlägen. Dadurch kann auch die Positionierung in einen neuen Zusammenhang gesetzt werden.
- Angriffs- oder Mauer-Taktiken können umgangen werden, indem sie einfach ignoriert werden. Persönliche Angriffe (die eigentlich gegen Ihre Rolle und nicht Sie

persönlich gerichtet sind) können als Angriffe, die das Problem betreffen, angesehen werden: „Was können wir tun, damit uns das nicht noch einmal passiert?"

- Tricks können ebenfalls entlarvt und in ein neues Licht gesetzt werden, indem klärende Fragen gestellt werden.

Mögliche Formulierungen:

- „Ich habe andere Informationen" statt „Sie haben falsche Zahlen"
- „Ich habe eine andere Meinung" statt „Ich bin nicht einverstanden"
- „Ich erinnere mich anders an diese Situation" statt „Nein, das ist falsch"

Prinzip 4: Bauen Sie „Goldene Brücken", statt Druck auszuüben
Selbst wenn die ersten drei Prinzipien berücksichtigt wurden und Sie einer Lösung schon sehr nahegekommen sind, kann es noch immer auf den letzten Metern vor dem Ziel schief gehen. Ihr Gegenüber kann den Eindruck gewinnen, übervorteilt zu werden, da eine Lösung überraschend schnell gefunden scheint. Darum schlägt Ury die „Goldene Brücke" vor, die Ihrem Gegenüber die Einwilligung so einfach wie möglich machen soll:

- Anstatt Ihr Gegenüber zu einem raschen Abschluss der Verhandlung zu drängen, sollten Sie sich zurücklehnen und ihn den letzten Schritt über die „Goldene Brücke" gehen lassen.
- Der Bau einer „Goldenen Brücke" beinhaltet mehr als nur ein attraktives Angebot. Als Erstes ist es wichtig, den Partner in den Entscheidungsprozess einzubinden.
- Selbst wenn die Einigung von einer Seite ausgearbeitet wurde, sollte die abschließende Lösung immer eine Wir-Entscheidung sein.
- Es sollte hinter die offensichtlichen Interessen des Partners (wie etwa Geld) geblickt und Interessen wie Anerkennung und Autonomie mit einbezogen werden.
- Außerdem sollte darauf geachtet werden, eine Lösung zu finden, die es beiden Partnern ermöglicht, ihr Gesicht zu wahren (besonders in der Politik) und das Abweichen von der Ausgangsposition nach außen plausibel zu machen.
- Die „Goldene Brücke" muss es beiden Partnern möglich machen, die Lösung als Sieg zu präsentieren.
- Und nicht zuletzt ist zu beachten, dass der Faktor Zeit in Verhandlungen eine wesentliche Rolle spielt – sowohl für das eigene Empfinden der Partner als auch für das Auftreten nach außen ist es wichtig, nicht zu langsam und nicht zu schnell zu einer Lösung zu finden.

Prinzip 5: Bringen Sie die Gegenseite zur Vernunft, statt sie in die Knie zu zwingen
Ist die „Goldene Brücke" erst einmal errichtet und will der Partner trotzdem nicht darüber gehen, so ist es wahrscheinlich die natürliche Reaktion der meisten, die Bemühungen

zu verstärken und mit allen Mitteln zu versuchen, doch noch zu einem Abschluss zu kommen. Durch einen Wechsel aus der aufgebauten „Atmosphäre der Problemlösung" zurück ins „Spiel der Macht" kann vielleicht doch noch eine Entscheidung erzwungen, langfristig aber auch die Beziehung zwischen den Partnern aufs Spiel gesetzt werden.

Deshalb gibt Ury die folgenden Empfehlungen:

- Machen Sie der Gegenseite klar, welche Konsequenzen ein Nein hätte, indem Sie danach fragen, was nach einer abgelehnten Lösung geschieht. Sie sollten die Gegenseite warnen, ohne zu drohen.
- Demonstrieren Sie – ohne zu provozieren – Ihre eigenen Optionen, um der Gegenseite zu zeigen, dass für Sie auch andere Handlungsmöglichkeiten bestehen.
- Arbeiten Sie weiterhin an Lösungsmöglichkeiten für den Partner, indem Sie weiterverhandeln, auch wenn der eigene „Sieg" schon feststeht. Vergessen Sie nicht, dass auch Ihr Gegenüber die Verhandlung mit einer zufriedenstellenden Lösung abschließen möchte.
- Bestätigen Sie die Beziehung zum Partner nochmals und überlassen Sie ihm die endgültige Entscheidung des Neins.

10.8   Das Harvard Prinzip, wenn es nicht nach Plan läuft

Im Harvard Prinzip wird bei anspruchsvollen Verhandlungssituationen der Vergleich mit Jiu-Jitsu verwendet. In der Welt der Kampfkünste gilt Jiu-Jitsu als eine der raffiniertesten Disziplinen, die physische Techniken mit mentaler Strategie verbindet. Ähnlich verhält es sich mit dem Navigieren durch komplexe Verhandlungssituationen, wo neben sachlichen Fähigkeiten auch psychologisches Geschick und Anpassungsfähigkeit gefordert sind.

Jiu-Jitsu ist eine Kunst, in der Hebel, Kontrollgriffe und Bodentechniken mit dem Ziel eingesetzt werden, einem physisch überlegenen Gegner durch geschickte Manöver und Kraftverteilung zu begegnen. Hier finden wir bereits die erste Analogie zu Verhandlungen, in denen es selten nur um Kraft in Form von Machtpositionen geht, sondern um das intelligente Einsetzen vorhandener Ressourcen und Chancen.

Ein Schlüsselprinzip des Jiu-Jitsus ist die Wahrung des eigenen Gleichgewichts bei gleichzeitiger Suche nach Möglichkeiten, das des Gegners zu stören. Übertragen auf Verhandlungen bedeutet dies, eine starke Verhandlungsposition zu halten, aber gleichzeitig flexibel auf Veränderungen und Argumente der Gegenseite zu reagieren.

Im Jiu-Jitsu werden Hebel eingesetzt, um maximale Wirkung mit minimalem Aufwand zu erreichen. In einer Verhandlung können Informationen, Zeitdruck oder sachliche Argumente einen Hebeleffekt auslösen, der eine Vereinbarung erzielen oder verbessern kann, ohne dass dafür unverhältnismäßige Zugeständnisse gemacht werden müssen.

Ein Jiu-Jitsu-Kämpfer arbeitet oft darauf hin, den Gegner in eine kontrollierte Position zu bringen. Übereilung kann dabei den eigenen Untergang bedeuten. In Verhandlungen entspricht dies der Geduld und Ausdauer, mit der eine Partei auf das passende Angebot wartet oder beharrlich auf ihren Punkten bestehen kann, ohne dabei unnötig Ressourcen zu verschwenden.

Während eines Kampfes muss im Jiu-Jitsu darauf geachtet werden, die eigenen Techniken den Bewegungen und Reaktionen des Gegners anzupassen. Entsprechend muss eine verhandelnde Partei bereit sein, ihre Taktiken zu ändern, wenn sich die Umstände ändern – ohne das eigentliche Verhandlungsziel aus den Augen zu verlieren.

Sowohl im Jiu-Jitsu als auch in Verhandlungssituationen ist ein tiefes Verständnis der eigenen Fähigkeiten, der Techniken und der möglichen Gegenmaßnahmen entscheidend. Akribische Vorbereitung und das Studium der Gegenseite bieten einen entscheidenden Vorteil bei der Suche nach dem optimalen Weg zum Erfolg.

Das Harvard Prinzip beschreibt drei verschiedene „Griffe", die in Verhandlungen eingesetzt werden:

- Entschlossen vorgetragene Positionen
- Attacken auf Ihre Ideen
- Angriffe auf Ihre Person

Vier Empfehlungen von Fisher (et al.):

- Greifen Sie nicht die Position Ihres Gegenübers an, sondern blicken Sie dahinter.
- Verteidigen Sie Ihre eigenen Vorschläge nicht, sondern bitten Sie um Rat und Kritik.
- Machen Sie aus einem Angriff auf Sie, einen Angriff auf das Problem.
- Stellen Sie Fragen und schweigen Sie.

Verhandlungen und Jiu-Jitsu verlangen mehr als nur Kraft und Härte. Sie erfordern Intelligenz, strategisches Denken und Anpassungsfähigkeit. Indem man die Prinzipien des Jiu-Jitsus auf Verhandlungssituationen überträgt, kann man lernen, mit weniger Aufwand mehr zu erreichen und dabei gleichzeitig flexibel und kontrolliert zu agieren. Wer diese Kunst beherrscht, wird sowohl auf der Matte als auch im Verhandlungsraum schwer zu schlagen sein.

Der Einsatz dieser Technik kann für folgende Situationen passend sein:

Zweifelhafte Befugnisse

In Verhandlungen ist es entscheidend, dass beide Parteien mit den richtigen Befugnissen ausgestattet sind, um Entscheidungen zu treffen und Zugeständnisse zu machen. Ohne diese Kompetenzen kann es zu langwierigen Nachverhandlungen kommen, die den Verhandlungsprozess erschweren und verzögern. Das kann auch eine List Ihres Gegenübers sein.

Bevor Sie in Verhandlungen treten, sollten Sie gründliche Recherchen über die Organisation und die Verhandlungspartner durchführen. Finden Sie heraus, wer die Entscheidungsträger sind und ob Ihr Gegenüber über ausreichend Entscheidungsbefugnisse oder direkten Zugang zu Entscheidungsträgern besitzt. Durch direktes Nachfragen können Sie feststellen, ob Ihr Gegenüber über die notwendigen Vollmachten verfügt.

Setzen Sie eine klare Agenda und definieren Sie die Ziele beider Parteien. Auf diese Weise können Sie sicherstellen, dass die Diskussion sich auf die Hauptpunkte konzentriert. Prüfen Sie außerdem, ob Ihr Gegenüber den Handlungsspielraum hat, um auf diese Punkte einzugehen. Je präziser die Themen und Ziele formuliert sind, desto leichter fällt es zu erkennen, ob die andere Seite handlungsfähig ist oder nicht.

Es ist durchaus üblich und professionell, zu Beginn der Verhandlungen direkt nach den Befugnissen des Gegenübers zu fragen. Man kann diese Fragen höflich formulieren, indem man beispielsweise nachhakt, welche Stufen der Entscheidungsfindung Ihr Gegenüber abdeckt und ob es Themen gibt, für die Rückbestätigungen benötigt werden. Das schafft Klarheit über die Verhandlungsspielräume. Es schafft aber für Sie auch Risiken, wenn Sie dadurch keine Rückzugsmöglichkeiten mehr für eine Rücksprache haben.

Eine weitere Möglichkeit ist der Einsatz von sogenannten "Probeballons". Das sind Angebote oder Zugeständnisse, die leicht außerhalb der erwarteten Entscheidungsreichweite des Gegenübers liegen. Die Reaktion kann oft darüber Auskunft geben, wie flexibel Ihr Gegenüber agieren darf.

Durch das Offenlegen der eigenen Befugnisse können Sie Ihr Gegenüber ermutigen, es Ihnen gleichzutun. Wenn beide Seiten klar kommunizieren, welche Kompetenzen und Grenzen sie haben, werden Missverständnisse vermieden und die Effizienz der Verhandlungen erhöht.

Dokumentieren Sie alle Vereinbarungen schriftlich und lassen Sie diese soweit möglich vorläufig unterzeichnen. Diese Dokumentation erlaubt es, später zu prüfen, ob die anderen Teilnehmer über die erforderlichen Kompetenzen verfügen, um die genannten Versprechen einhalten zu können.

Nutzen Sie Pausen, um Zwischenresultate festzuhalten und die Verhandlungen reflektierend zu betrachten. Hierbei können Unstimmigkeiten bezüglich der Befugnisse des Verhandlungspartners erkannt und geklärt werden.

Vereinbaren Sie eventuell Sicherheiten oder Garantien für den Fall, dass die anderen Teilnehmer ihre Zusagen aufgrund mangelnder Befugnisse nicht einhalten können. Das können beispielsweise Vertragsstrafen oder andere Kompensationen sein.

Zurückhalten von Informationen = Täuschung?

Während Verhandlungen spielt die Übermittlung von Informationen eine entscheidende Rolle. Häufig stehen wir in Verhandlungen vor der Entscheidung, wie viel und welche Art von Information wir teilen sollen. In diesem Kontext kommen zwei spezifische Verhaltensweisen häufig zur Sprache: das Zurückhalten von Informationen und das Vorbringen von falschen Tatsachen. Obwohl beide ähnlich erscheinen können, gibt es fundamentale Unterschiede, die sowohl ethische als auch praktische Auswirkungen haben können.

Das Zurückhalten von Informationen in Verhandlungen ist eine Strategie, bei der nicht alle relevanten Information geteilt werden. Die Gründe hierfür können vielfältig sein: Manchmal möchten Verhandlungsparteien ihre strategische Position schützen oder sich taktische Vorteile verschaffen. Diese Zurückhaltung kann von der Zurückhaltung bestimmter Sachverhalte über das Verschweigen von alternativen Optionen bis hin zur Möglichkeit für Zugeständnisse reichen. Einige sehen diese Praxis als Teil der Verhandlungskunst, solange die Information nicht rechtlich offenbart werden muss.

Im Gegensatz dazu beinhaltet das Vorbringen von falschen Tatsachen in Verhandlungen bewusstes Lügen oder Irreführung anderer durch die Präsentation inkorrekter Informationen. Dieser Ansatz ist ethisch fragwürdig und kann auch rechtliche Konsequenzen haben. Konkret kann dies so aussehen, dass falsche Angaben über die Kosten eines Produkts, die Verfügbarkeit von Ressourcen oder die Absichten des Verhandlungsführers gemacht werden.

Das Zurückhalten von Informationen kann in bestimmten Kontexten eine annehmbare Taktik sein, besonders wenn die Informationen nicht essenziell für die Verhandlung sind oder es an einer juristischen Pflicht zur Offenlegung mangelt. Allerdings kann es als unmoralisch empfunden werden, wenn dieses Vorgehen, den anderen Parteien bedeutenden Schaden zufügt.

Das Vortäuschen falscher Tatsachen hingegen ist in den meisten ethischen Rahmenwerken unakzeptabel, da es darauf abzielt, die Entscheidungsfindung durch bewusste Falschinformation zu beeinflussen. Darüber hinaus ist es in vielen Rechtssystemen klar strafbar und kann juristische Sanktionen nach sich ziehen.

Während das Zurückhalten von Informationen gelegentlich zu Vorteilen führen kann, birgt es das Risiko, dass die andere Seite Misstrauen entwickelt, sollte das Verschweigen aufgedeckt werden. Vertrauensverlust kann langfristige Beziehungen und zukünftige Geschäfte beeinträchtigen.

Das Vorbringen von falschen Tatsachen trägt ein noch höheres Risiko. Wenn diese Lügen aufgedeckt werden, kann dies nicht nur rechtliche Konsequenzen haben, sondern auch dazu führen, dass der Verhandlungsführer gänzlich seine Glaubwürdigkeit und Reputation verliert.

Obwohl das Zurückhalten von Informationen und das Vorbringen von falschen Tatsachen ähnliche Ziele verfolgen können – den Verhandlungsausgang zu beeinflussen – sind die beiden Strategien klar unterschiedlich, sowohl in Bezug auf ethische Überlegungen als auch in ihrer jeweiligen Wirksamkeit und den möglichen Folgen. In einer Verhandlung sollten Sie sich dieser Unterschiede bewusst sein und die langfristigen Auswirkungen ihres Handelns bedenken.

Persönliche Angriffe
Wenn Verhandlungen eskalieren, kann es passieren, dass diese auf das Feld von persönlichen Angriffen abgleiten. Solche Angriffe können die Atmosphäre vergiften und von den eigentlichen Themen ablenken. Nehmen wir an, Sie kommen in die Verhandlung, und Ihr Gegenüber begrüßt Sie mit der Aussage: „Na, haben Sie eine lange Nacht gehabt

und gleich im Anzug geschlafen? Private Probleme?" Auch das dauernde Unterbrechen, um Telefonate zu führen oder nebenbei am Handy zu spielen, kann eine Provokation darstellen.

Die beste Verteidigung gegen persönliche Angriffe in Verhandlungen ist eine gründliche Vorbereitung. Verstehen Sie Ihre eigenen Schwächen und bereiten Sie sich mental darauf vor, dass diese möglicherweise angesprochen werden. Halten Sie Fakten bereit, die Ihre Position stützen und entwickeln Sie ein klares Verständnis Ihrer Verhandlungsziele.

Wenn ein persönlicher Angriff erfolgt, ist es entscheidend, ruhig zu bleiben und nicht emotional zu reagieren. Üben Sie sich darin, Ihre Emotionen zu kontrollieren und konstruktiv zu reagieren. Atmen Sie tief durch, zählen Sie bis zehn und antworten Sie erst dann.

Der persönliche Angriff auf Sie kann aus den unterschiedlichsten Gründen erfolgen. Ist Ihr Gegenüber selbst unter Druck? Spielt Ungeduld oder Zeitnot eine Rolle? Wurden Werte bei Ihrem Gegenüber verletzt? Ist ihr Gegenüber nur schlecht gelaunt oder von Natur aus ein sarkastischer Charakter? Oder ist es einfach eine List, um Sie aus dem Gleichgewicht zu bringen?

Versuchen Sie, durch aktives Zuhören zu verstehen, warum die andere Partei zu persönlichen Angriffen greift. Manchmal verbergen sich dahinter Frustrationen oder Missverständnisse. Indem Sie aufmerksam zuhören, können Sie die eigentlichen Probleme erkennen und ansprechen.

Machen Sie deutlich, dass persönliche Angriffe in einer professionellen Verhandlung unangebracht sind. Setzen Sie klare Grenzen, indem Sie respektvoll kommunizieren, dass Sie bereit sind, sachlich zu verhandeln, aber persönliche Angriffe nicht tolerieren. Verwenden Sie die Technik des Reframings[3], um persönliche Angriffe in objektive Aussagen umzuwandeln. Jeder Angriff auf Sie kann in Wirklichkeit auch als ein kostenloses Training im Beherrschen der Situation gesehen werden. Statt auf den Angriff direkt zu reagieren, lenken Sie das Gespräch zurück zu den Fakten und den eigentlichen Verhandlungspunkten.

Wenn Angriffe auf Ihre Person, Ihren Charakter oder Ihnen nahestehenden Personen erfolgen, bitten Sie um spezifische Beispiele und fragen Sie nach, wie diese relevant für das Verhandlungsthema sind. Oftmals kann das die Unangemessenheit des Angriffs aufzeigen und den Fokus zurück auf sachliche Aspekte lenken.

In Situationen, in denen persönliche Angriffe überhandnehmen, kann ein strategischer Rückzug sinnvoll sein. Das bedeutet, eine Pause vorzuschlagen oder die Verhandlung zu vertagen, um allen Beteiligten eine Abkühlungsphase zu ermöglichen.

---

[3] Reframing beschreibt die Fähigkeit, ein Verhalten oder eine Situation aus verschiedenen Blickwinkeln zu sehen und auch in etwas Negativem etwas Positives zu erkennen. Es macht unseren Geist frei und anpassungsfähig.

Betonen Sie die Bedeutung von Zusammenarbeit und Teamarbeit. Machen Sie klar, dass gemeinsame Ziele nur erreicht werden können, wenn alle Parteien respektvoll miteinander umgehen. Wichtig ist, dass Sie sich nicht provozieren lassen, professionell bleiben und auf die Sachebene zurückkommen. Langfristig baut man so Respekt und eine starke Verhandlungsposition auf.

Umgang mit Drohungen

Gewöhnlich drückt eine Drohung eine Art von Bestrafung oder Nachteil aus, sollte die andere Seite nicht nachgeben. Drohungen können sich auf Geschäftsbeziehungen, finanzielle Aspekte, rechtliche Schritte oder sogar persönliche Rufschädigung beziehen.

Der erste Schritt beim Umgang mit Drohungen ist, ruhig zu bleiben. Emotional zu reagieren kann die Situation verschlimmern und Ihre Verhandlungsposition schwächen. Indem Sie professionell bleiben und Ihre Emotionen kontrollieren, vermeiden Sie es, unüberlegte Zugeständnisse zu machen.

Versuchen Sie, die Intention hinter der Drohung zu verstehen. Fragen Sie nach, um Klarheit zu erlangen. Welche Gründe hat Ihr Gegenüber, diese Drohung auszusprechen? Ein tiefgehendes Verständnis hilft Ihnen, um angemessen agieren und reagieren zu können.

Halten Sie sich an die Fakten der Verhandlung. Stellen Sie sicher, dass alle Behauptungen und Drohungen durch Beweise und realistische Einschätzungen gestützt werden. Wenn eine Drohung übertrieben erscheint, fordern Sie konkrete Belege.

Entwickeln Sie alternative Lösungswege für die Verhandlung. Wenn Sie verschiedene Optionen haben, verringert dies die Macht der Drohung und gibt Ihnen mehr Flexibilität in Ihrer Reaktion.

Machen Sie deutlich, dass unfaire oder unethische Taktiken nicht akzeptiert werden. Setzen Sie klare Grenzen, welche Verhaltensweisen inakzeptabel sind. Dies kann auch beinhalten, dass Sie bereit sind, die Verhandlung abzubrechen, wenn die Gegenseite weiterhin Drohungen ausspricht.

Bewerten Sie die möglichen Auswirkungen der Drohung. Was würde es bedeuten, wenn die andere Partei ihre Drohung wahr macht? Rücken Sie diese Bewertung ins Zentrum Ihrer strategischen Überlegungen.

Erkennen Sie Ihre eigene Position und die der Gegenseite. Oft hängt die Effektivität von Drohungen von der wahrgenommenen Machtbalance ab. Wenn Sie Ihre Verhandlungsposition stärken können, minimieren Sie die Wirkung von Drohungen.

Überprüfen Sie, in welcher Eskalationsstufe (nach Glasl)[4] Sie sich bereits in der Verhandlung befinden und ob es hilfreich sein kann, über eine neutrale Vermittlung oder Mediation nachzudenken, die dabei hilft, die ins Stocken geratene Verhandlung wieder zum Laufen zu bringen.

---

[4] Abschn. 13.8

Eine oft unbewusste Reaktion auf Drohungen ist es, unser Gegenüber als böswillig zu bezeichnen. Die Diskussion wird schnell hitzig, was zu irrationalen Entscheidungen führt, die den wahren Interessen der Parteien widersprechen.

Drohungen werden in der Regel in Situationen eingesetzt, in denen man unter großem Stress steht, keinen anderen Ausweg mehr sieht oder verärgert ist. In diesen emotionalen Situationen sind das logische Denken Ihres Gesprächspartners oft durch Adrenalin[5] beeinträchtigt, sodass Drohungen ausgesprochen werden, ohne Klarheit über die Konsequenzen zu haben. Wenn die Drohungen dann wahrgemacht werden, geschieht dies oft zum eigenen Nachteil. Ihr Gegenüber hat vor der Drohung nicht daran gedacht, was er selbst verlieren könnte.

Ist eine Drohung erst einmal ausgesprochen, gibt es kaum noch ein Zurück, denn Glaubwürdigkeit und Selbstwertgefühl stehen auf dem Spiel. Es bleibt nur eines zu tun: Sie müssen Ihr Gegenüber im Sinne des Verhandlungszieles davon abhalten, die ausgesprochene Drohung wahrzumachen.

Beachten Sie die langfristigen Auswirkungen Ihrer Reaktion auf eine Drohung. Manchmal ist es sinnvoller, in einem Punkt nachzugeben, um die gesamte Verhandlung oder Geschäftsbeziehung nicht zu gefährden.

Schlussendlich liegen erfolgreiche Verhandlungen im gegenseitigen Interesse beider Parteien. Der Umgang mit Drohungen auf eine Art und Weise, die Respekt und Integrität bewahrt, ist entscheidend für den Aufbau langfristiger und erfolgreicher Beziehungen. Indem Sie die oben genannten Strategien einsetzen, können Sie Ihre Handlungsfähigkeit bewahren und die besten Ergebnisse erzielen – selbst in schwierigen Verhandlungssituationen.

Lösung von Verweigerungshaltungen

Nehmen wir an, Sie benötigen dringend von Ihrer Stadtverwaltung oder Gemeinde die Genehmigung, die Ladeauffahrt für Ihr Unternehmen baulich anzupassen. Dafür ist die Nutzung von 50 Quadratmetern öffentlichen Grundes (ein Grünstreifen zwischen Ihrem Unternehmen und der öffentlichen Straße) nötig. Die dafür zuständige Stelle verweigert jede Diskussion darüber. Was ist ratsam, wenn Ihr Gegenüber jedes Gespräch verweigert?

Es ist wichtig, sich zunächst bewusst zu machen, dass Ihr Gegenüber möglicherweise diese Verweigerung aus taktischen Gründen einsetzt. Die Erlaubnis zur Teilnahme an den Verhandlungen wird gegen Sie als Druckmittel eingesetzt, um inhaltliche Zugeständnisse von Ihnen zu erzwingen. Es könnte auch sein, dass bestimmte Bedingungen an Sie gestellt werden, um überhaupt eine Bereitschaft zu signalisieren, mit Ihnen zu verhandeln.

Sie können eine Vermittlerin einsetzen, die die Situation aus einer neutralen Sicht anspricht. Ein aggressives Verhalten ist in dieser Situation nicht ratsam. Versuchen Sie

---

[5] Abschn. 3.4

herauszufinden, welches Interesse Ihr Gegenüber haben kann, nicht mit Ihnen zu verhandeln.

Fisher (et al.) empfiehlt hier alternative Optionen vorzuschlagen, wie beispielsweise Verhandlungen über einen Vermittler oder Diskussionsrunden mit nicht direkt beteiligten Personen.

Immer neue Forderungen eingrenzen

Einen besonderen Stolperstein bilden Verhandlungspartner, die nach und nach ihre Forderungen erhöhen – trotz bereits erfolgter Zugeständnisse. Bevor man eine wirksame Strategie für diese neuen Forderungen entwickelt, ist es wichtig, die Dynamik hinter diesem Verhalten zu verstehen. Sucht Ihr Gegenüber nur nach einem noch besseren Abschluss? Oder testet er, wie weit er gehen kann? Sind sie vielleicht nicht in der Position, eine Entscheidung zu treffen und gewinnen daher Zeit durch immer neue Forderungen? Es könnte auch sein, dass es interne Druckpunkte gibt, die Sie nicht erkennen können.

Das Harvard Prinzip schlägt vor, darauf zu achten, dass Sie weiter kommunizieren. Bestehen Sie auf regelmäßigen Treffen, um die Beziehung zu stärken und Vertrauen aufzubauen. Fragen Sie nach den Beweggründen hinter den zunehmenden Forderungen. Oft sind es unerfüllte Interessen und nicht die Positionen selbst, die ein Hindernis darstellen.

Vermeiden Sie vorschnelle Reaktionen von Ihrer Seite und unterbrechen Sie die Verhandlungen kurz, um darüber nachzudenken und Zeit zur Neubewertung Ihrer Position zu gewinnen. Geben Sie klar zu verstehen, dass die ständigen Forderungen den Verhandlungsprozess erschweren. Manchmal reicht es aus, um die Gegenseite zur Mäßigung zu bewegen.

Legen Sie im Voraus bereits fest, welche Konzessionen Sie machen können und wo Ihre Grenzen liegen. Teilen Sie diese bewusst nicht mit der Gegenpartei, behalten Sie aber einen Spielraum für unerwartete Wendungen.

Nutzen Sie die „hypothetische Frage", um die Situation auszuloten und machen Sie kleine, schrittweise Zugeständnisse statt großer Sprünge. So verschenken Sie nicht zu viel zu einem zu frühen Zeitpunkt und behalten mehr Verhandlungsmasse für die späteren Phasen.

Sie können ebenfalls mit einer eigenen, starken Gegenforderung antworten, um die Erwartungen zu steuern. Ihr Gegenüber muss sich mit Ihren Punkten auseinandersetzen, was weniger Raum für zusätzliche Forderungen lässt. Jedes Zugeständnis bedarf auch von der anderen Seite eine Gegenleistung.

Verhandlungen mit einem Partner, der stetig seine Forderungen erhöht, sind zweifelsohne herausfordernd. Doch mit einer robusten Verhandlungsstrategie, klarer Kommunikation sowie einem starken Verständnis für die eigenen Grenzen und Bedürfnisse, können Sie diese Hürden überwinden.

Mauern in Verhandlungen

Mauern äußert sich darin, dass die betreffende Partei kaum Kompromissbereitschaft zeigt, sich unkooperativ verhält und selten Informationen preisgibt. Das Hauptziel von

Mauern ist es, die andere Seite zur Aufgabe ihrer Ziele zu bewegen und bessere Bedingungen für die eigene Seite zu erreichen.

Bevor irgendwelche Gegenmaßnahmen ergriffen werden können, muss zunächst sicher festgestellt werden, dass die andere Verhandlungspartei tatsächlich die Mauertaktik anwendet. Anzeichen dafür können sein:

- Wiederholtes Zurückweisen von Vorschlägen ohne konstruktive Gegenvorschläge.
- Verweigerung der Herausgabe von wichtigen Informationen.
- Kein Entgegenkommen bei kleinen oder offensichtlichen Verhandlungspunkten.
- Eine allgemein abweisende, verschlossene Haltung.

Holen Sie so viele Informationen wie möglich über Ihren Verhandlungspartner und den Verhandlungsgegenstand ein und seien Sie sich klar darüber, was Ihre Mindestziele und Ihre idealen Ergebnisse sind. Setzen Sie sich nicht unter Druck, um zu einem übereilten Ergebnis zu gelangen.

Erinnern Sie sich daran, dass es bei Verhandlungen nicht nur um den Sieg geht, sondern um das Erreichen eines beiderseitig attraktiven Ergebnisses. Umgang mit der Mauertaktik verlangt Geduld, Finesse und eine starke Strategie. Manchmal kann es die beste Strategie sein, die Verhandlungen zu vertagen oder sich zurückzuziehen, wenn die Gegenseite unverrückbar bleibt. Auf lange Sicht ist es oft besser, keine Vereinbarung zu treffen, als eine schlechte Vereinbarung zu akzeptieren.

Indem Sie die Mauertaktik effektiv erkennen und mit sorgfältig geplanten Gegenmaßnahmen antworten, können Sie potenziell festgefahrene Verhandlungen zum Guten wenden.

Die Harvard-Methode empfiehlt, egal was Sie gegen „die Mauer" unternehmen, die Positionierung Ihres Gegenübers nicht in den Fokus zu stellen. Geben Sie ihr/ihm die Möglichkeit, die eigene Position aufzugeben, ohne das Gesicht zu verlieren.

Literatur

Adam Sicinsk. https://blog.iqmatrix.com/better-negotiator. Zugegriffen: 12. Juni 2013.
Fisher/Ury/Patton. (2020). *Das Harvard Konzept*. DVA Verlag.
Portner, J. (2010). *Besser Verhandeln*. Gabal Verlag.
Rock, H. *3 Gründe, warum das Harvard-Konzept Ihren Verhandlungserfolg gefährden kann, Focus online*. https://www.focus.de/finanzen/experts/erfolgreich-verhandeln-3-gruende-warum-das-harvard-konzept-ihren-verhandlungserfolg-gefaehrden-kann_id_11254504.html. Zugegriffen: 20. Nov. 2023.
Ury, W. *Getting past No*. XXX

Die 7,5 Prinzipien der Überzeugung von Robert Cialdini

Zusammenfassung

In diesem Kapitel werden die 7,5 Prinzipien der Überzeugung nach Robert Cialdini beschrieben.

Fragen

Fragen, auf die Sie in diesem Kapitel Antworten finden können:

- Was lösen Sie mit einer Vorleistung bei der anderen Seite aus?
- Welche Arten von Sympathie gibt es?
- Worauf müssen Sie achten, wenn Sie selbst mit dem Prinzip Soziale Bewährtheit konfrontiert werden?
- Wozu neigen wir in Zukunft, wenn wir uns für etwas freiwillig entschieden haben?
- Können die Prinzipien der Überzeugung in einer automatisierten Welt eingesetzt werden?

Der US-Psychologe Robert Cialdini führt in seinem Buch „Influence – The Psychology of Persuasion" (1984) Prinzipien der Überzeugung an, die er 2016 in seinem Werk „Pre-Suasion: A Revolutionary Way to Influence and Persuade" und mit der deutschen Aktualisierung seines Ursprungswerkes 2021 erweiterte. Wir haben Cialdinis Prinzipien

R. Weiss und J. Lavrih Sztajnbok, *Die Elemente des Verhandelns*,
https://doi.org/10.1007/978-3-658-44596-6_11

ebenfalls noch etwas hinzugefügt, darum haben wir das Kapitel die „Die 7,5 Prinzipien" getauft.

Die in Cialdinis aktualisiertem Buch beschriebenen Prinzipien lauten:

- Gegenseitigkeit (Reciprocity)
- Sympathie (Linking)
- Soziale Bewährtheit (Social Proof)
- Autorität (Authority)
- Knappheit (Scarcity)
- Festlegung und Konsequenz (Commitment & Consistency)
- Gemeinschaft (Unity)
- Einfluss in der automatisierten Welt

11.1   Gegenseitigkeit (Reciprocity)

Sind Sie schon einmal in einem schönen Café gesessen und haben einen frisch ge-backenen Keks oder eine kleine Praline mit der Rechnung erhalten? Haben Sie sich darü-ber gefreut und es hat Ihnen geschmeckt? Dann wurde das Prinzip der Gegenseitigkeit an Ihnen ausgeübt.

Sie sollen dadurch zum Wiederkommen angeregt werden und jedes Mal, wenn Sie an dem Café vorbeigehen, erinnern Sie sich unbewusst an den kleinen, wohlschmeckenden Keks und freuen sich. Dieses kleine Geschenk wollen wir auch erwidern – zum Beispiel mit einem erneuten Besuch, oder ein wohlwollendes Trinkgeld.

Denn wenn wir etwas geschenkt bekommen, schreibt Cialdini, fühlen wir uns ver-pflichtet, etwas zurückgeben zu müssen, um unser (bewusst oder unbewusst) schlechtes Gewissen zu beruhigen. Ausgleich ist ein Teil unserer Kultur und kleine Gefallen werden öfter mit einem größeren Gefallen erwidert.

Dieses Prinzip ist aus alten philosophischen Texten weit vor Christi Geburt bekannt, denn wer gibt, bekommt auch in vielen Fällen etwas (meist mehr) zurück.

Warum bekommen Sie ein kleines Geschenk oder einen Coupon, wenn Sie sich für einen Newsletter oder ein Probeabo eines Magazins anmelden? Ein Lieferant aus Finn-land, bei dem wir öfter Waren bestellen, legt zur bestellten Ware immer ein kleines Ge-schenk mit ins Paket. Warum? Natürlich, um zu einem erneuten Kauf zu animieren.

Spezielle Gäste

Ein namhaftes Beratungs- und Schulungsunternehmen in Deutschland veranstaltet zum Abschluss einer mehrteiligen Ausbildung exklusive, halböffentliche Veranstaltungen. Bei diesen Abschlussveranstaltungen präsentieren die Kursteilnehmerinnen und -teil-nehmer ihre Abschlussarbeiten, die sie für die Erlangung des Zertifikates entwickeln mussten. Sie zeigen, wie sie das Erlernte in der Realität ein- und umsetzen können und wie sie von der Ausbildung profitieren konnten.

Als feierlichen Abschluss erfolgt die Zertifikatsüberreichung im Beisein einer prominenten Persönlichkeit bei einem Festbankett. Zu dieser Veranstaltung werden auch immer potenzielle Kunden und Interessenten eingeladen. Diese speziellen Gäste hören die Erfolgsgeschichten der Absolventinnen und Absolventen und können an deren Erkenntnissen teilhaben. Diese Vorleistung bewirkt mit einem hohen Wahrscheinlichkeitsgrad, dass diese Gäste, die strategische Funktionen in Geschäfts- oder Bereichsleitungen bekleiden, ebenfalls eine Ausbildung für sich oder ihr Personal buchen. ◄

Das bedeutet, man soll in Vorleistung gehen, um eine Gegenleistung zu erhalten. Das Prinzip ist noch wirksamer, wenn das Geschenk überraschend und auf die Person angepasst ist. Außerdem greift die Regel auch bei einer Bereitschaft für Kompromisse.

11.2 Sympathie (Linking)

Sympathie ist uns wichtig. Wir lassen uns von einer Person, die sympathisch auf uns wirkt, leichter überzeugen als von anderen.

Es gibt verschiedene Arten, Sympathie auszulösen:

- Ähnlichkeit: Von Freunden, lieben ehemaligen Schulkollegen, guten Verwandten, Vereinsmitgliedern etc. lassen wir uns leichter überzeugen – oft, ohne nachzudenken.
- Anerkennung: Wer Komplimente macht, wirkt sympathischer.
- Körperliche Attraktivität: wirkt auf uns magisch und unterstellt Intelligenz, Ehrlichkeit, Talent und Charakter.
- Positive Verknüpfungen: In der Politik oder Werbung wird oft versucht, den positiven Ruf von Personen (Testimonial) oder Gegenden (Berglandschaft oder Sandstrand …) zu nutzen.
- Wiederkehrender Kontakt unter positiven Umständen fördert Sympathie.

Verkaufspartys, bei denen Wein, Schmuck, Küchenbehälter aus Kunststoff und vieles andere in den privaten Räumlichkeiten Ihrer Freunde präsentiert werden, nutzen dieses Prinzip, um bereits im Vorfeld eine Vertrauensbasis zu schaffen.

▶ **Wichtig!**
Sollten Sie bemerken, dass Ihnen eine bestimmte Person überdurchschnittlich sympathisch in einer Verhandlung ist, dann beachten Sie genau, ob ihr Verhalten authentisch ist oder nur Worte und Aussehen. Trennen Sie die Person von ihrem Angebot und ihren Aussagen.

Nutzen Sie in Verhandlungen dieses Prinzip und bauen Sie zu Ihrem Gegenüber eine Brücke der Sympathie. Zeigen Sie eine positive Körpersprache, seien Sie höflich, hören Sie gut und aktiv zu, machen Sie ehrlich gemeinte Komplimente, die glaubwürdig sind.

Sie können Ihre Verhandlung konsequent und zielorientiert verfolgen, ohne untergriffig zu werden. Dabei werden Sie erkennen, dass Ihre Verhandlungsposition nur noch stärker wird.

11.3   Soziale Bewährtheit (Social Proof)

„Das neue Buch über Verhandlungstechniken: 2340 Personen haben es mit ***** bewertet!"

Lassen Sie sich von Bewertungen über Bücher, Hotels oder beim Kauf eines neuen Autos beeinflussen? Falls ja, dann hat höchstwahrscheinlich das Prinzip der sozialen Bewährtheit seine Wirkung bei Ihnen getan. Wir orientieren uns gerne an anderen, weil wir glauben, dann weniger Entscheidungsfehler zu machen.

Menschen sind wie Schafe

In einem Artikel des wissenschaftlichen Journals „Animal Behaviour" (2008) beschreiben Kollegen rund um den Wissenschaftler Jens Krause eine Studie mit dem Titel „Consensus decision making in human crowds". Menschen in Gruppen folgen scheinbar widerstandslos einer kleinen Zahl von Anführern, die sie zu einem Ziel leiten. Die Studie ergab weiter, dass bei Großgruppen von 200+ Personen zwei bis drei anleitende Individuen ausreichen, um das Verhalten der gesamten Gruppe zu beeinflussen. Es braucht im Schnitt nur 5 % einer Menge, die den Weg vorgeben, dann folgen ihnen die restlichen, ohne wirklich darüber nachzudenken. Dazu braucht es nicht einmal Signale oder Kommentare, es reicht die reine Vorbildwirkung.

2009 wurde in einem Live-Experiment einer TV-Show des Deutschen Fernsehens dieses Phänomen dokumentiert. Es waren auf einem Tisch neben dem Eingang zur Zuschauertribüne des Studios rund 200 Gummi-Entchen aufgestellt. Eine Handvoll Lockvögel ging zu Beginn beim Einlass der Menschenmenge zielgerichtet auf die Entchen zu und jede Person nahm sich eine. Die Nachkommenden taten es ihnen gleich, ohne darüber nachzudenken, warum. Am Ende war der Tisch leergefegt und alle Entchen im Publikum. ◄

Es wird davon ausgegangen, dass diese Verhaltensweisen aus der frühen Menschheitsgeschichte stammen. Lebensentscheidende Fragen wie „Flüchten oder Angreifen?" wurden dadurch beantwortet, in dem man beobachtete, wie sich die Mehrheit einer Gruppe verhalten hat. Dadurch wurde die Chance größer, zu überleben.

Die Praxis zeigt, dass dieser Herden- oder Nachahmungseffekt noch immer eine besondere Bedeutung hat. Darum gibt es Bewertungstabellen, Referenzlisten, Erfolgsgeschichten, Aussagen wie „schon über 500.000 Stück verkauft", oder Aufkleber wie „Bestseller".

▶ **Wichtig!**

Soziale Bewährtheit ist besonders wirkungsvoll, wenn eine Gruppe von Menschen sich bereits in eine bestimmte Richtung verhält und wir uns an denen orientieren. Besonders wenn wir uns unsicher fühlen, folgen wir Menschen, die wir als uns ähnlich beurteilen. Verwenden Sie Trends, um die soziale Bewährtheit in der Zukunft zu zeigen. Sollten Sie selbst mit diesem Prinzip konfrontiert werden, achten Sie darauf, dass das Verhalten anderer, nicht Ihr einziges Entscheidungselement für oder gegen etwas sein darf.

Wenn bei Ihren Verhandlungspartnern Unsicherheit darüber herrscht, wie sie sich verhalten oder entscheiden sollen, hilft soziale Bewährtheit sehr gut. Achten Sie darauf, dass die von Ihnen verwendeten Trigger (= Auslöser) oder Beweise nachvollziehbar sind.

11.4 Autorität (Authority)

Erinnern Sie sich an Zahnpasta-Werbung, in der eine sympathisch wirkende Dame im Ärztekittel mit einer Person am Behandlungsstuhl spricht und im Hintergrund eine Sprecherstimme sagt „namhafte Ärzte empfehlen diese Zahncreme"?

Die Personen im Werbespot sind nur Schauspielerinnen, die einen erlernten Text sprechen. Trotzdem wirkt der Spot durch das Verwenden des Autoritäts-Prinzips auf uns.

Schon als Kinder werden wir auf dieses Konzept geprägt und angehalten, uns an Autoritäten wie Großeltern, Lehrern, Ärztinnen usw. zu orientieren. Was diese Personen uns sagen, wird oft blind befolgt, ohne es kritisch zu hinterfragen.

Milgrams umstrittenes Experiment

Der Psychologe Stanley Milgram entwickelte 1961 in New Haven/USA ein Experiment, um das Autoritätsverhalten von Personen zu erforschen. Seine Hypothese war, dass Ereignisse, wie sie in Deutschland während des zweiten Weltkrieges passierten, in den USA nie passieren könnten, da die „Deutschen" wesentlich obrigkeitshöriger gewesen seien.

Freiwilligen Personen wurde suggeriert, dass es in dem Experiment um den Zusammenhang zwischen Lernen und Bestrafung ginge. Im Versuchsaufbau gab es einen „Lehrer", der nach Aufforderung eines „Versuchsleiters" (im weißen Arbeitsmantel, mit Stiften in der Brusttasche und Klemmbrett in der Hand) und einem „Schüler", der bei Fehlern mit elektrischen Schlägen bestraft werden sollte. Anfangs waren es Stromstöße mit 45 Volt, nach jedem weiteren Fehler wurde die Stärke schrittweise auf bis zu 450 Volt erhöht.

Dass „Versuchsleiter" und „Schüler" in Wirklichkeit Schauspieler waren und die Stromstöße nicht wirklich erfolgten, blieb den eigentlichen Probanden, den sogenannten „Lehrern", jedoch verborgen. Sie gingen davon aus, den „Schülern" echte Stromstöße zuzufügen. Zeigte sich Widerstand von den „Lehrern", sagte der Versuchsleiter „Bitte fahren Sie fort, das Experiment verlangt es so.", „Sie müssen unbedingt weitermachen" oder „Die Versuchsperson wird keine dauerhaften Schäden davontragen, also machen Sie bitte weiter". Außerdem versicherte der „Versuchsleiter", die volle Verantwortung zu übernehmen.

Die schockierenden Ergebnisse überraschten sogar Milgram selbst: Von den 40 Probanden führten 26 Versuchspersonen das Experiment bis zum maximalen Stromstoß von 450 Volt durch. Ganze 65 % folgten den Anweisungen der Autoritätsperson – trotz moralischer Zweifel oder Gewissensbissen und obwohl sie sich der möglicherweise tödlichen Auswirkungen der Stromschläge auf den Schüler bewusst waren.

Kritik an dem Experiment wurde oft an zwei Punkten geübt: Es sei, durch die zu kleine Probandenzahl, keine stichhaltige Aussage möglich und der ethische Hintergrund des Versuches sei sehr zweifelhaft. Zahlreiche Experimente, die auch in diesem Jahrhundert mit ähnlichen Versuchsaufbauten durchgeführt wurden (z. B. Prof. Jerry M. Burger, Santa Clara University, 2009), zeigten aller Kritik zum Trotz, sehr ähnliche Ergebnisse. ◄

Cialdini beschreibt, dass allein die Symbole für Autorität (Titel, Kleidung, Autos etc.) ausreichen können, um uns gehorsamer zu verhalten. Autorität allein nur auszuüben, reicht nicht, denn das erzeugt schlechte Stimmung und Widerspruch. Jedoch die Verwendung der Phrase „Ich als Expertin/Experte sage Ihnen …" kann schon die Bereitschaft Ihnen und Ihren Empfehlungen zu folgen fördern.

▶   **Anmerkungen des Autorenteams**
Wir haben dieses Autoritäts-Prinzip in unseren Trainings und Seminaren mehrfach erlebt und auch bewusst getestet. Trugen wir am ersten Tag eines Trainings, an dem z. B. Vorstände und leitende Angestellte teilnahmen, Geschäftskleidung, folgte die Gruppe unserer Agenda und den Inhalten, ohne viel Widerspruch. Trugen wir am ersten Tag Jeans und Polo, wurden unsere Aussagen verstärkt angezweifelt, die Gruppe kam unpünktlicher aus den Pausen zurück und unsere Kompetenz wurde wesentlich intensiver hinterfragt. Eine legere Kleidung am zweiten Trainingstag hatte wenig Einfluss auf das Verhalten der Gruppe, der erste Tag war ausschlaggebend.

Wie können wir uns in Verhandlungen davor schützen? Cialdini bietet dazu zwei Fragen:
Handelt es sich bei dieser Autorität um einen wirklichen Experten/Expertin? Achten Sie auf den eigentlichen Gegenstand des Gespräches und bewerten Sie Äußerlichkeiten nicht zu hoch.

Welches Maß an Ehrlichkeit können Sie erwarten? Prüfen Sie nicht nur die Expertise einer Person, sondern auch deren Vertrauenswürdigkeit.

Wollen Sie dieses Prinzip nutzen, verwenden Sie z. B. Zertifikate, die Meinung von namhaften Experten, Trustsiegel etc., um Ihre Autorität zu unterstreichen.

11.5   Knappheit (Scarcity)

Haben Sie schon einmal online ein schönes Hotelzimmer mit Meerblick gebucht oder ein tolles Produkt, das Ihnen besonders gefallen hat, über eine Webseite bestellt?

„Nur noch drei Stück auf Lager!" oder „Nur noch 2 Zimmer für diesen Zeitraum verfügbar!" ist immer wieder zu lesen. Warum wird das dazugeschrieben? Weil das Prinzip der Verknappung uns sehr wahrscheinlich in diesem Moment unter Druck setzt.

Sind Produkte oder Momente weniger verfügbar oder erreichbar, steigt deren Wert für unser Unterbewusstsein. Erinnern wir uns nur daran, wie im März 2020 Menschen die Supermärkte vor dem Corona-Lockdown leergeräumt haben: Die einen hamsterten Klopapier, die anderen Rotwein, die dritten Nudeln. Das Heitere dabei: Vollkornnudeln waren selten ausverkauft.

Cialdini führt in seinem Buch an, dass limitiert verfügbare Produkte für uns wertvoller scheinen, da wir eine Urangst besitzen, dass ein bestimmtes Angebot nicht mehr verfügbar ist. Das funktioniert sowohl mit einer Verknappung der verfügbaren Menge oder des Zeitrahmens. Ist es nicht interessant, dass ein dominierender Weltkonzern wie Apple es nicht schafft, alle Geschäfte bei der Einführung eines neuen Smartphones mit ausreichend Produkten zu versorgen? Stecken Planungsfehler oder die pure Absicht im Sinne der Verknappung dahinter?

„Nur dieses Wochenende – Sonderaktion!" Mit diesen Mitteilungen wird das Prinzip besonders verstärkt. Es wird suggeriert, dass man gegen viele andere Personen in Konkurrenz treten muss.

Cialdini belegt mit Studien, dass die Kaufbereitschaft um das Doppelte steigt, wenn ein Produkt zeitlich limitiert ist.

Ist es nicht erheiternd, wenn ein Softwarehersteller mit der Aussage wirbt: „Nur noch 70 Lizenzen zum Download verfügbar!" Software kann unbegrenzt oft reproduziert werden.

Machen Sie sich einmal den Spaß und schalten Sie für ein paar Minuten auf einen Shopping-TV-Kanal. Achten Sie auf das genutzte Prinzip der Verknappung: „Nur noch für 15 min ist dieses Superangebot erhältlich!"

▶   **Wichtig!**

Wenn Sie das Prinzip der Verknappung einsetzen, achten Sie auf die Vertrauenswürdigkeit Ihrer Aussage. Verknappung muss plötzlich, zeitlich und/oder mengenmäßig eingesetzt werden. Wenn etwas schon immer knapp war, wird es als weniger interessant angesehen, als wenn es erst vor Kurzem verknappt wurde. Ihr Angebot muss von Interesse für die Menschen sein, die Sie damit ansprechen wollen.

Auch in Verhandlungen wird dieses Prinzip eingesetzt: Ein bestimmtes Angebot oder Zugeständnis ist nur bis Freitag nächste Woche gültig oder Sie erwähnen z. B., dass es noch andere Personen gibt, die ein reges Interesse haben, mit Ihnen zusammenzuarbeiten. Die Attraktivität Ihres Angebotes steigt, wenn Ihr Gegenüber weiß, dass es Konkurrenz gibt.

11.6   Festlegung und Konsequenz (Commitment & Consistency)

Wenn wir uns für etwas freiwillig entschieden haben, neigen wir dazu, auch in Zukunft dazu zu stehen – selbst wenn es falsche Entscheidungen waren. Die französischen Journalisten Joule und Beauvois beschreiben in Ihrem Buch „Leitfaden der Manipulation zum Gebrauch für ehrbare Leute" (1998) dieses Verhalten als „Gefriereffekt".

Davon leben z. B. Spielbanken. Wenn Sie sich freiwillig dazu entschieden haben, am Roulettetisch Geld oder Jetons zu setzen, werden Sie auch weiterspielen, wenn Sie bereits drei- oder viermal verloren haben. Zusätzlich führen Jetons dazu, Geld leichter auszugeben, denn durch die hübsch glänzenden Spielchips wird der Bezug zum reellen Geld entkoppelt – es ist ja nur ein Stück Plastik.

Der „religiöse" Ansatz, daran zu „glauben", dass es bei der nächsten Roulette-Runde besser wird, ist auch ein Geschäftsmodell im Aktiengeschäft. Zahlreiche Anleger kaufen nach einem Verlust noch dieselben Aktien nach, im Glauben, dass es besser werden wird. Eine Person, die von außen diese Szene beobachtet, ohne in die vorherige (Fehl-)Entscheidung eingebunden gewesen zu sein, würde mit einer sehr hohen Wahrscheinlichkeit diesen Nachkauf nicht tätigen.

In einer Ärztestudie wurde belegt, dass Patienten ihre Termine wesentlich verbindlicher wahrnahmen, wenn diese sich einen Termin selbst wählen konnten und diesen selbst schriftlich notierten.

Empfehlungsprogramme

Unternehmen bieten oft Prämien für Weiterempfehlungen ihrer Produkte. Folgen Sie diesem Angebot, andere für etwas zu werben, nehmen Sie gewissermaßen einen Standpunkt zu einer freiwillig getroffenen Entscheidung ein. Das Verhalten wäre widersinnig, wenn Sie einem Freund gegenüber einer Empfehlung aussprechen, das Produkt oder die Dienstleistung aber selbst nicht nutzen. Also nutzen Sie es auch selbst vermehrt. Vorsicht: Sind die Prämien zu großzügig gestaltet, werden auch Produkte empfohlen, die man selbst nicht oder wenig nutzt. ◄

Gerne wird dieses Prinzip verwendet, indem Sie Ihrer Gegenseite eine Aufgabe für das nächste Treffen mitgeben, wie z. B. die Beantwortung eines Fragenkataloges. Je länger und gründlicher sich Ihr Gegenüber mit Ihrer Sache beschäftigt, desto interessanter erscheint sie und es wirkt wie ein Anker.

11.7 Gemeinschaft (Unity)

Cialdini spricht von „gemeinsamen Identitäten". Im Gegensatz zum Social-Proof-Prinzip, bei dem sich unser Verhalten an der Verhaltensweise von anderen (uns auch unbekannten) Personen orientiert, oder bei Sympathie, wenn wir positiv reagieren, weil wir uns ähneln, geht es bei diesem Prinzip um das Dazugehören, das Wir-Gefühl.

Zugehörigkeit entsteht auf unterschiedlichen Ebenen wie Vereinsmitgliedschaft, Familie, Beruf, Ort, Religion, ehrenamtliche Hilfsorganisation, Hobbys usw.

Wir lassen uns eher von Menschen überzeugen, die zu unserer Gruppe gehören. Darum schlagen manche Finanzberater oder Versicherungsagenturen in ihren Trainings für Neuankömmlinge vor, die ersten Geschäfte innerhalb der Familie, des Fußballvereins, der Feuerwehr etc. zu machen, um diesen Vertrauensbonus geschäftlich zu nutzen.

Cialdini belegt, dass Angehörige einer Gruppe unser Wohl und unseren Erfolg stärker begünstigen und wir uns von den Vorlieben und Entscheidungen anderer Gruppenangehöriger leiten lassen. Damit wird wiederum der Zusammenhalt der Gruppe gestärkt.

Das bewusste Wahrnehmen dieser Zugehörigkeit wird zusätzlich durch Treffen (Auslands-Schweizer in Brasilien, Familienfeste etc.) oder gemeinsame Unternehmungen (z. B. Clubabende) gefördert. Dazu gehört auch der gemeinsame Austausch von Gedanken und Erfahrungen. Auch gemeinsame Feinde können verbinden und den Zusammenhalt stärken.

Da diese Empfindung der Zugehörigkeit oft nur von kurzer Dauer ist, benötigt es eine regelmäßige Auffrischung. Aufnahme-Rituale dienen in manchen Gruppen dazu, diese Zugehörigkeit noch zu verstärken. Je anspruchsvoller diese Rituale sind, desto stärker ist die Verbindung zur Gruppe. Egal ob Assessments bei einer Jobbewerbung, der feierliche Eid auf die Fahne beim Militär in einer großen Gruppe, das Gautschen der Buchdrucker, der Weg von der Novizin zur Nonne oder Aufnahmeriten in Geheimbünden, alle dienen der Stärkung des WIR-Gefühls.

▶ **Wichtig!**
Um dieses Prinzip einsetzen zu können, bedarf es Ihres Interesses am anderen Menschen nach dem MMMM-Prinzip[1]. Nur dann können sich Ihre Sensoren öffnen, um die Gemeinsamkeiten mit der anderen Person zu erkennen und diese in Ihrer Verhandlung gewinnbringend zu nutzen.

Wollen Sie dieses Prinzip in Verhandlungen einsetzen, braucht es Ihre vier „M". Das bedeutet nicht, dass Sie sich jetzt allen um den Hals werfen müssen, Ihr ernsthaftes Interesse an Ihrem Gegenüber ist das Wichtige. Ohne das Interesse, nach Gemeinsamkeiten zu suchen, wird Ihnen der Erfolgreiche Einsatz dieses Prinzips verwehrt bleiben.

---

[1] Abschn. 13.11: Man muss Menschen mögen.

Der magische Ring

Ein Lieferant saß im sehr schlicht gestalteten Verhandlungsraum eines großen Möbelhauses und wartete auf die Einkäuferin, um das gesendete Angebot durchzusprechen und zu verhandeln. Alle Verhandlungen wurden bewusst in diesen kahlen Räumen abgehalten, um den Lieferanten so wenig Angriffsfläche wie möglich zu bieten und Gemeinsamkeiten mit den Gesprächspartnern zu entdecken oder aufzubauen. Würde man im Büro der Einkäuferin verhandeln, böten sich zahlreiche Anknüpfungspunkte für das Auffinden von Gemeinsamkeiten: Fotos von der Familie am Schreibtisch, ein Poster an der Wand von einem Segelboot, ein kleines Modell des Eiffelturms neben dem Monitor, eine schöne Füllfeder u.v.m.

Das alles blieb unserem Lieferanten verborgen. Die Einkäuferin erschien, grüßte kurz und widmete sich nach einer kleinen Plauderei dem eigentlichen Thema. Die Verhandlung wurde knapp und ohne große Zugeständnisse geführt. Während des Gespräches bemerkte unser Lieferant den Ring am Finger der Einkäuferin. Er entschuldigte sich und sprach mitten in der Verhandlung die Dame darauf an, wie sie mit dem Ring zufrieden sei. Er interessiere sich für Schmuck und möchte sich erkundigen, wo sie dieses schöne Stück erstanden habe, denn er suche für seine Frau noch ein passendes Geschenk zum runden Hochzeitstag.

Durch die neu entdeckte Gemeinsamkeit sprachen die beiden rund zehn Minuten nur über den Ring und Schmuck im Generellen. Die zuvor so kühl wirkende Einkäuferin bot dem Lieferanten sogar eine Tasse Kaffee an. Als man zum eigentlichen Thema des Treffens zurückkehrte, war das Gesprächsklima merklich angenehmer. Sie kam dem Lieferanten obendrein bei ein paar Verhandlungspunkten noch entgegen und schloss die Verhandlung mit einem Auftrag an den Lieferanten ab. ◄

Egal ob es der Dialekt, ein von der Bürodecke hängendes Modellflugzeug, das Poster mit einem Bergmotiv an der Wand oder der schöne Ring am Finger Ihrer Verhandlungspartnerin ist, Ihre Offenheit für die Welt Ihres Gegenübers und Interesse am Menschen ist hier wichtig. Wie können Sie eine gute Verhandlung führen und dabei den Reifegrad der Verhandlung, Motivatoren, Bedürfnisse und Gemeinsamkeiten des vis-à-vis gut erkennen, wenn Sie sich nicht gerne mit Menschen abgeben?

11.8   Einfluss in einer automatisierten Welt

Cialdini erinnert uns in diesem Kapitel daran, wie sich unser Leben in den letzten Jahren verändert hat. Kommunikationsmedien wie Modem, Fax oder Telex gehören schon längst der Geschichte an. Selbst Briefe wurden zu einem Großteil durch E-Mails ersetzt. Aufwendig produzierte und künstlerisch gestaltete Briefmarken wurden durch einfache Aufkleber abgelöst. Heutige Smartphones besitzen mehr Rechenleistung und

Speicherkapazität als damals die Bordcomputer der Apollo 11 auf dem erfolgreichen Flug zur Mondlandung.

Kommunikationskanäle wie Chat, Videokonferenz, Mail, IP-Telefonie oder auch Online-Bestellungen u.v.m. haben rasant Einzug in unsere tägliche Kommunikation sowie auch in Geschäfts- und Verhandlungsprozesse gefunden. Die Suche nach Gemeinsamkeiten, gegenseitigen Sympathien, Zeit für ein kleines Pläuschchen, um die Beziehung zu pflegen, traten (leider) in den Hintergrund, die Überinformation in den Vordergrund.

Gerade darum empfiehlt Cialdini, die vorher in diesem Kapitel erwähnten Prinzipien einzusetzen, denn Sie können damit Ihren Erfolg in Verhandlungen merkbar steigern. Nutzen Sie aber auch die neuen Medien, um (wenn es für Sie passend erscheint) Handyfotos der letzten Familienwanderung, des Grillfests oder ähnlichem zu teilen – es macht Sie menschlicher.

11.9 Priming

▶ **Wichtig!**
Bevor wir ein Überzeugungsprinzip gut nutzen können, ist Priming hilfreich, um z. B. die Aufmerksamkeit unseres Gegenübers auf ein bestimmtes Thema zu lenken. Danach können wir die Prinzipien von Cialdini umso wirkungsvoller einsetzen oder intensivieren.

Der Psychologe John Bargh, Professor an der US-Universität Yale, ist einer der führenden Sozialpsychologen und Priming-Experten weltweit. In seinem richtungweisenden Werk „Vor dem Denken: Wie das Unbewusste uns steuert" (2018) entschlüsselt er das Unbewusste und beschreibt, wie sich unser tägliches Handeln und Denken durch versteckte Abläufe lenken lässt.

Bargh zeigt, dass unsere Gefühle, unser Denken und unser tägliches Verhalten durch verborgene, mentale Prozesse gesteuert werden – vielleicht sogar mehr als uns lieb ist.

Er liefert Antworten auf verschiedene Phänomene: Warum z. B. ein Mädchen bereits mit sieben Jahren überzeugt ist, nicht singen zu können, wie das Wetter Aktienkurse beeinflusst oder Richter mildere Urteile nach dem Mittagessen treffen. Er verrät auch, wie wir ungewünschte Reaktionen auf Reize vermeiden und das Unbewusste austricksen können.

Dieses Phänomen nennt die Psychologie „Priming", also ein innerliches Grundieren und Vorbahnen.

Nehmen wir an, Sie wollen Ihre Wohnung neu ausmalen, denn die alte, ehemals weiße Wandfarbe hat schon bessere Zeiten gesehen. Bevor Sie die neue Farbe aufbringen, tragen Sie einen sogenannten Tiefengrund (im engl. Primer) auf. Eine Art Grundierung, die eine Haftbrücke zwischen der alten und der neuen Farbe bildet, damit die frische Farbe gut anhaften kann.

Ähnlich ist es mit diesem psychologischen Phänomen. Priming wird für unser Gehirn als Vorbereitung eingesetzt, damit danach ein bestimmtes Prinzip der Beeinflussung gut „anhaften" kann. Menschen werden eher hilfsbereit, wenn ihnen vorher Bilder von Menschengruppen gezeigt werden, die nah zusammenstehen.

Warmes Florida

Ein bekanntes Beispiel ist der Florida-Effekt. Florida ist ein beliebtes Ziel für amerikanische Pensionisten. Kursteilnehmer von J. Bargh bewegten sich wesentlich langsamer und schwerfälliger, nachdem ihnen Worte wie Alter, Falten, Rente, Rollstuhl, Gebrechen oder Pflegeplatz gezeigt wurden. Die Gedanken führten zu einer körperlichen Reaktion. Es funktioniert auch rückwärts: Wenn sich Versuchsteilnehmer zuerst langsam bewegen mussten, – eventuell auch unter Zuhilfenahme eines Rollators – erkannten sie Verknüpfungen rund ums „älter sein und werden" leichter. ◄

Im alt-indischen Dhammapda, der „Lehre von den Denksinnen", welche rund 400 v.Chr. verfasst wurde, findet sich frei übersetzt die Aussage, dass alles, was wir sind, das Ergebnis dessen ist, was wir gedacht haben. Unser Verhalten hat also in unseren Gedanken seinen Ursprung, damit bestimmen Gedanken mit über unser Leben.

Ein bekannter Witz, um jemanden in die Irre zu führen lautet:

Buchstabiere fünfmal schnell hintereinander das Wort „Knilch"

„K-N-I-L-C-H, K-N-I-L-C-H, K-N-I-L-C-H, K-N-I-L-C-H, K-N-I-L-C-H"

Welche Farbe hat Schnee?

„Weiß."

Welche Farbe hat ein Blatt Papier?

„Weiß."

Welche Farbe haben Wolken?

„Weiß."

Was trinkt die Kuh?

„Milch." (HaHa!)

Ganz unter uns: Priming wird „nie" in der Werbung oder Politik eingesetzt, wirklich!

Ein folgenschwerer Spaziergang

Das Multitalent Sir Francis Galton (1822–1911) lebte in Großbritannien und galt als einer der genialen Köpfe seiner Zeit. Er war Mitbegründer der modernen Kriminologie und hat u. a. das Prinzip des Fingerabdruckverfahrens zur Identifizierung von Personen entwickelt. Galton beschäftigte sich auch mit Psychologie und mit psychologischen Problemstellungen.

Im mehrteiligen Buch „Life, Letters and Labour of Francis Galton" (1914–1930) beschreibt Galtons Biograph Karl Pearson ein berühmt gewordenes Gedankenexperiment:

Bevor Sir Galton seinen täglichen Spaziergang durch London antrat, stellte er sich eines Tages vor, der meistgehasste Mensch Englands zu sein. Nach einer kurzen mentalen Übung, konzentriert auf diese Vorstellung, trat er seinen Spaziergang an und machte folgende, ungewöhnliche Erfahrung:

Einige Passanten, beschimpften ihn oder wechselten die Straßenseite, andere wandten sich mit abwertenden Gesten von ihm ab. Ein Arbeiter rempelte ihn mit dem Ellbogen an, sodass er zu Boden fiel. Sogar Tiere sollen negativ auf ihn reagiert haben. Als Sir Galton an einem Pferd vorbeiging, soll dieses nach ihm ausgeschlagen haben und er ging zum zweiten Mal zu Boden. Daraufhin kam es zu einem kleinen Auflauf. Die Menschenmenge ergriff Partei für das arme Pferd. Sir Galton brach daraufhin sein Experiment ab. ◄

Die augenscheinliche Abwesenheit eines Mentaltrainers wurde in einem Interview des Boxers Axel Schulz deutlich, der bei seinem Comeback am 25.11.2006 schmerzlich scheiterte. Er sagte dem Sinne nach, dass er plötzlich ohne Kraft war. Axel Schulz hatte bei seinem versuchten Comeback als Boxer trotz ernsthaftem Training und Vorbereitung auf den Kampf seine Gedanken anscheinend nicht unter Kontrolle. Seine Zweifel bekamen die Oberhand. Die Folge: Eine Blamage vor ausverkauftem Haus, denn er ging in der vierten Runde k.o. und erlitt laut Berichten durch einen Kopftreffer eine Gehirnverletzung.

Priming können wir auch positiv für uns selbst einsetzen, um die eigenen Leistungen zu steigern und uns selbst zu mehr Erfolg zu führen. Die Macht der Gedanken und positiver Aussagen ist seit Langem bekannt: Wer an sich und den eigenen Erfolg glaubt, kann mehr erreichen.

Jeder von uns benötigt Priming, nicht nur der Profisport. Egal ob bei Bewerbungsgesprächen, Verhandlungen oder einer Prüfung: Es ist wichtig, die eigenen Gedanken während wichtiger Aktivitäten im Zaum zu halten.

Ziele bildhaft vorzustellen, Selbstmotivation und andere mentale Techniken können – richtig eingesetzt   kleine Wunder bewirken.

Literatur

Cialdini, R. (2023). *Influence – Influence* (S. 7 ff.). Harper Collins Verlag.

Bargh, J. (2018). *Vor dem Denken: Wie das Unbewusste uns steuert*. Touchstone Verlag.

Dyer/Ioannou/Morrell/Croft/Couzin/Waters/Krause. (2008). *Animal Behaviour* (Bd. 75, Ausgabe 2, S. 461 f.). Elsevier.

Jerry, M. Burger, PhD. (2009) "Replicating Milgram: Would People Still Obey Today?" Santa Clara University. *American Psychologist, 64*, No. 1.

Joule/Beauvois. (1998). *Leitfaden der Manipulation zum Gebrauch für ehrbare Leute* (S. 22 ff.). AtV.

Pearson, K. (1930). *Life, Letters and Labour of Francis Galton*. University Press Cambridge (Part II).

Umgang mit Konflikten und wenn's wirklich, wirklich schwierig wird … 12

Zusammenfassung

In diesem Kapitel wird die Entstehung von Konflikten, deren Lösungsmöglichkeiten sowie das Verhalten in anspruchsvollen Verhandlungssituationen beschrieben.

Fragen

Fragen, auf die Sie in diesem Kapitel Antworten finden können:

- Welche Techniken helfen, ruhig zu bleiben, wenn Sie mit Aggression oder Wut konfrontiert werden?
- Welche Lösungsmöglichkeiten bestehen in einzelnen Konfliktstufen?
- Gibt es magische Verhaltensweisen, die Ihre Chancen auf einen produktiven Verhandlungsablauf erhöhen?
- Welche Strategie ist die Richtige, wenn Sie mit Monopolisten verhandeln?
- Ist Manipulation grundsätzlich etwas Schlechtes?

Konflikte sind eine allgegenwärtige Erscheinung im menschlichen Zusammenspiel, und Verhandlungen bilden da keine Ausnahme. Sie entstehen, wenn zwei oder mehr Parteien verschiedene Interessen, Werte, Bedürfnisse oder Ziele haben, die nicht miteinander im Einklang stehen. Gerade eine Verhandlung stellt eine Situation dar, in der Konflikte oft entstehen oder Ursache der Verhandlung sind und idealerweise auch gelöst werden.

R. Weiss und J. Lavrih Sztajnbok, *Die Elemente des Verhandelns,*
https://doi.org/10.1007/978-3-658-44596-6_12

Konflikte in Verhandlungen sind fast unvermeidlich, da es sich häufig um Situationen handelt, in denen die Beteiligten versuchen, das Beste für ihre Seite herauszuholen. Dabei stoßen sie auf Widerstand, da die Gegenseite etwas anderes möchte. Es können verschiedene Interessen, Werte, Überzeugungen, Informationen oder Beziehungen sowie organisatorische Themen aufeinanderprallen und zu Konflikten führen.

Wir werden oft gefragt, ob Konflikte in Verhandlungen sein müssen und ob es nicht ohne geht. Konflikte haben trotz ihres negativen Beigeschmacks auch positive Aspekte. Sie drängen die Verhandlungsparteien dazu, Probleme zu erkennen, Alternativen zu suchen, zu lernen und zu wachsen, Unterschiede sichtbar zu machen und Verhältnisse zu klären.

Das Wichtige bei Konflikten in Verhandlungen ist der Stil, mit dem Sie versuchen, diesen Konflikt zu lösen.

12.1   Umgang mit Aggression und Wut

Aggression und Wut in Verhandlungen sind oft das Ergebnis von Stress, Desinformation, Frustration oder dem Gefühl, ungerecht behandelt bzw. persönlich angegriffen zu werden. Es ist wichtig, diese Gefühle zu erkennen und anzuerkennen, sowohl bei sich selbst als auch bei Ihrem Gegenüber. Wenn Sie die Ursachen dieser Emotionen verstehen, können Sie besser darauf reagieren.

Bevor Sie in eine Verhandlung gehen, üben Sie Techniken zur Selbstbeherrschung. Dazu gehören Atemübungen, Meditation oder das Visualisieren eines positiven Ausgangs. Diese Techniken können Ihnen helfen, ruhig zu bleiben und einen klaren Kopf zu bewahren, wenn Sie mit Aggression oder Wut konfrontiert werden.

Zeigen Sie ehrliches Interesse an den Bedenken und Standpunkten der anderen Seite. Wiederholen Sie deren Hauptpunkte, um zu zeigen, dass Sie zugehört haben. Das allein kann schon dazu beitragen, die emotionale Spannung zu verringern.

Nutzen Sie Ich-Botschaften, um Ihre eigenen Gefühle auszudrücken, ohne Ihr Gegenüber mit Du/Sie-Botschaften anzugreifen. Zum Beispiel: „Ich fühle mich frustriert, wenn meine Vorschläge ohne Erklärung abgelehnt werden." Dies kann helfen, defensives Verhalten zu reduzieren und eine konstruktivere Diskussion zu fördern. Bewahren Sie Ruhe. Ihre Ruhe ist ansteckend. Wenn Ihr Gegenüber bemerkt, dass Sie ruhig bleiben und nicht auf die Aggression reagieren, wird sie/er ebenfalls aufhören.

Wenn Sie merken, dass die Aggression oder Wut überhandnimmt, zögern Sie nicht, eine Pause vorzuschlagen. Eine kurze Unterbrechung ermöglicht allen Beteiligten, sich zu beruhigen und mit einer frischeren Perspektive zurückzukehren.

Versuchen Sie, sich in die Lage der anderen Person zu versetzen. Empathie kann Ihnen helfen, die Gründe für ihre Aggression oder Wut zu verstehen und eine gemeinsame Basis für die Fortsetzung der Verhandlung zu finden.

In manchen Fällen kann es hilfreich sein, einen neutralen Dritten hinzuzuziehen. Mediatoren oder Schlichter sind speziell ausgebildet, um in hitzigen Situationen zu vermitteln und eine Einigung zu erzielen.

Denken Sie daran, Ruhe zu bewahren, Empathie zu zeigen und einen Weg zu finden, der für beide Seiten akzeptabel ist. So führen Sie Verhandlungen nicht nur zu einem erfolgreichen Abschluss, sondern stärken auch langfristige Beziehungen.

12.2   Von der leichten Brise zum Orkan: Was tun, wenn es eskaliert?

Konflikte in Verhandlungen können, wenn sie ungelöst bleiben, eskalieren und zu schwerwiegenden Problemen führen. Sie können, wenn sie nicht effektiv gehandhabt werden, schnell eskalieren und verheerende Konsequenzen für alle Beteiligten haben. Um dies zu verhindern ist es entscheidend, die Anzeichen einer Eskalation früh zu erkennen und proaktiv anzugehen. Durch den Einsatz von Kommunikationstechniken, Mediation und anderen Konfliktlösungsstrategien können Verhandlungen wieder auf den Weg einer konstruktiven und kooperativen Lösungsfindung gebracht werden. Letztendlich ist es wichtig zu erkennen, dass Konflikte nicht immer vermieden werden können, aber die Art und Weise, wie wir mit ihnen umgehen, kann den Unterschied zwischen einer erfolgreichen Verhandlung und einer katastrophalen Eskalation ausmachen.

Der Konfliktforscher Friedrich Glasl (2022) hat ein Modell entwickelt, das Konflikte in Eskalationsstufen unterteilt, die sich in drei Hauptphasen gliedern:

- Win-win-Phase (Stufen 1–3): Hier ist Selbsthilfe noch möglich.
- Win-Lose-Phase (Stufen 4–6): In diesen Stufen ist das Beiziehen von externer Hilfe nötig.
- Lose-Lose-Phase (Stufen 7–9): Der Einsatz eines Schiedsgerichts oder von autoritären Maßnahmen ist nötig.

Wir beschreiben dieses Stufenmodell im Detail in den Grundlagen (Abschn. 13.8). In diesem Kapitel bieten wir zu diesem Modell Lösungsvorschläge für die einzelnen Eskalationsstufen, die kurz beschrieben werden:

Stufe 1: Verhärtung – Erste Spannungen und Meinungsverschiedenheiten treten auf.
Unser Lösungsvorschlag: Aktives Zuhören und Empathie zeigen. Es ist wichtig, offen für die Perspektive des Gegenübers zu bleiben und zu versuchen, das Problem gemeinsam anzugehen, anstatt Positionen zu verteidigen.

Stufe 2: Polarisation und Debatte – Parteien versuchen, andere von ihrer Position zu überzeugen.
Unser Lösungsvorschlag: Interne Konfliktmoderation im Gespräch. Es sollte Wert daraufgelegt werden, die Interessen hinter den Positionen aller Seiten zu verstehen.

Stufe 3: Taten statt Worte – Die Parteien beginnen, sich auf Aktionen zu konzentrieren, die ihre Position stärken.
Unser Lösungsvorschlag: Einführung von klaren Kommunikationsregeln und Streben nach einer Win-win-Situation durch kreative Problemlösung.

Stufe 4: Images und Koalitionen – Das Bild eines „Gegners" beginnt sich zu verhärten.
Unser Lösungsvorschlag: Open-Space-Verfahren und andere Großgruppeninterventionen können helfen, die Kommunikation zu verbessern und festgefahrene Bilder aufzubrechen.

Stufe 5: Gesichtsverlust – Die öffentliche Bloßstellung der Gegenseite wird angestrebt.
Unser Lösungsvorschlag: Einsatz einer professionellen Mediation, um zwischen den Parteien zu vermitteln und eine faire Auseinandersetzung zu strukturieren.

Stufe 6: Drohstrategien – Drohungen und Gegendrohungen dominieren die Interaktionen.
Unser Lösungsvorschlag: Einrichtung einer visualisierten Risikoanalyse, um die Konsequenzen von Nicht-Einigung deutlich zu machen und gegenseitiges Verständnis wiederzubeleben.

Stufe 7: Begrenzte Vernichtungsschläge – Die Parteien beginnen, sich gegenseitig Schäden zuzufügen, auch wenn sie selbst dadurch Nachteile erleiden.
Unser Lösungsvorschlag: Eine Vertagung kann helfen, eine Verschlimmerung zu verhindern. Die Versachlichung der Auseinandersetzung ist dringend nötig.

Stufe 8: Zersplitterung – Die Zerstörung der „Gegner"-Partei wird zum Hauptziel.
Unser Lösungsvorschlag: Rechtliche Schritte und Einbeziehung externer Autoritäten können notwendig werden, um weiteren Schaden abzuwenden.

Stufe 9: Gemeinsam in den Abgrund – Die Konfliktparteien sind bereit, ihren eigenen Untergang in Kauf zu nehmen, nur um den anderen zu schaden.
Unser Lösungsvorschlag: In diesem Stadium ist der Schaden oft irreparabel. Eine Trennung der Parteien und möglicherweise eine formale Schlichtung oder ein Gerichtsprozess sind die letzten verfügbaren Schritte.

12.3   Magisches und Tragisches in Verhandlungen

Der Umgang mit Konflikten in Verhandlungen kann den Unterschied zwischen Erfolg und Scheitern ausmachen. Wir haben die wichtigsten Verhaltensregeln und Stolpersteine, die Sie meiden sollten, für Sie in diesem Kapitel zusammengefasst, um Ihre Chancen auf einen produktiven Verhandlungsverlauf zu erhöhen. Denken Sie daran, dass langfristig gesehen, die beste Verhandlung eine ist, aus der beide Seiten als Gewinner hervorgehen. Das erfordert Geduld, Verständnis und manchmal auch Kreativität.

Unserer Erfahrung nach haben sich folgende Verhaltensweisen bewährt:

1. Vorbereitung ist der Schlüssel
   Bevor Sie in eine Verhandlung gehen, stellen Sie sicher, dass Sie Ihre Ziele, Prioritäten und Kompromissbereiche klar verstanden haben. Wissen Sie auch um die Interessen der anderen Partei und seien Sie auf verschiedene Szenarien vorbereitet.
2. Aktives Zuhören
   Hören Sie aktiv zu, um die Perspektive und Sorgen der anderen Partei wirklich zu verstehen. Dies zeigt nicht nur Respekt, sondern kann auch dazu beitragen, Missverständnisse zu vermeiden und gemeinsame Interessen zu entdecken.
3. Emotionale Intelligenz
   Bleiben Sie ruhig und kontrolliert, selbst wenn die Diskussion hitzig wird. Ihre Fähigkeit, Ihre eigenen Emotionen zu steuern und die der anderen Partei zu erkennen, ist entscheidend für eine konstruktive Lösung.
4. Offene Kommunikation
   Drücken Sie Ihre Gedanken klar und diplomatisch aus. Sorgen Sie für eine offene Kommunikationslinie, damit Probleme und Interessen offen diskutiert werden können, ohne Eskalation.
5. Win-win-Lösungen suchen
   Streben Sie nach Lösungen, die für beide Parteien vorteilhaft sind. Langfristige Beziehungen werden gestärkt, wenn alle Parteien das Gefühl haben, dass ihre Interessen gehört und respektiert werden.
6. Vermittler nutzen
   Wenn der Konflikt festgefahren ist, können dritte Parteien wie Mediatoren oder Schiedsrichter hilfreich sein, um eine neutrale Perspektive einzubringen und eine faire Lösung zu finden.
   „Tragisches" haben wir im Vorfeld bereits unter Punkt 5.6 zusammengefasst.

12.4 Grundregeln für eine positive Konfliktbearbeitung

Die erfolgreiche Sachbuchautorin Hedwig Kellner empfiehlt sechs Grundregeln zu einer positiven Konfliktbearbeitung:

- **Vermeidung, dass Ihr Gegenüber sein Gesicht verliert.**
- **Bleiben Sie immer beim aktuellen Thema.** Wärmen Sie nicht alte Fehler des anderen auf. Beleidigen Sie den anderen niemals persönlich.
- **Die eigene Selbstachtung wahren.**

Ziehen Sie sich rechtzeitig aus einer Auseinandersetzung zurück, wenn Sie spüren, dass Sie die Selbstbeherrschung verlieren. Antworten sie konsequent nicht auf persönliche Beleidigungen.

- **Immer auch in die Lage des anderen versetzen.**
  Versuchen Sie immer genau zu verstehen, was im anderen gedanklich und emotional vorgeht. Lassen Sie dem anderen mehr Redezeit. Hören Sie zu und beobachten Sie.
- **Darauf verzichten, andere Menschen ändern zu wollen.**
  Nehmen Sie die andere Person, wie sie ist. Sie wird ganz sicher so bleiben und sich auf keinen Fall von Ihnen – „dem Gegner" – umerziehen lassen. Sagen Sie den anderen nicht, wie sie/er denken oder fühlen müsste.
- **Die eigenen Standpunkte konsequent und strategisch klug vertreten.**
  Sagen Sie klar und ohne Umschweife, was Sie wollen. Versuchen Sie, immer zu überzeugen. Überreden, moralische Erpressung oder sonstiger Druck liefern nur kurzfristige Erfolge.
- **Die Gefahr von Folgekonflikten reduzieren.**
  Legen Sie einen geklärten Konflikt zu den Akten. Kommen Sie möglichst nicht mehr zum Thema zurück. Ziehen Sie möglichst keine Unbeteiligten in das Geschehen hinein.

12.5   Lösungsmöglichkeiten für Konflikte in Verhandlungen

Werden Konflikte richtig gehandhabt, bieten sie die Gelegenheit für klare Vereinbarungen und die Verbesserung der Beziehungen zwischen Ihnen und Ihrem Gegenüber. Durch den Einsatz effektiver Konfliktlösungsstrategien kann eine Atmosphäre geschaffen werden, die zu kreativen und nachhaltigen Vereinbarungen führt.

- **Aktives Zuhören:** Hören Sie den anderen Parteien genau zu, um ihre Sichtweisen und Bedürfnisse zu verstehen.
- **Interessenbasierte Verhandlung:** Fokussieren Sie sich auf die Interessen hinter den Positionen, nicht nur auf die Positionen selbst.
- **Optionen entwickeln:** Sammeln Sie Ideen (Brainstorming, Morphologischer Kasten etc.) gemeinsam mit den anderen Parteien, um mehrere Lösungen zu kreieren, bevor eine Entscheidung getroffen wird.
- **Objektive Kriterien nutzen:** Greifen Sie auf objektive Standards zurück, wie Marktwerte, Expertenmeinungen oder gesetzliche Bestimmungen.
- **Emotionen managen:** Achten Sie auf die Emotionalität in den Verhandlungen und versuchen Sie eine sachliche Ebene zu bewahren.
- **Ihr BATNA kennen:** Seien Sie sich Ihrer besten Alternative bewusst, falls die Verhandlung scheitert.
- **Win-win-Lösungen anstreben:** Suchen Sie nach Lösungen, von denen alle Parteien profitieren können.

- **Vertrauen aufbauen**: Arbeiten Sie an einer vertrauensvollen Atmosphäre, in der Offenheit und Ehrlichkeit herrschen.
- **Kommunikationstechniken verbessern**: Verwenden Sie klare, präzise Sprache und vermeiden Sie Missverständnisse.
- **Mediation einsetzen:** Ziehen Sie bei verfahrenen Situationen externe, neutrale Hilfe hinzu, die der Vermittlung zwischen den Fronten dienen kann.

Erfolgreiche Berater wie Jürgen Hesse und Christian Schrader (2016), haben folgende Tipps zusammengefasst, die Sie unterstützen sollen, um erfolgreich durch Konfliktphasen navigieren zu können:

- Streben Sie stets danach, das Denken und die Emotionen der Gegenseite genau zu verstehen.
- Versuchen Sie, Strategie und Taktik der Gegenseite zu durchschauen.
- Hören und beobachten Sie aufmerksam zu, vermeiden Sie Vorurteile.
- Konkurrieren Sie nicht um den größten Redeanteil. Qualität geht vor Quantität.
- Bleiben Sie immer beim aktuellen Thema. Wärmen Sie alte Niederlagen oder Fehler der anderen aus der Vergangenheit nicht wieder auf.
- Lehnen Sie ein Gespräch nicht ab, wenn Ihr Gegenüber auf sie zukommt.
- Schützen sie auch die Gegenseite vor sich selbst und achten Sie darauf, dass Ihr Gegenüber keine unnötigen Schwächen zeigt und öffentlich ihren Zorn ausdrückt.
- Vermeiden sie Beleidigungen, Provokationen, Herabwürdigungen oder Zweifel an deren Aufrichtigkeit.
- Geben sie keinen Triumph Preis, wenn ihnen ein Irrtum oder Fehler des anderen nachgewiesen wird.
- Ziehen sic sich lieber rechtzeitig aus einer Diskussion zurück, wenn Sie bemerken, dass Ihre Selbstbeherrschung schwindet.
- Lassen Sie sich von uralten Fehlern, Niederlagen und Irrtümern nicht beeinflussen.
- Mischen Sie sich nicht in die Diskussion anderer Leute ein, von der Sie eigentlich nichts haben. Lassen Sie sich auch nicht vor jemandes Karren spannen.
- Akzeptieren Sie die anderen Menschen so wie sind. Lehrmeisterei ist unangebracht.
- Achten Sie darauf, Ihre Argumente angemessen zu formulieren, um Ihr Gegenüber aufgeschlossener zu machen.
- Bleiben Sie sachlich in Ihrer Argumentation. Überredung, moralische Erpressung oder anderer Druck führt nur kurzfristig zum Erfolg.
- Verlieren Sie Ihre langfristigen Ziele nicht aus den Augen.
- Minimieren Sie das Risiko von Folgekonflikten.
- Haken Sie geklärte Punkte ab und versuchen Sie nicht, nochmals das ursprüngliche Thema „aufzuwärmen".
- Ziehen sie keine Unbeteiligten hinein und sprechen Sie auch nicht schlecht über Ihre Verhandlungspartner gegenüber Dritten. Wenn Sie mit dem Finger auf jemand anderen zeigen, zeigen gleichzeitig drei Finger Ihrer Hand zurück auf Sie!

- Strecken Sie die Hand zur Versöhnung aus oder unternehmen Sie mindestens den ersten Schritt, um den Umgangston wieder zu normalisieren.
- Lassen Sie sich auch von anderen Personen nicht aufstacheln.

12.6   Das Wörtchen „schwierig"

Wir alle kennen das Sprichwort: „Worte lassen Wirklichkeiten entstehen." Besonders auffallend ist dieses Phänomen, wenn es um die Beschreibung und Bewältigung von Herausforderungen geht. Das Adjektiv „schwierig" spielt dabei eine Schlüsselrolle, da es oft als Vorbote für Hindernisse und Anstrengungen angesehen wird[1].

Sprache beeinflusst unsere Gedanken, Gefühle und Handlungen. Dass wir Situationen ein „Etikett" geben wollen, um sie leichter einzuschätzen, liegt in der menschlichen Psyche. Die Etikettierung einer Situation als „schwierig" kann jedoch eine selbsterfüllende Prophezeiung auslösen. Menschen, die erwarten, dass etwas hart oder kompliziert ist, können durch diese Annahme so stark beeinflusst werden, dass ihre allgemeine Herangehensweise und Leistung negativ beeinflusst wird. Die Stressforschung zeigt, dass die Vorstellung von Schwierigkeiten zu einer Erhöhung des Stressniveaus führen kann, was unsere Handlungs- und Problemlösungsfähigkeiten beeinträchtigt.

Die Erwartungshaltung, die durch die Bezeichnung „schwierig" entsteht, kann sich auch auf unsere Motivation und letztlich auf unsere Leistung auswirken. Menschen verhalten sich häufig in Übereinstimmung mit dem, was von ihnen erwartet wird. Wenn jemand glaubt, eine Aufgabe sei einfach zu bewältigen, werden Motivation und Bemühungen dieses Bild widerspiegeln, was oft zu besseren Ergebnissen führt. Im Gegensatz dazu kann die Überzeugung, dass etwas schwierig ist, dazu führen, dass wir unsere Fähigkeiten unterschätzen und weniger Engagement zeigen.

„Schwierig" ist ein relativer Begriff, der stark mit den Werten, Fähigkeiten, Erfahrungen und Prinzipien jeder einzelnen Person in Verbindung steht. Eine erfahrene, durchtrainierte Bergführerin wird eine bestimmte Kletterroute als einfach oder auch sehr gefährlich bewerten und im Gegenzug ein wenig geübter Durchschnittssportler als schwierig oder harmlos.

Das Bewusstsein für die Auswirkungen, die diese Etikettierung mit sich bringt, ist der erste Schritt, um solche mentalen Blockaden zu überwinden. Indem wir eine Verhandlungssituation als Aufgabe, Herausforderung und als eine Gelegenheit zum Wachstum und zum Lernen betrachten, können wir eine positivere Einstellung dazu entwickeln. Darüber hinaus hat die positive Selbstsprache den Vorteil, die eigene Leistung zu verbessern.

---

[1] Abschn. 1.12 „der bissige Hund"

12.7   Umgang mit Monopolisten

Monopolisten sind Unternehmen, die in Verhandlungen ein besonderes Alleinstellungsmerkmal haben. Sie haben dadurch eine starke Verhandlungsmacht und können Preise
sowie andere Bedingungen diktieren. Eine Verhandlung mit einem solchen Gegenüber
kann äußerst herausfordernd sein.

Wir begegnen grundsätzlich drei Arten von Monopolisten:

- Unternehmen, die eine marktbeherrschende Stellung und/oder ein nicht austausch-
  bares Alleinstellungsmerkmal in ihrem Angebot besitzen.
- Technische Monopolisten, die durch eine zu enge Definition z. B. durch die Ent-
  wicklungsabteilung/Technik bereits in der Planungs- oder Prototypphase geschaffen
  werden und die Lieferantenauswahl dadurch so stark limitieren, dass der Verhandlungsspielraum zum Schaden des Unternehmens stark eingeschränkt wird.
- Nominierte Lieferanten: Sublieferanten, die von Ihrem Kunden, an den Sie liefern
  sollen, vorbestimmt werden und von denen Sie Bestandteile für Ihre Lieferung beziehen müssen.

Die Verhandlung mit Monopolisten ist eine der schwierigsten Situationen in Verhandlungen. Egal ob es echte oder nur hausgemachte Monopolisten sind, das Gefühl von
Schwäche und Abhängigkeit bleibt gleich.

Monopolisten haben eine besondere Position als Verhandlungspartner. Sie sind
oft hausgemacht. Monopole entstehen, weil Unternehmen zu einseitig auf bestimmte
Technologien ausgerichtet sind, sich sehr früh nur auf einen Lieferanten festlegen oder
weil der Einkauf durch beispielsweise technische Spezifikationen in seinen Möglichkeiten stark in der Lieferantenauswahl eingeschränkt wurde. Das Aufspüren und/oder
schrittweise Aufbauen von Alternativen ist nachhaltig gesehen das einzige, wirksame
Mittel gegen Monopolstellungen.

Welche Strategie ist nun die Richtige?
Ein durchsetzender Verhandlungsstil wird in den seltensten Fällen zum Erfolg führen.
Diplomatie und Beziehungsmanagement sind hier meist die richtige Wahl.

Die Schwierigkeiten beginnen bereits damit, dass Monopolisten oft wenig Interesse
an fairen Verhandlungslösungen haben. Ihr Hauptziel ist es meist, deren eigene Position
weiter zu stärken und Gewinne zu maximieren – auch wenn dies den Kunden oder anderen Wettbewerbern schadet.

Eine weitere Hürde besteht darin, dass Monopolisten meist über umfangreiche Ressourcen verfügen. Das gibt ihnen einen Vorteil bei der Durchführung von langwierigen
Verhandlungen oder Rechtsstreitigkeiten oder dem Einsatz von zeitaufwendigen Taktiken zur Ablehnung einer Einigung in einer Verhandlung.

Trotz dieser Schwierigkeiten gibt es auch einige Möglichkeiten für erfolgreiche Verhandlungsstrategien:

- Informieren Sie sich gründlich über Ihren Monopolisten: Kennen Sie Ihr Gegenüber genau – seine Ziele, Motivationen und vergangene Verwaltungspraktiken. Je besser vorbereitet Sie in die Gespräche gehen, desto besser wird das Ergebnis sein.
- Finden Sie alternative Lösungsansätze jenseits des reinen Preisvergleichs wie beispielsweise Kooperationsmöglichkeiten im Rahmen eines Joint Ventures oder strategische Partnerschaften, welche beiden Parteien Nutzen bringen könnten: Sie kaufen zu den besseren Konditionen eines Kooperationspartners beim Monopolisten ein.
- Bilden Sie Allianzen und bündeln Sie das Verhandlungspotenzial: Identifizieren Sie mögliche Verbündete unter anderen Marktbegleitern oder Kunden, um gemeinsam eine stärkere Verhandlungsposition gegenüber dem Monopolisten zu erlangen.
- Rechtliche Schritte erwägen: Prüfen Sie die Möglichkeit einer rechtlichen Konfrontation, falls der Monopolist auf unfaire Bedingungen besteht. Holen Sie hierzu gegebenenfalls Expertenhilfe ein, um Ihre Erfolgsaussichten realistisch einzuschätzen.
- Bilden Sie eine strategische Allianz mit einem Lieferanten, der den Monopolisten beliefert.
- Insgesamt sind Verhandlungen mit Monopolisten zweifellos anspruchsvoll. Doch durch gründliche Vorbereitung und kluge Strategien besteht dennoch die Chance auf erfolgreiche Ergebnisse – sei es in Form von Kompromissen oder alternativen Lösungswegen.
- Denken Sie daran, dass Beziehungsmanagement im Verhandeln mit Monopolisten wichtig ist.
- Bei technischen Monopolisten überdenken Sie die geforderten Definitionen in Ihrem Pflichtenheft. Setzen Sie sich mit Ihrer Entwicklung oder Technik zusammen, um Alternativen zu finden, damit Sie der Monopol-Zange wieder entkommen.

12.8   Manipulation in Verhandlungen

Manipulation im Sinne des psychologischen Zusammenspiels zwischen Menschen bedeutet eine gezielte und manchmal auch verdeckte Beeinflussung auf das Verhalten von anderen.

Ist es Manipulation, wenn wir im Anzug mit Krawatte oder im Business-Kostüm wegen eines Kredit-Gesprächs zur Bank gehen? Aus unserer Sicht wieder ein klares Ja, denn wir wollen damit eine bestimmte Wirkung auf die Bankberaterin oder den Bankberater erzielen.

Ist es Manipulation, wenn wir uns für ein Date hübsch herrichten und vorher noch zum Friseur gehen? Aus unserer Sicht: Ja, denn wir wollen damit eine bestimmte Wirkung auf die Person, die wir treffen werden, erzielen.

Ein Freund von uns hat uns von einem Speed-Dating erzählt, bei dem zahlreiche Interessentinnen und Interessenten kurze Zeit für ein Gespräch bekommen und dann auf Kommando die Sitzplätze wechseln müssen. Ziel ist es, in Kontakt zu kommen, um rasch herauszufinden, ob die andere Person interessant für ein weiteres Treffen ist. Einer der teilnehmenden Herren war angeblich nur mit einem Bademantel bekleidet. Auf die Frage, warum er dieses Kleidungsstück gewählt hat, antwortete er: „Na, damit meine Gesprächspartnerin gleich weiß, wie ich ungeschminkt am Morgen aussehe." Ob diese humorvolle Manipulationsstrategie erfolgreich war, ist unbekannt.

Ist Manipulation grundsätzlich etwas Schlechtes?

Wir sind täglich unzählige Male Manipulationen ausgesetzt. Egal ob Werbung im Radio, Fernsehen, Plakate, gezielte Produktplatzierungen in Filmen, Werbebanner entlang einer Rennstrecke, in der Politik und in vielen anderen Momenten unseres Lebens – Manipulation als solches soll uns unbewusst zu etwas bewegen.

Gefährlich und moralisch bedenklich wird es, wenn diese Manipulation mittels versteckter Methoden darauf abzielt, der einen Seite einen Vorteil zu schaffen, zum Schaden der anderen Seite. Denken Sie nur an „Phishing-Mails" oder dubiose Anrufe, die Ihnen persönlich oder Ihrem Unternehmen Geld aus der Tasche ziehen wollen.

Wie wollen Sie nun reagieren, wenn Sie vermuten, dass Sie manipuliert werden? Die Experten der Frieder Gamm Group geben dazu folgende Empfehlung:

- **Dumm stellen**: Interpretieren Sie die Aussagen Ihres Gegenübers absichtlich falsch oder signalisieren Sie, dass Sie keine Ahnung haben, wovon Ihr Gegenüber gerade spricht.
- **Fragen und zuhören:** Hinterfragen Sie im Detail die fadenscheinigen Aussagen Ihres Gegenübers.
- **Wiederholungen**: Nutzen Sie die Taktik „Sprung in der Platte" (siehe Taktiken). Sagen Sie immer und immer wieder, was Ihnen wichtig ist und welche Punkte noch offen sind.
- **Ignorieren und weitermachen**: Wenn Sie merken, dass vom Thema abgeschweift wird, sprechen Sie es an und kehren Sie zum Punkt zurück: „Sind Sie einverstanden, wenn wir zum Punkt X nun zurückkehren und fortsetzen, wo wir zuvor waren?"
- **Aus der Situation heraustreten:** Wird eine rote Linie überschritten, ist es Ihr gutes Recht, sich abzugrenzen. Unterbrechen Sie klar und deutlich das Gespräch und begründen Sie diesen Schritt.
- **Perspektiven wechseln**: Ersuchen Sie Ihr Gegenüber, sich doch einmal in Ihre Situation zu versetzen.

Unsere Zusatzempfehlung:

- **Höflich und klar ansprechen:** Beispielsweise: „Ich habe irgendwie den Eindruck, dass Sie mich dazu verleiten wollen, diesem Punkt zuzustimmen – oder irre ich mich?" Diese Variante gibt Ihnen die Möglichkeit, eine klare Aussage zu tätigen. Mit dem Nachsatz „… oder irre ich mich?" schaffen Sie sich einen eleganten Notausgang, für den Fall, dass Sie falsch liegen. Gleichzeitig kann auch Ihr Gegenüber diesen Notausgang nutzen, um ohne Gesichtsverlust aus einer unangenehmen Situation wieder herauszukommen.

12.9   Manipulieren = Verhandeln = Überzeugen?

Es ist wichtig, dass wir uns dieser unterschiedlichen Kommunikations- und Interaktionsstile in Verhandlungen bewusst sind. Nur so können wir fundierte Entscheidungen darüber treffen, wie wir unsere Ziele erreichen, während wir gleichzeitig die Integrität unserer Beziehungen und die Würde unserer Mitmenschen wahren. Diese drei Begriffe werden in ihrer Bedeutung gerne gleichgesetzt und doch sind sie so unterschiedlich:

Manipulieren

Das Wort „Manipulieren" besitzt oft einen negativen Nachgeschmack, da es damit einhergeht, dass unsere Gedanken, Gefühle oder Verhaltensweisen ohne unser bewusstes Wissen beeinflusst werden. Manipulation geschieht häufig durch den Einsatz psychologischer Druckmittel, durch Täuschung oder Irreführung, um die Kontrolle über das Ergebnis zu erlangen, ohne dass die manipulierte Person notwendigerweise erkennt, was geschieht. Grundsätzlich kann man Manipulation als unbewusste Beeinflussung ansehen.

Verhandeln

Per definitionem geht es beim Verhandeln immer um Geben und Nehmen, um eine für alle beteiligten Parteien annehmbare Vereinbarung zu erreichen. Jede Partei hat etwas, das die andere braucht. Es basiert auf dem Prinzip der Lösungsfindung und gemeinsamen Interessen. Gibt es keine Schnittmengen der Interessen, gibt es keine Verhandlung. Am Ende des Verhandlungsprozesses sollte jede Partei den Eindruck haben, dass ihre Bedürfnisse befriedigt sind und das Richtige getan wurde. Das Wesen des Verhandelns ist daher die Fähigkeit beider Parteien, sich gegenseitig positiv zu beeinflussen und zu überzeugen. Das Ergebnis eines solchen Verhandlungsprozesses ist im Idealfall eine Win-win-Situation.

Überzeugen

Nahezu jedes Element menschlicher Zusammenarbeit benötigt ein gewisses Maß an Überzeugungsarbeit. Überzeugung ist wie ein sorgfältig geführter Tanz zwischen der Person, die überzeugen will und der Person, die überzeugt werden soll. Der Tanz beinhaltet das Verstehen der wirklichen Bedürfnisse und Wünsche der anderen Person, das Verstehen ihrer Handlungskriterien und die Präsentation von Informationen in einer Weise, die mit ihren Wünschen übereinstimmt.

Das Wesen der Überzeugung ist also die Fähigkeit, die andere Person positiv zu beeinflussen. Positive Beeinflussung beinhaltet Fakten, Ehrlichkeit, Neugier und die Fähigkeit, eine gute Geschichte zu erzählen. Dies erfordert Kommunikationsfähigkeiten. Auf diese Weise erhält die überzeugende Person die Zustimmung und Unterstützung der anderen Person.

Überzeugen ist im Gegensatz zur Manipulation ein offenerer, direkter Prozess. Überzeugung setzt voraus, dass beide Seiten informiert sind und dass die überzeugende Person mit der Absicht handelt, die andere Person auf der Grundlage rationaler Überlegungen zu beeinflussen.

Fazit:

Während Manipulieren, Überzeugen und Verhandeln alle dasselbe Ziel (ein gewünschtes Ergebnis zu erzielen) anstreben, unterscheiden sie sich deutlich in ihren Methoden und ethischen Rahmenbedingungen. Manipulieren erfolgt oft unbewusst und im Verborgenen, Überzeugen basiert auf rationaler Argumentation und Verhandeln zielt auf eine Einigung ab, die alle Parteien zufriedenstellt. Kenntnisse über diese Unterschiede sind wesentlich, um ethische von unethischen Praktiken zu unterscheiden und um effektiv zu interagieren, ohne die Rechte und Werte anderer zu verletzen. Bevor Sie beginnen, müssen Sie bereits entscheiden, ob ihr Tun akzeptabel, ethisch, legal oder moralisch ist und ob Sie mit den daraus entstehenden Konsequenzen leben können.

12.10   Verhandeln mit dem „Teufel"

In einer Welt, in der Konflikte allgegenwärtig sind – von internationalen politischen Streitereien bis hin zu familiären Zwistigkeiten – stellt sich die Frage, wie Verhandlungen wirksam zu führen sind, selbst wenn die andere Seite als „der Teufel" wahrgenommen wird. Robert Mnookin, Vorsitzender des Programms für Verhandlungsführung an der Harvard Law School, konfrontiert uns in seinem provokativen Werk „Verhandeln mit dem Teufel: Das Harvard-Konzept für die fiesen Fälle" (Originaltitel: „Bargaining with the Devil: When to Negotiate, When to Fight") mit genau diesem Dilemma.

Mnookin betont, dass Verhandeln nicht nur eine Kunst, sondern auch eine strategische Wissenschaft ist. Er argumentiert, dass es Situationen gibt, in denen Verhandlungen mit scheinbar unaufrichtigen oder moralisch verwerflichen Gegnern – dem sinnbildlichen 'Teufel' – nicht nur möglich, sondern auch notwendig sein können. Anhand von acht realen Fallbeispielen erforscht Mnookin die komplexen Entscheidungen, die in Verhandlungsprozessen getroffen werden müssen.

Mnookin unterstreicht fünf zentrale Fragen, die man sich stellen sollte, wenn man mit „dem Teufel" verhandelt:

- Ist die Entscheidung zu verhandeln, eine rein strategische oder auch eine moralische?
- Welche anderen Optionen existieren und wie bewerte ich diese im Vergleich zu einer Verhandlung?
- Welche möglichen Kosten und Gewinne sind mit einer Verhandlung verbunden?

- Inwiefern könnte die Entscheidung, mit dem „Feind" zu verhandeln, die eigene Integrität und zukünftige Macht beeinflussen?
- Wie kann ich meine Verhandlungsposition gestalten, dass der Prozess und das Ergebnis fair bleiben?

Mnookin lehrt, dass Verhandlungen oft mit widersprüchlichen Emotionen und Interessen behaftet sind und dass es kritisch ist, diese zu verstehen und zu managen. Eines der wichtigsten Konzepte, dass er vermittelt, ist, dass man selbst in den härtesten Konflikten mit Respekt und Empathie an den Verhandlungstisch treten sollte. Es geht darum, langfristige Lösungen zu finden, die den gegenseitigen Interessen dienen, anstatt kurzfristige Siege zu erlangen, die nur mehr Hass und Ressentiments säen.

In „Verhandeln mit dem Teufel" präsentiert Robert Mnookin eine eindringliche Analyse darüber, wie sich die Menschen in schwierigen Verhandlungen zurechtfinden und wie sie dabei ihre ethischen Überzeugungen wahren können. Sein Werk ist eine wichtige Ressource für alle, die sich mit dem Wesen von Konflikten und den Dynamiken von Verhandlungen auseinandersetzen möchten. Ob in der Politik, im Geschäftsleben oder im persönlichen Umfeld, das Buch bietet wertvolle Einsichten und ermutigt dazu, selbst mit den schwierigsten Gegnern einen Dialog zu suchen.

12.11 Schmutzige Tricks

Der schmale Grat zwischen geschickter Verhandlungsführung und fragwürdigem Verhalten verschwimmt oft. Einige Verhandlungsführer setzen auf Transparenz und Fairness, während andere sich zweifelhafter Tricks bedienen, um nur die eigenen Ziele zu erreichen. In diesem Abschnitt führen wir die beliebtesten dieser Tricks an, die zumindest des Hinterfragens würdig sind. Teile dieser Liste finden Sie auch im Detail inklusive Gegenmaßnahmen im Kapitel „Taktiken"[2].

Während diese Tricks in bestimmten Verhandlungssituationen effektiv sein können, bergen sie das Risiko, Beziehungen nachhaltig zu schädigen und das Vertrauen zu untergraben. Langfristig führt ein Ansatz, der auf Ethik, Fairness und Respekt basiert, oft zu besseren und nachhaltigeren Ergebnissen. Für Sie ist es entscheidend, diese Tricks zu kennen – sei es, um ihnen entgegenzuwirken oder um bewusst zu entscheiden, sie zu verwenden oder zu meiden.

Es ist wichtig zu betonen, dass der Einsatz dieser Verhandlungstaktiken nicht nur Beziehungen zwischen Geschäftspartnern belasten, sondern auch rechtliche Konsequenzen nach sich ziehen kann. Gute Verhandlerinnen und Verhandler kennen nicht nur die Tricks, sondern wissen auch, wann es gilt, sie zu vermeiden, um Integrität und langfristige Partnerschaften zu wahren.

---

[2] Kapitel 7

1. **„Niedriger-Ball" oder „Hoher-Ball" Ansatz**

   Verhandler A beginnt mit einem lächerlich niedrigen Angebot oder einer stark über-
   höhten Forderung, in der Hoffnung, dass die Einigung, die letztlich danach gefunden
   wird, immer noch unter bzw. über dem eigentlich gesetzten Ziel liegt.

2. **Künstliche Dringlichkeit**

   Dieses Manöver schafft einen falschen Eindruck davon, dass ein Angebot oder
   eine Gelegenheit nur für eine begrenzte Zeit verfügbar ist, um eine übereilte Entscheidung zu erzwingen.

3. **Emotionaler Druck**

   Hierbei werden Emotionen wie Mitleid, Schuld oder Angst eingesetzt, um die andere Partei zu einer Einigung zu bewegen.

4. **„Köder und Tausch"**

   Der Verkäufer lockt den Käufer mit einem attraktiven Angebot, um dann zu behaupten, dass das Angebot nicht mehr verfügbar ist und nur ein weniger attraktives
   geboten werden kann.

5. **Übermäßige Informationen**

   Verhandlungsführer überfluten die andere Seite mit irrelevanten Daten, um von den
   eigentlichen Verhandlungspunkten abzulenken.

6. **Versteckte Zuschläge**

   Zusätzliche Kosten werden in einem Angebot versteckt und erst später aufgedeckt,
   oft nachdem eine greifbare Einigung erreicht wurde (z. B. schlechtere INCO-
   Terms[3]).

7. **Auszeit-Trick**

   Verhandler ziehen sich unerwartet zurück, oft kurz vor einer möglichen Einigung,
   um Unsicherheit zu schüren und bessere Bedingungen zu erzwingen.

8. **Das Tyrannenverhalten**

   Einschüchterung und Dominanz werden eingesetzt, um den Verhandlungspartner zu
   überrollen und ihn dazu zu bringen, weniger zu fordern.

9. **Versprechen ohne Wert**

   Versprechen werden gemacht, aber später zurückgezogen oder ignoriert, um einen
   Verhandlungsvorteil zu erzielen.

10. **Die „That's-not-all"-Technik**

    Nachdem ein Angebot gemacht wurde, werden Zusatzleistungen hinzugefügt, um
    das Angebot auf den ersten Blick attraktiver erscheinen zu lassen. Denken Sie an
    Beigaben und Sonderangebote auf diversen Home-Shopping-Kanälen.

---

[3] Incoterms® (International Commercial Terms) sind anerkannte Standards im internationalen Handel und regeln die Rechte und Pflichten von Käufer und Verkäufer in Bezug auf Kosten, Risiko,
Versicherung, Be- und Entladung, Transportdokumente, Zölle, Steuern, Verpackung u.v.m.

11. **Die Verschleppung**

Zeit wird absichtlich verschwendet, um Geduld, Konzentration und Ressourcen der anderen Partei zu erschöpfen, in der Hoffnung, dass sie eher zu Konzessionen bereit ist.

12. **Die Schein-Konzession**

Man gibt bei Punkten nach, die einem eigentlich unwichtig sind, um so den Eindruck von Kompromissbereitschaft zu erzeugen.

13. **Dekonstruktion der Angebote des Gegenübers**

Hier werden die Angebote der anderen Partei systematisch zerpflückt, um sie kleinlich und unzureichend erscheinen zu lassen, selbst wenn sie fair sind.

14. **Persönlich werden**

Persönliche Angriffe oder übertrieben emotionale Reaktionen werden eingesetzt, um die andere Verhandlungsseite in eine defensive Position zu drängen und von der vorbereiteten Strategie abzubringen. Emotionalität kann die rationale Entscheidungsfindung trüben.

15. **Ultimaten setzen**

Ultimaten drängen die andere Partei in die Defensive und wollen ein rasches Handeln durchsetzen. Im schlimmsten Fall kommt die Verhandlung jedoch zum Stillstand.

16. **Wichtige Informationen zurückhalten**

Intransparentes Verhalten kann Misstrauen schüren. Die Grenze zwischen Intransparenz und zu großer Offenheit ist fließend.

17. **Voreilige Kompromisse**

Die eine Verhandlungsseite bietet einen anscheinend attraktiven Kompromiss. Eine Einigung scheint in greifbarer Nähe. Die Verlockung verbirgt aber die Konsequenzen, die sie nach sich zieht. Es wird zu wenig Zeit geboten, um eine durchdachte Lösung zu finden.

18. **Die Perspektive verzerren**

Verhandler verzetteln sich absichtlich in Details, um zu verschleiern, was wirklich auf dem Spiel steht und wo die Reise hingehen soll.

19. **Absichtlich nicht zuhören**

Dinge werden absichtlich falsch verstanden, ignoriert oder immer nur zum eigenen Vorteil interpretiert.

20. **Überstürzen**

Die eine Verhandlungsseite stimmt sehr rasch einem Verhandlungpunkt zu, da dieser einen überdurchschnittlich großen Vorteil bietet und durch ein eiliges Wechseln zum nächsten Agenda-Punkt verschleiert werden soll.

21. **Vergangenheitsfessel**

Die eine Verhandlungsseite besteht z. B. auf einen Preis, der in der Vergangenheit einmalig zu ganz bestimmten Bedingungen zugestanden wurde. Diese Ausnahme wird heute genutzt, unabhängig davon, wie die Umstände in der Vergangenheit ausgesehen haben: „Wenn Sie uns damals so einen tollen Preis gemacht haben, können Sie es heute auch!"

22. **Dummkopf**

Es wird vorgegeben, bestimmte Punkte falsch oder missverstanden zu haben, um sie neu zu verhandeln: „Ich dachte der Preis ist in Australischen Dollars angegeben, nicht in Euro."

23. **Trojanisches Pferd**

Eine vielversprechende Vereinbarung wird vorgelegt, bei der sich im Kleingedruckten oder einer Nebenklausel nachteilige Überraschungen für das Gegenüber verbergen.

Literatur

Adam Sicinsk. https://blog.iqmatrix.com/better-negotiator. Zugegriffen: 12. Juni 2013.

Bauer, V. (2013). *Das Schmarotzerprinzip*. 1–2-Buch.de.

Böhm, R. (2022). *Konfliktmanagement*. ÖGB Verlag.

Cialdini, R. (2023). *Influence – The Psychology of Persuasion* (S. 7 ff.). Harper Collins Verlag.

Edmüller, A., & Wilhelm, T. (2023). *Manipulationstechniken*. Haufe.

Glasl, F. (2022). *Selbsthilfe in Konflikten*. Freies Geistesleben.

Gamm, F. (2015). *Verhandlungen gewinnt man im Kopf*. Redline.

Hesse, S., & Schrader. (2016). *Konfliktmanagement – Missverständnisse harmonisch lösen*. Eigenverlag.

Joule/Beauvois. (1998). *Leitfaden der Manipulation zum Gebrauch für ehrbare Leute*. AtV.

KELLNER, H. (1999). *Konflikte verstehen, verhindern, lösen: Konfliktmanagement für Führungskräfte*.

Mnookin, R. (2011). *Verhandeln mit dem Teufel*. Campus.

Rode, E. (2022). *Techniken der Manipulation*. Amazon Fulfillment.

Ruede-Wissmann, W. (2009). *Satanische Verhandlungen*. Langen Müller Herbig.

https://friedergamm.de/manipulation-in-verhandlungen/. Zugegriffen: 15. Sept. 2023.

Anhänge und Grundlagen

Zusammenfassung

In diesem Kapitel sind Grundlagen, Erklärungen zu Fachbegriffen und vieles mehr zu Verhandlungen zu finden.

Fragen

Fragen, auf die Sie in diesem Kapitel Antworten finden können:

- Sollten konkrete Ziele für eine Verhandlung vor oder nach der SWOT-Analyse gesetzt werden?
- Wie können Sie die Walt-Disney-Methode in der Praxis einsetzen?
- Wie gelingt das „Brücken bauen" laut Vera Birkenbihl?
- Was bringt der bewusste Einsatz des Drei-Kameras-Modells in Verhandlungen?
- Welche Aktivitäten halten unser Hirn fit, ausgeglichen und leistungsfähig?

13.1   Steine im Fluss

Vera Birkenbihl war eine der großen Damen in der deutschsprachigen Seminarszene[1]. Sie beschreibt bildhaft in ihrem Buch „Stroh im Kopf?" (S. 181 ff.) eine Rhetorik-Technik, die wir einsetzen können. Wenn Sie einen Bach oder Fluss überqueren wollen, dann nutzen Sie natürlich die im Fluss befindlichen Steine, um von Stein zu Stein zu springen und sicher ans andere Ufer zu gelangen.

Der Fluss symbolisiert Ihren Redefluss und die Steine Ihre einzelnen Wissens-Module, die Ihnen sicheren Halt geben. Sie wissen im Normalfall sehr genau, wo sich die besten Steine im Wasser befinden, die Ihnen die benötigte Sicherheit im Gespräch geben. Wenn Sie nun merken, dass der sichere Halt (im Rede-Fluss) schwindet, wechseln Sie auf einen anderen Stein, um die Sicherheit zurückzuerlangen. Je mehr Steine im Fluss vorhanden sind, desto sicherer und variantenreicher können Sie agieren.

13.2   Smart

Diese Abkürzung hat zahlreiche Erklärungen. Sie geht auf den Buchautor und Managementexperten Peter Drucker zurück. Eine der beliebtesten Definitionen lautet:

- Spezifisch, klar und positiv formulierte Ziele ohne „Weichmacher" (vielleicht, könnte, möchte, sollte …)
- Messbare, klar bestimmbare Dimensionen verwenden (in X Tagen, spezifisches Datum, Tonnen, Euro, Stück, etc.)
- Attraktive, sportliche, anspornende Ziele, bei denen man Lust hat, sie zu erreichen.
- Realistisch bleiben – Machbarkeit mit den zur Verfügung stehenden Ressourcen (Zeit, Menschen, finanzielle Mittel …)
- Terminierung – denken Sie auch an die zeitliche Komponente: Bis wann will ich dort sein/es erreicht haben?

13.3   SWOT

Die SWOT-Analyse wurde vor mehr als 60 Jahren an der Harvard Business School entwickelt. Sie dient als Grundlage, um einen methodischen Ablauf in der Strategieplanung zu beschreiben. Das bedeutet, Ihre Strategie soll weniger kreative Schöpfung aus der Improvisation heraus sein, sondern Struktur mit Methode besitzen. Allen Kritiken zum Trotz, kann auch ein methodischer Ablauf ausreichend Flexibilität besitzen, um rasch auf Veränderungen zu reagieren.

---

[1] Sie verstarb leider bereits 2011.

Sie wird für die Analyse einer Vielzahl unterschiedlicher Themen eingesetzt wie z. B. eigene Unternehmensanalyse, Mitbewerbsanalyse, Beurteilung von bestehenden oder zukünftigen Produkten/Dienstleistungen, Strategieentwicklung, Auswahl der richtigen Personen für ein Projektteam u.v.m. Diese vielfältige Einsetzbarkeit und Übersichtlichkeit ist die große Stärke dieses Werkzeugs.

Die Abkürzung SWOT steht für **S**trengths (Stärken), **W**eaknesses (Schwächen), **O**pportunities (Chancen) und **T**hreats (Risiken).

▶ **Wichtig!**
Setzen Sie sich bereits VOR der SWOT-Analyse konkrete Ziele. Wird das gewünschte Ziel nicht konkret definiert, werden Sie weniger konkrete, schlechtere Resultate erreichen.

SWOT-Analysen sind noch keine Maßnahmen oder Strategien. Sie umreißen Zustände und nicht Maßnahmen. Chancen sind also erstrebenswerte Anstöße, Risiken nicht erstrebenswerte.

Stärken und Schwächen dienen dem kritischen Blick nach innen und sind gegenwartsorientiert, Chancen und Risiken haben den Blick nach außen, dienen der Umweltanalyse und sind zukunftsorientiert. Vermischen sie externe Chancen und innere Stärken nicht!

Bei einer SWOT-Analyse werden noch Prioritäten herausgearbeitet. Konkrete Maßnahmen werden erst im Nachhinein entwickelt, priorisiert und umgesetzt.

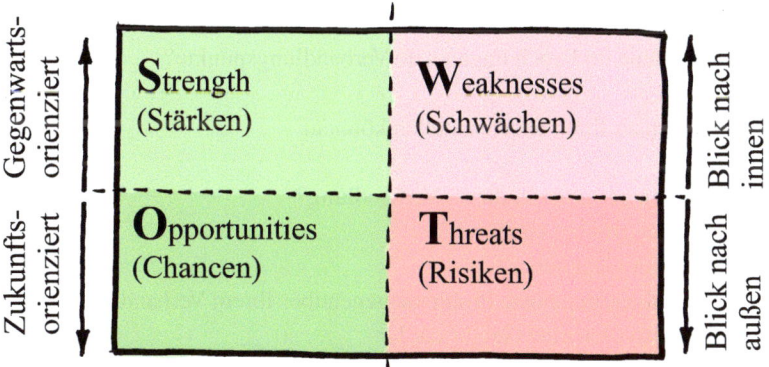

Fragen, die Sie sich zu Ihren Stärken stellen können:

- Worin besteht Ihre vorteilhafte Position in dieser Verhandlung?
- Welche Faktoren können Sie zum Erfolg führen?
- Worin sind wir besser als Ihr Gegenüber?
- Haben Sie einzigartige Ressourcen?
- Welche Vorteile haben Sie/bieten Sie?

- Welchen Vorteil zieht Ihr Gegenüber daraus?
- Was ist Ihr wirkliches Alleinstellungsmerkmal in dieser Verhandlung?

Fragen, die Sie sich zu Ihren Schwächen stellen können:

- Wofür erhalten Sie Kritik?
- Was fehlt Ihnen für diese Verhandlung?
- Was können Sie verbessern?
- Was sollten Sie vermeiden?
- Welche Faktoren führen zum Misserfolg?
- Worin sehen andere Ihre Schwächen?
- Was bekommt Ihr Gegenüber besser hin?
- Welche Ressourcen fehlen Ihnen?
- Welche internen Barrieren behindern Sie?

Fragen, die Sie sich zu Ihren Chancen stellen können:

- Was sind günstige Trends für Sie?
- Welche Chancen bestehen für Sie?
- Welche alternativen Strategien haben Sie?
- Welche Gesetzes-/Normänderungen bieten Vorteile für Sie?
- Welche gesellschaftlichen/politischen Änderungen haben einen Vorteil für Sie?
- Bieten lokale Ereignisse neue Chancen?
- Gibt es neue Bedürfnisse Ihres Gegenübers, die Sie bedienen können?
- Gibt es vorhandene und noch ungenutzte Verhandlungspunkte?

Fragen, die Sie sich zu Ihren Risiken stellen können:

- Welche Gefahren bestehen in dieser Verhandlung?
- Was sind die drei größten Gefahren?
- Wie handelt unser Gegenüber?
- Haben Sie Schulden/ungelöste Probleme gegenüber Ihrem Verhandlungspartner?
- Stellen Schwachstellen eine Gefahr dar?
- Welche Gesetzes-/Normänderungen bieten Nachteile für Sie?
- Welche gesellschaftlichen/politischen Änderungen stellen ein Risiko dar?
- Wo sind Sie verwundbar?

Daraus können sich vier Grundstrategien ergeben:

- Die Stärken-Chancen-Strategie: Verfolgen von neuen Chancen, die zu den Stärken passen. Aus welchen Stärken ergeben sich neue Chancen? →Ausbauen.

- Die Stärken-Risiken-Strategie: Stärken nutzen, um Gefahren und Risiken abzuwehren. Welche Stärken minimieren Risiken? →Absichern.
- Die Schwächen-Chancen-Strategie: Welche Schwächen müssen wir eliminieren, um neue Chancen zu nutzen? →Ausgleichen.
- Die Schwächen-Risiken-Strategie: Welche Verteidigungsstrategien müssen wir entwickeln, damit Schwächen nicht zu Risiken werden? →Vermeiden.

13.4 Walt-Disney-Methode

Die Walt-Disney-Methode geht auf den Autor, Berater und Trainer Robert B. Dilts zurück. Er beschrieb 1994 in seinem Buch „Strategies of Genius" einen Kreativitätsprozess, der dem des Filmproduzenten und Animationspioniers Walter („Walt') E. Disney zugeschrieben wird:

„… tatsächlich gab es drei Walts: den Träumer, den Realisten und den Miesepeter."

An dieser Dreier-Anordnung orientierte sich Dilts bei der Konzeption der von ihm genannten „Walt-Disney-Methode" Mitte der 1990er Jahre.

Die Methode soll der Geschichte nach darauf basieren, dass Walt Disney drei Stühle in seinem Büro hatte, die er für Nachdenkprozesse nutzte. Die verschiedenen Sessel stellten unterschiedliche Perspektiven dar, um bei der Entwicklung von Ideen verschiedene Betrachtungswinkel einzunehmen:

- Träumer/in (Visionär, Ideenlieferant): Donald Duck oder Daniel Düsentrieb
- Realist/in: Tick, Trick und Track oder Dagobert Duck
- Kritiker/in (Qualitäts-Manager, Fragensteller): Mickey Mouse oder Daisy Duck

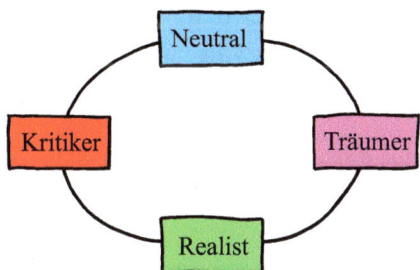

Disney stellte angeblich die drei Stühle in einem Kreis zusammen mit der Blickrichtung zum Zentrum des Kreises und legte in die Mitte ein Blatt Papier, auf dem das Problem in einem Stichwort aufgeschrieben stand. Jeder der drei Stühle verkörperte einen der drei zuvor beschriebenen Charaktere. Disney nahm auf einem der Stühle Platz und versetzte sich in den jeweiligen Charakter, um das Problem zu betrachten. Dabei verwendete er eine bestimmte Reihenfolge:

Träumer – Realist – Kritiker.

Er nahm sich für jede Rolle etwa 15 min Zeit, fertigte Notizen an und machte vor dem nächsten Rollenwechsel eine kleine Pause, um die vorherige Rolle abzuschütteln. Disney führte mehrere Runden mit allen drei Rollen durch, bis er mit der Qualität des Ergebnisses zufrieden war.

Einsatz in der Praxis:

Um Platz für die Charaktere zu schaffen, gibt es zahlreiche Möglichkeiten:

- Stühle im Kreis mit Blick nach innen aufstellen.
- Am Boden mit Klebeband Quadrate mit $1,5 \times 1,5$ m Größe abkleben.
- Die Ecken eines Raumes nutzen.
- Verschiedene Räume für jeden Charakter nutzen.

In der Praxis hat es sich bewährt, eine vierte Rolle hinzuzufügen, nämlich die eines neutralen Beobachters.

Damit Sie sich gut in die Rolle versetzen können, sollten Sie denjenigen Platz/Ort auch gestalterisch markieren. z. B. den Stuhl oder die Bodenquadrate mit einem Blatt, auf dem entsprechende Comicfigur zu sehen ist und die jeweilige Bezeichnung. Damit nimmt Ihre Psyche den Wechsel von einer Rolle zur anderen noch besser wahr.

Sie können die Raumecken oder Räume entsprechend gestalten, z. B. mit Warnsignalen für die kritische Rolle, Klarheit und Ordnung für die realistische Rolle oder viel Buntem und Kreativem für die träumerische Rolle und Schlichtheit für die neutrale Rolle.

▶ **Wichtig!**
Bleiben Sie immer in der einen Rolle, auf deren Platz Sie sich gerade befinden. In der Träumer-Rolle Kritik oder Zweifel zu üben ist genauso unproduktiv, wie in der Kritik-Rolle neue Ideen zu entwickeln.

Auch ein Tausch der Reihenfolge ist möglich: Nach dem kreativen Träumen spricht die kritische Rolle ihre Bedenken aus und die realistische Rolle formt aus den beiden Sichtweisen eine mögliche Umsetzung.

Die Charaktere der einzelnen Rollen:

Als Träumer/in sind Sie kreativ, entwickeln zahlreiche, neue Ideen und kümmern sich nicht um die Realisierbarkeit. Alle Grenzen und Verbote sind aufgehoben und selbst die verrückteste Idee ist erlaubt. Oft ist erst die Schrägste oder die 47. Idee die Beste.

Als Realist/in werden die zuvor entwickelten Ideen darauf bewertet, was mit den zur Verfügung stehenden Mitteln als umsetzbar scheint. Man betrachtet die Ideen pragmatisch und hält sich mit Kritik zurück.

Als Kritiker/in werden die Ideen einer genauen Prüfung unterzogen. SWOT-Analysen, Details und Verbesserungen werden hier hinterfragt. Die ungelösten Punkte werden dann in einer weiteren Runde wieder an die träumende Rolle weitergereicht.

In der neutralen Position steigen wir aus den Rollen aus, um das Geschehene aus einer Vogelperspektive zu betrachten. Diese Position handelt als unbeteiligte, sachliche Instanz zum Abschluss der Runde und achtet auf die Einhaltung der Spielregeln und Ergebnissicherung.

Dieser Prozess läuft im Ideal so lange weiter, bis der Realist die Umsetzung bestätigen kann, der Kritiker keine Einwände mehr äußert und auch die neutrale Person zufrieden ist.

Die Wurzel dieser Methode ist in den sechs Hüten nach Edward de Bono zu finden. Die träumende, kreative Rolle passt mit dem gelben und grünen Hut zusammen, die realistische Rolle passt zum weißen Hut, die kritische Rolle zum schwarzen Hut und die neutrale Rolle wird dem blauen Hut zugeschrieben.

De Bonos farbige Hüte:

- Blau: Ordnung und Überblick über die Prozesse
- Weiß: Analytisches, auf Fakten beruhendes Denken. Fokus darauf, wie die Ziele zu erreichen sind
- Rot: Emotionales Denken mit Fokus auf Gefühle und Meinungen
- Schwarz: Kritisches Denken Fokus auf Risiken, Probleme und Widersprüche
- Gelb: Optimistisches Denken mit Fokus auf Chancen und das Best-Case-Szenario
- Grün: Kreatives, verknüpfendes Denken mit Fokus auf neue Ideen

13.5 Strategietrichter

Unterschiedliche Szenarien werden häufig in Form eines Szenario- oder Strategietrichters dargestellt. Die Leitlinie dieses Modells bildet das Ziel mit einem vorbestimmten Ausgang des Ergebnisses. Es verläuft entlang einer Zeitachse von der Gegenwart in die Zukunft. Dieses Ziel symbolisiert das zukünftige Ergebnis unter der Annahme, dass alle Entwicklungen vorhersagbar und beständig sind.

Je weiter in die Zukunft geblickt wird, desto größer wird die Wahrscheinlichkeit für unvorhersagbare und unbekannte Ausgänge. Zwei Extreme bilden sich neben dem Zielszenario ab: Was ist das bestmögliche und was das schlechteste Ergebnis mit dem gerechnet werden kann/muss?

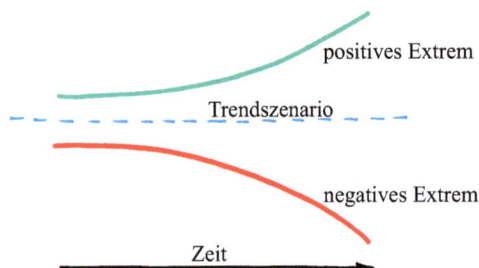

Nahe der Gegenwart ist der Strategietrichter sehr eng, da die mit der Gegenwart verbundenen möglichen Varianten überschaubar sind. Je weiter in die Zukunft geblickt wird, desto mehr Möglichkeiten für Abweichungen entstehen und desto breiter wird der Blickwinkel. Durch diese Denkhaltung öffnen wir unsere Sichtweise von der einengenden Gegenwart in die breitgefächerte Zukunft.

Der sich durch die Vielfalt bildende Trichter hilft uns, Strategien für oder gegen etwas in der Zukunft vorzubereiten.

Wesentliches Element ist also das Verständnis, dass der Blick in die Zukunft häufig aus einer subjektiven Perspektive der Gegenwart beschränkt ist. Diese Einengung gilt es zu überspringen.

Beispiel

Der Internationale Ausschuss zum Klimawandel – IPCC, 1988 vom Umweltprogramm der Vereinten Nationen (UNEP) und der Weltorganisation für Meteorologie (WMO) gegründet – hat diese Methode verwendet, um Szenarien zu entwickeln, wie sich die zukünftige Welt darstellt und welche Auswirkungen ein Klimawandel haben kann. ◀

13.6 Zweinigung

Vera F. Birkenbihl hat ein interessantes Modell für ein besseres „Miteinander" entwickelt: das Inselmodell. Es ist durch seine einfache und bildhafte Erklärung sehr gut verständlich. Wir befinden uns fortwährend mit unseren Mitmenschen (verbal und nonverbal) im Austausch und wir stolpern regelmäßig in Missverständnisse.

Die missverstandene Schikane

Der LKW-Fahrer eines Lebensmittelproduzenten geht eines Tages ohne Vorwarnung auf den Fuhrparkleiter im Ladehof zu und brüllt ihn an:

„… und übrigens, du bist für mich das größte ***, weil ich von dir immer nur die miesesten Fahrten bekomme!"

Der Fuhrparkleiter reagiert vollkommen überrascht und antwortet:

„Ich verstehe dich nicht, du bist mein wichtigster Mann, auf dich kann ich mich blind verlassen, denn du löst die schwierigsten Aufgaben meisterlich! ◄

Birkenbihl meint dazu, dass wir alle sinngemäß auf einer eigenen Insel leben, die gestaltet wird durch unsere Prägungen, Kultur, Vergangenheit, unseren Stresshormontopf, Gegenwart und Zukunft. Kommunikation begleitet uns täglich in unserem beruflichen und privaten Alltag. Paul Watzlawick hatte ja bereits treffend festgestellt, dass wir immer kommunizieren. Jeder von uns lebt auf der eigenen Insel und jede Insel sieht ein wenig anders aus und wird geformt durch:

- Unsere Vergangenheit: Erfahrungen, Meinungen, Prägungen, Werte, Vorurteile, Kultur, Standpunkte, unsere Sichtweise über die Welt usw., somit die Formgebung durch unsere Lebensgeschichte.
- Unsere Gegenwart: Pläne, Ängste, derzeitige Stimmung, Wünsche, Hoffnungen, jetzige Erwartungen usw., also alles, was uns in diesem Augenblick beeinflusst.
- Unsere Zukunft: Befürchtungen, Vorhaben, Idole, Ziele, Hoffnungen, Vorfreuden, etc. also alles, was wir der Zukunft zuordnen und mit ihr verbinden.

Alle drei bestimmen unsere aktuellen und künftigen Handlungen. Begegnen wir Menschen deren Insel der unseren sehr ähnlich ist, gelingt es uns schnell und ohne größeren Energieaufwand, Gemeinsamkeiten (Überschneidungen) zu finden (Standpunkte, Erfahrungen, Erwartungen an die Welt). Je mehr Überschneidungen wir haben, desto ähnlicher werden wir zwangsläufig denken, fühlen, handeln, reagieren usw. Damit fällt die Kommunikation mit der anderen Person leicht.

Unsere jetzigen und zukünftigen Aktionen werden von allen drei Faktoren gesteuert. Wenn wir auf andere treffen, deren Lebenserfahrungen der unseren stark ähneln, können wir mühelos und ohne viel Aufwand gemeinsame Berührungspunkte (Ansichten, Erlebnisse, Erwartungshaltungen) entdecken. Es kommt zu „Überschneidungen". Je mehr solcher Schnittpunkte existieren, desto mehr neigen wir dazu, auf ähnliche Art und Weise zu denken, zu fühlen, zu handeln und zu reagieren. Die Kommunikation mit dem Gegenüber gestaltet sich einfacher, wir empfinden diese Unterhaltungen als faszinierend und erfreulich, wir empfinden unsere Gesprächspartner als klug und sympathisch.

Werden zwischen den „Inselbewohnern" nur wenige Gemeinsamkeiten gefunden, ist die Kommunikation eher mühsam oder uninteressant. Sieht die Insel des Gegenübers jedoch ganz anders aus, gibt es keine Überschneidungen, empfinden wir die Kommunikation (und im beruflichen Umfeld die Zusammenarbeit) mit dieser Person als sehr mühevoll.

Birkenbihl identifiziert zwei unterschiedliche Formen von Distanz. Das erste Risiko besteht darin, dass wir nicht wirklich miteinander kommunizieren, sondern nur so tun, als ob – lediglich um die Zeit zu überbrücken. In solchen Fällen steht der Austausch von Informationen nicht im Vordergrund; vielmehr geht es um die Aufrechterhaltung des persönlichen Kontaktes durch Elemente wie Tonlage, Körpersprache und Gesichtsausdrücke.

Menschen von weit entfernten Inseln können Angehörige einer fremden bzw. anderen Kultur sein. Falls nicht, kann diese Person eventuell eine völlig andere Wertevorstellung haben und somit entsteht zwischen unseren Inseln eine entsprechende Distanz.

Die zweite Gefahr, die durch die Distanz zweier Inseln entstehen kann, ist ein Kampf- und Fluchtmanöver, das sowohl offen (direkt) als auch verdeckt (indirekt) ausgeführt werden kann. Mache ich meinem Nachbar-Robinson Crusoe eine Kampfansage, hat er zwei Optionen: Er kämpft mit mir oder er flieht. Das Resultat ist dasselbe: Es wird keine Brücke gebaut.

Ein zweites Risiko, das durch den Abstand zwischen zwei Inseln heraufbeschworen wird, könnte ein Konflikt- oder Fluchtverhalten sein, welches entweder auf eine offene (direkte) oder eine versteckte (indirekte) Weise stattfinden kann. Wenn ich mich meinem Inselnachbarn zum Kampf auffordere, steht sie oder er vor der Wahl: Sich entweder dem Kampf zu stellen oder zurückzuziehen. Unabhängig von der Entscheidung bleibt das Ergebnis gleich – eine Verbindung in Form einer Brücke kommt nicht zustande.

Josef Rattner (1990) hat in seinem Buch „Der schwierige Mitmensch" damals schon sarkastisch erwähnt, dass der Mensch zwar die Distanz zum Mond überwunden habe, aber noch immer nicht weiß, wie er zu seinen Mitmenschen gelangen soll.

Wie sollen wir nun mit anderen Inselmenschen umgehen?
Brückenbau bedeutet laut Vera Birkenbihl, dass wir uns in einem (geistigen) Abstand voneinander befinden und uns aufeinander zubewegen wollen. Eine Brücke macht es möglich, auf die andere Insel überzusetzen, dort einige Schritte zu laufen und die Insel zu erkunden.

Zu verstehen, aus welchen Motiven und Glaubenssätzen unser Gegenüber handelt, denkt und fühlt, kann dazu führen, mit der entsprechenden Situation und der Person entspannter umgehen zu können. Kennen wir den Grund, haben wir eher den Eindruck, es ist erklärbar, was da auf der anderen Insel passiert.

Das Begreifen der Beweggründe und Überzeugungen, die das Verhalten, Denken und Fühlen einer anderen Person bestimmen, kann es uns erleichtern, gelassener mit der betreffenden Situation und der Person umzugehen. Wenn wir die Auslöser kennen, werden die Geschehnisse auf der anderen Seite für uns nachvollziehbarer.

Was macht man jedoch in Fällen, bei denen keine Lösung gefunden werden kann? Um sich hier nicht die Inseln ohne Brückenbau voneinander getrennt zu lassen, zeigt Birkenbihl die Möglichkeit der Zweinigung[2]. Der Inselnachbar und wir selbst sind uns einig, dass inhaltlich keine Übereinstimmung erreicht werden muss, wir akzeptieren die unterschiedlichen Meinungen, die gleichberechtigt nebeneinander bestehen (z. B. für Datenschutz und gegen Datenschutz.)

---

[2]Eine geniale Worterfindung von Vera F. Birkenbihl.

Diese Art der Übereinstimmung, entspricht dem englischen Sprichwort „Let's agree to differ". Somit ist es beiden Inselbewohnern dennoch möglich, eine Brücke zu bauen. Beide sind sich einig, dass wir Kokosnüsse benötigen und dass diese schmackhaft sind. Wie wir sie ernten (klettern, Steine werden, trainierte Äffchen…), ist unwichtig.

Empfehlungen von Vera Birkenbihl, wie das „Brücken bauen" gelingt:

- Stellen Sie Fragen, um Ihr Gegenüber besser zu verstehen.
- Die Suche nach Gemeinsamkeiten (siehe auch Cialdini[3]): Was wird von beiden Seiten gleich gesehen? Was ist beiden Seiten wichtig? Wo decken sich die Wahrnehmungen? Gibt es ähnliche Ziele?
- Dranbleiben – Es wird nicht immer sofort funktionieren, den Grundstein für eine Brücke zu legen. Wenn es Ihnen jedoch wichtig ist, geben Sie nicht auf und probieren es wieder. Signalisieren Sie, auch wenn es anstrengend sein mag, Ihre Bereitschaft zu kooperieren und Lösungen zu finden.
- Suchen Sie, gerade in schwierigen Phasen, zuerst auf der eigenen Insel nach Ursachen und Lösungen. Damit laufen Sie nicht Gefahr, Ihr Gegenüber für alles verantwortlich zu machen. Die Schuld zuerst bei den anderen zu suchen, führt bei Ihrem Gegenüber eher zu Abwehr, Blockade und Beziehungsverhärtung.
- Erkennen Sie andere Sichtweisen und Handlungen zuerst einmal an. Ihr Gegenüber dat das Recht, ihre/seine Insel für genauso richtig und wichtig zu halten, wie Sie die ihre.
- Sich selbst nicht so wichtig zu nehmen, entspannt viele Situationen und nimmt Druck heraus.
- Bemühen Sie sich um Optionen und Alternativen. Wir sind zuversichtlich, dass der wiederholte Einsatz einer bestimmten Strategie letztendlich Erfolg bringen wird. Dennoch könnte es klug sein, einen anderen Ansatz als Alternative zu überlegen. Haben Sie den Mut, etwas Anderes auszuprobieren, um Ihre Komfortzone zu verlassen.

▶ **Wichtig!**
Ihre Fähigkeit zur „Zweinigung" wird Ihre innere Haltung Ihnen selbst und der Welt gegenüber prägen. Ihre innere (und entspanntere) Haltung wird sich unbewusst und ohne Worte (z. B. durch Ihre entspanntere Körpersprache) mitteilen und wird das Klima mitbestimmen, in dem Sie leben.

Die Fähigkeit, sich zu zweinigen, schafft eine innere Beweglichkeit, Ihre Gedanken zwar anzubieten, sie anderen aber nicht aufzwingen zu wollen.

---

[3] Kap. 11.

13.7   Thomas-Kilmann-Konfliktmodell

Die US-Wissenschaftler Kenneth Thomas und Ralph Kilmann der University of California haben sich bereits in den siebziger Jahren des vergangenen Jahrhunderts dafür interessiert, welches Verhalten und welche Strategien bzw. Stile eingesetzt werden können, um Konflikte zu lösen. Zusätzlich haben Thomas-Kilmann bei Ihrer Arbeit erkannt, dass dieselben Stile, die der Lösung von Konflikten dienen, auch zur Lösung von Verhandlungen eingesetzt werden.

Ähnlich dem GRID-Modell von Robert Blake und Jane Mouton bei dem die Faktoren „Aufgabenorientierung" und „Menschenorientierung" fünf grundlegende Managementstile beschreiben, spannen Thomas und Kilmann ihr Modell ebenfalls in zwei Dimensionen auf: „Durchsetzungsvermögen" und „Kooperationsbereitschaft". In dem sogenannten TKI™-Modell werden genauso fünf grundlegende Stile, jedoch mit dem Fokus auf Verhandlungen und Konflikte beschrieben:

- Durchsetzen
- Zusammenwirken
- Kompromisse
- Vermeiden
- Anpassen

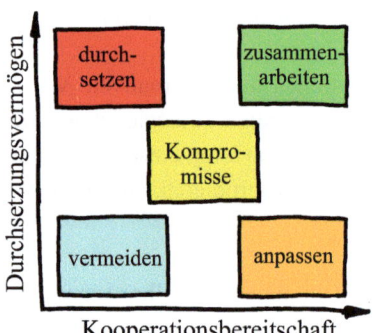

Durchsetzungsvermögen auf Maximum, Kooperationsbereitschaft auf Minimum:
Ein **durchsetzender Stil** kann als bestimmend, energisch und unkooperativ beschrieben werden. Wenn Sie so in eine Verhandlung gehen, stellen Sie Ihre **eigenen Interessen in den Vordergrund.** Sie verfolgen Ihre eigenen Interessen auf Kosten von anderen. Macht steht im Vordergrund, es wird alles eingesetzt, was geeignet erscheint, um das eigene Ziel zu erreichen. Dieser Stil bedeutet, „für sein Recht einzustehen", eine Position zu verteidigen, die man für korrekt hält oder einfach zu versuchen, auf direktem Weg zu gewinnen.

Durchsetzungsvermögen auf Minimum, Kooperationsbereitschaft auf Maximum:
Der **anpassende, nachgebende Stil.** Menschen dieses Stiles stellen ihre eigenen Interessen gern hinten an, um die Bedürfnisse anderer zu erfüllen. Im radikalsten Fall führt dies zur Selbstaufopferung. Wenn Sie jemandem entgegenkommen, vernachlässigen Sie Ihre eigenen Anliegen, um jene der Gegenseite zu erfüllen. Die andere Person gewinnen zu lassen kann angebracht sein, wenn es die Beziehung fördert und dem Fortschritt der Verhandlung dient. Vergessen Sie jedoch nicht, dass Ihr Entgegenkommen auch einen Preis haben muss und ebenso konsequent verhandelt werden muss. Eine zu übertriebene Form von Großzügigkeit oder Barmherzigkeit anzunehmen, könnte ansonsten bedeuten, bedingungslos zu gehorchen.

Beides auf Maximum:
Auf der Suche nach einer gemeinsamen Lösung: Der **zusammenwirkende Stil**. Dieser Stil ist der Versuch, mit der Gegenseite eine gemeinsame Lösung zu finden, die den Bedürfnissen beider gerecht wird. Das bedeutet, in ein Thema offen einzutauchen, um die darin verborgenen Bedürfnisse und Wünsche der beiden Verhandlungsparteien zu entdecken. Zusammenwirkung kann erfolgen, indem eine Uneinigkeit hinterfragt wird, um von den Erkenntnissen der anderen Seite zu lernen oder indem versucht wird, eine kreative Lösung für ein zwischenmenschliches Problem zu finden. Dieser Stil ist oft der Königsweg in einer Verhandlung und sogleich ein anspruchsvoller.

Beides auf Minimum:
Ein **ausweichender Stil** bedeutet, dass weder die eigenen Anliegen noch die der anderen Seite verfolgt werden. Rückzug oder Passivität sind für gewöhnlich in diesem Stil zu finden. Dieser Stil funktioniert dann am besten, wenn man die eigenen Bedürfnisse erfüllen kann, ohne überhaupt zu verhandeln. Auch dann, wenn es z. B. um den eigenen Schutz davor geht, wunde Punkte in der eigenen Argumentation offenzulegen, oder es die schnellere und einfachere Alternative gegenüber dem möglichen Verhandlungsresultat ist.

Beide Dimensionen auf 50/50:
Der **kompromissbereite Stil** ist keine perfekte Win–win-Lösung, es ist ein Mittelweg. Ziel ist es, eine Lösung zu finden, die für beide Parteien akzeptabel ist und beide Parteien überwiegend zufriedenstellt. Kompromisse zu schließen bedeutet, auch etwas aufzugeben. Mehr als sich auf den direkten Kampf einzulassen und weniger als nur entgegenzukommen.

Es ist eher ein „Mini-Lose-Lose", denn alle Verhandlungsparteien müssen ein Stück des ursprünglichen Verhandlungszieles aufgeben, um das große Ganze zu retten. Und genau darin besteht die Gefahr.

Konsens = Kompromiss?
Wir werden in unseren Trainings und Beratungen des Öfteren gefragt, ob nicht ein Kompromiss und ein Konsens dasselbe sind. Wir verneinen die Frage. Gelegentlich können

wir Politiker in Interviews hören, wie Sie sagen: „Ja, der Herr XY ist ja nicht konsens-fähig!" Hier wird die Bedeutung des Begriffes vermischt bzw. falsch eingesetzt, obwohl beide Konzepte mit Zusammenarbeit und Entscheidungsfindung zu tun haben.

Ein **Kompromiss** beinhaltet das Nachgeben zu einem bestimmten Thema von allen Verhandlungsseiten, um zu einer gemeinsamen Lösung zu kommen. Oftmals bekommt niemand genau das, was sie oder er wollte, aber die Lösung ist grundsätzlich tragfähig für alle Beteiligten. Es wird als „zweitbeste" Lösung wahrgenommen, weil jede Seite Zugeständnisse machen muss.

Ein **Konsens** bedeutet, dass alle Beteiligten einer Entscheidung oder Lösung zu 100 % zustimmen, nachdem sie diskutiert und verhandelt haben. Alle Mitglieder der Ver-handlung akzeptieren das Ergebnis, selbst wenn es nicht die erste Wahl jedes Einzelnen war. Es besteht eine allseitige Akzeptanz der Lösung, auch wenn sie nicht optimal für einzelne Mitglieder ist.

Zusammengefasst liegt der Hauptunterschied zwischen den beiden Konzepten darin, dass ein Konsens vollständiges Einverständnis bedeutet, während ein Kompromiss auf gegenseitigen Zugeständnissen basiert, also ein „Mini-Lose-Lose". Beide Begriffe kenn-zeichnen jedoch eine Vereinbarung, die durch Diskussion und Verhandlung erreicht wurde.

> ▶ **Wichtig!**
> Ein Kompromiss funktioniert nur dann langfristig, wenn alle Verhandlungsparteien zu diesem Entgegenkommen der besonderen Art auch zu 100 % stehen. Ist das nicht der Fall und eine Verhandlungspartei hat z. B. das Gefühl, den Kürzeren gezogen zu haben oder ist mit dem Resultat trotz Zustimmung unzufrieden und spricht dies nicht früh genug an, kommt es unweigerlich zu Nachverhandlungen. Das passiert dann oft in einem vollkommen unerwarteten und für die eigene Posi-tion unvorteilhaften Moment.

In manchen Situationen kann ein Kompromiss bedeuten, den Unterschied zwischen den Verhandlungsparteien auszuräumen. Zugeständnisse zu machen, nur um einen Konflikt aus dem Weg zu gehen oder unbedacht eine schnelle Lösung auf halbem Weg zu suchen, ist gefährlich.

Welcher Stil ist nun der beste und welcher der zweit- oder drittbeste?
Wir benötigen in Verhandlungen in vielen Fällen alle: Den einen, um die allerwichtigs-ten Punkte durchzusetzen, den anderen, um auch die andere Seite ein wenig gewinnen zu lassen oder sich in der Mitte zu treffen. Es gibt hier keine perfekte Antwort, denn wir brauchen sie alle, je nach Verhandlungspartner, Verhandlungsphase, Thema, eigenem Charakter und Fähigkeit.

Jeder Mensch ist in der Lage, alle fünf Stile einzusetzen, allerdings neigen wir dazu, uns auf manche mehr zu verlassen als auf andere, also mit einem bevorzugten Stil A in eine Verhandlung zu gehen und je nach Wirksamkeit oder Verhandlungsentwicklung dann auf einen Stil B oder C umzuschwenken.

▶ **Wichtig!**

Es ist wichtig für Sie zu wissen, dass alle fünf beschriebenen Stile unter bestimmten Voraussetzungen passend sind. Wenn jedoch ein durchsetzender Stil allzu oft eingesetzt wird, kann das zu einer Beeinträchtigung der Zusammenarbeit mit Ihrem Verhandlungspartner führen.

Als kritisch wird oft das Entstehungsalter dieses Modells vor bereits 50 Jahren angesehen. Zusätzlich werden oftmals Bedenken laut, dass der mit diesem Modell verbundene Test bereits zu verbreitet und bekannt ist. Dadurch könnten Personen, die sich einem solchen Test unterziehen, dafür trainieren und damit das Ergebnis beeinflussen.

Befürworter hingegen schätzen das Modell und den damit verbundenen Test für seine Zuverlässigkeit und weisen darauf hin, dass das TKI-Modell erst 2023 wieder durch Dr. Kilmann in seiner Neuauflage aktualisiert und bestätigt wurde.

Der dazugehörende Test und dessen Auswertung wird online bei der Meyers-Briggs Company unter www.cpp.com in verschiedenen Sprachen angeboten. Der Test kann Ihnen helfen zu erkennen, bei welchen Stilen Sie gut ausgebildete „Verhandlungsmuskeln" haben und wo nicht. Dadurch ergibt sich die Chance, schwächer ausgebildete „Verhandlungsmuskeln" zu trainieren oder das eigene Verhandlungsteam mit Personen zu verstärken, die die fehlenden Stärken besitzen.

13.8 Konflikte à la Glasl

Wer kennt nicht den Kinofilm „Der Rosenkrieg" mit Kathleen Turner, Michael Douglas und Danny DeVito?

Ein nach außen scheinbares Traumpaar, glücklich, gut situiert, macht der Ehealltag zu schaffen. Nach 17 Jahren ist aus der Traumbeziehung ein Nebeneinanderherleben im Ehealltag geworden. Scheidung steht im Raum und sie wünscht die Trennung, während er die Welt nicht versteht. Aus dieser Situation heraus entwickelt sich ein Konflikt, der immer bizarrer wird und bei dem sich beide gegenseitig zerstören.

Auch wenn diese Geschichte überzeichnet darstellt, wie eine liebevolle Beziehung durch die fehlende Konfliktfähigkeit in einer Katastrophe endet, bildet sie – die von Friedrich Glasl (2022) bereits in den achtziger Jahren dokumentierten – Eskalationsstufen eines Konfliktes anschaulich ab.

Glasl beschreibt drei Hauptphasen in seinem abwärts führenden Stufenmodell:

- Win-Win: Alles ist noch möglich.
- Win-Lose: Eine Seite wird verlieren, die andere gewinnen.
- Lose-Lose: Es gibt nur noch Verlierer.

Wir haben im Kap. 12 zum Thema Konflikte dieses Model schon kurz angerissen und erste Lösungsmöglichkeiten dazu beschrieben. Hier in den Grundlagen gehen wir ein wenig mehr ins Detail:

1. Phase (Win-Win)

- **Erste Stufe: Verhärtung**

  Gespräche beginnen sich zu verhärten, unterschiedliche Meinungen prallen aufeinander, Interessen und Meinungen werden zu starren Positionen. Die Standpunkte werden in der Wahrnehmung der Konfliktparteien oft gegenseitig als unvereinbar gesehen. Der Beginn eines Konflikts wird noch nicht wahrgenommen.

- **Zweite Stufe: Debatte und Polemik**

  Die Parteien suchen nach energischeren Wegen, um ihre Standpunkte durchzusetzen und scheinen rationalen Argumenten gegenüber nicht aufgeschlossen. Die Meinungen werden fundamentaler, die Konfliktparteien überlegen Strategien, um die andere Seite von ihren Argumenten zu überzeugen. Verbale Begegnungen werden aggressiver. Man will die andere Seite unter Druck setzen. Schwarz-Weiß-Denken entsteht.

- **Dritte Stufe: Taten statt Worte**

  Die Konfliktparteien erhöhen den Druck auf ihr Gegenüber, um die eigene Meinung durchzusetzen. Gespräche werden z. B. einseitig abgebrochen. Es finden Handlungen statt, die mit der anderen Seite nicht abgestimmt werden. Der Konflikt verschärft sich zusehends. Empathie geht verloren. Das wichtigste Ziel in dieser Stufe ist es, zu verhindern, dass die Gegenseite ihr Ziel erreicht und gleichzeitig die eigenen Interessen durchzusetzen.

2. Phase (Win-Lose)

- **Vierte Stufe: Sorge um Image und Koalitionen**

  In dieser Stufe geht es bei dem Konflikt nicht mehr um konkrete Themen, sondern um Sieg oder Niederlage. Die eigene Reputation zu verteidigen ist die einzige Sorge. Es wird nach Verbündeten für die eigene Sache gesucht, Jede Seite fühlt sich im Recht und glaubt die Gegenseite in ihrer Rolle durch Unterstellungen oder geringschätzende Abwertungen denunzieren zu können. Es geht nicht mehr um die eigentliche Sache, sondern darum, zu gewinnen, damit die andere Seite verliert.

- **Fünfte Stufe: Gesichtsverlust**

  Die Angriffe in dieser Phase werden härter und gehen ins Persönliche. Es gibt kein Vertrauen mehr. Man ist sich sicher, dass die Gegenseite keine moralische Glaubwürdigkeit mehr besitzt. Eine radikale Veränderung des Eindrucks, den man von den Anderen hat, entsteht. Der plötzliche Einblick in die wahre, üblicherweise unmoralische Natur der anderen Partei: „Jetzt erst erkenne ich, was Sie für eine Person sind!"

- **Sechste Stufe: Drohstrategien**
  Die Konfliktparteien greifen auf die Androhung von schädigenden Aktionen zurück, um die Gegenseite in die gewünschte Richtung zu drängen. Man droht z. B. mit drastischen Sanktionen, die ein Zuwiderhandeln zur Folge hat.

3. Phase (Lose-Lose:)
- **Siebente Stufe: Begrenzte Vernichtungsschläge**
  Das eigene Überleben zu sichern ist das wichtigste Anliegen. Es ist nicht länger möglich, eine Lösung zu erkennen, die die Gegenpartei miteinschließt. Dem Gegner soll mit allen Tricks empfindlich geschadet werden. Ab hier wird ein begrenzter eigener Schaden schon als Gewinn angesehen. Hauptsache ist, dass der Schaden des Gegners größer ist als der eigene.
- **Achte Stufe: Zersplitterung des Feindes**
  Die Angriffe werden verstärkt und zielen darauf ab, die entscheidenden Systeme und Machtgrundlagen des Gegners mit Vernichtungsaktionen zu zerstören.
- **Neunte Stufe: Gemeinsam in den Abgrund**
  In dieser letzten Eskalationsstufe ist das Verlangen, den Feind zu vernichten, so stark, dass sogar der Selbsterhaltungstrieb ignoriert wird. Nicht einmal mehr das eigene Überleben zählt, der Feind muss vernichtet werden.

Umgang mit Konflikten
- **Deeskalation**

In seinem Werk präsentiert Glasl nicht nur ein Stufenmodell der Konflikteskalation, sondern er entwickelt auch einen Ansatz, der die systematische Konfliktbewältigung und deren Deeskalation darlegt. Ziel dieses Modells ist es aufzuzeigen, welche Hilfeformen auf den diversen Eskalationsstufen angemessen sind, da nicht jede Unterstützung für jede Stufe passend ist. Glasl ordnet den verschiedenen Stufen spezifische Deeskalationsstrategien zu, wobei die empfohlenen Maßnahmen zwischen den Stufen überlappen können, da sich die Phasen nicht immer klar voneinander trennen lassen.

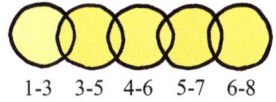

1-3   3-5   4-6   5-7   6-8

Stufe 1–3: Hilfe oder Selbsthilfe durch Familie, Freunde, Kollegenschaft, professionelle Moderation
Stufe 3–5: externe, professionelle Begleitung
Stufe 4–6: externe sozio-therapeutische Begleitung
Stufe 5–7: externe Mediation
Stufe 6–8: Schiedsverfahren
Stufe 7–9: Machteingriff von oben

Selbsthilfe ist bis zur Eskalationsstufe 3 (Taten statt Worte) noch möglich, um aus der Konfliktsituation wieder auszusteigen. Es stellt sich dabei die Frage, wie dieser Ausstieg gelingen kann?

Selbsthilfe ist im Allgemeinen als ein Vorgehen bekannt, bei dem die Konfliktparteien die Lösungen selbst und ohne fremde Hilfe suchen, um den Konflikt zu beenden.

Glasl nennt dazu folgende mögliche Selbsthilfetechniken:

- **Ich-Botschaften senden**

  Bei Spannungen wird versucht, dem Gegenüber Rückmeldungen über das eigene Empfinden zu geben, dass durch das Verhalten der anderen Seite verursacht wurde. Anstatt dem Gegenüber vorzuwerfen: „Wechseln Sie doch nicht andauernd das Thema und bleiben Sie bei der Sache!", will man das eigene Empfinden ohne direkten Angriff vermitteln:

  „Ich bedaure, dass wir nicht bei dem Thema bleiben und konzentriert daran weiterarbeiten können. Ich würde es begrüßen, wenn Sie mich dabei unterstützen." Provokative Du-Botschaften sind demnach zu meiden.

- **Non-Values**

  Das bedeutet, dass dem Gegenüber ausgesprochen werden soll, dass ein bestimmter Verlauf der Dinge unerwünscht ist. Man will mitteilen, wo die Grenzen liegen und dass es einem nicht egal ist, wie sich ein gärender Konflikt weiterentwickelt.

- **Auswege aus dem Konflikt**

  Laut Glasl sind folgende Verhaltensweisen zu beachten und wahrscheinlich erfolgreich:

  - **Zuhören:** Die Mitteilungen des anderen aufmerksam und in Ruhe anhören, ohne die Person zu unterbrechen.
  - **Wiedergabe:** Zum besseren Verständnis die Aussage des anderen in eigenen Worten wiedergeben.
  - **Anerkennung:** Die Meinung des anderen anerkennen und einfach so stehen lassen, ohne Wertung oder Kommentare. Jeder hat das Recht, seine Meinung frei zu äußern.
  - **Wahrheit:** Die Meinung des anderen als wahr anerkennen und als Teilaspekt der Wahrheit ansehen.
  - **Eigene Wahrheit/Wirklichkeit:** Die eigene Meinung ebenfalls als real und wahr anerkennen und neben die Meinung des anderen stellen. Nur die Meinung des Gegenübers und die eigene ergeben zusammen ein vollständiges Wahrheitsbild.

Für diese Schritte ist von beiden Seiten eine Menge Disziplin, Wille und Geduld nötig, damit der Konflikt mit eigenen Kräften gelöst werden kann. Möglicherweise ist die Situation schon so verhärtet, dass nur noch durch Hinzuziehen einer neutralen dritten Person eine Lösung herbeigeführt werden kann.

- **Nachbarschaftshilfe**

  Für eine Nachbarschaftshilfe wird eine unbeteiligte, dritte Person eingesetzt, zu der die beiden Seiten Vertrauen fassen können. Diese dritte Person braucht kein professioneller Berater zu sein, sondern lediglich jemand, der ein offenes Ohr für die Probleme der beiden Seiten hat.

  Selbsthilfegruppen nutzen gerne Nachbarschaftshilfe, bei denen sich Personen mit ähnlichen Problemen ihre Lebenssituation schildern, sich zuhören und Ratschläge auf Basis eigener Erfahrungen geben (Stufe 4 - 5).

- **Professionelle Hilfe**

  Selbsthilfe und Nachbarschaftshilfe haben ab einem gewissen Punkt ihre Möglichkeiten ausgeschöpft (Stufe 5). Hier ist es notwendig, professionelle Hilfe (externe Beratung, Mediation) einzusetzen, wenn man aus der Abwärtsspirale des Konflikts ausbrechen will.

13.9   3 Kameras

In einer Verhandlung spielen die „3 Kameras" eine wichtige Rolle. Dieses Modell wurde von uns größtenteils selbst entwickelt und ist vergleichbar mit dem Regieraum in einem TV-Studio:

Kamera 1 hat den Fokus auf uns selbst, Kamera 2 beobachtet unser Gegenüber, Kamera 3 beobachtet den Verhandlungsprozess, der zwischen den Verhandlungsparteien abläuft: der Ich-Du-Prozess.

Jede Kamera beobachtet ihr „Objekt". Diese Beobachtung ist ein kontrollierter, zielorientierter Wahrnehmungsprozess, im Gegensatz zur selbstverständlichen, unbewussten Wahrnehmung während des Verhandlungsgesprächs.

Diese bewusste Installierung von drei Kameras erhöht unsere Aufmerksamkeit und Konzentration. Kostbare Informationen helfen unser eigenes Verhalten zu verbessern und auf die wahrgenommenen (verbalen und nonverbalen) Signale des Gegenübers zu reagieren.

Wir führen Regie und versuchen, unterschiedliche Alternativen im Ablauf des Verhandlungsgesprächs einzusetzen.

Kamera 1: „Ich"

Die erste Kameraposition beobachtet alles, was uns selbst in einer Verhandlung betrifft. Es geht um die Selbstbeobachtung der eigenen Körpersprache, Mimik, Gestik, Stimme, Rhetorik, Strategie, die eigene Reaktion auf das Verhalten des Gegenübers und vieles mehr.

Als erfahrene Verhandler schalten Sie die Kamera 1 bereits vor einer Verhandlung ein. Sie stellen sich selbst unter anderem folgende Fragen:

- Wie mache ich in der Verhandlung eine souveräne Figur? Im Allgemeinen gilt: Je besser wir uns vorbereiten, desto souveräner gehen wir in eine Verhandlung, desto selbstbewusster treten wir auf und desto ernster werden wir genommen.
- Ist Verhandlungsstress ein Thema für mich? Wenn ja, wie gehe ich damit um? David Rock und Daniel J. Siegel[4] haben (gemeinsam mit Steven Poelmans and Jessica Payne) den sogenannten Healthy Mind Platter („Gesunder-Gedanken-Teller") entwickelt. Er besteht aus sieben Elementen. Wenn wir diese sieben Zeitqualitäten täglich in unser Leben integrieren, wird unser Hirn fit, robust und weniger empfindlich. Die Gefahr, dass unser Hirn in der Verhandlung unter Stress und Adrenalin ausfällt, sinkt enorm.

Kamera 2: „Du"

Die „Du"-Kamera beobachtet unser Gegenüber und deren Mimik, Gestik, Rhetorik, Strategie, das Verhalten und deren Reaktion auf uns und unsere Strategie.

Hier geht es um die Fremdwahrnehmung. Im Fokus der Kamera 2 ist unser Gegenüber. Vor allem seine oder ihre nonverbale Sprache und was zwischen den Zeilen „läuft" ist interessant. Das Ziel dieser Kamera ist, die körperlichen Signale des Verhandlungspartners zu lesen, um seine emotionale Reaktion zu einem Thema bzw. Punkt am Verhandlungstisch zu verstehen.

Wenn wir mit Hilfe der Kamera 2 ein aufmerksames Auge für die Signale des Gegenübers haben, verstehen wir besser, wie es dem Verhandlungspartner geht. Niemand kann seine Körpersprache ganz unterdrücken, sodass es sehr schwierig ist zu lügen und unser Gegenüber und/oder uns selbst zu täuschen. Manchmal kritisieren wir sogar die besten Schauspieler, Oscar Preisträgerinnen und Preisträger, für ihr schlechtes Schauspiel. Deshalb ist es empfehlenswert, am Verhandlungstisch nicht zu spielen, wie es Schauspieler tun, denn es wirkt künstlich.

Manchmal kann es jedoch nützlich sein, zu versuchen, ein Pokerface aufzusetzen, sodass unser Gegenüber nicht sofort unsere emotionale Regung erkennt. Das erfordert

---

[4]Abschn. 13.10.

ein gewisses Maß an Konzentration, denn emotionale Regungslosigkeit ist gegen unsere Natur.

Selbstverständlich hat jeder Mensch Körperregungen, die Gewohnheiten sind (durchs Haar streichen, ein Zucken mit dem Mundwinkel, stoßweises Einatmen durch die Nase …) und keine Reaktion auf Ihre Äußerung darstellt. Das herauszufiltern ist eine fordernde Aufgabe.

Kamera 3: „Prozess"

Diese Kamera beobachtet den Ablauf und die Entwicklung einer Verhandlung. Sind Sie auf Kurs oder weicht die Entwicklung vom geplanten Ziel ab?

Obwohl Sie einen genauen Plan für Ihr Vorgehen erstellt und dabei alle möglichen Einflussfaktoren berücksichtigt haben, müssen Sie flexibel bleiben. Sie können nie alles vorhersehen. Der Ablauf einer Verhandlung muss ständig kontrolliert und angepasst werden. Kamera 3 gibt uns kostbare Informationen für die Regie des weiteren Ablaufs und die Auswahl der besten Alternative.

Es ist nützlich:

- Sich während des Zuhörens Notizen zu machen. Kurze Stichworte reichen.
- Die Verhandlung zu unterbrechen und den bisherigen Ablauf zusammenzufassen, um den weiteren Fortschritt zu lenken und mit einem Thema nach Ihrer Wahl danach fortzusetzen.

▶   **Wichtig!**
Die große Aufgabe in einer Verhandlung ist es, die Übersicht über die drei Kameras zu behalten und dabei auch noch selbst eine tonangebende Position in einer Verhandlung zu haben. Gerade in komplexen Situationen ist es eine beachtliche Aufgabe, alle Kameras unter Kontrolle zu halten und zusätzlich aktiv zu verhandeln. Teilen Sie bei anspruchsvollen Verhandlungen diese Aufgaben auf, verhandeln Sie in einem Team, machen Sie Pausen und tauschen Sie Ihre Eindrücke untereinander in Ihrem Verhandlungsteam immer wieder aus.

13.10 Healthy Mind Platter

Der „Healthy Mind Platter" ist ein Konzept, das von Dr. David Rock und Dr. Daniel Siegel (auf dessen Webseite[5] wird es detailliert beschrieben) im Rahmen des Neuroleaderships entwickelt wurde. Dieses Konzept besagt, dass es für die Gesundheit und Leistungsfähigkeit unseres Gehirns verschiedene mentale Aktivitäten gibt, die ähnlich

---

[5] https://drdansiegel.com/healthy-mind-platter.

wie die Nährstoffe in einer ausgewogenen Ernährung, täglich „konsumiert" werden sollten, um eine optimale mentale Gesundheit zu gewährleisten.

Ähnlich der Ernährungspyramide, die uns Empfehlungen für eine gesunde Ernährung
unseres Körpers bietet, liefert der „Healthy Mind Platter" sieben essenzielle mentale
Aktivitäten, die für ein gesundes Gehirn- und Seelenleben notwendig sind.

Zeit für Bewegung
Körperliche Bewegung und Aktivitäten, die nicht nur unsere Muskeln, sondern auch
unser Gehirn fit halten. Dies schließt Sport, Spaziergänge oder allgemeine Bewegung mit
ein und fördert sowohl die körperliche als auch die mentale Gesundheit.

Zeit für konzentriertes Arbeiten oder Lernen
Zeiten, in denen wir uns auf Ziele in einer Weise konzentrieren, die uns erlauben, tiefe
Fähigkeiten zu entwickeln. Dies kann Arbeit oder das Erlernen einer neuen Fertigkeit
sein und trägt zur Verbesserung der Gehirnstrukturen bei.

Zeit zum Nachdenken
Zeiten, in denen wir nach innen blicken, unsere Gedanken, Empfindungen und Gefühle
reflektieren. Diese Meditation oder Reflexion kann dazu beitragen, unser Selbstbewusstsein zu stärken und unsere Gehirnaktivität zu integrieren.

Zeit zum Ruhen
Nichts im Besonderen zu tun und uns zu erlauben, zu entspannen und uns zu re-
generieren. Das kann als Zeit verstanden werden, in der wir keinen spezifischen Fokus
haben und unser Gehirn „leerlaufen" lassen.

Zeit für Spiel und Spaß
Sich Zeit nehmen, um kreativ oder spielerisch zu sein, fördert die Flexibilität des Gehirns. Das kann Kunst, Spiele, Witze oder andere unterhaltsame Tätigkeiten beinhalten,
die uns Freude und Gelächter bringen.

Zeit mit anderen Menschen
Zeit, die wir mit willkommenen, lieben Menschen verbringen und uns auf Beziehungen
konzentrieren. Dies kann die Neuverdrahtung des Gehirns fördern und bietet ein Gefühl
von Zugehörigkeit und Verbundenheit. Damit ist echter, persönlicher Kontakt gemeint
und nicht die Kommunikation über Handyapps und Social-Media-Kanäle.

Zeit für ausreichend Schlaf
Sich genügend Schlaf zu gönnen, erlaubt unserem Gehirn, sich zu erholen, zu re-
generieren, sich neu zu verschalten und auf einen neuen Tag vorzubereiten.

Jede dieser Aktivitäten ist wichtig für ein gesundes und ausgeglichenes Gehirn. Die
Balance zwischen diesen sieben Bestandteilen kann dabei helfen, Stress zu reduzieren

und die Gehirnfunktion zu optimieren. Dr. Rock und Dr. Siegel argumentieren, dass ein Ungleichgewicht oder eine Vernachlässigung einer dieser Bereiche zu mentalen und emotionalen Schwierigkeiten führen kann. In ihrem Buch „Neuroleadership" erklären Sie, wie Manager und Führungskräfte diese Prinzipien anwenden können, um die Leistungsfähigkeit und das Wohlbefinden ihrer Teams zu steigern.

Es ist wichtig zu beachten, dass der „Healthy Mind Platter" als Leitfaden gedacht ist, der Flexibilität und persönliche Anpassung erlaubt. Jeder Mensch hat unterschiedliche Bedürfnisse und die empfohlene „Dosis" jeder Aktivität kann von Person zu Person variieren. Ebenso ist es entscheidend, dass der Platter nicht starr befolgt, sondern in den Alltag integriert wird, sodass es realistisch und nachhaltig ist, das eigene Wohlbefinden zu fördern.

| Bewegung | konzentriertes Arbeiten / Lernen | Nachdenken | Ausruhen | Spiel und Spaß | Zeit mit lieben Menschen | Ausreichend Schlaf |

13.11 Das 4M-Prinzip in Verhandlungen

Eine der am meisten unterschätzten Komponenten erfolgreicher Verhandlungen ist nicht nur strategisches Geschick oder die Stärke der Argumente – es sind die zwischenmenschlichen Beziehungen. Das 4M-Prinzip „Man muss Menschen mögen" oder auch die Menschlichkeit in Verhandlungen könnte die entscheidende Zutat sein, die Ihnen den Vorteil in einer Verhandlung sichert.

Menschen neigen dazu, denen zu vertrauen, die sie mögen. Zeigen Sie aufrichtiges Interesse an Ihrem Gegenüber, bauen Sie eine Verbindung auf, die über das Geschäftliche hinausgeht. Vertrauen ist der Klebstoff in Beziehungen und kann essenziell für den Verhandlungserfolg sein.

Wenn Menschen sich gemocht fühlen, sind sie eher bereit, offen und ehrlich zu kommunizieren. Das führt zu einem besseren Verständnis der Bedürfnisse beider Seiten und kann dazu beitragen, gemeinsame Interessen zu identifizieren.

Eine positive Einstellung und ein freundliches Auftreten können dazu führen, dass Spannungen abgebaut werden. Selbst in Verhandlungen mit Gegnern lässt sich durch Menschlichkeit oft eine bessere Basis für Kompromisse finden.

Verhandlungen sollten nicht als einmalige Transaktionen angesehen werden. Oftmals sind es die Anfänge langfristiger Geschäftsbeziehungen. Menschenfreundlichkeit fördert die Loyalität und Kooperationsbereitschaft für die Zukunft.

In einer Welt, die oft von Zahlen und Fakten dominiert wird, kann das 4M-Prinzip in Verhandlungen einen signifikanten Unterschied bewirken. Wenn Sie sich nicht für die Menschen, denen Sie in einer Verhandlung begegnen, interessieren, werden ihnen deren Träume, Hoffnungen und Ängste verborgen bleiben. Indem Sie die Menschlichkeit in den Vordergrund Ihrer Verhandlungsstrategie stellen, öffnen Sie nicht nur Türen zu erfolgreichen Abschlüssen, sondern auch zu dauerhaften und wertvollen Beziehungen.

Literatur

Adam Sicinsk. https://blog.iqmatrix.com/better-negotiator. Zugegriffen: 12. Juni 2013.

Cialdini, R. (2023). *Influence – The Psychology of Persuasion* (S. 7 ff.). Harper Collins Verlag.

Edward de Bono. (2016). *Six thinking Hats*. Penguin Life.

Glasl, F. (2022). *Selbsthilfe in Konflikten*. Freies Geistesleben.

Kilmann, R. (2023). *Mastering the Thomas-Kilmann Conflict Mode Instrument*. Kilmann Diagnostics LLC.

Rattner, J. (1990). *Der schwierige Mitmensch*. Psychologie Fischer.

Robert, B. (1994). Dilts, Strategies of Genius. *Volume I: Aristotle, Sherlock Holmes, Walt Disney, Wolfgang Amadeus Mozart*. Meta Publications.

Siegel, D. https://drdansiegel.com/healthy-mind-platter/. Zugegriffen: 14. Dez. 2023.

Abschließende Gedanken

Unerfahrene kommen rasch zu dem Schluss, dass Verhandlungen nichts anderes als ein Prozess sind, der eine energische und aggressive Haltung erfordert, die die andere Seite dazu drängt, eine Forderung oder Lösung zu akzeptieren.

Verhandeln ist in Wirklichkeit eine heikle Kunst, die Disziplin, Geduld und ein tiefes Verständnis für sich selbst, sein Gegenüber, das Thema und die Umstände Ihrer Verhandlung erfordert. Es ist ein Balanceakt, der von Anfang an sorgfältig geplant werden muss, damit beide Parteien mit einem vorteilhaften Ergebnis heimkommen.

Dieses Buch dient ausschließlich Ihrer Informationsgewinnung. Es kann jedoch keine wie immer geartete, individuelle Beratung ersetzen, die genau zu der Situation passt, in der Sie sich gerade befinden. Weder das Autorenteam noch der Verlag übernehmen jede Art von Haftung für die Richtigkeit, Vollständigkeit oder Aktualität der Informationen in diesem Buch. Die Leserinnen und Leser sind für den Einsatz der im Buch enthaltenen Informationen selbst verantwortlich.

Das Autorenteam und der Verlag übernehmen keine Garantien für die Ergebnisse, die durch die Anwendung der im Buch beschriebenen Methoden oder Techniken erzielt werden. Es wird dringend empfohlen, vor der Umsetzung der im Buch vorgestellten Ratschläge, Ihr Kollegenteam bzw. Experten zu konsultieren, um Ihre reale Situation mit den damit verbundenen Bedürfnissen, Umständen und Risiken zu berücksichtigen.

Die Leserinnen und Leser sollten sich auch über die Gesetze, Vorschriften und Bestimmungen informieren, die für ihr jeweiliges Gebiet oder ihre Branche gelten. Das Autorenteam und der Verlag haften nicht für direkte oder indirekte Schäden oder Verluste, die durch die Nutzung der im Buch enthaltenen Informationen entstehen. Die Leserinnen und Leser setzen die Informationen auf eigenes Risiko ein.

Alle genannten Marken, Produkte oder Dienstleistungen sind Eigentum ihrer jeweiligen Inhaber und werden in diesem Buch nur zu Informationszwecken erwähnt. Dieser

© Der/die Herausgeber bzw. der/die Autor(en), exklusiv lizenziert an Springer Fachmedien Wiesbaden GmbH, ein Teil von Springer Nature 2024
R. Weiss und J. Lavrih Sztajnbok, *Die Elemente des Verhandelns*,
https://doi.org/10.1007/978-3-658-44596-6

Haftungsausschluss gilt für das gesamte Buch in elektronischer oder gedruckter Form und alle darin enthaltenen Kapitel, Abschnitte und Quellen. Bitte konsultieren Sie im Zweifelsfall immer eine Expertin oder einen Experten Ihres Vertrauens.

Poster, Mindmaps, Fallstudien, Übungen und Zusatzinformationen finden Sie unter: www.renker.shop